LA

PLÉIADE FRANÇOISE

Cette collection a été tirée à 250 exemplaires numérotés
et paraphés par l'éditeur :

230 exemplaires sur papier de Hollande,
18 — sur papier de Chine,
2 — sur vélin.

———

*N*º

ŒVVRES FRANÇOISES

DE

IOACHIM DV BELLAY

GENTIL-HOMME ANGEVIN

Avec une Notice biographique et des Notes

PAR

CH. MARTY-LAVEAUX

TOME PREMIER

PARIS
ALPHONSE LEMERRE, ÉDITEUR
—
M.D.CCC.LXVI

AVERTISSEMENT

ORSQUE *M. Sainte-Beuve fit paraître, à la suite de son excellent* Tableau de la Poésie française au XVIe siècle, *un choix des œuvres de Ronsard, il n'eut pas trop de tout son talent pour se faire pardonner une tentative alors si hardie. Cependant, le premier étonnement passé, on se livra de toutes parts à l'étude des poëtes de cette époque, et les amateurs de livres recherchèrent avec ardeur les recueils dédaignés pendant plus de deux siècles, et qui, à cause de ce dédain même, étaient devenus tellement rares qu'on ne peut plus les réunir qu'à force de temps, de peine, et surtout d'argent.*

Nous avons voulu épargner aux curieux une peine souvent infructueuse et de plus les mettre à même de se rendre un compte complet et personnel de l'influence exercée par l'école de Ronsard sur notre langue et sur notre littérature poétique.

La Pléiade n'ayant jamais été constituée officiellement, les noms de ceux qui la composent ont souvent varié: Nous avons choisi la liste contemporaine qui a été adoptée le plus généralement, celle qui se trouve au mot Pléiade *dans le* Dictionnaire *de Trévoux et dans celui de l'Académie française, et où figurent : Ronsard, du Bellay, Belleau, Jodelle, Baïf, Dorat, Pontus de Tyard.*

Préoccupé avant tout de constituer des textes assez exacts dans leurs moindres détails pour offrir une base certaine aux études philologiques, nous avons eu soin de remonter aux éditions données par les auteurs eux-mêmes et d'en reproduire fidèlement l'orthographe et l'accentuation, alors si sobrement indiquée; quant à la ponctuation, tout le monde sait qu'elle est, à cette époque, tellement capricieuse et obscure, qu'il est impossible de la conserver sans nuire beaucoup à la clarté ; nous avons pris soin toutefois de ne la modifier qu'autant qu'il était indispensable de le faire, et nous n'avons pas songé un instant à nous astreindre aux règles actuelles, dont la rigueur aurait fait disparate avec les autres libertés du texte.

Notre travail sur chaque poëte se compose d'une Notice biographique placée en tête de ses œuvres et de Notes que nous rejetons à la fin de chaque volume afin qu'elles ne détournent pas l'attention du lecteur et ne nuisent en rien au bon aspect typographique de notre édition.

Ces notes contiennent, pour chaque ouvrage : la description bibliographique de l'édition que nous avons suivie et la liste des autres éditions originales ; les variantes sérieusement utiles au point de vue philologique ou littéraire ; les éclaircissements indispensables à l'intelligence du texte ; un extrait des critiques contemporaines et des commentaires des amis de nos poëtes, où, laissant de côté les discussions polémiques et les fadeurs laudatives, nous avons recueilli uniquement ce qui a trait à l'histoire littéraire, ou ce qui peut être utile pour l'étude approfondie de la langue du seizième siècle.

Ce qui sera volontairement omis dans nos notes se trouvera dans un volume à part embrassant tout l'ensemble de la collection. Il contiendra :

1° *Une* Étude *sur la Pléiade françoise indiquant son origine, son but, ses espérances, et la part légitime qui lui appartient dans la constitution de notre langue et dans le développement de notre littérature;*

2° *Un* Glossaire *renfermant : l'explication de tous les termes contenus dans notre collection qui ne figurent pas dans les dictionnaires actuels ou qui ne s'y trouvent que dans des acceptions différentes de celles dans lesquelles nos poëtes les ont employés; les mots bizarres, forgés par la Pléiade, et qui n'ont eu qu'une existence éphémère; enfin, autant que nous le pourrons, car c'est là une partie fort délicate de notre tâche, les mots, nouveaux alors, qui ont été si vite et si généralement adoptés, et qui se sont si complétement incorporés à notre langue, qu'on serait tenté de croire qu'ils remontent à son origine;*

3° *Un* Index *des noms propres historiques et géographiques. Très-complet pour les temps* modernes, cet *index* contiendra une courte notice sur les personnages contemporains nommés par nos poëtes et l'indication de tous les endroits où ils sont mentionnés. Nous ne signalerons pas de même, on le comprendra facilement, tous les vers où il est question de Vénus, d'Hercule, ou même de Virgile et d'Homère, et nous nous contenterons de noter les noms antiques lorsqu'ils se présenteront dans nos auteurs sous une forme particulière, ou que les passages où ils se trouvent auront une importance réelle.

Nous commençons par les Œuvres françoises de Joachim du Bellay : son traité de La Deffence et Illustration de la langue francoyse est à nos yeux la plus naturelle introduction à l'étude des poëtes de la Pléiade. Nous croyons tellement, du reste, qu'il est impossible de les soumettre à un classement quelque peu rigoureux, que les volumes de notre collection ne porteront pas de tomaison générale, mais seulement un chiffre au bas du faux titre, d'après leur ordre de publication.

Le classement relatif des diverses œuvres de Du Bellay entre elles n'était pas non plus sans *difficulté. Le mieux serait assurément de suivre le plan préféré par l'auteur; mais, bien qu'il parle dans une épître à Jean de Morel de son intention de disposer ses œuvres sous les titres de* Lyre chrestienne *et de* Lyre prophane (a), *comme il ne donne aucun détail sur ce projet, il est absolument impossible d'y donner suite.*

En l'absence de renseignements fournis par Du Bellay, nous devions nous attacher surtout au recueil formé par Aubert avec le concours des amis du poëte et particulièrement de son cher Morel (b); *nous en avons suivi le plan, tout en le contrôlant et le rectifiant lorsque les éditions originales nous en ont fourni le moyen, et nous y avons ajouté plusieurs pièces importantes qui avaient été ou ignorées ou rejetées mal à propos.*

Le lecteur, rencontrant ainsi successivement, dans leur ordre vrai, les diverses publications de Du Bellay, assistera aux événements de sa vie et sera vivement frappé du progrès continu de son talent.

(a) Voyez ci-après, p. 338.
(b) Voyez ci-après, à la suite de la Notice biographique, l'Extrait de l'épître au Roy placée en tête de l'édition d'Aubert.

AVERTISSEMENT. VII

La Deffence et Illustration de la langue francoyse, *par laquelle commence le présent volume, abonde en allusions à des ouvrages grecs ou latins. Souvent l'auteur n'en est point nommé; quelquefois, ce qui est plus grave, il est mal à propos confondu avec un autre* (a). *Ackermann, dans l'édition d'ailleurs fort estimable qu'il a donnée de cet ouvrage, s'est borné à signaler au lecteur les passages classiques qui s'offraient pour ainsi dire d'eux-mêmes à tout esprit cultivé. Il reconnaissait qu'une grande partie de sa tâche restait encore à remplir. J'espère que ce travail, qui du reste, sans les précieux renseignements qui m'ont été fournis par M. Egger et surtout par M. Adolphe Regnier, présenterait encore plusieurs lacunes, est aujourd'hui à peu près complet.*

Puisque j'ai commencé à acquitter mes dettes de reconnaissance, je dois remercier vivement un laborieux amateur, M. Royer, qui a bien voulu se charger de lire deux épreuves de tout le travail, et dont l'expérience et la sagacité m'ont été fort utiles.

(a) Voyez ci-après, p 477, note 5.

J'espère que le lecteur ne cherchera point, dans notre publication, une appréciation complète des œuvres de Du Bellay, car il serait trompé dans son attente. Dans la Notice biographique *consacrée à ce poëte, nous avons dû, il est vrai, nous prononcer plus d'une fois sur ses ouvrages, et nous aurons nécessairement occasion d'y revenir dans l'*Étude sur la Pléiade, *mais nous n'en ferons nulle part un examen détaillé. Dans ces explorations littéraires, l'éditeur doit remplir le rôle d'un guide attentif et consciencieux qui aide le voyageur à s'orienter et lui prépare patiemment la route, et non celui d'un cicerone obséquieux et bavard qui substitue ses jugements tout faits aux impressions personnelles de chacun.*

Ch. Marty-Laveaux.

NOTICE BIOGRAPHIQUE

SUR

JOACHIM DU BELLAY

énage n'hésite pas à rattacher la famille Du Bellay à Ermenon, comte de Poitiers et d'Angoulême, mort en 866[1]. Si elle ne remonte pas aussi haut, il est certain du moins qu'elle est fort ancienne.

Joachim Du Bellay naquit vers 1525, à Lyré, sur la rive gauche de la Loire, à douze lieues au-dessus d'Angers. Il eut pour père Jean Du Bellay, sieur de Gonnor, capitaine de quarante lances fournies, c'est-à-dire de quarante hommes d'armes suivis d'un certain nombre d'archers, de valets et de chevaux, et gouverneur de Brest, qui avait épousé Renée Chabot, dame de Lyré, sa cousine. Besly a cru Joachim bâtard[2], mais Ménage a repoussé cette assertion, dénuée de tout fondement[3]. La terre de Gonnor passa à René Du Bellay, frère aîné

---

1. *Histoire de Sablé.*
2. *Histoire des comtes de Poitou*, p. 82.
3. *Ménagiana*, t. III, p. 82.

de Joachim ; celui-ci n'en fut jamais seigneur[1] ; il eut pour domaine son lieu natal, ce « petit Lyré » qu'il regrettait si fort pendant son voyage à Rome et qu'il préférait de bonne foi au « mont Palatin [2] ».

Nous manquons de documents sur Du Bellay, et nous ne savons guère de lui que ce qu'il nous en a dit lui-même ; par bonheur, ses poésies latines et françaises nous font connaître ses doctrines, ses passions et parfois jusqu'aux moindres événements de sa vie. Un des premiers en France, sans parti pris, sans propos délibéré, et, au contraire, comme à regret, il s'est adonné instinctivement à ce qu'on a nommé de nos jours la poésie *intime*, et il serait encore à cet égard un excellent modèle, si ce genre, purement individuel, comportait l'imitation.

Il a adressé, dans les derniers temps de sa vie, à Jean Morel, d'Embrun, son Pylade, une longue élégie latine qui a été fort utile à ses deux plus consciencieux biographes, Colletet[3] et M. Sainte-Beuve[4], et dont nous allons, à notre tour, traduire librement les passages principaux[5] :

« Privé, encore tout enfant, de mes parents, je suis, pour mon malheur, abandonné à la merci d'un frère. Sous sa tutelle, ma première jeunesse, qu'il eût fallu occuper par la culture des lettres, est perdue pour moi. Elle fut perdue comme en un vert jardin la fleur que nulle onde n'arrose, que nulle main ne cultive. A la mort de ce frère, lorsque j'étais parvenu à l'âge d'homme,

---

1. Goujet, *Bibliothèque françoise*, t. XII, p. 117.
2. Voyez t. II, page 182, la fin du sonnet XXXI.
3. *Vies des poëtes françois*. Manuscrit de la bibliothèque du Louvre. F. 2398, fol. 157-179.
4. *Notice sur Joachim Du Bellay*, publiée d'abord en tête de ses *Œuvres choisies*, Angers, V. Pavie, 1841, réimprimée à la suite du *Tableau de la poësie française au XVIe siècle*, p. 333-386 de l'édition de 1843.
5. Nous donnons le texte latin de toute la portion biographique de cette élégie dans l'*Appendice* qui suit notre Notice, n° I.

de nouveaux soins m'assaillirent. Je dus me charger d'un pupille, de mon neveu, que mon frère avait laissé à ma garde. Je prends donc à regret le fardeau de l'enfant et de la maison embarrassée de procès .... »

Le voilà bien loin déjà de ses premiers projets, de ses premiers rêves; dans sa verte jeunesse, vigoureux et adroit aux armes, il admirait, il honorait comme des dieux M. de Langey, ce héros également supérieur par son courage et son intelligence des affaires, et l'illustre cardinal Du Bellay. Leurs exemples auraient pu être pour lui les trophées de Miltiade, si à tant d'obstacles n'étaient venus se joindre ceux, plus invincibles encore, qui naissent d'une santé débile :

« Tout à coup surviennent des maladies et de cruelles souffrances qui me mettent aux portes du trépas. Ce mal m'enleva ma force accoutumée, me tourmenta deux ans et me cloua sur un lit de douleur. La muse me consola de ce triste accident et fut seule le remède à mes maux. Alors pour la première fois je lus les poëtes latins et grecs, alors je commençai à me faire connaître dans le chœur aonien. Qu'aurais-je fait, n'ayant aucun repos, aucun plaisir, n'ayant pas la libre disposition de moi-même ?... »

Cette tardive instruction nous a valu un poëte français hardi et original, un défenseur convaincu de notre langue en un temps où elle était encore inculte et méprisée. Si Du Bellay avait reçu dès son jeune âge l'instruction qui lui a manqué à cette époque, sa vive intelligence se serait développée dans une direction toute différente de celle qu'il lui a donnée; habile à manier les langues de l'antiquité, il eût, comme la plupart des érudits de son temps, dédaigné celle de son pays. Il n'est devenu si moderne et si national que par l'heureuse impuissance de faire autrement. Ce n'est pas là une supposition de notre part, mais un aveu de Du Bellay dont nous prenons acte. « Si ie vouloy', dit-il, gaingner quelque nom entre les Grecz & Latins, il y fauldroit employer le refte de ma vie, & (peult eftre) en vain, etant ia coulé de mon aage le temps le plus apte à l'etude : & me trouuant chargé d'affaires domeftiques, dont le foing eft affez fuffifant pour dégouter vn homme beaucoup plus ftudieux que moy [1]. »

Après s'être appliqué ainsi à la poésie française, d'abord par pur hasard, pour se distraire et « n'ayant ou paffer le temps », sans songer un instant à renoncer à la profession des armes à laquelle il semblait destiné, et tout en se promettant encore de « manier & l'epée & la plume [2] », il se convainquit bien vite que le lot qui lui était échu en partage était meilleur qu'il ne l'avait d'abord pensé : « Ie croy, dit-il, qu'à vn chacun fa Langue puyffe competemment communiquer toute doctrine [3]. » Vérité banale aujourd'hui, pensée hardie, dangereuse peut-être, à l'époque où il l'exprimait. Ailleurs, après avoir cité un passage où Cicéron déclare la langue latine plus riche que la langue grecque : « Ie ne veux pas, dit-il, donner fi hault loz à notre Langue, pour ce qu'elle n'a point encores fes Cicerons & Virgiles : mais i'ofe bien affeurer que fi les fcauans Hommes de notre Nation la daignoint autant eftimer que les Romains faifoint la leur, elle pouroit quelquesfoys, & bien toft, fe mettre au ranc des plus fameufes [4]. » Enfin, dans un autre endroit [5], il lui prédit les hautes destinées auxquelles elle ne devait parvenir que dans le siècle suivant. Du Bellay s'était adonné avec tant d'ardeur à cette étude et était si pénétré de son importance, qu'après s'être mis à travailler à la *Deffence & illuftration de la*

1. Tome I, p. 71.
2. Tome I, p. 71.
3. Tome I, p. 22.
4. Tome I, p. 30.
5. Tome I, p. 10.

langue Francoife, « ne penfant... au commencement faire plus grand œuure qu'vne epiftre, & petit aduertiffement au lecteur [1] », non-seulement il écrivit tout un traité, mais il s'excusa en le terminant de n'y point donner plus de développement, ne présentant son ouvrage que « comme vn Deffeing & Protraict de quelque grand & laborieux Edifice [2] », qu'il n'a par malheur jamais élevé.

Sa rencontre avec Ronsard, l'accusation de plagiat ou plutôt de vol qu'on prétend que ce poëte dirigea contre lui, l'examen de la part que Du Bellay prit à l'introduction du sonnet en France, appartiennent à l'histoire de la Pléiade tout entière et trouveront place dans notre *Étude générale*[3]; nous nous contenterons de remarquer ici que, le 20 mars 1548, un privilége commun est accordé au libraire Arnoul l'Angelier pour la *Deffence* et pour *l'Oliue*; le 15 février 1549, Du Bellay adresse au Cardinal « les premiers fruictz, ou pour myeulx dire, les premieres fleurs » de son printemps [4]. Le volume, qui commence par cette dédicace, ne renferme que la *Deffence*, mais il est ordinairement suivi de *l'Oliue*, qui semble avoir paru en même temps [5].

Ce titre assez bizarre d'*Oliue* désigne par anagramme une demoiselle Viole dont Du Bellay était amoureux, ou que du moins il avait choisie officiellement pour maîtresse poétique, afin de se conformer à une coutume générale à cette époque.

Personne n'a varié sur ce nom de Viole donné à la maîtresse de Du Bellay; Ménage disait le tenir de l'abbé Guyet et alléguait un passage, d'ailleurs assez obscur, de l'ode pour le tombeau de Du Bellay adressée à Charles

---

1. Tome I, p. 73.
2. Tome I, p. 64.
3. Voir le dernier volume.
4. Tome II, p. 2.
5. Tome I, p. 488, note 75.

Utenhove par Jacques Grevin[1]; Colletet, le plus compétent alors en ces questions d'histoire littéraire, dit savoir de bonne source qu'elle était Parisienne et de la noble famille des Viole, et Goujet la fait naître en Anjou, sans donner ses preuves, mais probablement d'après ces vers où Du Bellay s'adresse en ces termes au soleil[2] :

Et toy, qui fais du monde le grand tour,
 Bien que tu n'ay's au taureau faiƈt retour,
 En mile fleurs, & mil' & mil' encore,
Peins mes ennuiz, & qu'on y puiſſe lire
 Le nom qu'Aniou doit ſur tout autre elire
 Pour decorer celle qui le decore.

et plutôt encore d'après le xxiie sonnet de Guillaume des Autelz :

Doux du Bellay, du Bellay gracieux,
Voy que Pallas produyt ſa palle Oliue
En ta faueur fus l'Angeuine riue,
Pour l'honorer comme l'Attique, & mieux.

Comme s'il n'avait pas suffi des cinquante sonnets publiés en 1549 à la louange d'Olive, Du Bellay en porta le

---

1. Voici le passage :

Ie baſty dans ce plat-fond   *En vn Cygne qui ſ'eſgaye*
Les deux crouppes du haut mont   *Voyant ſa celeſte voye,*
Dont il print iadis ſa force :   *Et qui ia ſemble imiter*
Puis ie fay à demi-boſſe   *Celuy-là que Iuppiter*
Vn corps qui ſe conuertit   *Mit dans la plaine eſtoilee*
Deſia petit-à-petit   *Teſmoing d'vne violee.*

« Cette Violée, qui dans le sens du Poëte est Leda, dont Jupiter sous la forme d'un cygne trouva moyen de jouir, désigne en même temps cette Demoiselle Viole, dont étoit amoureux un autre cygne, savoir Joachim Du Bellay, cygne du Parnasse. »

(*Ménagiana*, tome IV, p. 4 et 5.)

2. Tome I, p. 118, sonnet LXXV.

nombre à cent quinze dans l'édition de 1550 ; mais il ne tarda guère à sentir le vide d'une pareille poésie, d'une semblable passion, et changeant complétement de style, dans une jolie pièce du recueil de 1553, adressée *à vne dame* qu'il aimait moins purement certes, mais peut-être un peu plus vivement que son Olive, il se vante en vers malins et naturels d'avoir « oublié l'art de pétrarquifer », et, se rappelant Horace, il s'écrie avec un accent retrouvé et rajeuni plus tard par Béranger :

> *Et qu'ainfi foit, quand les hyuers nuifans,*
>   *Auront feiché la fleur de voz beaux ans.....*
> *Qui penfez vous, qui vous aille chercher,*
>   *Qui vous adore, ou qui daigne toucher*
>   *Ce corps diuin, que vous tenez tant cher ?...*
> *N'attendez donq' que la grand'faux du Temps*
>   *Moiffonne ainfi la fleur de voz printemps* [1].

Déjà la seconde édition de *l'Oliue*, publiée en 1550, est suivie de quelques pièces excellentes qui ont passé inaperçues, et parmi lesquelles nous citerons surtout les vers *à Salmon Macrin fur la mort de fa Gelonis*, dont certaines strophes sont d'une grâce et d'une mélancolie exquises. Toutefois, à cette époque, à part de rares moments d'inspiration vraie, Du Bellay n'est guère remarquable que par cette merveilleuse facilité que ses contemporains admiraient, dont il se vantait volontiers et que plus tard on lui a reprochée bien injustement [2].

---

1. Voyez tome II, p. 337 et p. 555, note 65.

2.   *Ainfi Pafteurs cueillez & recueillez encor'*
   Le refte de l'orage & le riche threfor
   De fes vers doux-coulants, qui viuront d'âge en âge.
         (*Chant paftoral sur la mort de Ioachim Du Bellay*,
         par R. Belleau.)

Du Bellay a dit de lui-même :

    Et peult eftre que tel fe penfe bien habile,

Malgré un vif instinct d'indépendance et même de passagères velléités de révolte, il restait trop soumis au chef suprême de l'école à laquelle il appartenait, à Ronsard, dont le tempérament poétique s'éloignait considérablement du sien.

A son début, Du Bellay s'était montré franchement original dans sa *Deffence de la langue francoyse*, et, tout en y résumant avec éclat les principales doctrines de la Pléiade, il avait su y développer des principes plus généraux, et des vérités durables qui encore aujourd'hui ont leur utilité et trouvent leur application. Ses vers laissaient plus à désirer à beaucoup d'égards. Il exécutait, non sans éclat, des variations agréables sur le thème du maître; mais il n'avait pas encore trouvé dans ce vaste domaine de la poésie française, où il venait de faire invasion, l'humble coin de terre qui devait lui demeurer, le fonds personnel du vrai poëte.

Un voyage en Italie, qu'il a déploré comme le plus grand malheur de sa vie, le mit en pleine possession de son talent et fit définitivement ressortir son originalité poétique.

Il semble que cet admirateur délicat mais un peu exclusif des anciens aurait dû se passionner outre mesure pour cette Rome pleine de souvenirs; et qui n'aurait rien lu des poésies écrites par Du Bellay durant ce voyage s'attendrait à voir les réminiscences classiques se presser dans ses vers plus nombreuses que jamais.

Il n'en fut rien; Du Bellay, du reste, partit à Rome,

Qui trouuant de mes vers la ryme fi facile,
En vain trauaillera, me voulant imiter.
(Tome II, p. 168, sonnet II.)

Voyez aussi t. II, p. 400. — Regnier, dans sa Satire IX, adressée à Rapin et dirigée contre Malherbe et son école, blame ces rêveurs d'après lesquels

Des Portes n'eft pas net, Du Bellay trop facile.

non comme poëte, mais en qualité d'administrateur et d'homme d'affaires. Le cardinal, son parent, à qui il avait dédié son premier livre, la *Deffence de la langue francoyſe*, recherchait fort les personnes qui à une grande capacité joignaient beaucoup d'indépendance, des idées hardies et un haut mérite littéraire. Envoyé à Rome au mois de janvier 1534, au sortir de son ambassade en Angleterre, il y avait emmené, comme médecin, Rabelais, qui ne demeura près de lui que six mois ; près de vingt ans après, vers 1552, il s'attacha Joachim Du Bellay, qu'il garda quatre ans et demi en Italie [1].

A en croire le poëte, il commença ce funeste voyage sous les plus tristes auspices :

> . . . *Sur le ſueil de l'huis, d'vn ſiniſtre preſage,*
> *Ie me bleſſay le pied ſortant de ma maiſon,*

nous dit-il dans ses *Regrets* [2]. Une pièce de vers intitulée : *D'vn ſonge qu'il feit paſſant à S. Saphorin* [3], entre Roanne et Lyon, nous le montre ne pouvant dormir, se retournant « ſur l'hoſteliere plume » et voyant apparaître Guillaume Du Bellay, seigneur de Langey, frère du cardinal, qui, parti du Piémont en litière et fort malade, pour donner d'importants avis au Roi, avait expiré dans ce bourg le 9 janvier 1543. Il ne faudrait pas prendre trop au sérieux le détail de ces récits où percent encore les imitations classiques, mais nous voyons du moins, à n'en point douter, que Du Bellay fut assez sérieusement malade pendant ce voyage, qu'il fut pris de fièvre, de délire, et ne fut guéri que

---

1. Voyez tome II, p. 250, sonnet CLXVI, et ci-après le n° I de l'*Appendice*.
2. Tome II, p. 179, sonnet XXV.
3. Tome I, p. 328.

par la saignée, en l'honneur de qui il composa un sonnet tout rempli de reconnaissance [1].

A Lyon, il trouva un de ses amis, Guillaume des Autelz, qui écrivit deux pièces de vers sur cette rencontre [2], et se plaint ainsi dans l'une d'elles de n'avoir fait, pour ainsi dire, que l'apercevoir :

>*Ah, que bien tôt cette clarté me lache !*
>*Iaia, derrier les mons chenuz se cache,*
>*Retrogradant, ce soleil Angeuin.*

Une fois qu'il est arrivé à Rome on n'a plus à rechercher péniblement dans ses vers l'exactitude des faits sous la forme poétique, car, ainsi qu'il le déclare dans le premier sonnet des *Regrets*, ses écrits ne méritent plus d'autres noms

>*Que de papiers iournaux, ou bien de commentaires* [3].

S'il chante, c'est uniquement pour charmer ses ennuis, comme « le marinier en tirant à la rame [4] ». Mais sans s'en douter, il touche le but au moment même où il cesse d'y tendre ; l'isolement dont il se plaint, la tristesse qui l'envahit, le regret de la France, l'indignation que lui causent les mœurs de Rome, tout concourt à faire de l'élégant versificateur un véritable poëte ; séparé de ses amis, de ses rivaux, il rentre en lui-même, exprime avec simplicité ses propres sentiments au lieu de traduire ceux d'autrui, et les *Regrets*, ce recueil de

---

1. Tome I, p. 329-332.
2. *A. I. Du Bellay rencontré à Lyon en son chemin de Romme, epigramme.* — *A Ioachim Du Bellay trouué à Lyon lorsqu'il alloit à Romme.*
3. Tome II, p. 167, I.
4. Tome II, p. 173, XII.

sonnets sans lien apparent, forment, par un art mystérieux, une sorte de poëme continu qui n'a ni sujet ni intrigue, et se recommande pourtant par une très-réelle unité.

Les occupations et les ennuis de Du Bellay [1], le regret qu'il éprouve d'avoir quitté son cher Anjou et surtout son petit Lyré [2], les passe-temps de Rome [3], le carnaval [4], les combats de taureaux [5], l'effronterie des courtisanes alors fameuses : la Chassaigne, la Marthe, la Victoire [6], qui seules se promènent par les rues où les honnêtes femmes n'osent pas se montrer [7]; les possédées à qui l'on voit un moine « tafter hault & bas le ventre & le tetin [8] »; les intrigues du conclave,

Et pour moins d'vn efcu dix cardinaux en vente [9],

ne sont que les principaux traits de ce tableau si étendu et si varié. Enfin, dans chacune de ces pièces, le poëte, au lieu de se répandre en plaintes générales, adresse la parole à quelqu'un, ce qui répand dans tout l'ouvrage une grande vivacité. Le Roi, Marguerite de France, le cardinal Du Bellay, tous les protecteurs de Joachim, ses amis, ses ennemis, ceux qu'il regrette de ne plus voir, ceux qu'il voit tous les jours, passent sous nos yeux dans ses vers; il n'oublie ni les gens du cardinal : Le Breton, le secrétaire [10]; Maraud, qui apprête la sa-

1. Tome II, p. 174, XV, et p. 209, LXXXV.
2. Tome II, p. 176, XIX. p. 182, XXX et XXXI, et p. 186, XXXVIII.
3. Tome II, p. 209, LXXXIV.
4. Tome II, p. 223, CXII.
5. Tome II, p. 223, CXIII.
6. Tome II, p. 213, XCII, et p. 209, LXXXIIII.
7. Tome II, p. 216, XCIX.
8. Tome II, p. 215, XCVII.
9. Tome II, p. 207, LXXXI.
10. Tome II, p. 196, LVIII.

lade[1] ; ni Pierre, le barbier, qui conte « des nouuelles du Pape, & du bruit de la ville[2] ».

La différence des tons et des styles n'est pas moins frappante que celle des sujets et des personnages; bientôt Du Bellay s'aperçoit que le titre mélancolique de son livre ne convient pas à tout ce qu'il renferme, et il cherche ainsi à s'en excuser :

> .... *Tu diras que mal ie nomme ces Regretz,*
> *Veu que le plus fouuent i'vfe de mots pour rire.*
> .... *Ie ry, comme on dit, d'vn riz Sardonien*[3].

Ce recueil se forma peu à peu, au jour le jour, sans intention de publicité; c'est à peine si Du Bellay le laissait voir à ceux de la maison du cardinal qui lui étaient le plus familiers[4]; les peintures trop vives de la cour de Rome qui s'y trouvaient en si grand nombre ne permettaient guère de le communiquer aux Italiens, qui d'ailleurs ne prenaient qu'un faible intérêt à la poésie française, dont peu d'entre eux appréciaient bien toutes les finesses.

Fallait-il donc que Du Bellay renonçât au rôle de poëte à la mode apprécié et goûté à la cour ? Cela lui eût paru impossible. Écrire en italien lui était interdit: avant son voyage il déclare n'avoir entendu des poëtes de ce pays que ce que lui en a pu apprendre la communication familière de ses amis[5]. S'il faut lui attribuer quelques vers en cette langue, comme cela semble assez vraisemblable[6], ces essais mêmes prouvent qu'il ne pouvait songer à prétendre au titre de poëte italien.

---

1. Tome II, p. 194, LIV.
2. Tome II, p. 196, LIX.
3. Tome II, p. 205, LXXVII.
4. Voyez tome II, p. 532.
5. Voyez tome I, p. 72.
6. Voyez tome II, p. 554, note 53.

Que fit donc l'auteur de « l'*Exhortation aux Francoys d'ecrire en leur langue* [1]? » Il écrivit en latin, non toutefois sans s'en être excusé dans un joli sonnet à Ronsard, en s'autorisant avec une grâce touchante de l'exemple d'un poëte ancien avec lequel il avait plus d'un rapport.

Et quoy (Ronſard) & quoy, ſi au bord eſtranger
   Ouide oſa ſa langue en barbare changer
   Afin d'eſtre entendu, qui me pourra reprendre
D'vn change plus heureux? Nul, puis que le François,
   Quoy qu'au Grec & Romain egalé tu te ſois,
   Au riuage Latin ne ſe peult faire entendre [2].

Ce fut la poésie latine que Du Bellay chargea de chanter une passion bien différente de celle que lui avait inspirée son *Olive* angevine, adorée durant tant d'années avec un si patient respect.

Longtemps Du Bellay était demeuré insensible aux charmes des beautés romaines.

   Ie ne fais pas l'amour, ny autre tel ouurage,

dit-il dans ses *Regrets* [3]. Il demeura plus de quatre ans dans les mêmes dispositions, mais la vue de Faustine triompha de cette indifférence [4]. Cette Faustine était d'une telle beauté qu'elle mit aux prises les plus saints prélats revêtus de la pourpre [5].

1. Tome I, p. 57 et suivantes.
2. Tome II, p. 172, X.
3. Tome II, p. 176 XVIII.
4. Voyez ci-après l'*Appendice*, n° II.
5. *Non Sophiæ ſtudium doctos, non purpura Patres,*
    Nec clypeus texit fortia corda Ducum.
             (*Fauſtinæ velut quoddam ineſſe Amoris numen.*
        Poemata, f° 37 v°.)

   Inter ſe potuit ſanctos committere Patres

Ses yeux et ses cheveux noirs, la blancheur de neige de son beau front, ses joues vermeilles, ses lèvres de roses [1], charmèrent Du Bellay, envers qui, suivant toute apparence, elle se montra peu cruelle, puisque nous ne trouvons point dans ses œuvres une seule pièce où il déplore son martyre. Il donna bientôt à Faustine dans ses vers latins le nom de *Columba* [2], qu'il traduisit dans ses vers français par le charmant diminutif *Columbelle* [3], et il prit soin de ne nous laisser aucun doute sur l'origine de ce nom expressif [4]. Toutefois son bonheur dura peu. Il avait si bien oublié que Faustine fût mariée qu'il n'avait pas même songé à nous le dire; mais tout à coup, quoiqu'un peu tard, survient un vilain époux, glacé par l'âge; le cruel enlève Faustine du sein de sa mère, sans qu'elle ait rien mérité de tel, dit naïvement Du Bellay, qui se repent de ne pas s'être trouvé là pour voler au trépas, comme Corœbus quand Ajax entraîne Cassandre [5], et déplore que ce maudit mari n'ait pas usé envers sa Faustine et lui du stratagème employé par Vulcain à l'égard de Mars et de Vénus [6]. Privé d'une telle consolation, il erre, dévoré de jalousie, devant la porte de la maison où Faustine est enfermée avec son vieil

---

    Fauſtina, vſque adeo forma ſuperba fuit.
        (*Quanta ſit vis amoris in Fauſtina. Poemata*, f° 38 r°.)

1.   *Siue nigrantes oculos, comaſque,*
    Frontis aut latæ niueum nitorem,
    Seu genas ſpectes roſeas, roſiſque
       Picta labella.
        (*Ad Polydorum de Fauſtina. Poemata*, fol. 39 v°.)

2. *Cognomen Fauſtinæ. Poemata*, fol. 37 v°.
3. Tome II, p. 345.
4.   ... *Columbatim baſia longa dabas.* (*Poemata*, fol. 37 v°.)
5. Voyez ci-après le n° III de l'*Appendice*.
6. *De Vulcano & marito Fauſtinæ.* (*Poemata*, fol. 35 v°.)

époux ¹ ; et pendant dix jours il se traîne, brûlant de fièvre, épuisé par la toux, et, il faut bien le dire, par un rhume de cerveau, et buvant au lieu de vin des tisanes adoucissantes ². Bientôt le mari de Faustine, ne la trouvant pas sans doute encore en sûreté, la met dans un cloître où Du Bellay voudrait bien se voir enfermé ³ ; puis tout à coup, sans qu'on sache comment, elle lui est rendue, et il en remercie avec effusion Vénus à qui il avait voué des fleurs, des roses, des violettes et deux colombes ⁴.

Quand on a fait largement la part du langage poétique et des expressions convenues, on trouve dans tout ce récit un fond de vérité incontestable ; on s'aperçoit que Faustine est un personnage réel, et, malgré la liberté de mœurs de l'époque, on ne peut s'empêcher d'être surpris de telles confidences publiées avec nom d'auteur et privilége du roi, par un homme occupant la position de Du Bellay. Moins explicite dans ses *Regrets*, il ne fait qu'une allusion fort discrète à son aventure, et seulement lorsqu'elle est terminée ; il convient alors du charme secret qui l'a retenu à Rome, se compare à Ulysse, à Roger, parle de « la vergongne » qui le ronge, et proteste de son changement de vie ⁵.

Plus de quatre ans s'étaient écoulés depuis le séjour de Du Bellay à Rome ⁶, le lien par lequel il s'était

1. *Ad ianuam Faustinæ.* (Poemata, fol. 35 r°.)
2.   *Me fluens humor cerebro malignus,*
  Febris atque ardens, & anhela tuffis
  Iam decem totis retinet diebus
   Membra trahentem.
  Non mihi dulcis latices Lyæi,
  Sed fitim fedant medicata noftram
  Pocula...
      (Poemata, fol. 39 r°.)
3. *Optat fe inclufum cum Fauftina.* (Poemata, fol. 36 r°.)
4. *Votum ad Venerem.— Voti folutio.* (Poemata, fol. 40 et 41.)
5. Tome II, p. 210, 211, LXXXVII-LXXXIX.
6. Voyez ci-dessus, p. xvij, note 1.

trouvé un instant retenu était rompu, il soupirait après sa patrie ; son protecteur, qui avait à Paris d'importants intérêts à surveiller, l'en chargea et le renvoya en France.

Ses *Regrets* nous indiquent son itinéraire. Il revient par Venise, à qui il a consacré un sonnet des plus mordants, où il nous peint les doges qui « vont eſpouſer la mer »

> *Dont ilz ſont les maris, & le Turc l'adultere* [1].

Il passe ensuite les Grisons, ce qui lui paraît un supplice digne d'être réservé aux plus grands criminels [2], arrive parmi les Génevois

> *Que le bon Rabelais a ſurnommez Saulciſſes* [3],

et dont Du Bellay fait à son tour un portrait peu flatté qui lui a valu une vive réclamation poétique, à laquelle il a répondu par quatre sonnets [4]; enfin, dit-il :

> .... *Ie me trouuay, comme le filz d'Anchiſe,*
> *Entrant dans l'Elyſee, & ſortant des enfers,*
> *Quand apres tant de monts de neige tous couuers*
> *Ie vey ce beau Lyon, Lyon que tant ie priſe* [5].

A peine rentré dans cette France si regrettée, Du Bellay déplore son retour dans une assez longue pièce de vers latins adressée à Jean Dorat [6], et ramenée dans les *Regrets* aux proportions d'un simple sonnet. Revenu comme Ulysse d'un long et périlleux voyage, il

---

1. Tome II, p. 229, CXXV.
2. Tome II, p. 230, CXXVI.
3. Tome II, p. 230, CXXVII.
4. Tome II, p. 259-262.
5. Tome II, p. 231, CXXIX.
6. *Ad Ianum Auratum.* (*Poemata*, fol. 31 v°.)

n'a pas comme lui trouvé dans son logis un vieux chien pour le reconnaître, et, dévoré de chagrins, il est déjà prêt à regretter Rome :

> *Mille fouciz mordans ie trouue en ma maifon,*
> *Qui me rongent le cœur fans efpoir d'allegeance.*
> *Adieu donques (Dorat) ie fuis encor' Romain,*
> *Si l'arc que les neuf fœurs te meirent en la main*
> *Tu ne me prefte icy, pour faire ma vengeance* [1].

Si Du Bellay n'est pas devenu un poëte officiel, un écrivain en faveur, ce n'est pas faute d'avoir bien connu les conditions qu'avait alors à s'imposer celui qui aspirait à une situation de ce genre.

> *Tu dois veoir l'Italie, & les Alpes paffer* [2]...
> *Il fera bon auffi de te faire aduoüer*
> *De quelque Cardinal* [3].....

C'est dans une traduction d'une épître latine de Turnèbe « *fur vn nouueau moyen de faire fon proufit de l'eftude des lettres* », que Du Bellay s'exprime ainsi; et dans son *Poëte courtifan*, il complète le programme en indiquant les sujets que doit traiter l'écrivain qui a eu le soin de ne point négliger ces indispensables préliminaires.

> .... *Si les grands feigneurs tu veux gratifier,*
> *Argumens à propos il te fault efpier :*
> *Comme quelque victoire, ou quelque ville prife,*
> *Quelque nopce, ou feftin, ou bien quelque entreprife*
> *De mafque, ou de tournoy* [4]...

1. Tome II, p. 228, CXXII.
2. Tome I, p. 469.
3. Tome I, p. 470.
4. Tome II, p. 68.

Notre poëte a en réalité accompli avec beaucoup d'exactitude tout ce qu'il conseille ironiquement à ses confrères. Il a eu un cardinal pour protecteur, il a fait son voyage d'Italie, il a écrit en mainte occasion des vers de circonstance, il a même pris soin dans un *Difcours au Roy fur la poefie*[1] d'exposer en détail quelle est l'utilité du poëte pour la renommée d'un prince, et il a résumé en ces termes son opinion à ce sujet :

> ... *Pour vne gloire entiere*
> *Baftir à voftre nom, dire l'oferay bien,*
> *Que le poëte il fault ioindre à l'hiftorien.*

Mais, quoique doué d'une grande partie des qualités du poëte de cour, il manquait cependant de certaines de celles qui sont indispensables à cet emploi.

> *Ic veux qu'aux grands feigneurs tu donnes des deuifes,*
> *Ie veux que tes chanfons en mufique foyent mifes,*
> *Et à fin que les grands parlent fouuent de toy,*
> *Ie veux que lon les chante en la chambre du Roy*[2],

dit-il dans son *Poëte courtifan*. Il suivait pour son compte, mais assez mollement, ces utiles préceptes ; il n'était point du caractère de M. Jourdain : il ne suffisait pas, pour le rendre parfaitement heureux, qu'on eût parlé de lui dans la chambre du Roi ; et s'il songeait à son avancement, il se préoccupait encore plus de ses succès littéraires et poétiques. Il savait très-bien que ce qui attendait les poëtes de son caractère, c'était

> .... *la pauureté, des Mufes l'heritage,*
> *Laquelle eft à ceux-là referuee en partage,*

---

1. Tome I, p. 213 et suivantes.
2. Tome II, p. 68 et 69.

*Qui dedaignant la court, facheux & malplaiſans,
Pour allonger leur gloire, accourciſſent leurs ans*[1].

Et s'il supportait impatiemment cette douloureuse situation, il n'en était du moins surpris en aucune manière.

Du reste, le hasard, qui joue un si grand rôle à la cour, ne lui fut point favorable. Il se vit enlever successivement ses plus puissants protecteurs : de bonne heure il perdit la reine de Navarre ; Henri II mourut dans le brillant tournoi dont Du Bellay avait écrit les *Inſcriptions*; enfin Marguerite de France, qui plus que personne s'était intéressée à lui et à qui il avait voué une reconnaissance profonde, partit bientôt après en Savoie avec le duc Emmanuel-Philibert qu'elle venait d'épouser, et notre poëte, retenu depuis un mois à la chambre par une importune surdité, n'eut pas même la consolation de pouvoir lui faire ses adieux[2].

Cette infirmité datait de loin ; dans la *Complainte du deſeſperé*, publiée pour la première fois en 1552, Du Bellay en parle avec le plus profond chagrin[3]; plus tard elle diminua sensiblement, et le poëte écrivit alors en son honneur une pièce remplie d'enjouement, adressée à Ronsard, atteint de la même incommodité[4]; enfin, après quelques alternatives d'amélioration et d'empirement[5], il se trouva, dans les derniers temps de sa vie, presque entièrement séparé du monde par cette cruelle affection.

Eustache Du Bellay, archevêque de Paris, qui était loin, il est vrai, de se montrer favorable à son malheureux parent, le représente même dans une lettre qu'il

1. Tome II, p. 70 et 71.
2. Tome II, p. 474.
3. Tome II, p. 8-10 et p. 545, note 1.
4. Tome II, p. 399-406.
5. Voyez ci après l'*Appendice* n° IV, p. xxxvii.

écrit au cardinal, comme fort peu propre à s'occuper des affaires dont il était chargé :

« Fault, Monſeigneur, que ie vous die que deuant mon partement de Paris il eſtoit du tout ſourd... & quaſi ſans aucune eſperance de guariſon. *Scripto eſt agendum & loquendum cum eo.* Et au temps qui court il eſt beſoing auoir gens clairuoiants & oyants meſmement pour le fait de la Religion[1]. »

Dans un beau et touchant sonnet, adressé à Jacques Grévin, et qu'Aubert a négligé de recueillir[2], le pauvre Du Bellay, faisant sur lui-même un triste retour, se déclare prochain de sa vieillesse ; et en effet, dans l'état de santé où il se trouvait alors, ses trente-cinq ans étaient déjà lourds à porter ; mais ce qui lui pesait encore plus, c'étoit le tracas des affaires et surtout l'animosité de sa famille, qu'on a pu voir percer dans le court fragment que nous venons de rapporter, et dont nous avons aujourd'hui des preuves nombreuses dans les lettres de Du Bellay au Cardinal, découvertes à Montpellier par M. Revillout et jointes pour la première fois, dans notre édition, aux œuvres du poëte.

On y découvre a nu, dans leur douloureuse simplicité, les causes de ce vif chagrin, de ce découragement profond, amer, qui éclate à chaque instant dans ses derniers vers français et dans l'élégie à Morel[3], mais dont les motifs étaient restés en partie ignorés ; une fois instruit de ces circonstances, on comprend mieux comment l'irritable poëte, accablé de souffrance et d'affaires, aigri par la dureté et l'injustice de ses parents, succomba, encore si jeune, le soir du 1er janvier 1560, en rentrant

---

1. *Quelques mois de la vie de Ioachim Du Bellay*, par M. Révillout. Voyez la note 190 de notre tome II.
2. Tome II, p. 530.
3. Voyez ci-après l'*Appendice* n° I, p. xxxv.

chez lui après souper, à une apoplexie dont sa surdité toujours croissante n'avait été que le triste symptôme[1].

Suivant Goujet[2], il fut enterré à Notre-Dame de Paris, en la chapelle de S. Crépin et S. Crépinien, au côté droit du chœur, près de Louis Du Bellay, mais par malheur son épitaphe ne nous est point parvenue. Piganiol de la Force nous donne dans sa *Description de Paris*[3], pour nous en tenir lieu, celle qu'il se fit à lui-même et que nous avons placée à la suite de cette notice[4]. J'ai consulté vainement MM. de Gaulle et Mabille, qui préparent en ce moment la publication de l'*Épitaphier de Paris*; ils m'ont communiqué très-obligeamment l'épitaphe de René Du Bellay, évêque du Mans, et celle de Louis Du Bellay, archidiacre de Notre-Dame et conseiller au parlement de Paris, dont le tombeau était bien, comme le dit Goujet, au milieu de la chapelle de Saint-Crépin, mais ils n'ont rien trouvé de relatif à Joachim du Bellay, qui, du reste, n'ayant été chanoine de Notre-Dame que du 19 juin 1555 au 12 juin 1556[5], n'a probablement pas, quoi qu'en dise Goujet, été enterré dans cette église.

L'épitaphe de Du Bellay, qu'il ne faut point désespérer de découvrir quelque jour, fixerait divers points encore incertains de sa vie. Ces lacunes, du reste,

---

1. « Ceux qui font fujets à l'ébullition de fang, auec inflammation du cerueau, font en danger d'être fuffoqués, en la pleine lune, par la force des efprits qui le dilatent iufques à creuer, comme il arriua à Ioachim Du Bellay, poëte de mon temps, lorfqu'il f'en retournoit en fa maifon, venant de fouper. » (*Théâtre universel de Jehan Bodin*, traduit par François de Fougerolles, p. 885-886, passage cité par M. Ed. Fournier dans ses *Variétés historiques et littéraires*, tome X, p. 134.

2. *Bibliothèque françoise*, tome XII, p. 117.

3. Edition de 1742, tome I, p. 448 et suivantes.

4. Voyez ci-après l'*Appendice* n° V, p. xxxviij.

5. Voyez aux Archives de l'Empire, section historique LL 189, le registre intitulé *Nomenclatura*, fol. 109 recto.

sont peu regrettables; ce qu'on cherche avant tout dans la biographie d'un poëte, c'est l'histoire de ses travaux, de son influence, du souvenir qu'il a laissé.

Mort le premier parmi les poëtes de la Pléiade, Joachim Du Bellay reçut un abondant tribut d'hommages poëtiques. Les pièces françaises ont pour auteurs : Morel, Jacques Maniquet, Jacques Grévin, la damoiselle Deloines, Aubert de Poitiers et R. Belleau. Nous n'avions pas à les joindre à notre édition, mais nous aurons soin de donner celle de R. Belleau dans ses œuvres.

Les plus chers amis de Du Bellay, et en particulier Morel et Aubert, s'occupèrent de réunir ses œuvres françaises en un seul recueil, dont la dédicace est datée du 20 novembre 1568[1]. C'est cette édition, souvent réimprimée, que nous avons prise pour base de notre travail, en ayant soin toutefois d'en vérifier le texte sur les impressions originales et de la compléter par de nombreuses additions.

Nous n'avons voulu dans cette courte biographie qu'indiquer comment on peut trouver l'histoire de la vie, des opinions et des sentiments de Du Bellay dans ses œuvres, et donner au lecteur l'envie de l'y chercher; notre *Étude sur la Pléiade* lui fera connaître le rôle et la part d'influence de ce poëte sur la littérature de son temps. S'il lui plaît de suivre Du Bellay, devenu homme d'affaires, dans le détail un peu technique de ses occupations et de ses mécomptes, il fera bien de lire le curieux mémoire de M. Révillout; enfin, s'il désire, pour bien connaître l'écrivain, s'aider de l'appréciation délicate et sûre d'un juge souverain en ces matières, il aura recours à la notice placée par M. Sainte-Beuve, en 1841, en tête d'une édition des *Œuvres*

---

1. Voyez un extrait de cette dédicace, ci-après n° VI de l'*Appendice*, p. xxxviij-xl.

choisies de Du Bellay, et surtout aux trois excellents articles qu'il vient de publier dans le *Journal des Savants* et dont notre édition a eu le mérite, à défaut d'autre, de fournir l'occasion[1].

1. Pour la notice de M. Sainte-Beuve, voyez ci-dessus, p. x, note 4. Quant aux articles du *Journal des Savants*, ils se trouvent dans les n⁰ˢ d'avril, de juin et d'août de l'année 1867. Si nous pouvons les citer ici, en tête de l'ouvrage qui y a donné lieu, c'est parce que la présente notice n'a paru qu'à la fin de notre travail, un peu après la publication du dernier volume.

APPENDICE

I

IOACHIMI BELLAII

ELEGIA AD IANVM MORELLVM EBRED. PYLADEM SVVM[1].

. . . . , ...
Sum furdus : non furda tamen funt pectora nobis,
  Noftra fuas etiam mens habet auriculas.....
Notus eram Henrico Regi, Regifque Sorori,
  Nec modo notus eram, fed quoque charus eram.
Francifco ignotus, fed non ignotus & hofpes
  Seu Catharina tibi, feu Lotarene tibi....
Et mihi robur erat, nec prorfus inutilis armis
  Dextera, dum viridis noftra iuuenta fuit.
Namque animos facerent, exempla domeftica nobis
  (Vt reliquos taceam) Langius ipfe dabat ;
Langius ille tuus, fimilem cui Gallia nullum
  Ingenio, dextra, confilioue tulit ;
Quem conferre foles prifcis heroïcus vnum
  Quemque vnum hæc ætas vidit & obftupuit.
Ille etiam mentem ftimulis vrgebat honeftis
  Pierii Ianus gloria prima chori :

1. Cette élégie se trouve à la fin d'un mince volume in-4º intitulé : *Ioachimi Bellaii Andini poetæ clarissimi xenia seu illustrium quorundam nominum allusiones...*, Parisiis, apud F. Morellum, 1569.

Purpurei Ianus princepsque decusque Senatus,
 Quem Ianum vt geminum maxima Roma colit.
Hos ego præcipue, gentis duo lumina nostræ,
 Suspexi fratres, vtque Deos colui.
Hæc mihi Miltiadis poterant velut esse trophæa,
 Hi stimuli, hæc animo maxima cura meo.
Sed magnis inimica mihi sors obstitit ausis,
 Ne mea me virtus tollere posset humo.
Vix puero mihi namque parens ereptus vterque
 Fraterno miserum deserit arbitrio.
Sub quo prima perit nobis inculta iuuenta.
 Quam decuit studiis excoluisse bonis,
Illa mihi periit viridi ceu flosculus horto,
 Quem nulla vnda rigat, nec manus vlla colit.
Fraterno interitu, nobis cum firmior ætas
 Iam foret, accessit tum noua cura mihi.
Pupilli noua cura fuit subeunda nepotis,
 Quem fidei frater liquerat ipse meæ.
Ergo onus inuitus subeo puerique domusque
 Accisæ, & variis litibus implicitæ.....
Continuo excipiunt morbi, sæuique dolores,
 Queis prope Lethæas vidimus, vmbra, domos.
Hoc solitum eripuit robur, binosque per annos
 Vexauit misero detinuitque toro.
Hic mihi musa fuit casus solamen acerbi,
 Sola fuit nostris musa medela malis.
Tum primum Latios legi, Graiosque Poetas,
 Tum cœpi Aonio cognitus esse choro.
Quid facerem cui nulla quies, cui nulla voluptas,
 Qui non ipse mihi pene relictus eram?
Mittitur interea Romam Bellaius ille,
 Quo duce Laurentis vidimus arua soli.
Nec dum totus erat depulsus corpore languor,
 Alpibus & duris ille sequendus erat.
Sed mihi per Scythicas rupes, & inhospita saxa,
 Illum dum sequerer, molle fuisset iter!
Illic assiduus domini dum iussa capesso,
 Quarta redit messis, quarta recurrit hyems.
Tum demum in patriam (sic res tunc poscere visa est)
 Dimissos Roma nos remeare iubet,
Et sua committit curanda negocia nobis,
 Expertus nostram scilicet ante fidem.
Hic quot pertulerim noctesque diesque labores,
 Munere dum fungor sedulus ipse meo,
Testis, qui obsequium nostrum mentemque probauit,

Paupertas testis nostraque semper erit:
Nam tali officio fungi pulchre, atque beate
  Cum possem, & rerum tradita summa foret,
Vltro deposui lætusque libensque volensque,
  Nec propria motus commoditate fui.
Successore alio dum res ageretur herilis,
  Quod cura effectum quis neget esse mea?
Quam bene apud memores nostri stet gratia facti
  Nec memorare libet, nec meminisse iuuat:
Testetur potius missis qui sæpe tabellis
  Hoc probat, iratus sit licet ille mihi.
Iratum insonti nostræ fecere camænæ
  Iratum malim qui vel habere Iouem.
Hei mihi Peligni crudelia fata Poëtæ,
  Hic etiam fatis sunt renouata meis:
Eheu sola mihi nocuit male grata camæna,
  Artifici nocet hic ars quoque sola suo.
Sed non sola nocet: grauius nocet inuida lingua,
  Quæ nostri caput est, fons, & origo mali.
. . . .
Hæc mecum assiduis solitus iactare querelis,
  Optabam vitæ rumpere fila meæ.
Iane (fatebor enim) talem tunc mente dolorem
  Concepi, vt mirer non potuisse mori.
Certè cum medicis luctatus tempore longo,
  Viribus amissis, qui prope victus eram,
Sæuior hinc iterum morbus grauiorque recurrit,
  Iamque ferox renuit ferre medentis opem.
At luctum & lacrymas mœsta de mente fugaui,
  Hunc fructum capiens ex pietate mea.
. . . .
Hi nihil in nostram possent cum inquirere vitam,
  Iniecére feras in mea scripta manus;
Atque sacrum nobis, ac inuiolabile nomen
  Dixerunt libris me lacerasse meis.
Tartara sed nobis opto prius ima dehiscant,
  Quam tantum possim mente agitare nefas,
Vt mihi qui pater est, qui sancti numinis instar,
  Impius hunc scriptis heu violasse velim.

II

FAVSTINAM PRIMAM FVISSE
QVAM ROMÆ ADAMAVERIT[1]

Ipse tuas nuper temnebam, Roma, puellas :
  Nullaque erat tanto de grege bella mihi.
Et iam quarta Ceres capiti noua serta parabat,
  Nec dederam sæuo colla superba iugo.
Risit cæcus Amor. Tu vero hanc, inquit, amato :
  Faustinam nobis indicat ille simul.
Indicat, & volucrem neruo stridente sagittam
  Infixit nobis corda sub ima puer.
Nec satis hoc; tradit formosam in vincla puellam,
  Et sacræ cogit clauſtra subire domus.
Haud prius illa tamen nobis erepta fuit, quam
  Venit in amplexus terque quaterque meos.
Scilicet hoc Cypris nos acrius vrit, & ipse
  Altius in nostro pectore regnat Amor.

III

QVOMODO RAPTA FVERIT FAVSTINA[2].

Cum te crudelis nuper nil tale merentem
  Materno coniux velleret e gremio,
Tendentemque manus traheret, paſſiſque capillis,
  Quid tibi tunc sensus, quid tibi mentis erat?

---

1. *Ioachimi Bellaii Andini poematum libri quatuor.* Parisiis, apud Federicum Morellum, 1558, in-4°, fol. 34 v°.
2. *Poematum libri quatuor,* fol. 38 r°.

Fama est flebilibus mœstam te vlulasse querelis,
  Sæpius & nomen congeminasse meum ;
Et nunc crudelem demissa voce maritum,
  Nunc matrem lacrymis sollicitasse piis.
Stat ferus ille tamen, spernit que precantia verba,
  Verba vel immanes apta mouere feras.
Hei mihi, cur mœstis cum impleres questibus vrbem,
  Non potui infœlix obuius esse tibi!
Haud secus atque olim furiata mente Corœbus,
  Cassandram cum Aiax impius extraheret,
Tunc me iniecissem medium moriturus in agmen,
  Nullaque mors toto notior orbe foret.

IV

IOACH. BELLAIVS C. VTENH. SVO S[1].

Iam tandem saxum & truncus esse desii, mi Carole; factus sum enim ex surdo surdaster : speroque breui, Deo iuuante, melius me habiturum. Interea, si lubet, & vacat, vellem te paucis. Iamdudum vt scis parturio illas meas, vel potius tuas allusiones : sed vide vt quod cœpisti perficias : nam nisi hic mihi obstetricem præstes, vel Lucinam potius, citius Elephanti parient. Pluribus per otium tecum agam. Interim vale, & nos, vt facis, redama.

Vale. Cal. Martis. Anno M.D.LIX.

1. Cette lettre de Du Bellay à Charles Utenhove se trouve dans un volume in-4° intitulé : *Epitaphium in mortem Henrici Gallorum regis... per Carolum Vtenhouium... & alios, duodecim linguis.* Paris, Rob. Estienne. M.D.LX.

V

TVMVLVS

SVI IPSIVS[1].

Clara progenie, & domo vetufta
(Quod nomen tibi fat meum indicarit)
Natus, contegor hac (viator) vrna.
Sum Bellaius, & poëta : iam me
Sat nofti, puto. Num bonus poëta,
Hoc verfus tibi fat mei indicarint.
Hoc folùm tibi fed queam (viator)
De me dicere : me pium fuiffe,
Nec læfiffe pios : pius fi & ipfe es,
Manes lædere tu meos caueto.

VI

EPISTRE AV ROY[2].

... A fin que ie ne perde le temps à parler des anciens Poëtes, ie diray de ceux de noftre âge, dont i'ay cognu les plus excellents auec familiarité, qu'il n'y auoit celuy d'eulx qui ne fuft propre & capable du maniement des haults affaires, f'ils y euffent efté employez, auffi bien comme la gayeté de leur ieuneffe les auoit attirez & entretenus aux douceurs de la Poëfie. Mais entre tous, Sire, ie puis affeurer du defunct Sieur du Bellay, que ceux qui l'ont cognu, l'ont trouué prompt & aigu en inuentions, difcret & modefte en paroles, fubtil en fes difcours, doux en fa conuerfation, preuoyant és chofes foub-

---

1. *Poematum libri quatuor*, fol. 60 1°.
2. Cette épître a paru en tête du Recueil d'Aubert.

sonneuses, ouuert en celles qui estoient asseurees, iuste & entier en
ses promesses, & au surplus tousiours garny d'vn si bon nombre de
considerations, qu'il estoit autant difficile aux mauuais de le tromper,
comme aux bons chose facile de s'en ayder. Auec toutes lesquelles
parties, Sire, ioinct la cognoissance des langues & sa bonne erudition, qui sont assez tesmoignees en ses Oeuures, il pouuoit vn iour
vous faire seruice agreable & profitable, si vne mort inopinee n'eust
mis fin à sa vie, lors qu'il estoit en la fleur de son âge, & en la force
de sa bonne volonté. Or apres son decez, le Sieur de Morel amateur
de toutes vertus, ayant le commandement du defunct Roy de bonne
memoire, vostre frere que Dieu absolue, feit soigneusement recueillir
non seulement ce que le Sieur du Bellay auoit faict imprimer durant
sa vie, mais aussi ce qui n'auoit encores esté publié : & apres en auoir
communiqué auecques les plus affectionnez amis de l'Auteur, ils adui-
serent ensemblément, que pour ne frustrer vostre Royaume ny voz
suiects, Sire, du profit & du plaisir qu'ils en receuroient, ce seroit
chose digne de leur bonne affection enuers le public, & de leur ancienne amitié enuers le feu Sieur du Bellay, de faire mettre toutes ses
œuures en lumiere, de façon qu'à l'aduenir rien ne s'en peust facilement esgarer. Mais par ce que selon la coustume, il estoit tresbien
seant de leur choisir vn protecteur qui les sceust defendre de l'enuie
des mesdisans (au moins s'il s'en trouuoit de si malings, qui eussent
encores gardé quelque reste de fiel, pour souiller la renommee du feu
Sieur du Bellay, iusques a present) nous auons tous esté d'aduis qu'à
vostre Maiesté seule, Sire, appartenoit de plein droict la protection
de ses œuures, à fin que celuy qui estoit entierement vostre durant sa
vie, demeurast encores plus que iamais vostre apres sa mort. A laquelle faueur, Sire, vostre Maiesté sera d'autant plus facile, par ce
que le feu Sieur du Bellay auoit receu cest honneur du feu Roy Henry
vostre Pere, Prince tresmagnanime & tres-iuste, d'estre couché sur son
estat au rang de ses affectionnez & agreables seruiteurs : & qui plus
est, Sire, le seul nom Du Bellay rend entierement vostre, tout ce qui
en est denommé, ou apparenté, ou allié. Car s'estant trouué de ceste
famille tant de notables personnages au seruice des Roys voz prede-
cesseurs, mesmes les deux freres & vn nepueu de nostre Auteur, dont
les deux en leur ieunesse estoient Capitaines de cheuaux legers, &
l'autre estoit employé en Allemaigne pour y entretenir les intelligences encommencees par feu messire Guillaume Du-Bellay Sieur de
Langey, qui depuis fut Lieutenant general du defunct grand Roy
François vostre ayeul, dela les monts : Et encores au iourd'huy,
Sire, ayant à vostre seruice le Sieur de la Mauuoysiniere Cheualier
de vostre ordre, Capitaine d'hommes d'armes de voz ordonnances,
beaufrere du feu Sieur Du-Bellay, & le Sieur de Liré son fils (lequel
pour le bon deuoir qu'il feit à la derniere bataille deuant S. Denys,
fut iugé par toute la compagnie digne de la Lieutenance de son pere,
encores qu'il n'eust attaint l'age de vingt ans) auec bon nombre d'au-

tres Seigneurs & Gentils-hommes yſſus ou alliez de la meſme maiſon Du-Bellay, qui ont touſiours eu leurs perſonnes & leurs vies preſtes à reſpandre pour vous faire fidele ſeruice : Il ne ſe pourra faire, Sire, que ceſte Poëſie, qui eſt grandement recommendable d'elle meſmes, ne vous ſoit encores plus agreable, pour eſtre yſſue d'vne famille du tout deuouee & conſacree à la grandeur de voſtre Maieſté... De Paris ce 20. de Nouembre, 1568.

LA

DEFFENCE ET ILLVSTRATION

DE LA LANGVE FRANCOYSE[1]

A MONSEIGNEVR

LE REVERENDISSIME

CARDINAL DV BELLAY S.

EU le Perſonnaige que tu ioues au Spectacle de toute l'Europe, uoyre de tout le Monde, en ce grand Theatre Romain, ueu tant d'affaires, & telʓ, que ſeul quaſi tu souſtiens : ó l'Honneur du ſacré College ! pecheroy'-ie pas (comme dit le Pindare Latin[2]) contre le bien publicq', ſi par longues paroles i'empeſchoy' le tens que tu donnes au ſeruice de ton Prince, au profit de la Patrie[3], & à l'accroiſſement de ton immortelle renommée ? Epiant donques quelque heure de ce peu de relaiʓ que tu prens pour reſpirer ſoubʓ le peſant faiʓ des affaires Francoyſes

(charge urayement digne de si robustes epaules, non moins que le Ciel de celles du grand Hercule) ma Muse a pris la hardiesse d'entrer au sacré Cabinet de tes sainctes & studieuses occupations : & la, entre tant de riches & excellens uœuz de iour en iour dediez à l'Image de ta grandeur, pendre le sien humble & petit, mais toutesfois bien heureux s'il rencontre quelque faueur deuant les yeux de ta bonté, semblable à celle des Dieux immortelz, qui n'ont moins agreables les pauures presentz d'vn bien riche uouloir que ces superbes & ambicieuses offrandes. C'est en effect la Deffence & Illustration de nostre langue Francoyse. A l'entreprise de laquele rien ne m'a induyt que l'affection naturelle enuers ma Patrie, & à te la dedier, que la grandeur de ton nom : afin qu'elle se cache (comme soubz le Bouclier d'Aiax) contre les traictz enuenimez de ceste antique Ennemye de uertu, soubz l'umbre de tes esles. De toy dy-ie, dont l'incomparable Sçauoir, Vertu & conduyte, toutes les plus grandes choses, de si long tens de tout le Monde sont experimentées, que ie ne les sçauroy' plus au uif exprimer que les couurant (suyuant la ruse de ce noble peintre Tymante⁴) soubz le uoyle de silence. Pour ce que d'une si grande chose il uault trop myeux (comme de Carthage disoit T. Liue⁵) se taire du tout que d'en dire peu. Recoy donques auecques ceste accoustumée Bonté, qui ne te rend moins aymable entre les plus petiz que ta Vertu & Auctorité venerable entre les plus grands, les premiers fruictz, ou pour myeulx dire, les premieres fleurs du Printens de celuy qui en toute Reuerence & Humilité bayse les mains de ta R. S. Priant le Ciel te departir autant de heureuse & longue uie, & à tes haul-

*tes entreprises estre autant favorable, comme enuers toy
il a eté liberal, uoyre prodigue, de ses Graces. A Dieu.
De Paris ce. 15. de Feurier. 1549.*

¶ L'autheur prye les Lecteurs differer leur iugement
iusques à la fin du Liure, & ne le condamner sans auoir
premierement bien veu & examiné ses raisons.

LA

DEFFENCE ET ILLVSTRATION

DE LA LANGVE FRANCOISE.

LIVRE PREMIER.

L'Origine des Langues.
CHAP. I.

SI la Nature (dont quelque Perfonnaige de grand' renommée non fans rayfon a douté, fi on la deuoit appeller Mere, ou Maratre[a]) euft donné aux Hommes vn commun vouloir & confentement, outre les innumerables commoditez qui en feuffent procedées, l'Inconftance humaine n'euft eu befoing de fe forger tant de manieres de parler. Laquéle diuerfité & confufion fe peut à bon droict appeller la Tour de Babel. Donques les Langues ne font nées d'elles mefmes en façon d'Herbes, Racines & Arbres : les vnes infirmes & debiles en leurs efpéces, les autres faines & robuftes, & plus aptes à porter le faiz des conceptions humaines : mais toute leur vertu est née au monde du vouloir & arbitre des mortelz. Cela (ce me semble) est vne grande rayson pourquoy on ne doit ainsi louer vne Langue & blamer l'autre : veu qu'elles viennent toutes d'vne mesme source & origine : c'est la fantasie des hommes; & ont eté formées d'vn mesme iugement, à vne mesme fin : c'est pour signifier entre nous les conceptions & intelligences de l'esprit. Il est vray que par succession de tens les vnes, pour auoir eté plus curieusement reiglees, sont deuenues plus riches que les autres : mais cela ne se doit attribuer à la felicité desdites Langues, ains au seul artifice & industrie des hommes. Ainsi donques toutes les choses que la Nature a creées (a), tous les Ars & Sciences, en toutes les quatre parties du monde, sont chacune endroict soy vne mesme chose : mais pour ce que les hommes sont de diuers vouloir, ilz en parlent & escriuent diuersement. A ce propos, ie ne puis assez blamer la sotte arrogance & temerité d'aucuns de notre nation, qui n'etans riens moins que Grecz, ou Latins, deprisent & reietent d'vn sourcil plus que Stoïque toutes choses ecrites en Francois : & ne me puys assez emerueiller de l'etrange opinion d'aucuns scauans qui pensent que nostre vulgaire soit incapable de toutes bonnes lettres & erudition, comme si vne inuention pour le Languaige seulement deuoit estre iugée bonne ou mauuaise. A ceux la ie n'ay entrepris de satisfaire. A ceux cy ie veux bien (s'il m'est possible) faire changer d'opinion, par quelques raisons que brefuement (b) i'espere deduyre : non que ie me sente plus cler voyant en cela, ou autres choses, qu'ilz ne sont, mais pour ce que l'affection qu'ilz portent aux langues estrangieres ne permet qu'ilz veillent faire sain & entier iugement de leur vulgaire.

(a) Ainsi dans l'édition de 1561; *crées* ou *crees*, dans les premières.

(b) Ainsi dans les premières éditions; *briefuement* dans celle de 1561.

Que la Langue Francoyſe ne doit eſtre nommée Barbare.
CHAP. II.

Pour commencer donques à entrer en matiere, quand à la ſignification de ce mot *Barbare* : Barbares anciennement etoint nommez ceux qui ineptement parloint Grec. Car comme les etrangers venans à Athenes s'efforcoint de parler Grec, ilz tumboient ſouuent en ceſte voix abſurde βάρβαρας (a). Depuis les Grecz tranſporterent ce nom aux meurs brutaux & cruelz, appellant toutes nations, hors la Grece, Barbares. Ce qui ne doit en rien diminuer l'excellence de notre Langue, veu que ceſte arrogance Greque, admiratrice ſeulement de ſes inuentions, n'auoit loy ny priuilege de legitimer ainſi ſa Nation, & abatardir les autres, comme Anacharſis diſoit, que les Scythes etoint Barbares entre les Atheniens, mais les Atheniens auſſi entre les Scythes⁷. Et quand la barbarie des meurs de notz Anceſtres euſt deu les mouuoir à nous apeller Barbares, ſi eſt ce que ie ne voy point pourquoy on nous doiue maintenant eſtimer telz, veu qu'en ciuilité de meurs, equité de loix, magnanimité de couraiges, bref en toutes formes & manieres de viure non moins louables que profitables, nous ne ſommes rien moins qu'eux : mais bien plus, veu qu'ilz ſont telz maintenant que nous les pouuons iuſtement apeller par le nom qu'ilz ont donné aux autres. Encores moins doit auoir lieu, de ce que les Romains nous ont appellez Barbares, veu leur ambition & inſatiable faim de gloyre, qui tachoint non ſeulement à ſubiuguer, mais à rendre toutes autres nations viles & abiectes aupres d'eux, principalement les Gauloys, dont ilz ont receu plus de honte & dommaige que des au-

---

(a) Ainsi dans les premières éditions; *Barbaras* en italique dans celle d'Aubert.

tres. A ce propos, fongeant beaucoup de foys d'ou vient que les geftes du peuple Romain font tant celebrés de tout le Monde, voyre de fi long interuale preferés à ceux de toutes les autres Nations enfemble, ie ne treuue point plus grande raifon que cefte cy : c'eft que les Romains ont eu fi grande multitude d'Ecriuains, que la plus part de leur geftes (pour ne dire pis) par l'Efpace de tant d'années, ardeur de batailles, vaftité d'Italie, incurfions d'eftrangers, f'eft conferuée entiere iufques à noftre tens. Au contraire les faiz des autres nations, fingulierement des Gauloys, auant qu'ilz tumbaffent en la puyffance des Francoys, & les faiz des Francoys mefmes depuis qu'ilz ont donné leur nom aux Gaules, ont eté fi mal recueilliz, que nous en auons quafi perdu non feulement la gloyre, mais la memoyre. A quoy a bien aydé l'enuie des Romains, qui comme par vne certaine coniuration confpirant contre nous, ont extenué en tout ce qu'ilz ont peu notz louanges belliques, dont ilz ne pouuoint endurer la clarté : & non feulement nous ont fait tort en cela, mais pour nous rendre encor' plus odieux & contemptibles, nous ont appellez brutaux, cruelz & Barbares. Quelqu'vn dira : pourquoy ont-ilz exempté les Grecz de ce nom? pource qu'ilz fe feuffent fait plus grand tort qu'aux Grecz mefmes dont ilz auoint emprunté tout ce qu'ilz auoint de bon, au moins quand aux Sciences & illuftration de leur Langue. Ces rayfons me femblent fuffifantes de faire entendre à tout equitable Eftimateur des chofes, que noftre Langue (pour auoir eté nommés Barbares ou de noz ennemys ou de ceux qui n'auoint Loy de nous bailler ce Nom) ne doit pourtant eftre deprifée, mefmes de ceux aux quelz elle eft propre & naturelle, & qui en rien ne font moindres que les Grecz ou Romains.

*Pourquoy la Langue Francoyſe n'eſt ſi riche
que la Greque & Latine.*

CHAP. III.

Et si noſtre Langue n'eſt ſi copieuſe & riche que la
Greque ou Latine, cela ne doit eſtre imputé au default
d'icelle, comme ſi d'elle meſme elle ne pouuoit iamais
eſtre ſi non pauure & ſterile : mais bien on le doit attribuer à l'ignorance de notz maieurs, qui ayans (comme
dict quelqu'vn, parlant des anciens Romains*) en plus
grande recommendation le bien faire que le bien dire,
& mieux aymans laiſſer à leur poſterité les exemples de
vertu que les preceptes, ſe ſont priuez de la gloyre
de leurs bien faitz, & nous du fruict de l'immitation d'i-
ceux : & par meſme moyen nous ont laiſſé noſtre
Langue ſi pauure & nue, qu'elle a beſoing des ornementz, & (ſ'il fault ainſi parler) des plumes d'autruy.
Mais qui voudroit dire que la Greque & Romaine
euſſent touſiours eté en l'excellence qu'on les a vues
du tens d'Homere & de Demoſthene, de Virgile &
de Ciceron ? Et ſi ces aucteurs euſſent iugé que iamais
pour quelque diligence & culture qu'on y euſt peu
faire, elles n'euſſent ſceu produyre plus grand fruict,
ſe feuſſent ilz tant eforcez de les mettre au point ou nous
les voyons maintenant ? Ainſi puys-ie dire de noſtre
Langue, qui commence encores à fleurir ſans fructifier,
ou plus toſt, comme vne Plante & Vergette, n'a point
encores fleury, tant ſe fault qu'elle ait apporté tout le
fruict qu'elle pouroit bien produyre. Cela certainement
non pour le default de la Nature d'elle, auſſi apte à engendrer que les autres : mais pour la coulpe de ceux
qui l'ont euë en garde, & ne l'ont cultiuée à ſuffi-
ſance, ains comme vne plante ſauuaige, en celuy
meſmes Deſert, ou elle auoit commencé à naitre, ſans

iamais l'arroufer, la tailler, ny defendre des Ronces &
Epines qui luy faifoint vmbre, l'ont laiffée enuieillir
& quafi mourir. Que fi les anciens Romains euffent
eté auffi negligens à la culture de leur Langue, quand
premierement elle commença à pululer, pour certain
en fi peu de tens elle ne feuft deuenue fi grande. Mais
eux, en guife de bons Agriculteurs, l'ont premierement
tranfmuée d'vn lieu fauuaige en vn domeftique : puis
affin que plus toft & mieux elle peuft fructifier, coupant
à l'entour les inutiles rameaux, l'ont pour echange
d'iceux reftaurée de Rameaux francz & domeftiques,
magiftralement tirez de la Langue Greque, les quelz
foudainement fe font fi bien entez & faiz femblables à
leur tronc, que deformais n'apparoiffent plus adoptifz,
mais naturelz. De la font nées en la Langue Latine ces
fleurs & ces fruictz colorez de cete grande eloquence,
auecques ces nombres, & cete lyaison fi artificielle :
toutes les quelles chofes non tant de fa propre nature
que par artifice, toute Langue a coutume de produyre.
Donques fi les Grecz & Romains plus diligens à la culture de leurs Langues que nous à celle de la noftre,
n'ont peu trouuer en icelles, finon auecques grand labeur & induftrie, ny grace, ny Nombre, ny finablement aucune eloquence, nous deuons nous emerueiller fi noftre vulgaire n'eft fi riche comme il pourra bien
eftre, & de la prendre occafion de le meprifer comme
chofe vile, & de petit prix? Le tens viendra (peut eftre)
& je l'efpere moyennant la bonne deftinée Francoyfe,
que ce noble & puyffant Royaume obtiendra à fon tour
les refnes de la monarchie, & que noftre Langue (fi
auecques Francoys n'eft du tout enfeuelie la Langue
Francoyfe) qui commence encor' à ieter fes racines,
fortira de terre, & f'eleuera en telle hauteur & grof-
feur qu'elle fe poura egaler aux mefmes Grecz & Romains, produyfant comme eux des Homeres, Demo-
fthenes, Virgiles & Cicerons, auffi bien que la France
a quelquesfois produit des Pericles, Nicies, Alcibiades,
Themiftocles, Cefars & Scipions.

Que la langue Francoyſe n'eſt ſi pauvre que beaucoup l'eſtiment.

CHAP. IIII.

Ie n'eſtime pourtant noſtre vulgaire, tel qu'il eſt maintenant, eſtre ſi vil & abiect, comme le font ces ambitieux admirateurs des Langues Greque & Latine, qui ne penſeroint, & feuſſent ilz la meſme Pythô, Déeſſe de perſuaſion, pouuoir rien dire de bon, ſi n'etoit en Langaige etranger & non entendu du vulgaire. Et qui voudra de bien pres y regarder, trouuera que noſtre Langue Francoyſe n'eſt ſi pauure qu'elle ne puyſſe rendre fidelement ce qu'elle emprunte des autres : ſi infertile, qu'elle ne puyſſe produyre de ſoy quelque fruict de bonne inuention, au moyen de l'induſtrie & diligence des cultiueurs d'icelle, ſi quelques vns ſe treuuent tant amys de leur païz, & d'eux meſmes, qu'ilz ſ'y veillent employer. Mais à qui, apres Dieu, rendrons nous graces d'vn tel benefice, ſi non à noſtre feu bon Roy & Pere, Francoys premier de ce nom & de toutes vertuz ? Ie dy premier, d'autant qu'il a en ſon noble Royaume premierement reſtitué tous les bons Ars & Sciences en leur ancienne dignité : & ſi a noſtre Langaige, au parauant ſcabreux & mal poly, rendu elegant : & ſi non tant copieux qu'il poura bien eſtre, pour le moins fidele Interprete de tous les autres. Et qu'ainſi ſoit, Philoſophes, Hiſtoriens, Medicins, Poëtes, Orateurs Grecz & Latins ont apris à parler Francois. Que diray-ie des Hebreux ? Les Saintes lettres donnent ample temoingnaige de ce que ie dy. Ie laiſſeray en ceſt endroict les superſtitieuſes raiſons de ceux, qui ſoutiennent que les myſteres de la Theologie ne doiuent eſtre decouuers, & quaſi comme prophanez en langaige vulgaire, & ce que vont allegant ceux qui ſont d'opinion contraire. Car ceſte Diſputation n'eſt propre à ce que i'ay entrepris, qui eſt ſeulement de montrer que noſtre

Langue n'ha point eu à fa naiffance les Dieux et les
Aftres fi ennemis qu'elle ne puiffe vn iour paruenir au
point d'excellence & de perfection, auffi bien que les
autres, entendu que toutes Sciences fe peuuent fidelement & copieufement traicter en icelle, comme on peut
voir en fi grand nombre de Liures Grecz & Latins, voyre
bien Italiens, Espaignolz & autres, traduictz en Francoys par maintes excellentes plumes de noftre tens.

*Que les Traductions ne font suffisantes pour donner
perfection à la Langue Francoyfe.*

CHAP. V.

Toutesfois ce tant louable labeur de traduyre, ne
me femble moyen vnique & suffifant, pour eleuer
noftre vulgaire à l'egal & Parangon des autres plus fameufes Langues. Ce que ie pretens prouuer fi clerement que nul n'y vouldra (ce croy ie) contredire, f'il
n'eft manifefte calumniateur de la verité. Et premier,
c'eft vne chofe accordée entre tous les meilleurs Aucteurs de Rethorique, qu'il y a cinq parties de bien dire,
l'Inuention, l'Eloquution, la Difpofition, la Memoire
& la Pronuntiation. Or pour autant que ces deux dernieres ne fe aprennent tant par le benefice des Langues,
comme elles font données à chacun felon la felicité de
de fa Nature, augmentées & entretenues par ftudieux
exercice & continuelle diligence : pour autant auffi que
la Difpofition gift plus en la difcretion & bon iugement
de l'Orateur, qu'en certaines reigles & preceptes, veu
que les euenementz du Tens, la circunftance des Lieux,
la condition des perfonnes & la diuerfité des Occafions font innumerables, ie me contenteray de parler
des deux premieres, fcauoir de l'Inuention & de l'Eloquution. L'Office donques de l'Orateur eft, de chacune
chofe propofée elegamment & copieufement parler. Or
cefte faculté de parler ainfi de toutes chofes, ne fe

peut acquerir que par l'Intelligence parfaite des Sciences, les queles ont eté premierement traitées par les
Grecz, & puis par les Romains Imitateurs d'iceux. Il
fault donques neceſſairement que ces deux Langues
soint entendues de celuy qui veut acquerir cete copie
& richeſſe d'Inuention, premiere & principale Piece
du Harnoys de l'Orateur. Et quand à ce poinƈt, les
fideles Traduƈteurs peuuent grandement feruir & ſou-
laiger ceux qui n'ont le moien Vnique de vacquer aux
Langues eſtrangeres : Mais quand à l'Eloquution, partie
certes la plus difficile, & ſans la quelle toutes autres
choſes reſtent comme Inutiles & ſemblables à vn
Glayue encores couuert de ſa Gayne, Eloquution (dy ie)
par la quelle principalement vn Orateur eſt iugé plus
excellent, & vn Genre de dire meilleur que l'autre :
comme celle dont eſt appellée la meſme Eloquence, &
dont la vertu giſt aux motz propres, vſitez, & non
aliénes du commun vſaige de parler⁰ : aux Meta-
phores, Alegories, Comparaiſons, Similitudes, Ener-
gies, & tant d'autres figures & ornemens, ſans les
quelz tout (*a*) oraiſon & Poëme ſont nudz, manques &
debiles : Ie ne croyray iamais qu'on puiſſe bien apprendre tout cela des Traduƈteurs, pour ce qu'il eſt
impoſſible de le rendre auecques la meſme grace, dont
l'Autheur en a vſé : d'autant que chacune Langue a ie
ne ſçay quoy propre ſeulement à elle, dont ſi vous ef-
forcez exprimer le Naïf en vne autre Langue, obſeruant
la Loy de traduyre, qui eſt n'eſpacier point hors des
Limites de l'Auƈteur, voſtre Diƈtion ſera contrainte,
froide, & de mauuaiſe grace. Et qu'ainſi ſoit, qu'on
me lyſe vn Demoſthene & Homere Latins, vn Ciceron
& Vergile Francoys, pour voir ſ'ilz vous engendreront
telles Affeƈtions, voyre ainſi qu'vn Prothée vous tranſ-
formeront en diuerſes ſortes, comme vous ſentez, lyſant
ces Auƈteurs en leurs Langues : Il vous ſemblera paſſer
de l'ardente Montaigne d'Æthne ſur le froid Sommet de

(*a*) Ainsi dans les premières éditions ; *toute* dans celle de 1561.

Caucafe. Et ce que ie dy des Langues Latine & Greque, fe doit reciproquement dire de tous les vulgaires, dont i'allegueray feulement vn Petrarque, du quel i'ofe bien dire, que fi Homere & Virgile renaiffans auoint entrepris de le traduyre, ilz ne le pouroint rendre auecques la mefme grace & nayfueté, qu'il eft en fon vulgaire Tofcan : toutesfois quelques vns de notre Tens ont entrepris de le faire parler Francoys. Voyla en bref les Raifons qui m'ont fait penfer que l'office & diligence des Traducteurs, autrement fort vtile pour inftruyre les ignorans des Langues etrangeres en la congnoiffance des chofes, n'eft fuffifante pour donner à la noftre cefte perfection, &, comme font les Peintres à leurs Tableaux, cefte derniere main que nous defirons. Et fi les raifons que i'ay alleguées, ne femblent affez fortes, ie produiray pour mes garans & deffenfeurs les anciens Aucteurs Romains, Poëtes principalement & Orateurs, les quelz (combien que Ciceron ait traduyt quelques Liures de Xenophon & d'Arate, & qu'Horace baille les preceptes de bien traduyre [10]) ont vacqué à cefte partie plus pour leur etude & profit particulier, que pour le publier à l'amplification de leur Langue, à leur gloire, & commodité d'autruy. Si aucuns ont veu quelques Œuures de ce tens la, foubz tiltre de traduction, i'entens de Ciceron, de Virgile, & de ce bienheureux Siecle d'Auguste, ilz me pourront (a) dementir de ce que ie dy.

Des mauvais Traducteurs, & de ne traduyre les Poëtes.

CHAP. VI.

Mais que diray-ie d'aucuns, vrayement mieux dignes d'eftre appellés Traditeurs que Traducteurs [11] ? veu

---

(a) Nous suivons ici l'édition de 1561 ; dans les précédentes il y a *pourroint* ou *pourroient*.

qu'ilz trahiffent ceux qu'ilz entreprennent expofer, les
fruftrant de leur gloire, & par mefme moyen feduy-
fent les Lecteurs ignorans, leur montrant le blanc pour
le noyr : qui pour acquerir le Nom de Scauans, tra-
duyfent à credit les Langues dont iamais ilz n'ont entendu les premiers Elementz, comme l'Hebraïque &
la Grecque : & encor' pour myeux fe faire valoir, fe
prennent aux Poëtes, genre d'aucteurs certes, auquel
fi ie fçauoy', ou vouloy' traduyre, ie m'adroifferoy' auffi
peu, à caufe de cefte Diuinité d'Inuention qu'ilz ont
plus que les autres, de cefte grandeur de ftyle, magni-
ficence de motz, grauité de fentences, audace & varieté
de figures, & mil' autres lumieres de Poëfie : bref
cefte Energie, & ne fçay quel Efprit, qui eft en leurs
Ecriz, que les Latins appelleroient *Genius*. Toutes les
quelles chofes fe peuuent autant exprimer en tradui-
fant, comme vn Peintre peut reprefenter l'Ame auecques le Cors de celuy qu'il entreprent tyrer apres le
Naturel. Ce que ie dy ne f'adroiffe pas à ceux qui par
le commandement des Princes & grands Seigneurs tra-
duyfent les plus fameux Poëtes [12] Grecz & Latins : pource
que l'obeïffance qu'on doit à telz Perfonnaiges, ne reçoit aucune Excufe en cet endroit : mais bien i'entens
parler à ceux qui de gayeté de cœur (comme on dict)
entreprennent telles chofes legerement, & f'en aqui-
tent de mefmes. O Apolon ! O Mufes ! prophaner ainfi
les facrées Reliques de l'Antiquité ! Mais ie n'en diray
autre chofe. Celuy donques qui voudra faire œuure
digne de prix en fon vulgaire, laiffe ce Labeur de traduyre, principalement les Poëtes, à ceux qui de chofe
laborieufe & peu profitable, i'ofe dire encor' inutile,
voyre pernicieufe à l'Acroiffement de leur Langue, emportent à bon droict plus de moleftie, que de gloyre.

Comment les Romains ont enrichy leur Langue.
CHAP. VII.

Si les Romains (dira quelqu'vn) n'ont vaqué à ce Labeur de Traduction, par quelz moyens donques ont ilz peu ainsi enrichir leur Langue, voyre iusques à l'egaller quasi à la Greque? Immitant les meilleurs Aucteurs Grecz, se tranformant en eux, les deuorant, & apres les auoir bien digerez, les conuertiffant en fang et nourriture : se propofant, chacun felon fon Naturel, & l'Argument qu'il vouloit elire, le meilleur Aucteur, dont ilz obseruoint diligemment toutes les plus rares & exquifes vertuz, & icelles comme Grephes, ainsi que i'ay dict deuant, entoint & apliquoint à leur Langue. Cela faifant (dy-ie) les Romains ont baty tous ces beaux Ecriz, que nous louons & admirons si fort : egalant ores quelqu'vn d'iceux, ores le preferant aux Grecz. Et de ce que ie dy font bonne preuue Ciceron et Virgile, que voluntiers & par Honneur ie nomme touſiours en la Langue Latine, des quelz comme l'vn fe feut entierement adonné à l'Immitation des Grecz, contrefift & exprima si au vif la copie de Platon, la vehemence de Demofthene, & la ioyeufe douceur d'Ifocrate, que Molon Rhodien l'oyant quelquefois declamer, s'ecria qu'il emportoit l'eloquence Grecque à Rome [13]. L'autre imita si bien Homere, Hefiode & Theocrit, que depuis on a dict de luy, que de ces troys il a furmonté l'vn, egalé l'autre, & aproché si pres de l'autre, que si la felicité des Argumens qu'ilz ont traitez, euft efté pareille, la Palme feroit bien douteufe [14]. Ie vous demande donq', vous autres, qui ne vous employez qu'aux Tranflations, si ces tant fameux Aucteurs fe fuffent amufez à traduyre, euffent ilz eleué leur Langue à l'excellence & hauteur où nous la voyons maintenant? ne penſez donques quelque diligence & induſtrie que vous puiſſiez mettre en ceſt endroit, faire tant que noſtre Langue encores rampante à terre, puiſſe hauſſer la teſte, & ſ'eleuer ſur piedz.

D'amplifier la Langue Francoyſe par l'immitation des anciens Auɛteurs Grecz & Romains.
CHAP. VIII.

Se compoſe donq' celuy qui voudra enrichir ſa Langue, à l'immitation des meilleurs Aucteurs Grecz & Latins [15], & à toutes leurs plus grandes vertuz, comme à vn certain but, dirrige la pointe de ſon Style : car il n'y a point de doute, que la plus grand' part de l'Artifice ne ſoit contenue en l'immitation : & tout ainſi que ce feut le plus louable aux Anciens de bien inuenter, auſſi eſt-ce le plus vtile de bien immiter, meſmes à ceux dont la Langue n'eſt encor' bien copieuſe & riche. Mais entende celuy qui voudra immiter, que ce n'eſt choſe facile de bien ſuyure les vertuz d'vn bon Aucteur, & quaſi comme ſe transformer en luy, veu que la Nature meſmes aux choſes qui paroiſſent treſſemblables, n'a ſceu tant faire, que par quelque notte & difference elles ne puiſſent eſtre diſcernées. Ie dy cecy, pour ce qu'il y en a beaucoup en toutes Langues, qui ſans penetrer aux plus cachées & interieures parties de l'Aucteur qu'ilz ſe ſont propoſé, ſ'adaptent ſeulement au premier Regard, & ſ'amuſant à la beauté des Motz, perdent la force des choſes. Et certes, comme ce n'eſt point choſe vicieuſe, mais grandement louable, emprunter d'une Langue etrangere les Sentences & les motz, & les approprier à la ſienne : auſſi eſt-ce choſe grandement à reprendre, voyre odieuſe à tout Lecteur de liberale Nature, voir en vne meſme Langue vne telle

Immitation, comme celle d'aucuns Scauans mesmes, qui s'estiment estre des meilleurs quand plus ilz ressemblent vn Heroet, ou vn Marot. Ie t'amoneste donques (ô toy, qui desires l'Accroissement de ta Langue, & veux exceller en icelle) de non immiter à pié leué, comme n'agueres a dict quelqu'vn, les plus fameux Aucteurs d'icelle, ainsi que font ordinairement la plus part de notz Poëtes Francoys, chose certes autant vicieuse, comme de nul profict à nostre vulgaire : veu que ce n'est autre chose (ô grande Liberalité!) si non luy donner ce qui estoit à luy. Ie voudroy' bien que nostre Langue feust si riche d'Exemples domestiques, que n'eussions besoing d'auoir recours aux Etrangers. Mais si Virgile & Ciceron se feussent contentez d'immiter ceux de leur Langue, qu'auroient (*a*) les Latins outre Ennie, ou Lucrece, outre Crasse, ou Antoyne?

Responce à quelques obiections.
CHAP. IX.

Apres auoir le plus succinctement qu'il m'a eté possible, ouuert le chemin à ceux qui desirent l'Amplification de notre Langue, il me semble bon & necessaire de repondre à ceux qui l'estiment barbare & irreguliere, incapable de cete elegance & copie, qui est en la Greque & Romaine : d'autant (disent ilz) qu'elle n'a ses Declinations, ses piez & ses Nombres, comme ces deux autres Langues. Ie ne veux alleguer en cet endroict (bien que ie le peusse faire sans honte) la Simplicité de notz Maieurs, qui se sont contentez d'exprimer leurs Conceptions auecques paroles nues, sans Art et Ornement :

(*a*) Ainsi dans la réimpression d'Aubert ; les premières éditions portent à tort *auront*, et dans la même ligne, *Enuie* au lieu d'*Ennie*.

non Immitans la Curieufe diligence des Grecz, aux
quelz la Mufe auoit donné la Bouche ronde (comme
dict quelqu'vn [16]) c'eſt à dire, parfaite en toute elegance & Venuſté de paroles : comme depuis aux Romains Immitateurs des Grecz. Mais ie diray bien que
noſtre Langue n'eſt tant irreguliere qu'on voudroit
bien dire : veu qu'elle fe decline, ſi non par les Noms,
Pronoms & Participes [17], pour le moins par les Verbes, en tous leurs Tens, Modes & Perfonnes. Et ſi
elle n'eſt ſi curieufement reiglée, ou plus toſt liée & (a)
gehinnée en fes autres parties, auſſi n'ha elle point tant
d'Hetheroclites & Anomaux [18], monſtres etranges de
la Grecque & de la Latine. Quand aux piedz & aux
nombres, ie diray au fecond Liure (b) en quoy nous les
recompenfons. Et certes (comme dict vn grand Aucteur
de Rethorique, parlant de la felicité qu'ont les Grecz en
la compofition de leurs motz) ie ne penfe que telles
chofes fe facent par la nature defdites Langues, mais
nous fauorifons touſiours les Etrangers [19]. Qui euſt
gardé notz Anceſtres de varier toutes les parties decli-
nables, d'allonger vne fyllabe & accourſir l'autre, &
en faire des piedz ou des Mains? Et qui gardera notz
fucceſſeurs d'obferuer telles chofes, ſi quelques Scauans
& non moins ingenieux de ceſt aage entreprennent de
les reduyre en Art? comme Ciceron promettoit de faire
au droict Ciuil : chofe qui à quelques vns a femblé impoſſible, aux autres non. Il ne fault point icy alleguer
l'excellence de l'antiquité : & comme Homere fe plaignoit que de fon tens les cors eſtoient trop petiz [20],
dire que les Efpris modernes ne font à comparer aux anciens. L'architecture, l'art du Nauigaige, & autres Inuentions antiques certainement font admirables : non
toutesfois, ſi on regarde à la neceſſité mere des Ars, du
tout ſi grandes, qu'on doyue eſtimer les Cieux & la Nature y auoir dependu toute leur vertu, vigueur, & in-

---

(a) *Est* au lieu de *et* dans les premières éditions.
(b) Voyez le chapitre VII de ce second livre.

duſtrie. Ie ne produiray pour temoings de ce que ie dy l'Imprimerie, Seur des Muſes, & dixieme d'elles, & ceſte non moins admirable que pernicieuſe foudre d'Artillerie, auecques tant d'autres non antiques inuentions, qui montrent veritablement que par le long cours des Siecles les Eſpris des hommes ne ſont point ſi abatardiz qu'on voudroit bien dire : ie dy ſeulement qu'il n'eſt pas impoſſible que noſtre Langue puiſſe receuoir quelquefoys ceſt ornement & artifice auſſi curieux qu'il eſt aux Grecz & (a) Romains. Quand au son & ie ne ſçay quelle naturelle douceur (comme ilz diſent) qui eſt en leurs Langues, ie ne voy point que nous l'ayons moindre, au iugement des plus delicates Oreilles. Il eſt bien vray que nous vſons du preſcript de Nature qui pour parler nous a ſeulement donné la Langue. Nous ne vomiſſons pas notz paroles de l'Eſtommac comme les yuroingnes : nous ne les etranglons pas de la Gorge, comme les Grenoilles : nous ne les decoupons pas dedans le Palat (b), comme les Oyzeaux : nous ne les ſiflons pas des leures, comme les Serpens. Si en telles manieres de parler giſt la douceur des Langues, ie conſeſſe que la noſtre eſt rude & mal ſonnante. Mais auſſi auons nous ceſt auantage de ne tordre point la Bouche en cent mile ſortes, comme les Singes, voyre comme beaucoup mal ſe ſouuenans de Minerue, qui iouant quelquefois de la fluſte & voyant en vn myroir la deformité de ſes Leures, la ieta bien loing, malheureuſe Rencontre au Preſumptueux Marſye, qui depuis en feut ecorché. Quoy donques (dira quelqu'vn) veux tu à l'exemple de ce Marſye, qui oſa comparer ſa Fluſte ruſtique à la douce Lyre d'Apolon, egaler ta Langue à la Grecque & Latine? Ie confeſſe, que les Aucteurs d'icelles nous ont ſurmontez en Scauoir & facunde : és queles choſes leur a eté bien facile de vaincre ceux qui

(a) Il y a encore ici *est* au lieu de *et* dans les premières éditions.

(b) *Dedans le palais* dans l'édition de 1561.

ne repugnoint point. Mais que par longue & diligente Immitation de ceux qui ont occupé les premiers ce que Nature n'ha pourtant denié aux autres, nous ne puiſſions leur ſucceder auſſi bien en cela que nous auons deia fait en la plus grand' part de leurs Ars Mecaniques, & quelquefois en leur Monarchie, ie ne le diray pas : car telle Iniure ne ſ'etendroit ſeulement contre les Eſpris des Hommes, mais contre Dieu, qui a donné pour Loy inuiolable à toute choſe creée (a), de ne durer perpetuellement, mais paſſer ſans fin d'vn Etat en l'autre : etant la fin & Corruption de l'vn, le commencement & generation de l'autre. Quelque Opiniatre repliquera encores : Ta Langue tarde trop à receuoir ceſte perfeƈtion. Et ie dy que ce Retardement ne prouue point qu'elle ne puiſſe la receuoir : aincoys ie dy qu'elle ſe pourra tenir certaine de la garder longuement, l'ayant acquiſe auecques ſi longue Peine, ſuyuant la Loy de Nature, qui a voulu que tout Arbre qui naiſt, floriſt & fruƈtifie bien toſt, bien toſt auſſi enuieilliſſe & meure : & au contraire, celuy durer par longues Années, qui a longuement trauaillé à ieter ſes Racines.

Que la Langue Francoyſe n'eſt incapable de la Philoſophie, & pourquoy les Anciens eſtoint plus Sçauans que les Hommes de notre Aage.

CHAP. X.

Tout ce que i'ay diƈt pour la defence & Illuſtration de notre Langue, apartient principalement à ceux qui font profeſſion de bien dire, comme les Poëtes & les

(a) Voyez ci-dessus, p. 6, note a.

Orateurs. Quand aux autres parties de Literature, & ce Rond de Sciences, que les Grecz ont nommé Encyclopedie, i'en ay touché au commencement vne partie de ce que m'en femble : c'eft que l'Induftrie des fideles Traducteurs eft en ceft endroict fort vtile & neceffaire : & ne les doit retarder f'ilz rencontrent quelquefois des motz qui ne peuuent eftre receuz en la famille Francoyfe, veu que les Latins ne fe font point eforcez de traduyre tous les vocables Grecz, comme *Rhetorique, Mufique, Arithmetique, Géometrie, Phylofophie*, & quafi tous les noms des Sciences, les noms des figures, des Herbes, des Maladies, la Sphere & fes parties, & generallement la plus grand' part des termes vfitez aux fciences naturelles & Mathematiques. Ces motz la donques feront en notre Langue comme etrangers en vne Cité : aux quelz toutesfois les Periphrazes feruiront de Truchementz. Encores feroy' ie bien d'opinion que le fcauant Translateur fift plus toft l'office de Paraphrafte que de Traducteur, f'efforceant donner à toutes les Sciences qu'il voudra traiter l'ornement & lumiere de fa Langue, comme Ciceron fe vante d'auoir fait en la Phylofophie, & à l'exemple des Italiens qui l'ont quafi toute conuertie en leur vulgaire, principalement la Platonique. Et fi on veut dire que la Phylofophie eft vn faiz d'autres Epaules que de celles de notre Langue, i'ay dict au commencement de cet œuure, & le dy encores, que toutes Langues font d'vne mefme valeur & des mortelz à vne mefme fin d'vn mefme iugement formées. Parquoy ainfi comme fans muer de coutumes ou de nation, le Francoys & l'Allement, non feulement le Grec, ou Romain, fe peut donner à Phylofopher, auffi ie croy qu'à vn chacun fa Langue puyffe competemment communiquer toute doctrine. Donques fi la Phylofophie femée par Ariftote & Platon au fertile champ Atique etoit replantée en noftre Pleine Francoyfe, ce ne feroit la ieter entre les Ronfes & Epines, ou elle deuint fterile : mais ce feroit la faire de loingtaine prochaine, & d'Etrangere Citadine de notre Republique. Et parauanture ainſi que les Epiſſeries & autres Richeſſes Orientales que l'Inde nous enuoye, ſont mieulx congnues & traitées de nous, & en plus grand prix, qu'en l'endroict de ceux qui les ſement ou recueillent : ſemblablement les Speculations Phyloſophiques deuiendroient plus familieres qu'elles ne ſont ores, & plus facilement ſeroient entendues de nous, ſi quelque ſçauant Homme les auoit tranſportées (*a*) de Grec & Latin en notre Vulgaire, que de ceux qui les vont (ſ'il fault ainſi parler) cueillir aux lieux ou elles croiſſent. Et ſi on veut dire que diuerſes Langues ſont aptes à ſignifier diuerſes conceptions : aucunes les conceptions des Doctes, autres celles des Indoctes : & que la Grecque principalement conuient ſi bien auecques les Doctrines, que pour les exprimer il ſemble qu'elle ait eté formée de la meſme Nature, non de l'humaine Prouidence. Ie dy, qu'icelle Nature, qui en tout Aage, en toute Prouince, en toute Habitude eſt touſiours vne meſme choſe, ainſi comme voluntiers elle ſ'exerce ſon Art par tout le Monde, non moins en la Terre qu'au Ciel, & pour eſtre ententiue à la production des Creatures raiſonnables, n'oublie pourtant les iraiſonnables : mais auecques vn egal Artifice engendre cetes cy & celles la : auſſi eſt elle digne d'eſtre congneue & louée de toutes perſonnes, & en toutes Langues. Les Oyzeaux, les Poiſſons & les Beſtes terreſtres de quelquonque maniere, ores auecques vn ſon, ores auecques l'autre, ſans diſtinction de paroles ſignifient leurs Affections. Beaucoup plus toſt nous Hommes deurions faire le ſemblable, chacun auecques ſa Langue, ſans auoir recours aux autres. Les Ecritures & Langaiges ont eté trouuez, non pour la conſeruation de la Nature, la quelle (comme diuine qu'elle eſt) n'a meſtier de noſtre ayde : mais ſeulement à noſtre bien & vtilité, affin que preſens, abſens, vyfz, & mors, manifeſtans l'vn à l'autre le ſecret de notz cœurs, plus facilement paruenions à notre propre felicité, qui giſt en

(*a*) *Transportés* dans les premières éditions.

l'intelligence des Sciences, non point au son des Paroles : & par consequent celles Langues & celles Ecritures deuroint plus estre en usaige les queles on apprendroit plus facilement. Las & combien seroit meilleur qu'il y eust au Monde vn seul Langaige Naturel que d'employer tant d'Années pour apprendre des Motz ! & ce iusques à l'Aage bien souuent, que n'auons plus ny le moyen, ny le loysir de vaquer à plus grandes choses. Et certes songeant beaucoup de foys, d'ou prouient que les Hommes de ce Siecle generalement sont moins Scauans en toutes Sciences, & de moindre prix que les Anciens, entre beaucoup de raysons ie treuue cete cy, que i'oseroy' dire la principale, c'est l'Etude des Langues Greque & Latine. Car si le Tens que nous consumons à apprendre les dites Langues estoit employé à l'etude des Sciences, la Nature certes n'est point deuenue si Brehaigne, qu'elle n'enfentast de nostre Tens des Platons & des Aristotes. Mais nous, qui ordinairement affectons plus d'estre veuz Scauans que de l'estre, ne consumons pas seulement nostre Ieunesse en ce vain Exercice : mais comme nous repentans d'auoir laissé le Berseau, & d'estre deuenuz Hommes, retournons encor' en Enfance, & par l'Espace de xx ou xxx Ans ne faisons autre chose qu'aprendre à parler, qui Grec, qui Latin, qui Hebreu. Les quelz Ans finiz, & finie auecques eux (*a*) ceste vigueur & promptitude qui naturellement regne en l'Esprit des ieunes Hommes, alors nous procurons estre faictz Phylosophes, quand pour les Maladies, troubles d'Afaires domestiques, & autres empeschementz qu'ameine le Tens, nous ne sommes plus aptes à la Speculation des choses. Et bien souuent etonnez de la difficulté, & longueur d'apprendre des motz seulement, nous laissons tout par desespoir, & hayons les Lettres premier que les ayons goutees, ou commencé à les aymer. Fault il donques laisser l'etude des Langues ? Non, d'autant que les Ars et Sciences sont pour le present entre les mains des

a, *Auecqu'eux* dans l'édition de 1561.

Grecz & Latins. Mais il fe deuroit faire à l'auenir qu'on peuſt parler de toute choſe, par tout le monde, & en toute Langue. I'entens bien que les Proffeſſeurs des Langues ne feront pas de mon opinion : encores moins ces venerables Druydes qui pour l'ambicieux defir qu'ilz ont d'eſtre entre nous ce qu'eſtoit le Philoſophe Anacharſis entre les Scythes, ne craignent rien tant que le Secret de leurs myſteres, qu'il fault apprendre d'eux, non autrement que iadis les Iours des Chaldëes, ſoit decouuert au Vulgaire : & qu'on ne creue (comme dict Ciceron) les yeulx des Corneilles [21]. A ce propos il me fouuient auoir ouy dire maintesfois à quelques vns de leur Academie que le Roi Francoys, (Ie dy celuy Francoys, à qui la France ne doit moins qu'à Auguſte Romme) auoit deshonnoré les Sciences, & laiſſé les Doctes en mefpris. O Tens! ô Meurs! o craſſe Ignorance! n'entendre point que tout ainſi qu'vn mal, quand il ſ'etent plus loing, eſt d'autant plus pernicieux, auſſi eſt vn bien plus profitable, quand plus il eſt commun. Et ſ'ilz veulent dire (comme auſſi diſent ilz) que d'autant eſt vn tel bien moins excellent, & admirable entre les Hommes : ie repondray, qu'vn ſi grand appetit de Gloire, & vne telle Enuie ne deuroit regner aux Coulomnes de la Republique Chreſtienne : mais bien en ce Roy ambicieux qui ſe plaignoit à ſon Maitre, pour ce qu'il auoit diuulgué les Sciences Acroamatiques [22], c'eſt à dire qui ne ſe peuuent apprendre que par l'Audition du Precepteur. Mais quoy? Ces Geans Ennemis du Ciel, veulent ilz limiter la puiſſance des Dieux, & ce qu'ilz ont par un ſingulier benefice donné aux Hommes, reſtreindre & enferrer en la Main de ceux qui n'en ſçauroient faire bonne garde? Il me fouuient de ces Reliques qu'on voit feulement par vne petite Vitre, & qu'il n'eſt permis toucher auecques la Main. Ainſi veullent ilz faire de toutes les Difciplines qu'ilz tiennent enfermées dedans les Liures Grecz & Latins, ne permettant qu'on les puiſſe voir autrement, ou les tranſporter de ces Paroles mortes en celles qui ſont viues, & volent ordinairement par les

Bouches des Hommes. J'ay (ce me femble) deu affez contenter ceux qui difent que noftre Vulgaire eft trop vil & barbare pour traiter fi hautes Matieres que la Philofophie. Et f'ilz n'en font encores bien satisfaiz, ie leur demanderay : Pourquoy donques ont voyaigé les Anciens Grecz par tant de païz & dangers, les vns aux Indes, pour voir les Gymnofophiftes, les autres en Egypte, pour emprunter de ces vieux Preftres & Prophetes, ces grandes Richeffes, dont la Grece eft maintenant fi fuperbe? Et toutefoys ces Nations, ou la Phylofophie a fi voluntiers habité, produyfoint (ce croy-ie) des Perfonnes auffi Barbares & inhumaines que nous fommes, & des paroles auffi etranges que les noftres. Bien peu me foucyroy'-ie de l'elegance d'Oraifon qui eft en Platon & en Ariftote, fi leurs Liures fans rayfon etoint ecriz. La Phylofophie vrayement les a adoptez pour fes filz, non pour estre nez en Grece : mais pour auoir d'vn hault Sens bien parlé & bien ecrit d'elle. La verité fi bien par eux cherchée, la difpofition & l'ordre des chofes, la fentencieufe breueté (a) de l'vn & la diuine copie de l'autre eft propre à eux, & non à autres : mais la Nature, dont ilz ont fi bien parlé, eft Mere de tous les autres, & ne dedaigne point fe faire congnoitre à ceux qui procurent auecques toute induftrie entendre fes fecrez non pour deuenir Grecz, mais pour eftre faiétz Phylofophes. Vray eft que pour auoir les Ars & Sciences toufiours eté en la puiffance des Grecz & Romains plus ftudieux de ce qui peut rendre les Hommes immortelz que les autres, nous croyons que par eux feulement elles puyffent & doyvent eftre traiétées. Mais le Tens viendra parauanture (& ie fuplye au Dieu trefbon & trefgrand que ce foit de noftre Aage) que quelque bonne Perfonne, non moins hardie qu'ingenieufe & fcauante : non ambicieufe, non craignant l'enuie ou hayne d'aucun, nous otera cete faulfe perfuafion, donnant à notre Langue la fleur & le fruiét des bonnes Lettres :

(a) *Briefueté*, dans l'édition de 1561.

autrement fi l'Affection que nous portons aux Langues
etrangeres (quelque excellence qui foit en elles) empef-
choit cete noftre fi grande felicité, elles feroient dignes
veritablement non d'enuie, mais de hayne : non de fatigue, mais de facherie : elles feroint dignes finablement
d'eftre non apprifes, mais reprifes de ceux qui ont plus
de befoing du vif intellect de l'Efprit que du fon des
paroles mortes. Voyla quand aux Difciplines. Ie reuiens
aux Poëtes & Orateurs, Principal obiect de la matiere
que ie traite, qui eft l'ornement & illuftration de notre
Langue.

*Qu'il eft impoffible d'egaler les Anciens
en leurs Langues.*

CHAP. XI.

Tovtes perfonnes de bon Efprit entendront affez
que cela que i'ay dict pour la deffence de notre Langue,
n'eft pour decouraiger aucun de la Greque & Latine :
car tant f'en fault que ie foye de cete Opinion, que ie
confeffe & foutiens celuy ne pouuoir faire œuure excellent en fon vulgaire qui foit ignorant de ces deux
Langues, ou qui n'entende la Latine pour le moins.
Mais ie feroy' bien d'auis qu'apres les auoir apprifes, on
ne deprifaft la fienne : & que celuy qui par vne Inclination
naturelle (ce qu'on peut iuger par les oeuvres Latines
& Thofcanes de Petrarque & Boccace, voire d'aucuns
fcauans Hommes de noftre Tens) fe fentiroit plus propre à ecrire en fa Langue qu'en Grec ou en Latin, f'etu-
diaft plus toft à fe rendre immortel entre les fiens, ecriuant bien en fon vulgaire, que mal ecriuant en ces deux
autres Langues, eftre vil aux doctes pareillement & aux
indoctes. Mais f'il f'en trouuoit encores quelques vns de
ceux qui de fimples paroles font tout leur Art &
Science : en forte que nommer la Langue Greque &

Latine, leur femble parler d'vne Langue diuine, & parler de la vulgaire, nommer vne Langue inhumaine, incapable de toute erudition, f'il f'en trouuoit de telz (dy-ie) qui vouluffent faire des braues, & deprifer toutes chofes ecrites en Francoys ; ie leur demanderoy' voluntiers en cefte forte : Que penfent doncq' faire ces Reblanchiffeurs de murailles, qui iour & nuyt fe rompent la Tefte à immiter : que dy ie immiter ? mais tranfcrire vn Virgile & vn Ciceron ? batiffant leurs Poëmes des Hemyftyches de l'vn, & iurant en leur Profes aux motz & Sentences de l'autre, fongeant (comme a dict quelqu'vn) des Peres confcriptz, des Confulz, des Tribuns, des Comices, & toute l'antique Rome, non autrement qu'Homere, qui en fa *Batracomyomachie* adapte aux Raz & Grenoilles les magnifiques Tiltres des Dieux & Déeffes. Ceux la certes meritent bien la punition de celuy qui rauy au Tribunal du grand Iuge, repondit qu'il eftoit Ciceronien[23]. Penfent ilz donques, ie ne dy egaler, mais approcher feulement de ces Aucteurs, en leurs Langues, recuillant de cet Orateur & de ce Poëte ores vn Nom, ores vn Verbe, ores vn Vers, & ores vne Sentence ? comme fi en la façon qu'on rebatift vn vieil Edifice, ils f'attendoint rendre par ces pierres ramaffées à la ruynée Fabrique de ces Langues fa premiere grandeur & excellence. Mais vous ne ferez ia fi bons Maffons (vous qui eftes fi grands Zelateurs des Langues Greque & Latine) que leur puiffiez rendre celle forme que leur donnarent premierement ces bons & excellens Architectes : & fi vous efperez (comme fift Efculape des Membres d'Hippolyte) que par ces fragmentz recuilliz, elles puyffent eftre refufcitées, vous vous abufez, ne penfant point qu'à la cheute de fi fuperbes Edifices coniointe à la ruyne fatale de ces deux puiffantes Monarchies, vne partie deuint poudre, & l'autre doit eftre en beaucoup de pieces, les queles vouloir reduire en vn feroit chofe impoffible : outre que beaucoup d'autres parties font demeurées aux fondementz des vieilles Murailles, ou egarées par le long cours des

Siecles, ne fe peuuent trouuer d'aucun. Parquoy venant à redifier cete Fabrique, vous ferez bien loing de luy reftituer fa premiere grandeur, quand ou fouloit eftre la Sale, vous ferez parauanture les Chambres, les Etables, ou la Cuysine, confundant les Portes & les Feneftres, bref (*a*) changeant toute la forme de l'Edifice. Finablement i'eftimeroy' l'Art pouuoir exprimer la viue Energie de la Nature, fi vous pouuiez rendre cete Fabrique renouuelée femblable à l'antique, etant manque l'Idée de la quele faudroit tyrer l'exemple pour la redifier. Et ce (afin d'expofer plus clerement ce que i'ay dict) d'autant que les Anciens vfoint des Langues, qu'ilz auoint fuccées auecques le Laict de la Nourice, & auffi bien parloint les Indoctes comme les Doctes, fi non que ceux cy aprenoint les Difciplines & l'Art de bien dire, fe rendant par ce moyen plus eloquens que les autres. Voyla pourqoy leurs bienheureux Siecles etoint fi fertiles de bons Poëtes & Orateurs. Voyla pourquoy les femmes mefmes afpiroint à cefte gloire d'Eloquence & Erudition : comme Sapho, Corynne, Cornelie & vn milier d'autres, dont les Noms font conioings auecques la memoire des Grecz & Romains. Ne penfez donques immitateurs, Troupeau feruil, paruenir au point de leur excellence, veu qu'à grand' peine auez-vous appris leurs motz, & voyla le meilleur de votre aage paffé. Vous deprifez noftre vulgaire, parauanture non pour autre raifon, finon que des enfance & fans etude nous l'apprenons, les autres auecques grand peine & induftrie. Que f'il etoit comme la Greque & Latine, pery & mis en Reliquaire de Liures, ie ne doute point qu'il ne feuft (ou peu f'en faudroit) auffi dificile à apprendre comme elles font. l'ay bien voulu dire ce mot, pour ce que la curiofité humaine admire trop plus les chofes rares & difficiles à trouuer, bien qu'elles ne foint fi commodes pour l'vfaige de la vie, comme les odeurs & les Gemmes, que les

---

(*a*) *Brief* dans l'édition de 1561.

communes & neceſſaires, comme le Pain & le Vin. Ie ne voy pourtant qu'on doyue eſtimer vne Langue plus excellente que l'autre, ſeulement pour eſtre plus difficile, ſi on ne vouloit dire que Lycophron feuſt plus excellent qu'Homere, pour eſtre plus obſcur, & Lucrece que Virgile, pour ceſte meſme raiſon.

Deffence de l'Auƈteur.
CHAP. XII.

Ceux qui penſeront que ie ſoye trop grand Admirateur de ma Langue, aillent voir le premier Liure *Des fins des Biens et des Maulx*, fait par ce Pere d'eloquence Latine Ciceron, qui au commencement dudiƈt Liure, entre autres choſes, repond à ceux qui depriſoint les choſes ecrites en Latin, & les aymoint myeux lire en Grec. La concluſion du propos eſt, qu'il eſtime la Langue Latine, non ſeulement n'eſtre pauure, comme les Romains eſtimoint lors, mais encor' eſtre plus riche que la Greque. Quel ornement (dit-il) d'Orayſon copieuſe ou elegante a defailly ie diray à nous, ou aux bons Orateurs, ou aux Poëtes, depuis qu'ilz ont eu quelqu'vn, qu'ilz peuſſent immiter? Ie ne veux pas donner ſi hault loz à notre Langue, pour ce qu'elle n'a point encores ſes Cicerons & Virgiles : mais i'oſe bien aſſeurer que ſi les ſcauans Hommes de notre Nation la daignoint autant eſtimer que les Romains faiſoint la leur, elle pouroit quelqueſfoys, & bien toſt, ſe mettre au ranc des plus fameuſes. Il eſt tens de clore ce pas, afin de toucher particulierement les principaux poinƈtz de l'amplification & ornement de notre Langue. En quoy (Leƈteur) ne t'ebahis, ſi ie ne parle de l'Orateur comme du Poëte. Car outre que les vertuz de l'vn ſont pour la plus grand' part communes à l'autre, ie n'ignore point qu'Etienne Dolet, Homme de bon Iugement en notre vulgaire, a formé *l'Orateur francoys*[24], que quelqu'vn (peut estre) amy de la memoire de l'Auteur & de la France, mettra de bref & fidelement en lumiere.

Fin du premier Liure de la deffence & illuſtration de la Langue Francoyse.

LE SECOND LIVRE

DE LA

DEFFENCE ET ILLVSTRATION

DE LA LANGVE FRANCOYSE.

L'Intention de l'Aucteur (a).

CHAP. I.

Pour ce que le Poëte & l'Orateur sont comme les deux Piliers qui soutiennent l'Edifice de chacune Langue, laissant celuy que j'entens auoit eté baty par les autres, i'ay bien voulu pour le deuoir en quoy ie fus obligé à la Patrie, tellement quellement ebaucher celuy qui restoit : esperant que par moy, ou par vne plus docte Main, il pourra receuoir sa perfection. Or ne veux ie en ce faisant, feindre comme vne certaine Figure de Poëte, qu'on ne puysse ny des yeux, ny des oreilles, ny d'aucuns sens aperceuoir, mais comprendre seulement de la cogitation & de la Pensée : comme ces Idées que Platon constituoit en toutes choses, aux quelles ainsi qu'à vne certaine Espece imaginatiue, se refere tout ce qu'on peut voir[25]. Cela certainement est de trop plus grand sçauoir & loysir que le mien : & penseray auoir beaucoup merité des miens, si ie leur montre seulement auecques

---

(a) Ainsi dans la première édition ; dans les suivantes le titre de ce chapitre est *De l'intention de l'Aucteur.*

le doy le chemin qu'ilz doyuent fuyure pour attaindre à l'excellence des Anciens : ou quelque autre (peut eftre) incité par noftre petit Labeur les conduyra auecques la Main. Mettons donques, pour le commencement ce que nous auons (ce me femble) affez prouué au 1. Liure : c'eft que fans l'immitation des Grecz & Romains, nous ne pouuons donner à notre Langue l'excellence & lumiere des autres plus fameufes. Ie fcay que beaucoup me reprendront, qui ay ofé le premier des Francoys introduyre quafi comme vne nouuelle Poëfie, ou ne fe tiendront plainement fatisfaictz, tant pour la breueté (*a*), dont i'ay voulu vfer, que pour la diuerfité des Efpris, dont les vns treuuent bon ce que les autres treuuent mauuais. Marot me plaift (dit quelqu'vn), pour ce qu'il eft facile, & ne s'eloingne point de la commune maniere de parler : Heroët (dit quelque autre), pour ce que tous fes vers font doctes, graues & elabourez : les autres d'vn autre fe delectent. Quand à moy, telle fuperftition ne m'a point retiré de mon Entreprinfe : pour ce que i'ay toufiours eftimé notre Poëfie Francoyfe eftre capable de quelque plus hault & meilleur Style, que celuy dont nous fommes fi longuement contentez. Difons donques breuement ce que nous femble de notz Poëtes Francoys.

Des Poëtes Francoys.

CHAP. II.

De tous les anciens Poëtes Francoys, quafi vn feul, Guillaume du Lauris, & Ian de Meun, font dignes d'eftre leuz, non tant pour ce qu'il y ait en eux beaucoup de chofes, qui fe doyuent immiter des Modernes, comme pour y voir quafi comme vne premiere Imaige de la langue Francoyfe, venerable pour fon antiquité. Ie ne

(*a*) Dans l'édition de 1561, on lit ici *Briefueté*, et *briefuement* à la fin du présent chapitre.

doute point que tous les Peres cryroint, la honte estre perdue, si i'osoy' reprendre ou emender quelque chose en ceux que Ieunes ilz ont appris, ce que ie ne veux faire aussi : mais bien soustiens-ie que celuy est trop grand Admirateur de l'Ancienneté, qui veut defrauder les Ieunes de leur gloire meritée, n'estimant rien, comme dict Horace, sinon ce que la mort a sacré [26] : comme si le Tens, ainsi que les vins, rendoit les Poësies meilleures. Les plus recens, mesmes ceux qui ont esté nommez par Clement Marot en vn certain Epygramme à Salel [27], sont assez congneuz par leurs Œuures. I'y renuoye les Lecteurs pour en faire iugement. Bien diray-je que Ian le Maire de Belges, me semble auoir premier illustré & les Gaules, & la Langue Françoyse, luy donnant beaucoup de motz & manieres de parler poëtiques, qui ont bien seruy mesmes aux plus excellens de notre Tens. Quand aux Modernes, ilz seront quelquesfoys assez nommez, & si i'en vouloy' parler, ce seroit seulement pour faire changer d'opinion à quelques vns ou trop iniques ou trop seueres Estimateurs des choses, qui tous les iours treuuent à reprendre en troys ou quatre des meilleurs, disant qu'en l'vn default ce qui est le commencement de bien ecrire, c'est le Scauoir, & auroit augmenté sa gloire de la moitié, si de la moitié il eust diminué son Liure. L'autre, outre sa Ryme, qui n'est par tout bien riche, est tant denué de tous ces delices & ornementz poëtiques, qu'il merite plus le nom de Phylosophe que de Poëte. Vn autre pour n'auoir encores rien mis en lumiere soubz son nom, ne merite qu'on luy donne le premier lieu : & semble (disent aucuns) que par les Ecriz de ceux de son Tens, il veille eternizer son nom, non autrement que Demade est ennobly par la contention de Demosthene, & Hortense de Ciceron. Que si on en vouloit faire iugement au seul rapport de la Renommée, on rendroit les vices d'iceluy egaulx, voyre plus grands que ses vertuz, d'autant que tous les Iours se lysent nouueaux Ecriz soubz son Nom, à mon auis aussi eloignez d'aucunes choses qu'on m'a quelquesfois asseuré estre

de luy, comme en eux n'y a ny grace, ny erudition.
Quelque autre voulant trop s'eloingner du vulgaire, eſt
tumbé en obſcurité auſſi difficile à eclerſir en ſes Ecriz
aux plus Sçauans, comme aux plus Ignares. Voyla vne
partie de ce que i'oy dire en beaucoup de lieux des
meilleurs de notre Langue. Que pleuſt à Dieu le Naturel
d'vn chacun eſtre auſſi candide à louer les vertuz,
comme diligent à obſeruer les vices d'autruy. La Tourbe
de ceux (hors mis cinq ou ſix) qui ſuyvent les principaux, comme Port'enſeignes, eſt ſi mal inſtruicte de
toutes choſes, que par leur moyen noſtre vulgaire n'a
garde d'etendre gueres loing les Bornes de ſon Empire.
Et ſi i'etoy' du nombre de ces anciens Critiques Iuges
des Poëmes, comme vn Ariſtarque, & Ariſtophane, ou
(ſ'il fault ainſi parler) vn Sergent de Bande en notre
Langue Francoyſe, i'en mettroy' beaucoup hors de la
Battaille, ſi mal armez, que ſe fiant en eux, nous ſerions
trop eloingnez de la victoire, ou nous deuons aſpirer.
Ie ne doute point que beaucoup, principalement de ceux
qui ſont accommodez à l'opinion vulgaire, & dont les
tendres Oreilles ne peuuent rien ſouffrir au deſauantaige
de ceux qu'ilz ont deſia receuz comme Oracles, trou-
ueront mauvais de ce que i'oſe ſi librement parler, &
quaſi comme Iuge ſouuerain pronuncer de notz Poëtes
Francoys : mais ſi i'ay dict bien ou mal, ie m'en rapporte à ceux qui ſont plus amis de la Verité que de
Platon ou Socrate, & ne ſont imitateurs des Pythago-
riques, qui pour toutes raiſons n'alleguoint ſinon : Cetuy
la l'a dit. Quand à moy, ſi i'etoy' enquis de ce que (a)
me ſemble de notz meilleurs Poëtes Francoys, ie diroy,
à l'exemple des Stoïques, qui interroguez ſi Zenon, ſi
Clëante, ſi Chryſippe ſont Saiges, repondent ceulx la
certainement auoir eté grands & venerables, n'auoir eu
toutefois ce qui eſt le plus excellent en la Nature de
l'Homme : ie reſpondroy' (dy-ie) qu'ilz ont bien ecrit,
qu'ilz ont illuſtré notre Langue, que la France leur eſt

(a) *Ce qu'il* dans l'édition d'Aubert.

obligée : mais auſſi diroy-ie bien qu'on pourroit trouuer
en notre Langue (ſi quelque ſçauant Homme y vouloit
mettre la main) vne forme de Poëſie beaucoup plus exquiſe, laquele il faudroit chercher en ces vieux Grecz
& Latins, non point és Aucteurs Francoys : pour ce qu'en
ceux cy on ne ſçauroit prendre que bien peu, comme la
peau & la couleur : en ceux la on peut prendre la chair,
les oz, les nerfz, & le ſang. Et ſi quelqu'vn mal ayſé à
contenter ne vouloit prendre ces raiſons en payement, ie
diray (afin de n'eſtre veu examiner les choſes ſi rigoreu-
ſement, ſans cauſe) qu'aux autres Ars & Sciences la me-
diocrité peut meriter quelque louange : mais aux Poëtes
ny les Dieux, ny les Hommes, ny les Coulonnes n'ont
point concedé eſtre mediocres, fuyuant l'opinion d'Horace, que ie ne puis aſſez ſouuent nommer [28] : pour ce
qu'és choſes que ie traicte, il me ſemble auoir le Cerueau myeux purgé, & le Nez meilleur que les autres.
Au fort, comme Demoſthene repondit quelquesfois à
Eſchines, qui l'auoit repris de ce qu'il vſoit de motz
apres & rudes, de telles choſes ne dependre les fortunes
de Grece [29] : auſſi diray-ie, ſi quelqu'vn ſe fache de quoy
ie parle ſi librement, que de la ne dependent les Victoires
du Roy Henry, à qui Dieu veille donner la felicité
d'Auguſte, & la bonté de Traian. I'ay bien voulu (Lecteur
ſtudieux de la Langue Françoyſe) demeurer longuement
en cete partie, qui te ſemblera (peut eſtre) contraire à
ce que i'ay promis : veu que ie ne priſe aſſez haultement ceux qui tiennent le premier lieu en noſtre vulgaire,
qui auoy' entrepris de le louer & deffendre. Toutesfoys
ie croy que tu ne le trouueras point etrange, ſi tu conſi-
deres que ie ne le puis mieux defendre, qu'atribuant la
Pauureté d'iceluy, non à ſon propre & naturel, mais à
la negligence de ceux qui en ont pris le gouuernement:
& ne te puis mieux perſuader d'y ecrire, qu'en te montrant le moyen de l'enrichir & illuſtrer, qui eſt l'Imitation
des Grecz & Romains.

*Que le Naturel n'est suffisant à celuy qui en Poësie
ueult faire œuure digne de l'Immortalité.*

CHAP. III.

Mais pource qu'en toutes Langues y en a de bons &
de mauuais, ie ne veux pas (Lecteur) que sans election
& iugement tu te prennes au premier venu. Il vauldroit
beaucoup mieux ecrire sans Immitation, que ressembler
vn mauuais Aucteur : veu mesmes que c'est chose
accordée entre les plus Scauans, le Naturel faire plus
sans la Doctrine, que la Doctrine sans le Naturel. Toutesfois d'autant que l'Amplification de nostre Langue
(qui est ce que ie traite) ne se peut faire sans Doctrine
& sans Erudition, ie veux bien auertir ceux qui aspirent
à ceste gloire, d'immiter les bons Aucteurs Grecz & Romains, voyre bien Italiens, Hespagnolz & autres : ou du
tout n'ecrire point, si non à soy (comme on dit) & à ses
Muses. Qu'on ne m'allegue point icy quelques vns des
nostres, qui sans doctrine, à tout le moins non autre
que mediocre, ont acquis grand bruyt en nostre vulgaire.
Ceux qui admirent voluntiers les petites choses, & deprisent ce qui excede leur Iugement, en feront tel cas
qu'ilz voudront : mais ie sçay bien que les scauans ne les
mettront en autre Ranc, que de ceux qui parlent bien
Francoys, & qui ont (comme disoit Ciceron des anciens
Aucteurs Romains) bon Esprit, mais bien peu d'Artifice[20]. Qu'on ne m'allegue point aussi que les Poëtes
naissent, car cela s'entend de ceste ardeur, & allegresse
d'Esprit, qui naturellement excite les Poëtes, & sans la
quele toute Doctrine leur seroit manque & inutile. Certainement ce seroit chose trop facile, & pourtant contemptible, se faire eternel par Renommée, si la felicité
de nature donnée mesmes aux plus Indoctes, etoit suffi-
sante pour faire chose digne de l'Immortalité. Qui veut
voler par les Mains & Bouches des Hommes, doit lon-

guement demeurer en ſa chambre : & qui deſire viure en la memoire de la Poſterité, doit, comme mort en ſoymeſmes, ſuer, & trembler maintesfois : & autant que notz Poëtes Courtizans boyuent, mangent, & dorment à leur oyſe (a), endurer de faim, de ſoif, & de longues vigiles. Ce ſont les Eſles dont les Ecriz des Hommes volent au Ciel. Mais afin que ie retourne au commencement de ce propos, regarde noſtre immitateur premierement ceux qu'il voudra immiter, & ce qu'en eux il poura, & qui ſe doit immiter, pour ne faire comme ceux qui voulans aparoitre ſemblables à quelque grand Seigneur, immiteront plus toſt vn petit geſte & façon de faire vicieuſe de luy, que ſes vertuz & bonnes graces. Auant toutes choſes, fault qu'il ait ce iugement de cognoitre ſes forces, & tenter combien ſes Epaules peuuent porter[31], qu'il ſonde diligemment ſon Naturel, & ſe compoſe à l'immitation de celuy, dont il ſe ſentira approcher de plus pres. Autrement ſon immitation reſſembleroit celle du Singe.

Quelz genres de Poëmes doit elire le Poëte Francoys.

CHAP. IIII.

Ly donques, & rely premierement, (ô Poëte futur), fueillette de Main nocturne & iournelle, les Exemplaires Grecz & Latins[32], puis me laiſſe toutes ces vieilles Poëſies Francoyſes aux Ieuz Floraux de Toulouze, & au puy de Rouan[33] : comme Rondeaux, Ballades, Vyrelaiz, Chantz Royaulx, Chanſons, & autres telles epiſſeries, qui corrumpent le gouſt de noſtre Langue, & ne ſeruent ſi non à porter temoingnaige de notre ignorance. Iéte toy à ces plaiſans Epigrammes, non point comme font au iourd'huy vn tas de faiſeurs de comtes nouueaux,

---

(a) *Aise* dans l'édition de 1561.

qui en vn dizain font contens n'auoir rien dict qui vaille
aux ix. premiers vers, pourueu qu'au dixiefme il y ait
le petit mot pour rire : mais à l'immitation d'vn Martial, ou de quelque autre bien approuué, fi la lafciuité
ne te plaift, mefle le profitable auecques le doulz. Diftile auecques vn ftyle coulant & non fcabreux, ces pitoyables Elegies, à l'exemple d'vn Ouide, d'vn Tibule,
& d'vn Properce, y entremeflant quelquesfois de ces
Fables anciennes, non petit ornement de Poëfie. Chante
moy ces Odes, incongnues encor' de la Mufe Francoyfe [34] d'vn Luc bien accordé au fon de la Lyre Greque
& Romaine, & qu'il n'y ait vers, ou n'aparoiffe quelque
veftige de rare & antique erudition. Et quand à ce, te
fourniront de matiere les louanges des Dieux & des
Hommes vertueux, le difcours fatal des chofes monda-
nes, la folicitude des ieunes hommes, comme l'amour,
les vins libres, & toute bonne chere [35]. Sur toutes
chofes, prens garde que ce genre de Poëme foit eloin-
gné du vulgaire, enrichy & illuftré de motz propres &
Epithetes non oyfifz, orné de graues fentences, & varié
de toutes manieres de couleurs, & ornementz Poëtiques : non comme vn, *Laiffez la verde couleur* [36],
Amour auecq' Pfyches, O combien eft heureufe : & autres
telz Ouurages, mieux dignes d'eftre nommez Chanfons
vulgaires [37], qu'Odes, ou vers Lyriques. Quand aux
Epiftres, ce n'eft un Poëme qui puiffe grandement enrichir noftre vulgaire, pour ce qu'elles font voluntiers de
chofes familieres & domeftiques, fi tu ne les voulois
faire à l'immitation d'Elegies, comme Ouide : ou fen-
tencieufes & graues, comme Horace. Autant te dy-ie
des Satyres, que les Francois, ie ne fçay comment ont
apellées *Coqs à l'Afne* [38], es quelz ie te confeille auffi
peu t'exercer, comme ie te veux eftre aliene de mal
dire : fi tu ne voulois, à l'exemple des Anciens, en vers
Heroiques (c'eft à dire de x à xj & non feulement de
viij à ix) foubz le nom de Satyre, & non de cete inepte
appellation de Coq à l'Afne, taxer modeftement les vices
de ton Tens, & pardonner aux noms des perfonnes vi-

cieufes [39]. Tu has pour cecy Horace, qui felon Quintilian, tient le premier lieu entre les Satyriques [40]. Sonne moy ces beaux Sonnetz, non moins docte que plaifante Inuention Italienne, conforme de Nom à l'Ode, & differente d'elle feulement, pource que le Sonnet a certains Vers rieglez & limitez : & l'Ode peut courir par toutes manieres de Vers librement, voyre en inuenter à plaifir à l'exemple d'Horace, qui a chanté en XIX. fortes de Vers, comme difent les Grammariens [41] (a). Pour le Sonnet donques tu as Petrarque, & quelques modernes Italiens. Chante moy d'vne Mufette bien refonnante [42], & d'vne Fluite bien iointe ces plaifantes Ecclogues Ruftiques à l'exemple de Theocrit & de Virgile : Marines, à l'exemple de Sennazar Gentilhomme Nëapolitain. Que pleuft aux Mufes, qu'en toutes les Efpeces de Poëfies que i'ay nommées nous euffions beaucoup de telles immitations, qu'eft cete Ecclogue fur la naiffance du filz de Monfeigneur le Dauphin [43], à mon gré vn des meilleurs petiz Ouuraiges que fift onques Marot. Adopte moy auffi en la famille Françoyfe ces coulans & mignars Hendecafyllabes [44] à l'exemple d'vn Catulle, d'vn Pontan, & d'vn Second, ce que tu pourras faire, fi non en quantité, pour le moins en nombre de Syllabes. Quand aux Comedies & Tragedies [45], fi les Roys & les Republiques les vouloint reftituer en leur ancienne dignité, qu'ont vfurpée les Farces & Moralitez, ie feroy' bien d'opinion que tu t'y employaffes, & fi tu le veux faire pour l'ornement de ta Langue, tu fcais ou tu en doibs trouuer les Archetypes.

(a) Ainsi encore dans l'édition de 1561 ; *Grammairiens* dans celle d'Aubert.

Du long Poëme Francoys.
CHAP. V.

Donques, ô toy qui doué d'vne excellente felicité de Nature, inſtruiƈt de tous bons Ars & Sciences, principalement Naturelles & Mathematiques, verſé en tous genres de bons Auƈteurs Grecz & Latins, non ignorant des parties & offices de la vie humaine, non de trop haulte condition, ou appellé au regime publiq', non auſſi abieƈt & pauvre, non troublé d'afaires domeſtiques : mais en repoz & tranquilité d'eſprit, acquiſe premierement par la magnanimité de ton couraige, puis entretenue par ta prudence & ſaige gouuernement : ô toy (dy-ie) orné de tant de graces & perfeƈtions, ſi tu as quelquefois pitié de ton pauure Langaige, ſi tu daignes l'enrichir de tes Theſors (*a*), ce ſera toy veritablement qui luy feras hauſſer la Teſte, & d'vn braue Sourcil ſegaler aux ſuperbes Langues Greque & Latine, comme a faiƈt de noſtre Tens en ſon vulgaire vn Arioſte Italien, que i'oſeroy' (n'eſtoit la ſainƈteté des vieulx Poëmes) comparer à vn Homere & Virgile. Comme luy donq', qui a bien voulu emprunter de noſtre Langue les Noms & l'Hyſtoire de ſon Poëme, choyſi moy quelqu'vn de ces beaux vieulx Romans Francoys, comme vn Lancelot, vn Triſtan, ou autres : & en fay renaitre au monde vn (*b*) admirable Iliade, & laborieuſe Eneïde. Ie veux bien en paſſant dire vn mot à ceulx qui ne l'employent qu'à orner & amplifier notz Romans, & en font des Liures certainement en beau & fluide Langaige, mais beaucoup plus propre à bien entretenir Damoizelles, qu'à doƈtement ecrire : ie voudroy' bien (dy-ie) les auertir d'employer cete grande Eloquence à recuillir ces fragmentz

(*a*) *Thresors* dans l'édition de 1561.
(*b*) *Une* dans l'édition d'Aubert.

de vieilles Chroniques Francoyſes, & comme a fait Tite
Liue des Annales & autres anciennes Chroniques Romaines, en batir le Cors entier d'vne belle Hiſtoire y en-
tremeſlant à propos ces belles Concions & Harangues
à l'immitation de celuy que ie viens de nommer, de
Thucidide, Saluſte, ou quelque autre bien approuué,
ſelon le genre d'ecrire ou ilz ſe ſentiroint propres. Tel
Œuure certainement ſeroit à leur immortelle gloire,
honneur de la France, & grande illuſtration de noſtre
Langue. Pour reprendre le propos que i'auoy' laiſſé :
Quelqu'vn (peut eſtre) trouuerra etrange que ie re-
quiere vne ſi exaĉte perfeĉtion en celuy qui voudra faire
vn long Poëme, veu auſſi, qu'à peine ſe trouuerroint,
encores qu'ils feuſſent inſtruiĉtz de toutes ces choſes,
qui vouluſſent entreprendre vn œuure de ſi laborieuſe
longueur, & quaſi de la vie d'vn Homme. Il ſemblera à
quelque autre, que voulant bailler les moyens d'enrichir noſtre Langue, ie face le contraire : d'autant que ie
retarde plus toſt, & refroidis l'etude de ceux qui etoint
bien affeĉtionnez à leur vulgaire, que ie ne les incite,
pource que debilitez par deſeſpoir, ne voudront point
eſſayer ce à quoy ne ſ'attendront de pouuoir paruenir.
Mais c'eſt choſe conuenable, que toutes choſes ſoint
experimentées de tous ceux qui deſirent attaindre à
quelque hault point d'excellence, & gloire non vulgaire.
Que ſi quelqu'vn n'a du tout cete grande vigueur d'Eſprit, cete parfaite intelligence des Diſciplines, & toutes
ces autres commoditez que i'ay nommées, tienne pourtant le cours tel qu'il poura. Car c'eſt choſe honneſte
à celuy qui aſpire au premier Ranc, demeurer au ſe-
cond, voire au troizieme. Non Homere ſeul entre les
Grecz, non Virgile entre les Latins, ont aquis loz &
reputation. Mais telle a eté la louange de beaucoup d'autres, chacun en ſon genre, que pour admirer les choſes
haultes, on ne laiſſoit pourtant de louer les inferieures[46]. Certainement ſi nous auions des Mecenes & des
Auguſtes, les Cieux & la Nature ne ſont point ſi Ennemis de noſtre Siecle, que n'euſſions encores des Virgi-

les [47]. L'honneur nourist les Ars, nous sommes tous par
la gloire enflammez à l'etude des Sciences, & ne s'ele-
uent iamais les choses qu'on voit estre deprisées de tous.
Les Roys & les Princes deuroint (ce me semble) auoir
memoire de ce grand Empereur, qui vouloit plus tost
la venerable puissance des Loix estre rompue, que les
Œuures de Virgile, condamnées au feu par le Testament
de l'Aucteur, feussent brulées [48]. Que diray-ie de cet autre
grand Monarque qui desiroit plus le renaitre d'Homere,
que le gaing d'vne grosse battaille [49] ? & quelquefoys etant
pres du Tumbeau d'Achile, s'ecria haultement : O bienheureux Adolescent, qui as trouué vn tel Buccinateur
de tes louanges! Et à la verité, sans la diuine Muse
d'Homere, le mesme Tumbeau qui couuroit le corps
d'Achille eust aussi accablé son Renom. Ce qu'auient *(a)* à
tous ceux qui mettent l'asseurance de leur immortalité
au Marbre, au Cuyure, aux Collosses, aux Pyramides,
aux laborieux Edifices, & autres choses non moins sub-
iectes aux iniures du Ciel & du Tens, de la flamme &
du fer, que de fraiz excessifz, & perpetuelle sollicitude.
Les Allechementz de Venus, la gueule, & les ocieuses
plumes ont chassé d'entre les Hommes tout desir de
l'immortalité : mais encores est ce chose plus indigne
que ceux, qui d'ignorance & toutes especes de vices
font leur plus grande gloire, se moquent de ceux qui en
ce tant louable labeur Poëtique employent les heures
que les autres consument aux Ieuz, aux Baings, aux
Banquez, & autres telz menuz plaisirs. Or neantmoins
quelque infelicité de siecle, ou nous soyons, toy à qui
les Dieux & les Muses auront eté si fauorables, comme
i'ay dit, bien que tu soyes depourueu de la faueur des
hommes, ne laisse pourtant à entreprendre vn œuure
digne de toy, mais non deu à ceux, qui tout ainsi qu'ilz
ne font choses louables, aussi ne font ilz cas d'estre
louez : espere le fruict de ton labeur de l'incorruptible,
& non enuieuse Posterité : c'est la Gloire, seule echelle

(a) *Ce qui aduient* dans l'édition d'Aubert.

par les degrez de laquelle les mortelz d'vn pié leger montent au Ciel, & fe font compaignons des Dieux.

D'inuenter des Motz, & quelques autres chofes, que doit obferver le Poëte Francoys.

CHAP. VI.

Mais de peur que le vent d'Affection ne pouffe mon Nauire[50] fi auant en cete Mer, que ie foye en danger du nauffrage, reprennant la Route que i'auoy' laiffée, ie veux bien auertir celuy qui entreprendra vn grand œuure, qu'il ne craigne point d'inuenter, adopter, & compofer à l'immitation des Grecz, quelques Motz Francoys, comme Ciceron fe vante d'auoir fait en fa Langue. Mais fi les Grecz & Latins euffent efté superfticieux en cet endroit, qu'auroint-ilz ores, de quoy magnifier fi haultement cete Copie, qui eft en leurs Langues? Et fi Horace permet qu'on puyffe en vn long Poëme dormir quelquesfois[51], eft-il deffendu en ce mefme endroict vfer de quelques motz nouueaux, mefmes quand la neceffité nous y contraint? Nul f'il n'eft vraiment du tout ignare, voire priué de Sens commun, ne doute point que les chofes n'ayent premierement eté : puis apres, les motz auoir eté inuentez pour les fignifier : & par confequent aux nouuelles chofes eftre neceffaire impofer nouueaux motz, principalement és Ars, dont l'vfaige n'eft point encores commun & vulgaire, ce qui peut arriuer fouuent à noftre Poëte, au quel fera neceffaire emprunter beaucoup de chofes non encor' traitées en noftre Langue. Les Ouuriers (afin que ie ne parle des Sciences liberales) iufques aux Laboureurs mefmes & toutes fortes de gens mecaniques, ne pouroint conferuer leurs metiers, f'ilz n'vfoint de motz à eux vfitez & à nous incongneuz. Ie fuis bien d'Opinion que les Procureurs & Auocatz vfent des termes propres à leur profeffion, fans rien innouer : mais vouloir oter la liberté à vn fcauant

Homme, qui voudra enrichir fa Langue, d'vfurper quelquefois des Vocables non vulgaires, ce feroit retraindre notre Langaige, non encor' affez riche foubz vne trop plus rigoreufe Loy, que celle que les Grecz & Romains fe font donnée. Les quelz combien qu'ilz feuffent fans comparaifon, plus que nous copieux & riches, neantmoins ont concedé aux Doctes Hommes vfer fouuent de motz non acoutumés és chofes non acoutumées. Ne crains donques, Poëte futur, d'innouer quelques termes en vn long Poëme principalement, auecques modeftie toutesfois, Analogie, & Iugement de l'Oreille, & ne te foucie qui le treuue bon ou mauuais : efperant que la Pofterité l'approuuera, comme celle qui donne foy aux chofes douteufes, lumiere aux obfcures, nouueauté aux antiques, vfaige aux non accoutumées, & douceur aux apres & rudes. Entre autres chofes, fe garde bien noftre Poëte d'vfer de Noms propres Latins ou Grecz, chofe vrayment auffi abfurde, que fi tu appliquois vne Piece de Velours verd à vne Robe de Velours rouge. Mais feroit-ce pas vne chofe bien plaifante, vfer en vn ouuraige Latin, d'vn Nom propre d'Homme, ou d'autre chofe, en Francoys? comme, *Ian currit*, *Loyre fluit*, & autres femblables. Accommode donques telz Noms propres de quelque Langue que ce foit, à l'vfaige de ton vulgaire[52] : fuyuant les Latins, qui pour Ἡρακλῆς, ont dict Hercules, pour Θησεύς, Thefeus : & dy Hercule, Thefée, Achile, Vlyffe, Virgile, Ciceron, Horace. Tu doibz pourtant vfer en cela de iugement & difcretion : car il y a beaucoup de telz noms qui ne fe peuuent approprier en Francoys, les vns Monofyllabes, comme Mars : les autres diffyllabes, comme Venus : aucuns de plufieurs fyllabes, comme Iupiter, fi tu ne voulois dire Ioue : & autres infinitz, dont ie ne te fçauroy' bailler certaine reigle. Parquoy ie renuoye tout au iugement de ton oreille. Quand au refte, vfe de motz purement Francoys[53], non toutesfois trop communs, non point auffi trop inufitez, fi tu ne voulois quelquefois vfurper, & quafi comme enchaffer ainfi qu'vne Pierre precieufe & rare, quelques motz antiques en ton Poëme, à l'exemple de Virgile, qui a vfé de ce mot *Olli* pour *Illi*, *Aulai* pour *Aulæ*, & autres. Pour ce faire te faudroit voir tous ces vieux Romans & Poëtes Francoys, ou tu trouuerras vn *Aiourner*, pour *faire Iour* (que les Praticiens fe font fait propre) : *Anuyter*, pour *faire Nuyt* : *Affener*, pour *frapper ou on vifoit*, & proprement d'vn coup de Main : *Ifnel* pour *Leger* : & mil' autres bons motz, que nous auons perduz par notre negligence. Ne doute point que le moderé vfaige de telz vocables ne donne grande maiefté tant au Vers, comme à la Profe : ainfi que font les Reliques des Sainctz aux Croix, & autres facrez Ioyaux dediez aux Temples.

De la Rythme, & des Vers fans Rythme.

CHAP. VII.

Qvand à la Rythme, ie fuy' bien d'opinion qu'elle foit riche, pour ce qu'elle nous eft ce qu'eft la quantité aux Grecz et Latins. Et bien que n'ayons cet vfaige de Piez comme eux, fi eft-ce que nous auons vn certain nombre de Syllabes en chacun Genre de Poëme, par les quelles, comme par Chefnons, le vers Francoys lié & enchainé, eft contraint de fe rendre en cete etroite prison de Rythme, foubz la garde le plus fouuent d'vne couppe feminine, facheux & rude Gëolier & incongnu des autres vulgaires. Quand ie dy que la Rythme doit eftre riche, ie n'entens qu'elle foit contrainte, & femblable à celle d'aucuns, qui penfent auoir fait vn grand chef d'œuure en Francoys, quand ilz ont rymé vn *Imminent* & vn *Eminent*, vn *Mifericordieufement* & vn *Melodieufement*, & autres de femblable farine, encores qu'il n'y ait fens ou raifon qui vaille. Mais la Rythme de notre Poëte fera voluntaire, non forcée : receüe, non appellée : propre, non aliene : naturelle, non adoptiue : bref, elle fera telle,

que le vers tumbant en icelle, ne contentera moins
l'oreille, qu'vne bien armonieuſe Muſique tumbante en
vn bon & parfait accord. Ces Equiuoques donq' & ces
ſimples, Rymez auecques leurs compoſez, comme vn
Baiſſer & *Abaiſſer*, ſ'ilz ne changent ou augmentent
grandement la ſignification de leurs ſimples, me ſoint
chaſſez bien loing : autrement qui ne voudroit reigler ſa
Rythme comme i'ay dit, il vaudroit beaucoup mieux ne
rymer point : mais faire des vers libres, comme a fait
Petrarque en quelque endroit : & de notre tens le Seigneur Loys Aleman, en ſa non moins docte que plaiſante
Agriculture[54]. Mais tout ainſi que les Peintres & Sta-
tuaires mettent plus grand' induſtrie à faire beaux &
bien proportionnez les corps qui ſont nuds, que les
autres : auſſi faudroit-il bien que ces Vers non rymez,
feuſſent bien charnuz & nerueuz : afin de compenſer
par ce moyen le default de la Rythme. Ie n'ignore point
que quelques vns ont fait vne Diuiſion de Rythme,
l'vne en Son, & l'autre en Ecriture, à cauſe de ces
dyphthongues *Ai, Ei, Oi*, faiſant conſcience de rymer
Maitre & *Preſtre*, *Fontaines* & *Athenes*, *Connoitre* &
Naitre. Mais ie ne veulx que notre Poëte regarde ſi ſuperſticieuſement à ces petites choſes, & luy doit ſuffire que
les deux dernieres ſyllabes ſoint vniſones, ce qui arriue-
roit en la plus grand' part, tant en voix qu'en Ecriture,
ſi l'orthographe Francoyſe n'euſt point eté depraué
par les Praticiens[55]. Et pour ce que Loys Mégret, non
moins amplement que doctement a traité cete partie,
Lecteur, ie te renuoye à ſon Liure[56] : feray fin à ce
propos, t'ayant ſans plus auerti de ce mot en paſſant,
c'eſt que tu te gardes de rythmer les motz manifeſtement longs auecques les brefz auſſi manifeſtement brefz,
comme vn *paſſe* & *trace*, un *maitre* & *mettre*, vn *cheuelure* & *hure*, vn *baſt* & *bat*, & ainſi des autres (*a*).

(*a*) Dans la première édition l'*a* de *passe*, celui de *maitre* et l'*u*
de *chevelure* sont surmontés d'une sorte d'accent aigu qui indique
que la syllabe est longue.

De ce mot Rythme, de l'inuention des Vers rymez, & de quelques autres Antiquitez vsitées en notre Langue.

CHAP. VIII.

Tout ce qui tumbe foubz quelque mefure & iugement de l'Oreille (dit Ciceron) en Latin s'appelle *Numerus*, en Grec ῥυθμὸς, non point feulement au Vers, mais à l'Oraifon [b7]. Parquoy improprement notz Anciens ont aftrainct le nom du Genre foubz l'Efpece, appellant Rythme cete confonance de fyllabes à la fin des vers, qui fe deuroit plus toft nommer ὁμοιοτέλευτον, c'eft à dire, finiffant de mefmes, l'vne des Efpeces du Rythme. Ainfi les Vers, encores qu'ilz ne finiffent point en vn mefme fon, generalement fe peuuent apeller Rythme : d'autant que la fignification de ce mot ῥυθμὸς eft fort ample, & emporte beaucoup d'autres termes, comme κανών, μέτρον, μέλος εὔφωνον, ἀκολουθία, τάξις, σύγκρισις, *Reigle, Mefure, Melodieufe confonance de voix, Confequution, ordre, & comparaifon.* Or quand à l'Antiquité de ces Vers que nous appellons rymez, & que les autres vulgaires ont empruntez de nous, fi on adioute foy à Ian le Maire de Belges, diligent rechercheur de l'Antiquité, Bardus V Roy des Gaules en feut inuenteur : & introduyfit vne fecte de Poëtes nommez Bardes, les quelz chantoint melodieufement leurs rymes auecques inftrumentz, louant les vns, & blamant les autres, & etoint (comme temoingne Dyodore Sicilien en fon vi. Liure) de fi grand' eftime entre les Gaullois, que fi deux Armées ennemies etoint preftes à combattre, & les ditz Poëtes fe miffent entre deux, la Bataille ceffoit, & moderoit chacun fon Ire. Ie pourroy' alleguer affez d'autres Antiquitez, dont notre Langue auiourd'huy eft ennoblie, & qui montrent les Hiftoires n'eftre faulfes, qui ont dit les Gaulles anciennement auoir eté floriffantes, non feulement en

Armes, mais en toutes fortes de fciences & bonnes
Lettres. Mais cela requiert bien vn œuure entier : & ne
feroit apres tant d'excellentes Plumes qui en ont ecrit
mefmes de notre Tens, que retixtre (comme on dit) la
Toile de Penelope. Seulement i'ay bien voulu, & ne me
femble mal à propos, montrer l'Antiquité de deux chofes
fort vulgaires en notre Langue, & non moins anciennes
entre les Grecz. L'vne eft cete inuerfion de Lettres en
vn propre Nom qui porte quelque Deuife conuenable
à la perfonne, comme en Francoys de Valoys, *De facon
fuys royal* : Henry de Valoys, *Roy es de nul hay*.
L'autre eft en vn Epigramme, ou quelque autre œuure
Poëtique, vne certaine election des Lettres capitales,
difpofées en forte, qu'elles portent ou le nom de l'Autheur, ou quelque Sentence. Quand à l'inuerfion de
Lettres que les Grecz appellent ἀναγραμματισμός, l'interprete de Lycophron dit en fa vie : En ce tens la florif-
foit Lycophron, non tant pour la Poëfie, que pour ce
qu'il faifoit des Anagrammatifmes. Exemple du nom du
Roy Ptolomée, Πτολεμαῖος, ἀπὸ μέλιτος : c'eft à dire, Emmiellé, ou de Miel. De la Royne Arfinoë, qui feut la
femme dudit Ptolomée, Ἀρσινόη, Ἥρας ἴον, c'eft à dire la
Violette de Iuno. Artemidore auffi le Stoique a laiffé en
fon Liure des Songes vn chapitre de l'Anagrammatifme,
ou il montre, que par l'inuerfion des Lettres on peut
expofer les Songes. Quand à la difpofition des Lettres
Capitales, Eufebe au liure de la preparation Euangeli-
que dit que la Sybille Erythrée auoit prophetizé de
Iesuchrist, prepofant à chacun de fes Vers certaines
Lettres, qui declaroint le dernier Aduenement de Chrift.
Les dites Lettres portoint ces motz : iesvs. christvs.
servator. crvx. Les Vers feurent tranflatez par S. Au-
guftin (& c'eft ce qu'on nomme les xv Signes du Iugement) les quelz fe chantent encor' en quelques Lieux.
Les Grecz appellent cete prepofition de Lettres, au
commencement des vers, ἀκροστιχίς. Ciceron en parle
au liure de *Diuination*, voulant prouuer par cete curieufe diligence, que les vers des Sybilles etoint faictz

par Artifice, & non par infpiration diuine. Cete mefme Antiquité fe peut voir en tous les Argumens de Plaute, dont chacun en fes Lettres capitales porte le Nom de la Comedie.

Obferuation de quelques manieres de parler Francoyfes.

CHAP. IX.

I'ay declaré en peu de Paroles ce qui n'auoit encor' eté (que ie faiche) touché de notz Rhetoriqueurs Francoys. Quand aux coupes feminines, Apoftrophes, Accens, l'*é* mafculin, & l'*e* feminin, & autres telles chofes vulgaires, notre Poëte les apprendra de ceux qui en ont ecrit. Quand aux Efpeces de vers qu'ilz veulent limiter, elles font auffi diuerses que la fantafie des Hommes, & que la mefme Nature. Quand aux vertuz & vices du Poëme fi diligemment traités par les Anciens, comme Ariftote, Horace, & apres eux Hieronyme Vide : quand aux figures des fentences & des motz, & toutes les autres parties de l'Eloquution, les Lieux de commiferation, de Ioye, de Triftesse, d'Ire, d'Admiration, & toutes autres commotions de l'Ame : ie n'en parle point, apres fi grand nombre d'excellens Phylofophes & Orateurs, qui en ont traicté, que ie veux auoir eté bien leuz & releuz de noftre Poëte, premier qu'il entreprenne quelque hault & excellent ouuraige. Et tout ainfi qu'entre les Aucteurs Latins, les meilleurs font eftimez ceux qui de plus pres ont immité les Grecz; ie veux auffi que tu t'eforces de rendre, au plus pres du naturel que tu pouras, la Phrafe & maniere de parler Latine, en tant que la proprieté de l'vne & l'autre Langue le voudra permettre. Autant te dy ie de la Greque, dont les façons de parler font fort approchantes de notre vulgaire, ce que mefmes on peut congnoitre par les

Articles incongneuz de la Langue Latine. Vſes donques
hardiment de l'Infinitif pour le nom, comme *l'Aller, le
Chanter, le Viure, le Mourir*. De l'Adiectif ſubſtantiué,
comme *le liquide des Eaux, le vuide de l'Air, le fraiz
des Vmbres, l'epes des Foreſtz, l'enroué des Cimballes*,
pouruëu que telle maniere de parler adiouſte quelque
grace & vehemence, & non pas : *le Chault du feu, le
froid de la Glace, le dur du Fer*, & leurs ſemblables.
Des Verbes & Participes, qui de leur nature n'ont point
d'infinitifz apres eux, auecques des infinitifz, comme
tremblant de mourir, & volant d'y aller, pour *craignant de mourir, & ſe hatant d'y aller*. Des Noms pour
les Aduerbes, comme *ilz combattent obſtinez*, pour
obſtinéement : il vole leger, pour *legerement* : & mil'
autres manieres de parler, que tu pouras mieux obſeruer par frequente & curieuſe Lecture, que ie ne te les
ſçauroy' dire. Entre autres choſes ie t'aduerty' vſer
ſouuent de la figure Antonomasie, auſſi frequente aux
anciens Poëtes, comme peu vſitée, voire incongnue des
Francoys. La grace d'elle eſt quand on deſigne le Nom
de quelque choſe par ce qui luy eſt propre, comme *le
Pere foudroyant*, pour *Iupiter : le Dieu deux fois né*,
pour *Bacchus: la vierge Chaſſereſſe*, pour *Dyane*. Cete
figure a beaucoup d'autres eſpeces, que tu trouuerras
chés les Rhetoriciens, & a fort bonne grace principalement aux deſcriptions, comme : *Depuis ceux qui voyent
premiers rougir l'Aurore, iuſques la ou Thetis recoit
en ſes Vndes le filz d'Hyperion;* pour, *depuis l'Orient
iuſques à l'Occident*. Tu en as aſſez d'autres exemples
és Grecz & Latins, meſmes en ces diuines experiences
de Virgile, comme du fleuue Glacé, des douze Signes
du Zodiaque, d'Iris, des xii Labeurs d'Hercule & autres [58]. Quand aux Epithetes qui ſont en notz Poëtes
Francoys, la plus grand' part ou froids, ou ocieux, ou
mal à propos, ie veux que tu en vſes de ſorte, que ſans
eux ce que tu dirois (a) ſeroit beaucoup moindre, comme

(a) Ainſi dans l'édition de 1561 ; *diras* dans les précédentes.

la flamme deuorante, les Souciz mordans, la gehinnante follicitude : & regarde bien qu'ilz foint conuenables, non feulement à leurs fubftantifz, mais auffi à ce que tu decriras, a fin que tu ne dies l'*Eau vndoyante*, quand tu la veux decrire impetueufe : ou *la flamme ardente*, quand tu la veux monftrer languiffante. Tu as Horace entre les Latins fort heureux en cecy, comme en toutes chofes. Garde toy auffi de tumber en vn vice commun, mefmes aux plus excellens de noftre Langue, c'eft l'omiffion des Articles. Tu as exemple de ce vice en infiniz endroictz de ces petites Poëfies Francoyfes. I'ay quafi oublié vn autre default bien vfité & de tres mauuaife grace. C'eft quand en la Quadrature des Vers Heroïques la fentence eft trop abruptement couppée, comme : *Sinon que tu en monftres vn plus feur*. Voyla ce que ie te vouloy' dire breuement de ce que tu doictz obferuer tant au Vers, comme à certaines manieres de parler, peu ou point encor' vfitées des Francoys. Il y en a qui fort fuperfticieufement entremeflent les vers Mafculins auecques les Feminins, comme on peut voir aux Pfalmes traduictz par Marot : ce qu'il a obferué (comme ie croy') afin que plus facilement on les peuft chanter fans varier la Mufique, pour la diuerfité des mefeures, qui fe trouueroint à la fin des Vers. Ie treuve cete diligence fort bonne, pourueu que tu n'en faces point de religion, iufques à contreindre ta diction pour obferuer telles chofes. Regarde principalement qu'en ton Vers n'y ait rien dur, hyulque, ou redundant. Que les Periodes foint bien ioinctz [59], numereux, bien rempliffans l'Oreille : & telz, qu'ilz n'excedent point ce terme & but, que naturellement nous fentons, foit en lifant ou ecoutant.

De bien prononcer les Vers.
CHAP. X.

Ce lieu ne me femble mal à propos dire vn mot de la pronunciation, que les Grecz appellent ὑπόκρισις. Afin que f'il t'auient de reciter quelquesfois tes Vers, tu les pronunces d'vn fon diftinct, non confuz : viril, non effeminé : auecques vne voix accommodée à toutes les Affections que tu voudras exprimer en tes vers. Et certes comme icelle pronunciation & Gefte approprié à la matiere que lon traite, voyre par le iugement de Demofthene, eft le principal de l'Orateur[60], auffi n'eft-ce peu de chofe que de pronuncer fes Vers de bonne grace. Veu que la Poëfie (comme dit Ciceron) a eté inuentée par obferuation de Prudence, & mefure des Oreilles[61], dont le iugement eft treffuperbe, comme de celles qui repudient toutes chofes apres & rudes, non feulement en compofition & ftructure de Motz, mais auffi en Modulation de voix. Nous lifons cete grace de pronuncer auoir eté fort excellente en Virgile, & telle qu'vn Poëte de fon Tens difoit que les vers de luy, par luy pronuncez, etoint fonoreux & graues : par autres, flacques & effeminez[62].

De quelques obferuations oultre l'Artifice, auecques vne Inuectiue contre les mauuais Poëtes Francoys

CHAP. XI.

Ie ne demeureray longuement en ce que f'enfuit, pour ce que noftre Poëte, tel que ie le veux, le poura affez entendre par fon bon iugement, fans aucunes Traditions de reigles. Du tens donques & du Lieu qu'il fault elire pour la cogitation, ie ne luy en bailleray autres preceptes, que ceux que fon plaifir & fa difpofition luy ordonneront. Les vns ayment les frefches vmbres des Foreftz, les clers Ruiffelez doucement murmurans parmy les Prez ornez & tapiffez de verdure. Les autres fe delectent du fecret des Chambres & doctes Etudes. Il fault f'accommoder à la faifon & au lieu. Bien te veux-ie auertir de chercher la folitude & le Silence amy des Mufes, qui auffi (affin que ne laiffes paffer cete fureur diuine, qui quelquesfois agite & echaufe les Efpris Poëtiques, & fans la quele ne fault point que nul espere faire chofe qui dure) n'ouurent iamais la porte de leur facré Cabinet, fi non à ceux qui hurtent rudement. Ie ne veux oublier l'Emendation, partie certes la plus vtile de notz Etudes. L'office d'elle eft aiouter, oter, ou muer à loyfir ce que cete premiere impetuofité & ardeur d'ecrire n'auoit permis de faire. Pourtant eft il neceffaire, afin que nos Ecriz, comme Enfans nouueaux nez, ne nous flattent, les remettre à part, les reuoir fouuent, & en la maniere des Ours, à force de lecher, leur donner forme & façon de Membres, non immitant ces importuns verfificateurs, nommez des Grecz μουσοπάταγοι, qui rompent à toutes heures les Oreilles des miferables Auditeurs par leurs nouueaux Poëmes⁰³. Il ne fault pourtant y eftre trop fuperfticieux, ou (comme les Elephans leurs petiz) eftre x. Ans à enfanter fes Vers. Sur tout nous conuient auoir quelque fçauant & fidele Compaignon, ou vn Amy bien familier, voire trois ou quatre, qui veillent & puiffent congnoitre noz fautes, & ne craignent point bleffer noftre papier avecques les vngles. Encores te veux-ie aduertir de hanter quelquesfois, non feulement les Scauans, mais auffi toutes fortes d'Ouuriers & gens Mecaniques, comme Mariniers (a), Fondeurs, Peintres, Engraueurs & autres, fçauoir leurs inuentions, les noms des matieres, des outilz, & les termes vfitez en leurs Ars & Mefliers, pour tyrer de la ces belles comparaifons, & viues defcriptions de toutes chofes. Vous semble point (b), Meffieurs, qui etes fi ennemis de voftre Langue, que noftre Poëte ainfi armé puiffe fortir à la campaigne, & fe monftrer fur les rancz, auecques les braues Scadrons Grecz & Romains? Et vous autres fi mal equipez, dont l'ignorance a donné le ridicule nom de *Rymeurs* à noftre Langue (comme les Latins appellent leurs mauuais poëtes *Verfificateurs*)

(a) *Marinieres* dans la premiére édition.
(b) *Vous semble il point*, dans l'édition d'Aubert

oferez vous bien endurer le Soleil, la poudre, & le dangereux Labeur de ce Combat? Ie fuis d'opinion que vous retiriés au Bagaige auecques les Paiges & Laquais, ou bien (car i'ay pitié de vous, foubz les fraiz vmbraiges, aux fumptueux Palaiz des grands Seigneurs, & Cours magnifiques des Princes, entre les Dames & Damoizelles, ou votz beaux & mignons Ecriz, non de plus longue durée que voftre vie, feront receuz, admirés, & adorés : non point aux doctes Etudes, & riches Byblyotheques des Sçauans. Que pleuft aux Mufes, pour le bien que ie veux à noftre Langue, que votz ineptes œuvres feuffent bannys, non feulement de la (comme ilz font) mais de toute la France. Ie voudroys bien qu'à l'exemple de ce grand Monarque, qui defendit que nul n'entreprift de le tirer en Tableau, fi non Apelle, ou en ftatue, fi non Lyfippe[64], tous Roys & Princes amateurs de leur Langue deffendiffent, par edict expres, à leurs fubiectz, de non mettre en lumiere œuure aucun, & aux Imprimeurs de non l'imprimer, fi premierement il n'auoit enduré la Lyme de quelque fcauant Homme, auffi peu adulateur qu'etoit ce Quintilie, dont parle Horace en fon *Art Poëtique*[65] : ou, & en infiniz autres endroicts dudict Horace, on peut voir les vices des Poëtes modernes exprimés fi au vif, qu'il femble auoir ecrit, non du tens d'Augufte, mais de Francoys & de Henry. Les Medicins, (dict-il) promettent ce qui appartient aux Medicins, les Feuures traictent ce qui appartient aux Feuures : mais nous ecriuons ordinairement des Poëmes autant les Indoctes comme les Doctes[66]. Voyla pourquoy ne fe fault emerueiller fi beaucoup de fcauans ne daignent au iourd'huy ecrire en noftre Langue, & fi les etrangers ne la prifent comme nous faifons les leur, d'autant qu'ilz voyent en icelle tant de nouueaux Aucteurs ignorans, ce qui leur fait penfer, qu'elle n'eft capable de plus grand ornement & erudition. O combien ie defire voir fecher ces *Printems*, chatier ces *Petites ieuneffes*, rabbattre ces *Coups d'effay*, tarir ces *Fontaines*, bref, abolir tous ces beaux tiltres assez suffisans pour degouter tout Lecteur scauant d'en lire d'auantaige ! Ie ne souhaite moins que ces *Depourueuɀ*, ces *humbles Esperans*, ces *Banniɀ de lyesse*, ces *Esclaues*, ces *Trauerseurs* soient renuoyés à la Table ronde[67] : & ces belles petites deuises aux Gentilzhommes & Damoizelles, d'ou on les a empruntées. Que diray plus ? Ie supplie à Phebus Apollon, que la France, apres auoir eté si longuement sterile, grosse de luy, enfante bien tost vn Poëte, dont le Luc bien resonnant fasse taire ces enrouées Cornemuses, non autrement que les Grenoilles, quand on iete vne pierre en leur Maraiz. Et si non obstant cela, cete fiéure chaude d'ecrire les tormentoit encores, ie leur conseilleroy' ou d'aller prendre Medicine en Antycire : ou pour le mieux se remettre à l'Etude : & sans honte, à l'exemple de Caton qui en sa vieillesse apprist les Lettres Greques. Ie pense bien, qu'en parlant ainsi de notz Rymeurs, ie sembleray à beaucoup trop mordant & Satyrique, mais veritable à ceux qui ont Scauoir & Iugement, & qui desirent la Santé de nostre Langue, ou cet vlcere & chair corrumpue de mauuaises Poësies est si inueterée, qu'elle ne se peut oter qu'auecques le Fer & le Cautere. Pour conclure ce propos, saiches Lecteur, que celuy sera veritablement le Poëte que ie cherche en nostre Langue, qui me fera indigner, apayser, eiouyr, douloir, aymer, hayr, admirer, etonner : bref, qui tiendra la bride de mes Affections, me tournant ça & la, à son plaisir. Voyla la vraye pierre de Touche, ou il fault que tu epreuues tous Poëmes & en toutes Langues. Ie m'attens bien qu'il s'en trouuerra beaucoup de ceux qui ne treuuent rien bon, si non ce qu'ilz entendent, & pensent pouuoir immiter, aux quelz nostre Poëte ne sera pas agreable : qui diront qu'il n'i a aucun plaisir, & moins de profit, à lire telz ecriz, que ce ne sont que fictions Poëtiques, que Marot n'a point ainsi ecrit. A telz, pour ce qu'ilz n'entendent la Poësie que de Nom, ie ne suis deliberé de repondre, produysant pour deffence tant d'excellens ouuraiges Poëtiques Grecz, Latins, & Italiens, aussi alienes de ce genre d'ecrire, qu'ilz approuuent tant, comme ilz font eux mefmes eloingnez de toute bonne Erudition. Seulement veux-ie admonnefter celuy qui afpire à vne gloyre non vulgaire, f'eloingner de ces ineptes Admirateurs, fuyr ce peuple ignorant, peuple ennemy de tout rare & antique fcauoir : fe contenter de peu de Lecteurs à l'exemple de celuy qui pour tous Auditeurs ne demandoit que Platon : & d'Horace, qui veult fes œuures eftre leuz de trois ou quatre feulement, entre lefquelz eft Augufte [68]. Tu as, Lecteurs, mon iugement de noftre Poëte francoys, le quel tu fuyuras, fi tu le treuues bon, ou te tiendras au tien, fi tu en as quelque autre. Car ie n'ignore point combien les iugementz des Hommes font diuers, comme en toutes chofes, principalement en la Poëfie, la quelle eft comme vne Peinture, & non moins qu'elle fubiecte à l'opinion du vulgaire. Le principal But ou ie vife, c'eft la deffence de notre Langue, l'ornement & amplification d'icelle, en quoy fi ie n'ay grandement foulaigé l'induftrie & labeur de ceux qui afpirent à cete gloire, ou fi du tout ie ne leur ay point aydé, pour le moins ie penferay auoir beaucoup fait, fi ie leur ay donné bonne voluntè.

Exhortation aux Francoys d'ecrire en leur Langue, auecques les Louanges de la France.

CHAP. XII.

Donques, f'il eft ainfi que de noftre tens les Aftres, comme d'vn accord (*a*), ont par vne heureufe influence confpiré en l'honneur & accroiffement de notre Langue, qui fera celuy des fcauans qui n'y voudra mettre la Main, y repandant de tous cotez les fleurs & fruicts de ces riches Cornes d'abundance Greque & Latine? ou,

---

(*a*) *Comme d'un commun accord* dans l'édition de 1561.

à tout le moins, qui ne louëra & approuuera l'induftrie des autres? Mais qui fera celuy qui la vouldra blâmer? Nul, f'il n'eft vrayment ennemy du Nom francoys. Ce prudent & vertueux Themiftocle Athenien montra bien que la mefme Loy naturelle, qui commande à chacun defendre le lieu de fa Naiffance, nous oblige auffi de garder la dignité de notre Langue, quand il condamna à Mort vn Herault du Roy de Perfe, feulement pour auoir employé la Langue Attique aux Commendemens du Barbare [69]. La gloire du peuple Romain n'eft moindre (comme a dit quelqu'vn) en l'amplification de fon Langaige, que de fes limites [70]. Car la plus haulte excellence de leur republique, voire du tens d'Augufte, n'etoit affez forte pour fe deffendre contre l'iniure du tens, par le moyen de fon Capitole, de fes Thermes & magnifiques Palaiz, fans le benefice de leur Langue, pour la quele feulement nous les louons, nous les admirons, nous les adorons. Sommes nous donques moindres que les Grecz ou Romains, qui faifons fi peu de cas de la noftre. Ie n'ay entrepris de faire comparaifon de nous à ceulx la, pour ne faire tort à la vertu Francoyfe, la conferant à la vanité Gregeoyfe : & moins à ceux cy, pour la trop ennuyeufe longueur que ce feroit de repeter l'Origine des deux Nations, leurs faictz, leurs Loix, meurs & manieres de viure : les Confulz, Dictateurs, & Empereurs de l'vne : les Roys, Ducz & Princes de l'autre. Ie confeffe que la fortune leur ait quelquesfois eté plus fauorable qu'à nous : mais auffi diray-ie bien (fans renoueueler les vieilles playes de Romme, & de quele excellence en quel meprix de tout le Monde, par fes forces mefmes elle a eté precipitée) que la France, foit en Repos ou en Guerre, eft de long interuale à preferer à l'Italie, ferue maintenant & mercenaire de ceux aux quelz elle fouloit commander. Ie ne parleray icy de la temperie de l'Air, fertilité de la Terre, abundance de tous genres de Fruictz neceffaires pour l'ayfe & entretien de la vie Humaine, & autres innumerables Commoditez, que le Ciel, plus prodigalement que liberalement, a elargy à la France. Ie ne conteray tant de grosses Riuieres, tant de belles Forestz, tant de Villes, non moins opulentes que fortes, & pourueuës de toutes Munitions de Guerre. Finablement ie ne parleray de tant de Metiers, Arz & Sciences, qui florissent entre nous, comme la Musique, Peinture, Statuaire, Architecture, & autres, non gueres moins que iadis entre les Grecz & Romains. Et si pour trouuer l'Or & l'Argent, le Fer n'y viole point les sacrées Entrailles de nostre antique mere : si les Gemmes, les Odeurs, & autres corruptions de la premiere generosité des hommes, n'y sont point cherchées du Marchant auare : aussi le Tigre enraigé, la cruelle semence des Lyons, les Herbes empoisonneresses, & tant d'autres Pestes de la vie humaine, en sont bien eloignées [71]. Ie suis content que ces felicitez nous soient communes auecques autres Nations, principalement l'Italie : mais quand à la pieté, religion, integrité de meurs, magnanimité de couraiges, & toutes ces vertuz rares & antiques (qui est la vraye & solide louange) la France a tousiours obtenu, sans controuerse, le premier lieu. Pourquoy donques sommes nous si grands admirateurs d'autruy? Pourquoy sommes nous tant iniques à nous mesmes? Pourquoy mandions nous les Langues etrangeres comme si nous auions honte d'vser de la nostre? Caton l'Aisné (ie dy celuy Caton, dont la graue sentence a eté tant de foys approuuée du Senat & peuple Romain) dist à Posthumie Albin, l'excusant de ce que luy, homme Romain, auoit ecrit vne Hystoire en Grec : Il est vray qu'il t'eust fallu (*a*) pardonner, si par le decret des Amphictyoniens tu eusses eté contraint d'ecrire en Grec [72]. Se moquant de l'ambicieuse curiosité de celuy, qui aimoit mieulx escrire en vne Langue etrangere qu'en la sienne. Horace dit que Romule en songe l'amonnesta, lors qu'il faisoit des vers Grecz, de ne porter du boys en la forest. Ce que font ordinairement ceux qui ecriuent en Grec & en Latin [73]

(*a*) *Faillu*, dans les premières éditions.

Et quand la gloire feule, non l'amour de la Vertu, nous deuroit induire aux Actes vertueux, fi ne voy-ie pour tant qu'elle foit moindre à celuy qui eft excellent en fon vulgaire, qu'à celuy qui n'ecrit qu'en Grec ou en Latin. Vray eft que le Nom de cetuy cy (pour autant que ces deux Langues font plus fameufes) f'etent en plus de Lieux : mais bien fouuent, comme la fumée qui fort groffe au commencement, peu à peu f'euanouift parmy le grand efpace de l'Air, il fe perd, ou pour eftre opprimé de l'infinie multitude des autres plus renommez, il demeure quafi en filence & obfcurité. Mais la gloire de cetuy la, d'autant qu'elle fe contient en fes limites, & n'eft diuifée en tant de lieux que l'autre, eft de plus longue durée, comme ayant fon fiege & demeure certaine. Quand Ciceron & Virgile fe mifrent à ecrire en Latin, l'Eloquence & la Poëfie etoint encor' en enfance entre les Romains, & au plus haut de leur excellence entre les Grecz. Si donques ceux que i'ay nommez, dedaignans leur Langue, euffent ecrit en Grec, eft-il croyable qu'ilz euffent egalé Homere & Demofthene? Pour le moins n'euffent ilz eté entre les Grecz ce qu'ilz font entre les Latins. Petrarque femblablement, & Boccace, combien qu'ilz aient beaucoup ecrit en Latin, fi eft-ce que cela n'euft eté fuffifant pour leur donner ce grand honneur qu'ilz ont acquis, f'ils n'euffent ecrit en leur Langue. Ce que bien cognoiffans maintz bons Efpris de notre Tens, combien qu'ilz euffent ia acquis vn bruyt non vulgaire entre les Latins, fe font neantmoins conuertiz à leur Langue maternelle, mefmes Italiens, qui ont beaucoup plus grande raifon d'adorer la Langue Latine, que nous n'auons. Ie me contenteray de nommer ce Docte Cardinal Pierre Bembe, duquel ie doute fi onques Homme immita plus curieufement Ciceron, fi ce n'eft parauenture vn Chriftofle Longueil. Toutesfois par ce qu'il a ecrit en Italien, tant en Vers comme en profe, il a illuftré & fa Langue & fon Nom, trop plus qu'ilz n'eftoint au parauant. Quelqu'vn (peut eftre) deia perfuadé par les Raifons que i'ay alleguées, fe conuertiroit voluntiers à fon Vulgaire, f'il auoit quelques exemples domeftiques. Et ie dy que d'autant f'y doit-il plus toft mettre, pour occuper le premier ce à quoy les autres ont failly. Les larges Campaignes Greques & Latines font déia fi pleines, que bien peu refte d'efpace vide. Ia beaucoup d'vne Courfe legere ont attaint le But tant defiré : long temps y a que le Prix eft gaigné. Mais, ô bon Dieu, combien de Mer nous refte encores, auant que foyons paruenuz au Port! combien le Terme de noftre Courfe eft encores loing! Toutesfoys ie te veux bien auertir, que tous les fcauans hommes de France n'ont point meprifé leur vulgaire. Celuy qui fait renaitre Ariftophane, & faint fi bien le Nez de Lucian, en porte bon temoignage. A ma volunté que beaucoup, en diuers Genres d'ecrire, voluffent faire le femblable : non point f'amufer à derober l'Ecorce de celuy dont ie parle, pour en couurir le Boys tout vermoulu de ie ne fcay quelles Lourderies fi mal plaifantes qu'il ne faudroit autre Recepte pour faire paffer l'enuie de ryre à Democrite. Ie ne craindray point d'aleguer encores pour tous les autres ces deux Lumieres Francoyfes, Guillaume Budé, & Lazare de Bayf. Dont le premier a ecrit, non moins amplement que doctement, l'*Inftitution du Prince*, Œuure certes affez recommandé par le feul Nom de l'Ouurier. L'autre n'a pas feulement traduict l'*Electre* de Sophocle, quafi Vers pour Vers, chofe laborieufe, comme entendent ceux qui ont effayé le femblable. mais dauantaige a donné à noftre Langue le Nom d'*Epigrammes* & d'*Elegies*, auecques ce beau mot compofé, *Aigredoulx*, afin qu'on n'attribue l'honneur de ces chofes à quelque autre. Et de ce que ie dy, m'a affeuré vn Gentilhomme mien Amy, Homme certes non moins digne de foy, que de finguliere Erudition, & Iugement non vulgaire. Il me femble (Lecteur Amy des Mufes Francoyfes) qu'apres ceux que i'ay nommez, tu ne doys auoir honte d'ecrire en ta Langue : mais encore doibstu, fi tu es Amy de la France, voyre de toy-mefmes, t'y donner du tout, auecques cefte genereufe Opinion, qu'il vault mieux eftre vn Achille entre les fiens, qu'vn Diomede, voyre bien fouuent vn Therfite, entre les autres.

Concluſion de tout l'Œuure.

Or fommes nous, la grace à Dieu, par beaucoup de perilz & de flotz etrangers, renduz au Port, à feureté. Nous auons echappé du millieu des Grecz, & par les Scadrons Romains penetré iufques au Seing de la tant defirée France. La donq' Francoys, marchez couraigeufement vers cete fuperbe Cité Romaine : & des ferues Depouilles d'elle (comme vous auez fait plus d'vne fois) ornez vos Temples & Autelz. Ne craignez plus ces Oyes criardes, ce fier Manlie, & ce traitre Camile, qui foubz vmbre de bonne foy, vous furprenne tous nudz, contans la rançon du Capitole. Donnez en cete Grece Menterefſe, & y femez encor' vn coup la fameufe Nation des Gallogrecz. Pillez moy fans confcience les facrez Thefors de ce Temple Delphique, ainfi que vous avez fait autrefoys : & ne craignez plus ce muet Apollon, fes (*a*) faulx Oracles, ny fes flefches rebouchées. Vous fouuienne de votre ancienne Marfeille, fecondes Athenes, & de votre Hercule Gallique, tirant les Peuples apres luy par leurs oreilles, auecques vne Chefne attachée à fa Langue.

(*a*) *Ces* dans toutes les éditions jusqu'en 1561 inclusivement.

Fin de la Deffenfe & illuſtration de la Langue Francoyfe.

A L'AMBICIEUX ET AVARE ENNEMY

DES BONNES LETTRES

SONNET

Serf de Faueur, Esclave d'Auarice,
  Tu n'heus iamais sur toymesmes pouuoir,
  Et ie me veux d'vn tel Maitre pouruoir
Que l'Esprit libre en plaisir se nourrisse.
L'Air, la Fortune & l'humaine Police
  Ont en leurs Mains ton malheureux Auoir.
  Le Iuge auare icy n'a rien à voir,
Ny les troys Seurs, ny du Tens la malice.
Regarde donc qui est plus souhaitable
  L'ayse ou l'ennuy, le certain ou l'instable.
  Quand à l'honneur, i'espere estre immortel,
Car vn cler Nom soubz Mort iamais ne tumbe;
  Le tien obscur ne te promet rien tel.
  Ainsi tous deux serez soubz mesme Tumbe.

      CAELO MVSA BEAT.

AV LECTEUR

AMY Lecteur, tu trouuerras etrange (peut eftre), de ce que i'ay fi breuement traité vn fi fertil & copieux Argument, comme eft l'Illuftration de noftre Poëfie Francoyfe : capable certes de plus grand ornement que beaucoup n'eftiment. Toutesfois tu doibz penfer, que les Arz & Sciences n'ont receu leur perfection tout à vn coup, & d'vne mefme Main : ainçoys par fucceffion de longues Années, chacun y conferant quelque portion de fon Induftrie, font paruenues au point de leur excellence. Reçoy donques ce petit Ouuraige, comme vn Deffeing & Protraict de quelque grand & laborieux Edifice, que i'entreprendray (poffible) de conduyre, croiffant mon Loyfir & mon Scauoir : & fi ie congnoy' que la Nation Francoyfe ait agreable ce mien bon vouloir (vouloir dy-ie) qui aux plus grandes chofes a toufiours merité quelque louange. Quant à l'Ortographe, i'ay plus fuiuy le commun & antiq' vfaige que la Raifon [14] : d'autant que cete nouuelle (mais legitime à mon iugement) facon d'ecrire eft fi mal receue en beaucoup de lieux, que la nouueauté d'icelle euft peu rendre l'Œuure, non gueres de foy recommandable, mal plaifant, voyre contemptible aux Lecteurs (a). Quand aux fautes qui fe pouroint trouuer en l'Impreffion, comme de lettres tranfpofées, omifes ou fuperflues, la premiere Edition les excufera & la Difcretion du Lecteur Scauant, qui ne f'arreftera à fi petites chofes.

A Dieu, Amy Lecteur.

(a) Ce qui suit a été supprimé dans l'édition de 1561.

L'OLIVE

ET

AVTRES OEVVRES POETIQVES [75]

Il dedie son Livre a sa Dame (a)

Bien que le vœu [76] *que je facre & ordonne*
A ta grandeur, foit d'affez petit pris,
Puis que de moy le meilleur ie te donne,
De peu donner ie ne feray repris :
Et quand les Vers qu'ores i'ay entrepris
De te chanter, ne feroient immortelz,
Si eft-ce bien que ie les ay ecriz
Auecq'efpoir qu'ilz pouront eftre telz.

CAELO MVSA BEAT.

(a) Cette dédicace et l'avis *Av Lectevr* qui la suit ne se trouvent que dans la première édition de *l'Olive*. A partir de la seconde, Du Bellay y a substitué un sonnet *A tres illvstre Princesse Madame Margverite* (p. 70) et un nouvel avis *Av Lectevr* (p. 71-79).

AV LECTEVR

———

QVAND i'ecriuoy' ces petiz Ouuraiges poëtiques (Lecteur) ie ne penfoy' rien moins qu'à les expofer en lumiere, & me fuffifoit qu'ilz fuffent aggreables à celle qui m'a donné la hardieffe de m'effayer en ce genre d'ecrire, à mon auis encore auffi peu ufité entre les Francois, comme elle eft excellente fur toutes, voyre quafi vne Deeffe entre les femmes. Or depuis ayant fait part de ces miens ecriz à quelques Amys curieux de telles chofes, qui les ont auffi communiquez à beaucoup d'autres : i'ay efté aduerty que quelqu'vn les auoit baillez à l'Imprimeur. Au moyen dequoy doutant, ou qu'il vouluft les publier foubz fon nom (en quoy toutesfois il m'euft parauanture vengé de luy mefmes) ou faire tort à ma Renommée, les expofant foubz le mien, incorrectz & pleins d'erreurs : cela craignant (dy ie) ie me fuis hafté d'en faire vn petit Recueil, & tumultuairement le iecter en Lumiere, auecques la permiffion de celle qui eft & fera feule mon Laurier, ma Mufe & mon Apolon. Ie croy (Lecteur) entendu cefte contrainte que ie te iure par la troupe facrée des neuf Sœurs eftre veritable, que tu excuferas benignement les faultes de ceft Ouuraige precipité, femblable à vn fruict abortif ou à ces Tableaux aufquelz le Peintre n'a encores donné la derniere Main [77]. Proteftant fi ie congnois que ces Fragmentz te plaifent,

te faire bientoft prefent de l'Œuure entier. Ce pendant
tu iugeras (comme on dit) le Lyon aux vngles. Si ie ne
craignois que le Prologue fuft plus long que la Farce,
ie refpondroy' voluntiers à ceulx, qui congnoiffans Petrarque de nom feulement diront incontinent que ie l'ay
defrobé, que je n'apporte rien du mien, non pour autre
raifon finon qu'il a ecript des Sonnetz & moy auffi. Vrayment ie confeffe auoir imité Petrarque, & non luy feulement, mais auffi l'Ariofte & d'autres modernes Italiens,
pource qu'en l'Argument que ie traicte ie n'en ay point
trouué de meilleurs : & fi les anciens Romains pour l'enrichiffement de leur langue n'ont fait le femblable en
l'imitation des Grecz, ie fuis content n'auoir point d'excufe. Non que ie me vante d'y auoir bien fait mon
debuoir, mais i'efpere que ce mien petit effay donnera
occafion de faire d'aduantaige à tant de bons efprits
dont la France eft auiourd'huy ennoblye. Quand à ceulx
qui ne vouldroient receuoir ce genre d'efcripre qu'ilz
appellent obfcur, pource qu'il excede leur iugement, ie
les laiffe auecq' ceulx, qui, apres l'inuention du Bléd,
vouloient encores viure de Glan. Ie ne cerche point les
Applaudiffemens populaires. Il me fuffit pour tous lecteurs auoir vn S. Gelays, vn Heroët, vn de Ronfart, vn
Carles, vn Sceue, vn Bouiu, vn Salel, vn Martin, & fi
quelques autres font encor' à mettre en ce ranc *a*.
A ceulx la f'addreffent mes petiz ouuraiges, car f'ilz ne les
approuuent, ie fuis certain pour le moins qu'ilz louront
mon entreprinfe. A Dieu.

(*a*) Voyez ci-dessus p. 57.

A TRES ILLVSTRE

PRINCESSE MADAME MARGVERITE

Sœur Vnique du Roy

Luy presentant ce Livre

SONNET

Par vn sentier inconneu à mes yeux
  Voſtre grandeur ſur ſes ailes me porte,
  Ou de Phebus la main ſcauante & forte,
  Guide le frein du chariot des cieulx.
La eleué au cercle radieux
  Par vn Demon heureux, qui me conforte,
  Celle fureur tant doulce i'en rapporte,
  Dont voſtre nom i'egalle aux plus haulx dieux.
O Vierge donc, ſous qui la vierge Aſtrée
  A faict encor' en noſtre ſiecle entrée!
  Prenez en gré ces poëtiques fleurs.
Ce ſont mes vers, que les chaſtes Carites
  Ont emaillez de plus de cent couleurs
  Pour aler voir la fleur des MARGVERITES.

CAELO MVSA BEAT.

AV LECTEVR

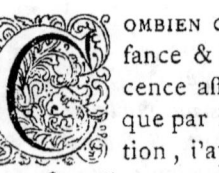OMBIEN que i'aye paſſé l'aage de mon enfance & la meilleure part de mon adoleſcence aſſez inutilement, lecteur, ſi eſt-ce que par ie ne ſçay quelle naturelle inclination, i'ay touſiours aimé les bonnes lettres : ſingulierement noſtre poëſie francoiſe, pour m'eſtre plus familiere, qui viuoy' entre ignorans des langues eſtrangeres. Depuis la raiſon m'a confirmé en cete opinion : conſiderant que ſi ie vouloy' gaingner quelque nom entre les Grecz & Latins, il y fauldroit employer le reſte de ma vie, & (peult eſtre) en vain, etant ia coulé de mon aage le temps le plus apte à l'etude : & me trouuant chargé d'affaires domeſtiques, dont le ſoing eſt aſſez ſuffiſant pour dégouter un homme beaucoup plus ſtudieux que moy. Au moyen de quoy, n'ayant ou paſſer le temps, & ne voulant du tout le perdre, ie me ſuis volontiers appliqué à noſtre poëſie : excité & de mon propre naturel, & par l'exemple de pluſieurs gentiz eſpritz françois, meſmes de ma profeſſion, qui ne dedaignent point manier & l'epée & la plume, contre la faulſe perſuaſion de ceux qui penſent tel exercice de lettres deroger à l'eſtat de nobleſſe. Certainement, lecteur, ie ne pouroy', & ne voudroy' nier, que ſi i'euſſe ecrit en grec, ou en latin, ce ne m'euſt eſté vn moyen

plus expedié (*a*) pour aquerir quelque degré entre les doctes hommes de ce royaume : mais il fault que ie confesse ce que dict Ciceron en l'oraison pour Murene : *Qui cùm cytharœdi esse non possent*, & ce qui s'ensuit [78]. Considerant encores nostre langue estre bien loing de sa perfection qui me donnoit espoir de pouuoir auecques mediocre labeur y gaingner quelque ranc, si non entre les premiers, pour le moins entre les seconds, ie voulu bien y faire quelque essay de ce peu d'esprit que la Nature m'a donné. Voulant donques enrichir nostre vulgaire d'vne nouuelle, ou plustost ancienne renouuelée poësie, ie m'adonnay à l'immitation des anciens Latins, & des poëtes Italiens, dont i'ay entendu ce que m'en a peu apprendre la communication familiere de mes amis. Ce fut pourquoy, à la persuasion de Iaques Peletier, ie choisi le Sonnet, & l'Ode, deux poëmes de ce temps là (c'est depuis quatre ans) encores peu vsitez entre les nostres : étant le Sonnet d'Italien deuenu François, comme ie croy, par Mellin de sainct Gelais, & l'Ode, quant à son vray & naturel stile, representée en nostre langue par Pierre de Ronsard. Ce que ie vien de dire, ie l'ay dict encores en quelque autre lieu, s'il m'en souuient (*b*) : & te l'ay bien voulu ramenteuoir, lecteur, afin que tu ne penses, que ie me vueille attribuer les inuentions d'autruy. Or afin que ie retourne à mon premier propos, voulant satisfaire à l'instante requeste de mes plus familiers amis, ie m'osay bien auanturer de mettre en lumiere mes petites poësies : apres toutesfois les auoir communiquées à ceux que ie pensoy' bien estre clervoyans en telles choses, singulierement à Pierre de Ronsard, qui m'y donna plus grande hardiesse que tous les autres : pour la bonne opinion que i'ay tousiours eue de son vif esprit, exacte sçauoir, & solide iugement en nostre poësie françoyse. Ie n'ay pas icy entrepris de respondre à ceux qui me voudroient blasmer d'auoir

---

(*a*) *Plus expedient,* dans l'édition d'Aubert.
(*b*) Voyez ci-après : *Contre les enuieux poëtes.*

precipité l'edition de mes œuures, & comme on dict,
auoir trop toft mis la plume au vent. Car fi mes ecriz
font bons, ma ieuneffe ne leur doibt ofter leur louange
meritée : f'ilz ne font telz, elle doibt pour le moins leur
feruir d'excufe, d'aultant que fi i'ay faict en cet endroit
quelque acte de ieuneffe, ie n'ay faict finon ce que ie
deuoy'. Pour le moins, ce m'eft vne faulte commune
auecques beaucoup d'autres meilleurs efpriz que le
mien. Ie ne fuis tel, que ie vueille blâmer le confeil
d'Horace, quand à l'edition des poëmes [79] : mais auffi ne
fuis-ie de l'opinion de ceux qui gardent religieufement
leurs ecriz, comme fainctes reliques, pour eftre publiez
apres leur mort : fçachant bien que tout ainfi que les
mors ne mordent point, auffi ne fentent-ilz les morfu-
res. Cete confcientieufe difficulté, lecteur, n'eftoit ce
qui me retardoit le plus en la premiere edition de mes
ecriz. Ie craignoy' vn autre inconuenient, qui me fembloit auoir beaucoup plus apparente raifon de future reprehenfion. C'eft, que telle nouueauté de poëfie pour le
commencement feroit trouuée fort etrange & rude. Au
moyen de quoy, voulant preuenir cete mauuaife opinion, & quafi comme applanir le chemin à ceux qui ex-
citez par mon petit labeur voudroient enrichir noftre
vulgaire de figures & locutions eftrangeres : ie mis en
lumiere ma *Deffence & Illuftration de la langue Françoife* : ne penfant toutefois au commencement faire
plus grand œuure qu'vne epiftre, & petit aduertiffement
au lecteur. Or ay ie depuis experimenté ce qu'au parauant
i'auoy affez preueu, c'eft que d'vn tel œuure ie ne rap-
porteroy iamais fauorable iugement de noz rethori-
queurs Françoys, tant pour les raifons affez nouuelles
& paradoxes introduites par moy en noftre vulgaire, que
pour auoir (ce femble) hurté vn peu trop rudement à
la porte de noz ineptes rimaffeurs. Ce que i'ay faict,
lecteur, non pour aultre raifon, que pour eueiller le
trop long fillence des cignes, & endormir l'importun
croaffement des corbeaux. Ne t'efbahis donques fi ie ne
refpons à ceulx qui m'ont appellé hardy reprencur [80] :

car mon intention ne feut onques d'auctorizer mes petiz œuures par la reprehenfion de telz gallans. Si i'ay particularizé quelques ecriz, fans toutefois toucher aux noms de leurs aucteurs, la iufte douleur m'y a contrainct, voyant noftre langue, quand à fa nayfue proprieté fi copieufe & belle, eftre fouillée de tant de barbares poëfies, qui par ie ne fçay quel noftre malheur plaifent communement plus aux oreilles françoifes, que les ecritz d'antique & folide erudition. Les gentilz efpris, mefmes ceulx qui fuyuent la court, feule efcolle ou voluntiers on apprent à bien & proprement parler, deuroient vouloir pour l'enrichiffement de noftre langue, & pour l'honneur des efpriz françois, que telz poëtes barbares, ou feuffent fouettez à la cuyfine, iufte punition de ceulx qui abufent de la pacience des Princes, & grands Seigneurs, par la lecture de leurs ineptes œuures : ou (fi on les vouloit plus doucement traicter) qu'on leur donnaft argent pour fe taire, fuyuant l'exemple du grand Alexandre, qui vfa de femblable liberalité en l'endroict de Cherille poëte ignorant (a). Certes i'ay grand'honte quand ie voy' le peu d'eftime que font les Italiens de noftre poëfie, en comparaifon de la leur, & ne le treuue beaucoup etrange, quand ie confidere que voluntiers ceulx qui ecriuent en la langue Tofcane font tous perfonnaiges de grand' erudition : voire iufques aux Cardinaux mefmes & aultres feigneurs de renom, qui daignent bien prendre la peine d'enrichir leur vulgaire par infinité (b) de beaux ecriz : vfant en cela de la diligence & difcretion familiere à ceulx, qui legerement n'expofent leurs conceptions au publique iugement des hommes. Penfe donques, ie te prie, lecteur, quel prix doiuent auoir en l'endroict de celle tant docte, & ingenieufe nation Italienne, les ecriz d'vn petit Magifter, d'vn Conard, d'vn Badault, & aultres mignons

---

(a) Voyez les conseils que Du Bellay a donné aux « rymeurs », ci-dessus, p. 54 et 55.

(b) *une infinité* dans l'édition d'Aubert.

de telle farine, dont les oreilles de noſtre peuple ſont ſi
abbreuuées, qu'elles ne veulent auiourd'huy receuoir
aultre choſe. Ie ſuis certain que tous lecteurs de bon
iugement prendront ce que ie dy en bonne part, veu
que ie ne parle du tout ſans raiſon. Au fort, ſi noz petiz
Rimeurs ſ'en trouuoint vn peu fachez, ie leur conſeil-
leroy' de prendre pacience : conſiderant que ie ne ſuis
vng Ariſtarque, ou Ariſtophane, dont la graue cenſure
doiue oſter leurs ecriz du rôle de noz poëſies, ou retarder leurs aucteurs de mieux faire à l'aduenir. Auſſi leur
meſcontentement ne me doit rompre ma deliberation,
qui par veu ſolennel me ſuis obligé aux Muſes, de ne
mentir iamais (que ie le puiſſe entendre) ni en vin, ni
en poëſie. Toutefois ie ne veux pas du tout eſtre iuge
ſi ſeuere, & incorruptible en matiere de poëſie, que ie
fuye l'hereſie de celuy qui diſoit, *Mitte me in Lapicidinas*[81]. Quelques vns ſe plaignent de quoy ie blâme les
traductions poëtiques en noſtre langue, dont ilz ne ſont
(diſent-ilz) illuſtrateurs ny gaigez ny renommez[82]. Auſſi
ne ſuis-ie. Mais ſ'ilz n'alleguent aultre raiſon, ie n'y feray
point de reſponſe. Encores moins à ce qu'ilz diſent, que
i'ay reſerué la lecture de mes ecriz à vne affectée
demy-douzaine des plus renommez poëtes de noſtre
langue[83]. Car ie n'auoy' entrepris de faire vn catalogue
de tous les aultres, meſmes de ceulx qui ne m'etoient
conneuz, ny à leurs noms, ny à leurs œuures. Ceux
dont ie ne cherche point les applaudiſſemens, ont occa-
ſion de gronder. Auſſi me plaiſent leurs aboys, car ie
n'en crain' gueres les morſures. Ie fonde encor' (diſent
ilz) l'immortalité de mon nom ſur moindre choſe que
leurs eſcritz : dont toutefois ilz ne pretendent aucune
louange. Ce n'eſt à eulx, ny à moy à iuger de noſtre
cauſe : qui (dieu mercy) n'eſt de telle importance, que
la court y doibue eſtre longuement embeſongnée. Auſſi
n'ay-ie pas fondé mon aduancement ſur telles magnifiques comparaiſons. Si en mes poëſies ie me loué quelques fois, ce n'eſt ſans l'imitation des anciens : & en
cela ie ne penſe auoir encor' eſté ſi exceſſif, que i'aye

pour illuftrer le mien, offenfé l'honneur de perfonne. Et puis ie me vante d'auoir inuenté ce que i'ay mot à mot traduit des aultres. A peu que ie ne leur fay la refponce, que fift Virgile à vn quiddam Zoile, qui le reprenoit d'emprunter les vers d'Homere[84]. I'ay (ce 'me femble) ailleurs affez deffendu l'immitation (*a*). C'eft pourquoy ie ne feray longue refponfe à cet article. Qui vouldroit à cefte ballance examiner les efcritz des anciens Romains & des modernes Italiens, leurs arrachant toutes ces belles plumes empruntées, dont ilz volent fi haultement : ils feroint en hazard d'eftre accouftrez en corneille Horacienne[85]. Si par la lecture des bons liures, ie me fuis imprimé quelques traictz en la fantaifie, qui apres venant à expofer mes petites conceptions felon les occafions qui m'en font données, me coulent beaucoup plus facilement en la plume, qu'ilz ne me reuiennent en la memoire, doibt-on pour cefte raifon les appeler pieces rapportées? Encor' diray-ie bien, que ceulx qui ont leu les œuures de Virgile, d'Ouide, d'Horace, de Petrarque, & beaucoup d'aultres, que i'ay leuz quelquefois affez negligemment, trouuerront qu'en mes efcriptz y a beaucoup plus de naturelle inuention, que d'artificielle, ou fuperfticieufe immitation. Quelques vngs voyans que ie finiffoy', ou m'efforçoy' de finir mes Sonnetz par cefte grace, qu'entre les aultres langues f'eft faict propre l'Epigramme françois, diligence qu'on peult facilement recongnoiftre aux œuures de Caffola Italien, difent pour cefte raifon, que ie l'ay immité, bien que de ce temps la il ne me feuft congneu feulement de nom, ou Apollon iamais ne me foit en ayde. Ie ne me fuis beaucoup trauaillé en mes efcriz de reffembler aultre que moymefmes : & fi en quelque endroict i'ay vfurpé quelques figures, & façons de parler à l'imitation des eftrangers : auffi n'auoit aucun loy ou priuilege de le me deffendre. Ie dy encores cecy, lecteur, affin que tu ne penfes que i'aye rien emprunté des noftres, fi d'auanture tu venois

---

(*a*) Voyez ci-deffus p. 17 et 18.

à rencontrer quelques epithetes, quelques phrafes &
figures prifes des anciens, & appropriées à l'vfaige de
noftre vulgaire. Si deux peintres f'efforcent de reprefenter au naturel quelque vyf protraict (*a*), il eft impoffible qu'ilz ne fe rencontrent en mefmes traictz &
lineamens, ayans mefme exemplaire deuant eulx.
Combien voit on entre les Latins immitateurs des Grecz,
entre les modernes Italiens immitateurs des Latins, de
commencemens & de fins de vers, de couleurs &
figures poëtiques, quafi femblables? Ie ne parle poinct
des orateurs. Ceulx qui voudront confiderer le ftile des
Ciceroniens, ou aultres, ne trouuerront eftrange la ref-
femblance qu'ont, ou pourront auoir les poëmes françois, fi chacun f'efforce d'efcrire par immitation des eftrangers. Tous ars, & fciences ont leurs termes naturelz.
Tous meftiers ont leurs propres outilz. Toutes langues
ont leurs motz & loqutions vfitées : & qui n'en voudroit vfer, il fe faudroit forger à part nouueaux artz,
nouueaulx meftiers, & nouuelles langues. Ce que i'ay
dict, cetuyci l'a dict encor', & cetuyla : auffi les Mufes
n'ont reftrainct & enfermé en l'efprit de deux ou trois
tout ce qui fe peut dire de bonne grace en noftre poëfie.
S'il y a quelques faultes en mes efcritz, auffi ne font
tous les aultres parfaictz. Ceulx qui auecques raifon, me
voudront faire ce bien de me reprendre, ie mettray
peine d'en faire mon profit. Car ie ne fuis du nombre
de ceulx, qui ayment myeux deffendre leurs faultes, que
les corriger. Mais fi quelques vngs directement ou indi-
rectement (comme on dict) me vouloient taxer, non
point auecques la raifon & modeftie accoutumée en
toutes honneftes controuerfies de lettres : mais feulement auecques vne petite maniere d'irrifion & contour-
nement de nez, ie les aduerty', qu'ilz n'attendent aul-
cune refponfe de moy : car ie ne veux pas faire tant
d'honneur à telles beftes mafquées, que ie les eftime
feulement dignes de ma cholere. Si quelques vns vou-

(*a*) *Pourtraict*, dans l'édition de 1561.

loient renouueler la farce de Marot & de Sagon, ie ne
fuis pour les en empefcher : mais il fault qu'ilz cher-
chent aultre badin pour iouer ce rôle auecques eux.
Voyla vng petit deffeing, lecteur, de ce que ie pouroy'
bien refpondre à mes calomniateurs fi ie vouloy' prendre la peine de leur tenir plus long propoz. Quand à
ceux qui blafment en moy cet etude poëtique, comme
totalement inutile, f'ilz veulent combatre contre la poëfie, elle a des armes pour fe deffendre : f'ilz plaignent
l'empefchement de ma promotion, ie les remercie de
leur bonne volunté. Ceux qui ayment le ieu, les ban-
quetz & aultres menuz plaifirs, qu'ilz y paffent & le
iour, & la nuict, fi bon leur femble (a). Quand à moy
n'ayant aultre paffetemps de plus grand plaifir, ie don-
neray vouluntiers quelques heures à la poëfie. Et combien ce m'eft vn labeur peu laborieux, & coutumier, fi
ce n'eft ou faifant quelque voiage, ou en lieu qui n'ait
aultre plus ioyeufe occupation, bien l'entendent ceux
qui me hantent de familiarité. I'ayme la poëfie, & me
tire bien fouuent la Mufe (comme dict quelq'vn) furtiue-
ment en fon œuure[86] : mais ie n'y fuis tant affecté, que
facilement ie ne m'en retire, fi la fortune me veult prefenter quelque chofe, ou auecques plus grand fruict ie
puiffe occuper mon efprit. Ie te prie donques, amy lecteur, me faire ce bien de penfer, que ma petite mufe,
telle qu'elle eft, n'eft toutefois efclaue, ou mercenaire
comme d'vng tas de rymeurs à gaiges : elle eft ferue tant
feulement de mon plaifir. Ie te prie encores ne trouuer
mauuais cet aduertiffement, ou t'ennuyer de fa longueur, comme oultrepaffant les bornes d'vne epiftre.
En recompenfe de quoy, ie te fay' prefent de mon *Oliue*
augmentée de plus de la moitié, & d'vne *Mufagnœoma-
chie*, c'eft à dire la Guerre des Mufes & de l'Ignorance.
Ceux qui ne treuuent rien bon fi non ce qui fort de leur
main, y trouuerront à mordre en beaucoup de lieux :
mefme en cet endroict, ou ie fay mention de quelques

(a) Cette idée a déjà été exprimée ci-dessus, p. 43.

fçauans hommes de noſtre France. Les vns diront que
i'en ay laiſſé que ie ne deuoy' pas oublier : Les aultres,
que ie n'ay pas gardé l'ordre : nommant quelques vngs
les derniers, qui meritoient bien eſtre au premier ranc.
Ie n'ay qu'vne petite reſponſe à toutes ces obiections
friuoles : c'eſt que mon intention n'eſtoit alors d'ecrire
vne hyſtoire, mais vne poëſie. Et combien ce genre d'eſcrire eſt peu conſciencieux en telles choſes, ie m'en rapporte ſeulement à ceux qui l'entendent. Mais pourquoy
pren-ie tant de peine, lecteur, à preoccuper l'excuſe de
ce qui ſera trouué (peult eſtre) la moindre faulte de
mes œuures ? I'ay touſiours eſtimé la poëſie comme vng
ſomptueux banquet, ou chacun eſt le bien venu, & n'y
force lon perſonne de manger d'vne viande, ou boire
d'vn vin ſ'il n'eſt à ſon gouſt, qui le ſera (poſſible) à celuy d'vn aultre. C'eſt encor' la raiſon pourquoy i'ay ſi
peu curieuſement regardé à l'orthographie, la voyant
auiourdhuy auſſi diuerſe, qu'il y a de ſortes d'ecriuains.
I'appreuue & louë grandement les raiſons de ceux qui
l'ont voulu reformer (a) : mais voyant que telle nou-
ueaulté deſplaiſt autant aux doctes comme aux indoctes,
i'ayme beaucoup mieulx louer leur inuention que de la
ſuyure : pource que ie ne fay pas imprimer mes œuures
en intention qu'ilz ſeruent de cornetz aux apothecaires,
ou qu'on les employe à quelque autre plus vil meſtier.
Si tu treuues quelques faultes en l'impreſſion tu ne t'en
dois prendre à moy, qui m'en ſuis rapporté à la foy
d'autruy : puis le labeur de la correction eſt tel, ſingu-
lierement en vn œuure nouueau, que tous les yeux
d'Argus ne fourniroient à voir les faultes qui ſ'i treuuent.

   Adieu ami Lecteur.

(a) Voyez ce que du Bellay a déjà dit de l'Ortographe, ci-dessus,
p. 47.

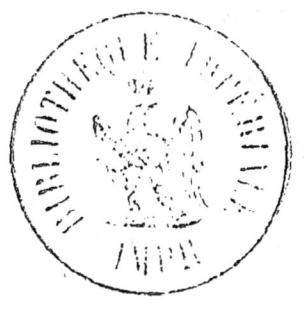

L'OLIVE

I.

Ie ne quiers pas la fameuse couronne,
  Sainct ornement du Dieu au chef doré,
  Ou que du Dieu aux Indes adoré
  Le gay chapeau la teste m'enuironne :
Encores moins veulx-ie, que lon me donne
  Le mol rameau en Cypre decoré :
  Celuy qui est d'Athenes honoré,
  Seul ie le veulx, & le ciel me l'ordonne.
O tige heureux, que la sage Déesse
  En sa tutelle & garde a voulu prendre,
  Pour faire honneur à son sacré autel !
Orne mon chef, donne moy hardiesse
  De te chanter, qui espere te rendre
  Egal vn iour au laurier immortel.

II.

D'amour, de grace, & de haulte valeur
  Les feux diuins eſtoient ceinctz, & les cieulx
  S'eſtoient veſtuz d'vn manteau precieux
  A raiz ardens de diuerſe couleur :
Tout eſtoit plein de beauté, de bonheur,
  La mer tranquille, & le vent gracieulx,
  Quand celle la naſquit en ces bas lieux
  Qui a pillé du monde tout l'honneur.
Ell' priſt ſon teint des beaux lyz blanchiſſans,
  Son chef de l'or, ſes deux leures des rozes,
  Et du ſoleil ſes yeux reſplandiſſans :
Le ciel vſant de liberalité,
  Miſt en l'eſprit ſes ſemences encloſes,
  Son nom des Dieux priſt l'immortalité.

III.

Loyre fameux, qui ta petite ſource
  Enfles de maintz gros fleuues & ruyſſeaux,
  Et qui de loing coules tes cleres eaux
  En l'Ocean d'vne aſſez viue courſe[87] *:*
Ton chef royal hardiment bien hault pouſſe,
  Et apparoy entre tous les plus beaux,
  Comme vn thaureau ſur les menuz troupeaux,
  Quoy que le Pau enuieux ſ'en courrouſſe.
Commande doncq' aux gentiles Naiades
  Sortir dehors leurs beaux palais humides
  Auecques toy leur fleuue paternel,
Pour ſaluer de ioyeuſes aubades
  Celle qui t'a, & tes filles liquides,
  Deifié de ce bruyt eternel.

IIII.

L'heureuse branche à Pallas consacrée,
  Branche de paix, porte le nom de celle,
  Qui le sens m'oste, & soubz grand' beauté cele
La cruaulté qui à Mars tant agrée.
Delaisse donq', ô cruelle obstinée !
  Ce tant doulx nom, ou bien te monstre telle,
  Qu'ainsi qu'en tout sembles estre immortelle,
  Sembles le nom auoir par destinée.
Que du hault ciel il t'ait eté donné
  Ie ne suis point de le croire etonné,
  Veu qu'en esprit tu es la souueraine :
Et que tes yeux, à ceulx qui te contemplent,
  Cœur, corps, esprit, sens, ame, & vouloir emblent
  Par leur doulceur angelique & seraine.

V.

C'etoit la nuyt que la diuinité
  Du plus hault ciel en terre se rendit,
  Quand dessus moy Amour son arc tendit,
  Et me fist serf de sa grand' deité.
Ny le sainct lieu de telle cruaulté,
  Ny le tens mesme assez me deffendit :
  Le coup au cœur par les yeux descendit
  Trop ententifz à ceste grand' beauté.
Ie pensoy' bien que l'archer eust visé
  A tous les deux, & qu'vn mesme lien
  Nous deust ensemble egalement conioindre :
Mais comme aueugle, enfant, mal auisé,
  Vous a laissée (helas) qui eties bien
  La plus grand' proye, & a choisi la moindre.

VI.

Comme on ne peult d'œil conſtant ſouſtenir
  Du beau Soleil la clarté violente,
  Auſſi qui void voſtre face excellente,
  Ne peult les yeulx aſſez fermes tenir.
Et ſi de pres il cuyde paruenir
  A contempler voſtre beauté luyſante,
  Telle clarté à voir luy eſt nuyſante,
  Et ſi le faiɛt aueugle deuenir.
Regardez doncq' ſi ſuffiſant ie ſuys
  A vous louer, qui ſeulement ne puys
  Vos grands beautez contempler à mon gré.
Que ſi mes yeulx auoient vn tel pouuoir,
  I'eſtimeroy' plus fermes les auoir,
  Que n'a l'oyſeau à Iupiter ſacré.

VII.

De grand' beauté ma Déeſſe eſt ſi pleine,
  Que ie ne voy' choſe au monde plus belle :
  Soit que le front ie voye, ou les yeulx d'elle,
  Dont la clarté ſainɛte me guyde & meine
Soit ceſte bouche, ou ſouſpire vne halaine,
  Qui les odeurs des Arabes excelle :
  Soit ce chef d'or, qui rendroit l'eſtincelle
  Du beau Soleil honteuſe, obſcure, & vaine :
Soient ces couſtaux d'albaſtre, & main polie,
  Qui mon cœur ſerre, enferme, eſtreinɛt & lie.
  Bref, ce que d'elle on peult ou voir, ou croyre,
Tout eſt diuin, celeſte, incomparable :
  Mais i'oſe bien me donner ceſte gloyre,
  Que ma conſtance eſt trop plus admirable.

VIII.

Auray'-ie bien de louer le pouuoir
  Ceste beauté, qui decore le monde,
  Quand pour orner sa cheuelure blonde
  Ie sens ma langue ineptement mouuoir?
Ny le romain, ny l'atique sçauoir,
  Quoy que la fust l'ecolle de faconde,
  Aux cheueulx mesme, ou le fin or abonde,
  Eussent bien faict à demy leur deuoir.
Quand ie les voy' si reluysans & blons,
  Entrenouez, crespes, egaulx & longs,
  Ie m'esmerueille & fay' telle complainde :
Puis que pour vous (cheueulx) i'ay tel martyre,
  Que n'ay-ie beu à la fontaine sainde?
  Ie mourroy' cygne, ou ie meurs sans mot dire.

IX.

Garde toy bien, ó gracieux Zephyre,
  D'empestrer l'esle en ces beaulx nœuds epars,
  Que çà & là doulcement tu depars
  Sur ce beau col de marbre & de porphire.
Si tu t'y prens, plus ne vouldra nous ryre
  Le verd printemps : ainçoys de toutes pars,
  Flore voyant que d'autre amour tu ards,
  Fera ses fleurs dessecher par grand' ire.
Que dy-ie las! Zephyre n'est ce point :
  C'est toy Amour, qui voles en ce point,
  Tout à l'entour, & par dedans ces retz.
Que tu as faictz d'art plus laborieux
  Que ceulx ausquelz iadis feurent serrez
  Ta doulce mere & le Dieu furieux.

X.

Ces cheueux d'or font les liens, Madame,
  Dont fut premier ma liberté furprife,
  Amour, la flamme autour du cœur eprife,
  Ces yeux, le traict qui me tranfperfe l'ame.
Fors font les neuds, apre & viue la flamme,
  Le coup, de main à tirer bien apprife,
  Et toutesfois i'ayme, i'adore, & prife,
  Ce qui m'etraint, qui me brufle, & entame.
Pour brifer donq', pour eteindre & guerir
  Ce dur lien, cefte ardeur, cefte playe,
  Ie ne quier fer, liqueur, ny medecine :
L'heur & plaifir que ce m'eft de perir
  De telle main, ne permect que i'effaye
  Glayue trenchant, ny froideur, ny racine.

XI.

Des ventz emeuz la raige impetueufe
  Vn voyle noir etendoit par les cieux,
  Qui l'orizon iufq'aux extremes lieux
  Rendoit obfcur, & la mer fluctueufe.
De mon foleil la clarté radieufe
  Ne daignoit plus aparoitre à mes yeulx,
  Ains m'annonçoient les flotz audacieux,
  De tous coftez vne mort odieufe.
Vne peur froide auoit faifi mon ame,
  Voyant ma nef en ce mortel danger,
  Quand de la mer la fille ie reclame,
Lors tout foudain ie voy' le ciel changer,
  Et fortir hors de leurs nubileux voyles
  Ces feux iumeaux, mes fatales etoiles.

XII.

O de ma vie à peu pres expirée
  Le feul filet! yeux, dont l'aueugle archer
  A bien fceu mil' & mil' fleches lafcher,
Sans qu'il en ait oncq' vne en vain tirée.
Toute ma force eft en vous retirée,
  Vers vous ie vien' ma guerifon chercher,
  Qui pouuez feulz la playe deffeicher,
  Que i'ay par vous (ó beaux yeux!) endurée.
Vous eftes feulz mon etoile amyable,
  Vous pouuez feulz tout l'ennuy terminer,
  Ennuy mortel de mon ame offenfée.
Voftre clarté me foit doncq' pitoyable,
  Et d'vn beau iour vous plaife illuminer
  L'obfcure nuyt de ma trifte penfée.

XIII.

La belle main, dont la forte foibleffe
  D'vn ioug captif domte les plus puiffans,
  La main qui rend les plus fains languiffans,
Debendant l'arc meurtrier qui les cœurs bleffe :
La belle main, qui gouuerne & radreffe
  Les freinz dorez des oifeaux blanchiffans,
  Quand fur les champs de pourpre rougiffans
Guydent en l'air le char de leur maiftreffe :
Si bien en moy a graué le protraict
  De voz beautez au plus beau du ciel nées,
  Que ny la fleur qui le fommeil attraict,
Ny toute l'eau d'oubly, qui en eft ceinte,
  Effaceroient[88] en mil' & mil' années,
  Voftre figure en vn iour en moy peinte.

XIIII.

Le fort sommeil, que celeste on doibt croire,
　　Plus doulx que miel couloit aux yeulx lassez
　　Lors que d'amour les plaisirs amassez
　　Entrent en moy par la porte d'iuoyre.
I'auoy' lié ce col de marbre, voyre
　　Ce sein d'albastre, en mes bras enlassez
　　Non moins qu'on void les ormes embrassez
　　Du sep lascif, au fecond bord de Loyre.
Amour auoit en mes lasses mouëlles
　　Dardé le traict de ses flammes cruelles,
　　Et l'ame erroit par ces leures de roses,
Preste d'aller au fleuue obliuieux,
　　Quand le reueil, de mon ayse enuieux,
　　Du doulx sommeil a les portes decloses.

XV.

Pié, que Thetis pour sien eust auoué,
　　Pié, qui au bout monstres cinq pierres telles
　　Que l'orient seroit enrichi d'elles,
　　Cil orient en perles tant loué.
Pié albastrin, sur qui est appuyé
　　Le beau seiour des graces immortelles,
　　Qui feut baty sur deux coulonnes belles
　　De marbre blanc, poly, & essuyé.
Si l'œil n'a plus de me nourir esmoy,
　　Si ses thesors la bouche ne m'octroye,
　　Si les mains sont en mes playes si fortes,
Au moins (ô pié) n'esloingne point de moy
　　Mon triste cœur, dont Amour a faict proye,
　　L'emprisonnant en ce corps que tu portes.

XVI.

Qui a peu voir celle que Déle adore,
  Se deualer de son cercle congneu,
  Vers le pasteur d'vn long sommeil tenu
Dessus le mont qui la Carie honore :
Et qui a veu sortir la belle Aurore
  Du iaulne lict de son espoux chenu,
  Lors que le ciel encor' tout pur & nu,
De mainte rose indique se colore :
Celuy a veu encores (ce me semble)!
  Non point les lyz, & les roses ensemble,
  Non ce que peult le printemps conceuoir :
Mais il a veu la beauté nompareille
  De ma Déesse, ou reluyre on peult voir
  La clere Lune, & l'Aurore vermeille.

XVII.

I'ay veu Amour (& tes beaulx traictz dorez
  M'en soient tesmoings) suyuant ma souuereine,
  Naistre les fleurs de l'infertile arene
Apres ses pas dignes d'estre adorez :
Phebus honteux, ses cheueulx honorez
  Cacher alors, que les vents par la plaine
  Eparpilloient, de leur souëfue halaine,
  Ceulx là qui sont de fin or colorez.
Puis s'en voler de chascun œil d'icelle
  Iusques au ciel vne viue etincelle,
  Dont furent faictz deux astres clers & beaux,
Fauorisans d'influences heureuses
  (O feux diuins! ô bien heureux flambeaulx!)
  Tous cœurs bruslans aux flammes amoureuses.

XVIII.

Le chef doré cestuy blasonnera,
 Cestuy le corps, l'autre le blanc iuoire
 De l'estommac, l'autre eternelle gloire
 Aux yeux archers par ses vers donnera.
Comme vne fleur tout cela perira :
 Mais en esprit, en faconde & memoire,
 Quand l'aage aura sur la beauté victoire,
 Mieux que deuant Madame florira.
Que si en moy le souuerain donneur
 Pour tel subiect heureusement poursuyure
 Eust mis tant d'art, tant de grace & bonheur,
Mieux qu'en tableau, en bronze, en marbre, en cuyure
 Ie luy feroy', & à moy vn honneur,
 Qui elle & moy feroit viure & reuiure.

XIX.

Face le ciel, quand il vouldra, reuiure
 Lisippe, Apelle, Homere, qui le pris
 Ont emporté sur tous humains espris
 En la statue, au tableau, & au liure :
Pour engrauer, tirer, decrire en cuyure,
 Peinture, & vers, ce qu'en vous est compris :
 Si ne pouroient leur ouuraige entrepris
 Cyzeau, pinceau, ou la plume bien suyure.
Voila pourquoy ne fault que ie souhete
 De l'engraueur, du peintre, ou du poëte,
 Marteau, couleur, ny encre, ô ma Déesse!
L'art peult errer, la main fault, l'œil s'ecarte.
 De voz beautez mon cœur soit doncq' sans cesse
 Le marbre seul, & la table, & la charte [89].

XX.

Puis que les cieux m'auoient predestiné
  A vous aymer, digne obiect de celuy
  Par qui Achille est encor' auiourdhuy
  Contre les Grecz pour s'amye obstiné,
Pourquoy aussi n'auoient ilz ordonné
  Renaitre en moy l'ame & l'esprit de luy ?
  Par maintz beaux vers tesmoings de mon ennuy
  Ie leur rendroy' ce qu'ilz vous ont donné.
Helas Nature, au moins puis que les cieux
  M'ont denié leurs liberalitez,
  Tu me deuois cent langues, et cent yeux,
Pour admirer & louer cete la,
  Dont le renom (pour cent graces qu'elle a)
  Merite bien cent immortalitez.

XXI.

Les bois fueilleuz, & les herbeuses riues
  N'admirent tant parmy sa troupe saincte
  Dyane, alors que le chault l'a contrainte
  De pardonner aux bestes fugitiues,
Que tes beautez, dont les autres tu priues
  De leurs honneurs, non sans enuie mainte,
  Veu que tu rends toute lumiere etainte
  Par la clarté de deux etoiles viues.
Les demydieux, & les nymphes des bois
  Par l'epesseur des forestz cheuelues
  Te regardant, s'etonnent maintesfois :
Et pour à Loyre eternité donner,
  Contre leurs bords ses filles impolues
  Font ton hault bruit sans cesse resonner.

XXII.

O doulce ardeur, que des yeulx de ma dame
   Amour auecq' sa torche accoustumée
   Dedans mon cœur a si bien allumée,
   Que ie la sen au plus profond de l'ame !
Combien le ciel fauorable ie clame,
   Combien Amour, combien ma destinée,
   Qui en ce point ma vie ont terminée
   Par le torment d'vne si doulce flamme !
Qu'en moy (Amour) ne durent tes doulx feux,
   Ie ne le puys, & pouuoir ne le veulx,
   Bien que la chair soit caducque & mortelle.
Car ceste ardeur dont mon ame est rauie,
   Prendra aussi immortalité d'elle,
   Viuant par mort d'vne eternelle vie.

XXIII.

Si des beaux yeux, où la beaulté se mire,
   Voire le ciel, & la nature, & l'art,
   Depent le frein, qui en plus d'vne part
   A son plaisir & m'arreste, & me vire,
Pourquoy sont ilz armez d'orgueil & d'ire ?
   Pourquoy s'esteint ce doulx feu qui en part ?
   Pourquoy la main, qui le cœur me depart,
   Cache ses retz liens de mon martire ?
O belle main ! ô beaux cheueux dorez !
   O clers flambeaux dignes d'estre adorez !
   Par qui ie crain', i'espere, ie lamente,
Mon fier destin, & vostre force extreme,
   En vous aimant, me commandent que i'aime
   L'heureux obiect du bien qui me tormente.

XXIIII.

Piteuſe voix, qui ecoutes mes pleurs,
 Et qui errant entre rochiers & bois
 Auecques moy, m'a ſemblé maintesfoys
 Auoir pitié de mes triſtes douleurs :
Voix qui tes plainƺ meſles à mes clameurs,
 Mon dueil au tien, ſi appeller tu m'oys
 Oliue, Oliue, & Oliue eſt ta voix,
 Et m'eſt auis qu'auecques moy tu meurs.
Seule ie t'ay pitoyable trouuée,
 O noble Nymphe! en qui (peult eſtre) encores
 L'antique feu de nouueau ſ'euertue.
Pareille amour nous auons eſprouuée,
 Pareille peine auſſi nous ſouffrons ores :
 Mais plus grande eſt la beaulté qui me tue.

XXV.

Ie ne croy point, veu le dueil que ie meine
 Pour l'apre ardeur d'vne flamme ſubtile,
 Que mon œil feuſt en larmes ſi fertile,
 Si n'euſſe au chef d'eau viue vne fontaine.
Larmes ne ſont, qu'auecq' ſi large vene
 Hors de mes yeux maintenant ie diſtile :
 Tout pleur ſeroit à finir inutile
 Mon dueil, qui n'eſt qu'au meillieu de ſa peine.
L'humeur vitale en ſoy toute reduite
 Deuant mon feu craintiue prent la fuyte
 Par le ſentier qui meine droict aux yeux.
C'eſt cete ardeur, dont mon ame rauie
 Fuyra bien toſt la lumiere des cieux,
 Tirant à ſoy & ma peine & ma vie.

XXVI.

La nuit m'est courte, & le iour trop me dure,
  Ie fuy l'amour, & le fuy' à la trace,
  Cruel me fuis, & requier' voftre grace,
  Ie pren' plaifir au torment que i'endure :
Ie voy' mon bien, & mon mal ie procure,
  Defir m'enflamme, & crainte me rend glace,
  Ie veux courir, & iamais ne deplace,
  L'obfcur m'eft cler, & la lumiere obfcure.
Votre ie fuis, & ne puis eftre mien,
  Mon corps eft libre, & d'vn etroit lien
  Ie fen' mon cœur en prifon retenu.
Obtenir veux, & ne puis requerir,
  Ainfi me bleffe, & ne me veult guerir
  Ce vieil enfant, aueugle archer, & nu.

XXVII.

Quand le foleil laue fa tefte blonde
  En l'Ocean, l'humide & noire nuit
  Vn coy fommeil, vn doulx repos fans bruit
  Epant en l'air, fur la terre & foubz l'onde.
Mais ce repos, qui foulaige le monde
  De fes trauaux, eft ce qui plus me nuift :
  Et d'aftres lors fi grand nombre ne luift,
  Que i'ay d'ennuiz & d'angoiffe profonde.
Puis quand le ciel de rougeur fe colore,
  Ce que ie puis de plaifir conceuoir
  Semble renaitre auec la belle Aurore.
Mais qui me fait tant de bien receuoir?
  Le doulx efpoir, que i'ay de bien toft voir
  L'autre foleil, qui la terre decore.

XXVIII.

Ce que ie fen', la langue ne refufe
   Vous decouurir, quand fuis de vous abfent,
   Mais tout foudain que pres de moy vous fent,
   Elle deuient & muette, & confufe.
Ainfi, l'efpoir me promect, & m'abufe :
   Moins pres ie fuis, quand plus ie fuis prefent :
   Ce qui me nuift, c'eft ce qui m'eft plaifent :
   Ie quier' cela, que trouuer ie recufe.
Ioyeux la nuit, le iour trifte ie fuis :
   I'ay en dormant ce qu'en veillant pourfuis :
   Mon bien eft faulx, mon mal est veritable.
D'vne me plain', & deffault n'eft en elle :
   Fay' donc q'Amour, pour m'eftre charitable,
   Breue ma vie, ou ma nuit eternelle.

XXIX.

Les cieux, l'amour, la mort, & la nature,
   Honneur, credit, faueur, enuie, ou crainte,
   De cefte forme en moy fi bien emprainte,
   N'effaceront la viue protraiture.
Iuoire, gemme, & toute pierre dure
   Se peut brifer, fi du fer eft attainte,
   Mais bien qu'ell' foit de fe rompre contrainte,
   De fe changer iamais ell' n'endure.
Mon cœur eft tel, & me le fift prouuer
   Amour, alors que pour vous y grauer,
   A coups de trait me liura la bataille.
Ie fçay combien fon arc y trauailla,
   Plus de cent coups, non vn feul me bailla,
   Premier qu'il peuft en leuer vne écaille.

XXX.

Bien que le mal, que pour vous ie fupporte,
  Soit violent, toutesfois ie ne l'ofe
  Appeller mal, pource qu'aucune chofe
  Ne vient de vous, qui plaifir ne m'apporte :
Mais ce m'eft bien vne douleur plus forte,
  Que ie ne puys de ma trifteffe enclofe
  Tourner la clef, lors que ie me difpofe
  A vous ouvrir de mes penfers la porte.
Si donc mes pleurs, & mes foufpirs cuyfans,
  Si mes ennuiz ne vous font fuffifans
  Temoings d'amour, quele plus feure preuue,
Quelle autre foy, fi non mourir, me refte ?
  Mais le remede (helas) trop tard fe treuue
  A la douleur que la Mort manifefte.

XXXI.

Le grand flambeau gouuerneur de l'année,
  Par la vertu de l'enflammée corne
  Du blanc thaureau, prez, montz, riuaiges orne
  De mainte fleur du fang des princes née.
Puis de fon char la roüe eftant tournée
  Vers le cartier prochain du Capricorne,
  Froid eft le vent, la faifon nue, & morne,
  Et toute fleur deuient feiche & fenée.
Ainfi, alors que fur moy tu etens,
  O mon Soleil! tes clers rayons epars,
  Sentir me fais vn gracieux printens :
Mais tout foudain que de moy tu depars,
  Ie fens en moy venir de toutes parts
  Plus d'vn hyuer, tout en vn mefme tens.

XXXII.

Tout ce qu'icy la Nature enuironne,
  Plus toſt il naiſt, moins longuement il dure :
  Le gay printemps s'enrichiſt de verdure,
  Mais peu fleuriſt l'honneur de ſa couronne.
L'ire du ciel facilement etonne
  Les fruicts d'eſté, qui craignent la froidure :
  Contre l'hiuer ont l'ecorce plus dure
  Les fruicts tardifs, ornement de l'autonne.
De ton printemps les fleurettes ſeichées
  Seront vn iour de leur tige arrachées,
  Non la vertu, l'eſprit & la raiſon,
A ces doulx fruicts en toy meurs deuant l'aage,
  Ne faict l'eſté, ny l'autonne dommage,
  Ny la rigueur de la froide ſaiſon.

XXXIII.

O priſon doulce, ou captif ie demeure
  Non par dedaing, force ou inimitié,
  Mais par les yeulx de ma doulce moitié,
  Qui m'y tiendra iuſq'à tant que ie meure.
O l'an heureux, le mois, le iour, & l'heure,
  Que mon cœur fut auecq' elle allié !
  O l'heureux nœu, par qui i'y fu' lié,
  Bien que ſouuent ie plain', souſpire, & pleure !
Tous priſonniers, vous etes en ſoucy,
  Craignant la loy & le iuge severe :
  Moy plus heureux, ie ne ſuis pas ainſi.
Mile doulx motz doulcement exprimez,
  Mil' doulx baiſers, doulcement imprimez,
  Sont les tormens ou ma foy perſeuère.

XXXIIII.

Apres auoir d'vn bras victorieux
  Domté l'effort des superbes courages,
  Aucuns iadis bastirent haulx ouurages,
Pour se venger du temps iniurieux :
Autres craignans leurs actes glorieux
  Assuietir à flammes & orages,
  Firent ecriz qui malgré telz outrages
Ont faict leurs noms voler iusques aux cieulx.
Maintz au iourdhuy en signe de victoire
  Pendent au temple armes bien etophées :
  Mais ie ne veulx acquerir telle gloire :
Auoir esté par vous vaincu & pris,
  C'est mon laurier, mon triomphe, & mon prix,
  Qui ma depouille egale à leurs trophées.

XXXV.

Me soit amour ou rude, ou favorable,
  Ou hault, ou bas me pousse la fortune,
  Tout ce qu'au cœur ie sen' pour l'amour d'vne,
Iusq'à la mort, & plus, sera durable.
Ie suis le roc de foy non variable,
  Que vent, que mer, que le ciel importune,
  Et toutesfois aduerse ou oportune
Soit la saison, il demeure imployable.
Plus tost voudra le diamant apprendre
  A s'amolir de son bon gré, ou prendre
  Soubz vn burin de plom, diuerse forme,
Que par nouueau ou bonheur, ou malheur,
  Mou cœur, ou est de vostre grand' valeur
  Le vray protraict, en autre se transforme.

XXXVI.

L'vnic oiseau (miracle emerueillable)
    Par feu se tue, ennuyé de sa vie :
    Puis quand son ame est par flammes rauie,
    Des cendres naist vn autre à luy semblable.
Et moy qui suis l'vnique miserable,
    Faché de vivre, vne flamme ay suyuie,
    Dont conuiendra bien tost que ie deuie,
    Si par pitié ne m'etes secourable.
O grand' doulceur! ô bonté souueraine!
    Si tu ne veulx dure & inhumaine estre
    Soubz ceste face angelique & seraine,
Puis qu'ay pour toy du Phenix le semblant,
    Fay qu'en tous poinctz ie luy soy' resemblant,
    Tu me feras de moymesme renaistre.

XXXVII.

Celle qui tient par sa fiere beauté
    Les Dieux en feu, en glace, aise, & martire,
    L'œil impiteux soudain de moy retire,
    Quand ie me plain' à sa grand' cruauté.
Si ie la suy' ell' fuit d'autre couté,
    Si ie me deulx, mes larmes la font rire,
    Et si ie veulx ou parler ou ecrire,
    D'elle iamais ne puis estre ecouté.
Mais (ô moy sot) de quoy me doy-ie plaindre,
    Fors du desir, qui par trop hault ataindre,
    Me porte au lieu ou il brusle ses aesles?
Puis moy tumbé, Amour qui ne permet
    Finir mon dueil, soudain les luy remet,
    Renouuelant mes cheutes eternelles.

XXXVIII.

Sacrée, saincte, & celeste figure,
　Pour qui du ciel l'admirable & hault temple
　Semble courbé, afin qu'en toy contemple
　Tout ce que peult son industrie & cure :
Si de tes yeulx les beaux raiz d'auanture
　Daignent mon cœur echaufer, il me semble
　Qu'en moy soudain vn feu diuin s'assemble,
　Qui mue, altere, & rauist ma nature :
Et si mon œil ose se hazarder
　A contempler vne beauté si grande,
　Vn Ange adonq' me semble regarder.
Lors te faisant d'ame & de corps offrande,
　Ne puis le cœur idolatre garder,
　Qu'il ne t'adore, & ses veux ne te rande.

XXXIX.

Plus ferme foy ne fut onques iurée
　A nouueau prince, ô ma seule princesse,
　Que mon amour, qui vous fera sans cesse
　Contre le temps & la mort asseurée.
De fosse creuse, ou de tour bien murée
　N'a point besoing de ma foy la fortresse,
　Dont ie vous fy' dame, roine, & maistresse,
　Pource qu'ell' est d'eternelle durée.
Thesor ne peult sur elle estre vainqueur,
　Vn si vil prix n'aquiert vn gentil cœur :
　Non point faueur ou grandeur de lignage,
Qui eblouist les yeulx du populaire :
　Non la beauté, qui vn leger courage
　Peult emouuoir, tant que vous, me peult plaire.

XL.

Si des sainƈts yeulx que ie vois adorant,
　Vient mon ardeur, si les miens d'heure en heure
　Par le degout des larmes que ie pleure,
　Donnent vigueur à mon feu deuorant :
Si mon esprit vif dehors, & mourant
　Dedans le cloz de sa propre demeure,
　Vous contemplant permet bien que ie meure,
　Pour estre en vous plus qu'en moy demeurant :
Bien est le mal & violent & fort,
　Dont la doulceur coulpable de ma mort
　Me faiƈt aueugle à mon prochain dommage.
Cruel tyran de la serue pensée,
　De ce loyer est donq' recompensée
　L'ame qui faiƈt à son seigneur hommage.

XLI.

Ie suis semblable au marinier timide,
　Qui voyant l'air ça & la se troubler,
　La mer ses flotz ecumeux redoubler,
　Sa nef gemir soubz ceste force humide,
D'art, d'industrie, & d'esperance vide
　Pense le ciel & la mer s'assembler,
　Se met à plaindre, à crier, à trembler,
　Et de ses veux les Dieux enrichir cuyde :
Le nocher suis, mes pensers sont la mer,
　Soupirs & pleurs sont les ventz & l'orage,
　Vous ma Déesse etes ma clere etoile,
Que seule doy', veux, & puis reclamer,
　Pour asseurer la nef de mon courage,
　Et eclersir tout ce tenebreux voile.

XLII.

Les chaulx soupirs de ma flamme incongnue
  Ne sont soupirs, & telz ne les veulx dire,
  Mais bien vn vent : car tant plus ie soupire,
  Moins de mon feu la chaleur diminue.
Ma vie en est toutesfois soutenue,
  Lors que par eulx de l'ardeur ie respire :
  Ma peine aussi par eulx mesmes empire,
  Veu que ma flamme en est entretenue.
Tout cela vient de l'Amour qui enflamme
  Mon estommac d'une eternelle flamme,
  Et puis l'euente au tour de luy volant.
O petit Dieu, qui terre & ciel allumes !
  Par quel miracle en feu si violant
  Tiens-tu mon cœur, & point ne le consumes ?

XLIII.

Penser volage, & leger comme vent,
  Qui or' au ciel, or' en mer, or' en terre
  En vn moment cours & recours grand erre,
  Voire au seiour des ombres bien souuent.
Et quelque part, que voises t'esleuant
  Ou rabaissant, celle qui me faict guerre,
  Celle beauté tousiours devant toy erre,
  Et tu la vas d'vn leger pié fuyuant.
Pourquoy fuis-tu (ô penser trop peu sage !)
  Ce qui te nuist ? pourquoy vas-tu sans guide,
  Par ce chemin plein d'erreur variable ?
Si de parler au moins eusses l'vsage,
  Tu me rendrois de tant de peines vide,
  Toy en repos, & elle pitoyable.

XLIIII.

Au gouſt de l'eau la fieure ſe rappaiſe,
  Puis ſ'euertue au cours, qui ſembloit lent :
  Amour auſſi m'eſt humble & violent
  Quand le coral de voz leures ie baiſe.
L'eau goute à goute anime la fournaize
  D'vn feu couuert le plus etincelant :
  L'ardent deſir que mon cœur va celant,
  Par voz baiſers ſe faict plus chault que braize.
D'vn grand traict d'eau, qui freſchement diſtile,
  Souuent la fieure eſt etainte, Madame.
  L'onde à grand flot rent la flamme inutile,
Mais, ô baiſers, delices de mon ame !
  Vous ne pouriez & fuſſiez vous cent mile,
  Guerir ma fieure, ou eteindre ma flamme.

XLV.

Ores qu'en l'air le grand Dieu du tonnerre
  Se rue au ſeing de ſon epouſe amée,
  Et que de fleurs la nature ſemée,
  A faict le ciel amoureux de la terre :
Or' que des ventz le gouuerneur deſſerre
  Le doux Zephire, & la foreſt armée,
  Voit par l'épaiz de ſa neuue ramée
  Maint libre oiſeau, qui de tous coutez erre :
Ie vois faiſant vn cry non entendu,
  Entre les fleurs du ſang amoureux nées,
  Paſle, deſſoubz l'arbre paſle etendu :
Et de ſon fruict amer me repaiſſant,
  Aux plus beaux iours de mes verdes années
  Vn triſte hyuer ſen' en moy renaiſſant.

XLVI.

Lequel des Dieux fera que ie ne fente
  L'heureux malheur de l'efpoir qui m'attire,
  Si le plaifir, fuieƌ de mon martire,
  Fuyant mes yeulx à mon cœur fe prefente?
Quel eft le fruiƌ de l'incertaine attente,
  Ou fans profit fi longuement i'afpire?
  Quel eft le bien, pour qui tant ie foupire?
  Quel eft le gaing du mal qui me contente?
Qui guerira la playe de mon cœur?
  Qui tarira de mes larmes la fource?
  Qui abatra le vent de mes foupirs?
Montre le moy, ô celefte vainqueur,
  Qui as finy le terme de ma courfe
  Au ciel, ou eft le but de mes defirs.

XLVII.

Le doulx fommeil, paix & plaifir m'ordonne,
  Et le reueil guerre & douleur m'aporte :
  Le faulx me plaift, le vray me deconforte :
  Le iour tout mal, la nuit tout bien me donne.
S'il eft ainfi, foit en toute perfonne
  La verité enfeuelie & morte.
  O animaulx de plus heureufe forte,
  Dont l'œil fix mois le dormir n'abandonne !
Que le fommeil à la mort foit femblant,
  Que le veiller de vie ait le femblant,
  Ie ne le dy, & le croy' moins encores :
Ou f'il eft vray, puis que le iour me nuift
  Plus que la mort, ô mort, veilles donq' ores
  Clorre mes yeulx d'vne eternelle nuit.

XLVIII.

Pere Ocean, commencement des choses,
  Des Dieux marins le sceptre vertueux,
  Qui maint ruisseau & fleuue impetueux
  En ton seing large enfermes & composes :
Tu ne sens point, quand moins tu te reposes,
  Plus s'irriter de flotz tempestueux
  Contre tes bords, qu'en mon cœur fluctueux
  Ie sen' de ventz & tempestes encloses.
Helas reçoy mes chaudes larmes donques
  En ton liquide : eteins leur feu, si onques
  Tu as senty d'amour quelque scintile,
Et si tes eaux peuuent le feu eteindre,
  Qui rend la foudre & trident inutile,
  Et qui se faict iusques aux enfers creindre.

XLIX.

Sacré rameau de celeste presage,
  Rameau par qui la colombe enuoyée
  Au demeurant de la terre noyée
  Porta iadis vn si ioyeux message :
Heureux rameau, soubz qui gist à l'ombrage
  La doulce paix icy tant desirée,
  Alors que Mars & la Discorde irée
  Ont tout remply de feu, de sang, de rage :
S'il est ainsi que par les sainctz escriptz
  Sois tant loué, helas, reçoy mes criz,
  O mon seul bien ! ô mon espoir en terre !
Qui seulement ne me temoignes ores
  Paix, & beau temps : mais toymesmes encores
  Me peulx sauuer de naufrage & de guerre.

L.

Si mes pensers vous estoient tous ouuers,
   Si de parler mon cœur auoit l'vsaige,
   Si ma constance estoit peinte au visaige,
Si mes ennuiz vous estoient decouuers,
Si les soupirs, si les pleurs, si les vers
   Montroient au vif vne amoureuse raige,
   Lors ie pourroy' flechir vostre couraige,
Voire à pitié mouuoir tout l'vniuers.
Adoncq' Amour, seul tesmoing de ma peine,
   Vous pouroit estre vne preuue certaine
   De ma fidele & serue loyaulté,
Qui d'aussi loing deuant les autres passe,
   Que le parfaict de vostre belle face
   Hausse le chef sur toute autre beaulté.

LI.

O toy, à qui a eté ottroyé
   Voir cete flamme ardent', qui s'entretient
   En l'estommac du Geant qui soutient
Vn mont de feu sur son doz foudroyé :
Et cetuy la, qui l'oyzeau dedié
   Au Dieu vangeur, qui la foudre en main tient,
   Paist d'vn poumon, qui tousiours luy reuient
Au froid sommet de Caucase lié :
Ie te supply' imaginer encore
   Ce qui mon cœur brusle, englace, & deuore,
   Sans me donner loysir de respirer.
Lors me diras, voyant ma peine telle,
   Tu sers d'exemple, à qui ose aspirer
   Trop hardiment à chose non mortelle.

LII.

Mere d'Amour, & fille de la mer,
  Du cercle tiers lumiere fouuerene,
  Qui ciel & terre, & champs femez d'arene
Peuz iufq'au fond des ondes enflammer :
Toy qui le doulx mefles auec l'amer,
  Quand ce beau riz, qui le ciel rafferene,
  De tous les Dieux le plus cruel refrene,
  Et le contrainct ton aide reclamer :
Dont luy tout plein de ce tant doulx venin
  Entre tes bras paift fon œil ia benin
  En ta diuine & celefte beauté :
Te plaife (helas) Déeffe, à ma priere,
  Flefchir vn peu cefte mienne guerriere,
  Qui a trop plus que Mars de cruauté.

LIII.

Voyant au ciel tant de flambeaux ardens,
  Ie dy fouuent, ô beauté non pareille,
  Si le dehors eft fi plain de merueille,
  Combien parfaict doit eftre le dedens?
Si tes beaux yeulx traictz & flammes dardans
  Luyfent fur moy, mon ame fe reueille
  Au paradis, que ta bouche vermeille
  Ouure aux efpriz qui te font regardans.
Mais quand ie fen' foubz ta doulce beauté
  L'horrible enfer de ta grand' cruauté,
  Ce qui eft beau me femble eftre cruel :
Mefme le ciel, qui tant me fouloit rire,
  Me faict douter fi plaifant ie doy' dire
  Son beau feiour, qui eft perpetuel.

LIIII.

Or' que la nuit son char etoilé guide,
　Qui le silence & le sommeil rameine,
　Me plaist lascher, pour desaigrir ma peine,
　Aux pleurs, aux criz, & aux soupirs la bride.
O ciel! ô terre! ô element liquide!
　O ventz! ô bois! rochiers, monteigne, & plaine,
　Tout lieu desert, tout riuage, & fonteine,
　Tout lieu remply, & tout espace vide!
O demyz Dieux! ô vous nymphes des bois!
　Nymphes des eaux, tous animaux diuers,
　Si onq' auez senty quelque amitié,
Veillez piteux ouyr ma triste voix,
　Puis que ma foy, mon amour, & mes vers
　N'ont sceu trouuer en Madame pitié.

LV.

O foible esprit, chargé de tant de peines
　Que ne veulx-tu soubz la terre descendre?
　O cœur ardent, que n'es-tu mis en cendre?
　O tristes yeulx, que n'estes-vous fonteines?
O bien douteux! ô peines trop certaines!
　O doulx sçauoir, trop amer à comprendre!
　O Dieu qui fais que tant i'ose entreprendre,
　Pourquoy rends-tu mes entreprises vaines?
O ieune archer, archer qui n'as point d'yeulx,
　Pourquoy si droict as-tu pris ta visée?
　O vif flambeau, qui embrases les Dieux,
Pourquoy as-tu ma froideur attisée?
　O face d'ange! ô cœur de pierre dure!
　Regarde au moins le torment que i'endure.

LVI.

Amour voulant hausser le chef vainqueur
   Dessus la crainte à la noire sequelle,
   Mist l'esperance, & sa bande auec' elle,
   Sa bande blanche au plus fort de mon cœur.
Amour est fort, mais foible est la vigueur
   De l'esperance, & la tourbe cruelle
   A ceinct le lieu d'horreur perpetuelle,
   Le foudroyant du canon de rigueur.
Mais repoussez l'effort de la gent noire,
   Vous qui tenez le fort de la victoire,
   N'auez-vous point de voz subiects emoy?
Si vous souffrez que cete prise aduienne,
   Vous y aurez plus grand' perte que moy,
   Veu que la place est plus vostre que mienne.

LVII.

Qui a nombré, quand l'astre qui plus luit
   Ia le milieu du bas cercle enuironne,
   Tous ces beaux feux qui font vne couronne
   Aux noirs cheueux de la plus clere nuit :
Et qui a sceu combien de fleurs produit
   Le verd printemps, combien de fruictz l'autonne,
   Et les thesors, que l'Inde riche donne
   Au marinier qu'auarice conduit :
Qui a conté les etincelles viues
   D'Ætne, ou Vesuue, & les flotz qui en mer
   Hurtent le front des ecumeuses riues :
Celuy encor' d'vne, qui tout excelle,
   Peult les vertuz & beautez estimer,
   Et les tormens que i'ay pour l'amour d'elle.

LVIII.

Cet' humeur vient de mon œil qui adore
    Ton fainct protraict, feul Dieu de mon foucy :
    De mon cueur part maint foupir adoucy,
    De tes yeulx fort le feu qui me deuore.
Donques le pris de celuy qui t'honnore,
    Eft-ce la mort, & le marbre endurcy ?
    O pleurs ingratz ! ingratz foupirs auffi,
    Mon feu, ma mort, & ta rigueur encore.
De mon efprit les aefles font guidées
Iufques au feing des plus haultes Idées
Idolatrant ta celefte beaulté.
O doulx pleurer ! ô doulx foupirs cuifans !
    O doulce ardeur de deux Soleilz luifans !
    O doulce mort ! ô doulce cruaulté !

LIX.

Moy, que l'amour a faict plus d'un Léandre,
    De ceft oyfeau prendray le blanc pennaige,
    Qui en chantant plaingt la fin de fon aage
    Aux bordz herbuz du recourbé Méandre [90]
Deffoubz mes chantz voudront, poffible, apprendre
    Maint bois facré, & maint antre fauuage,
    Non gueres loing de ce fameux riuage,
    Ou Meine va dedans Loyre fe rendre.
Puis defcendant en la fainde foreft,
    Ou maint amant à l'vmbrage encor' eft,
    Iray chanter au bord obliuieux,
D'ou arrachant voftre bruit non pareil,
    De reuoler icy hault enuieux,
    Luy feray voir l'vn & l'autre foleil.

LX.

Diuin Ronsard, qui de l'arc à sept cordes
   Tiras premier au but de la memoire
   Les traictz aelez de la Françoise gloire,
   Que sur ton luc haultement tu accordes.
Fameux harpeur, & prince de noz Odes,
   Laisse ton Loir haultain de ta victoire,
   Et vien sonner au riuage de Loire
   De tes chansons les plus nouuelles modes.
Enfonce l'arc du vieil Thebain archer,
   Ou nul que toy ne sceut onq' encocher,
   Des doctes sœurs les saiettes diuines.
Porte pour moy parmy le ciel des Gaulles
   Le sainct honneur des nymphes Angeuines,
   Trop pesant faix pour mes foibles epaules.

LXI.

Allez mes vers, portez dessus voz aeles
   Les sainctz rameaux de ma plante diuine,
   Seul ornement de la terre Angeuine,
   Et de mon cœur les viues etincelles.
De vostre vol les bornes seront telles
   Que des l'Aurore, ou le Soleil decline,
   Ie voy desia le monde qui s'incline
   A la beauté des beautez immortelles.
Si quelqu'vn né soubs amoureuse etoile
   Daigne eclercir l'obscur de vostre voile,
   Priez qu'Amour luy soit moins rigoreux :
Mais s'il ne veult, ou ne peult conceuoir
   Ce que ie sen', souhaitez luy de voir
   L'heureux obiect qui m'a faict malheureux.

LXII.

Qui voudra voir le plus precieux arbre,
   Que l'orient ou le midy auoüe
   Vienne ou mon fleuue en fes ondes fe ioüe :
Il y verra l'or, l'iuoire, & le marbre.
Il y verra les perles, le cinabre,
   Et le criftal : & dira que ie loüe
   Vn digne obiect de Florence & Mantoüe,
De Smyrne encor', de Thebes & Calabre :
Encor'dira que la Touure & la Seine,
   Auec' la Saone arriueroient à peine
   A la moitié d'vn fi diuin ouurage :
Ne cetuy la qui naguere a faict lire
   En lettres d'or graué fur fon rivage
   Le vieil honneur de l'vne & l'autre Lire.

LXIII.

Ma plus grand' force eftoit retraicte au cœur,
   Et contre Amour faifoit plus de deffence,
   Quand ce cruel pour venger telle offence,
Fut par mes yeulx de ma vertu vainqueur.
Lors de fes traictz ne fentoy' la rigueur,
   Lors ie n'auoy' de fon feu congnoiffance,
   Lors ne cuidoy' que fa haulte puiffance
Sur ma foibleffe euft aucune vigueur.
Mais, ô le fruict de ma belle entreprife !
   Il a choify pour gaing de ma victoire
   Au plus hault ciel la beauté qui me tue :
La fault chercher le bien que tant ie prife,
   Faifant à tous par mon malheur notoire,
   Que l'homme en vain contre Dieu f'euertue.

LXIIII.

Comme iadis, l'ame de l'vniuers
 Enamourée en ſa beaulté profonde,
 Pour façonner cete grand' forme ronde,
 Et l'enrichir de ſes theſors diuers,
Courbant ſur nous ſon temple aux yeulx ouuers,
 Separa l'air, le feu, la terre, & l'onde,
 Et pour tirer les ſemences du monde,
 Sonda le creux des abiſmes couuers :
Non autrement, ô l'ame de ma vie !
 Tu feus à toy par toymeſme rauie,
 Te voyant peinte en mon affection.
Lors ton regard d'vn acccord plus humain
 Lia mes ſens, ou Amour de ſa main
 Forma le rond de ta perfection.

LXV.

Ces cheueux d'or, ce front de marbre, & celle
 Bouche d'œilleʒ & de liʒ toute pleine,
 Ces doulx ſoupirs, cet' odorante haleine,
 Et de ces yeulx l'vne & l'autre etincelle,
Ce chant diuin qui les ames rapelle,
 Ce chaſte ris, enchanteur de ma peine,
 Ce corps, ce tout, bref, cete plus qu'humeine
 Doulce beauté ſi cruellement belle,
Ce port humain, cete grace gentile,
 Ce vif eſprit, & ce doulx graue ſtile,
 Ce hault penſer, cet' honneſte ſilence,
Ce ſont les haims, les appaʒ, & l'amorſe,
 Les traicts, les reʒ, qui ma debile force,
 Ont captiué d'vne humble violence.

LXVI.

Pour mettre en vous sa plus grande beauté,
   Le ciel ouurit ses plus riches thesors :
   Amour choisit de ses traictz les plus fors,
   Pour me tirer sa plus grand' cruauté.
Les Astres n'ont de luire liberté,
   Quand le Soleil ses rayons met dehors :
   Ou apparoist vostre celeste corps,
   La beauté mesme y perdroit sa clerté.
Si le torment de mes affections
   Croist à l'egal de voz perfections,
   Et si en vous plus qu'en moy ie demeure,
Pourquoy n'as-tu, ó fiere destinée !
   Rompu le fil de ma vie obstinée?
   Ie ne croy point, que de douleur on meure.

LXVII.

Sus chaulx soupirs allez à ce froid cœur,
   Rompez ce glaz, qui ma poitrine enflamme,
   Et vous mes yeulx, deux tesmoings de ma flamme,
   Faictes pluuoir vne triste liqueur :
Allez pensers, flechir cete rigueur,
   Engrauez moy au marbre de cete ame :
   Et vous mes vers, criez devant Madame,
   Mort ou mercy soit fin de ma langueur.
Dictes, comment ces tenailles d'yuoire
   Pour animer l'immortel de sa gloire
   Ont arraché mon esprit de sa place,
Et que mon cœur rien qu'elle ne respire.
   O bien heureux qui void sa belle face !
   O plus heureux qui pour elle soupire !

LXVIII.

Que n'es tu las (mon desir) de tant suyure
   Celle qui est tant gaillarde à la fuite?
   Ne la vois-tu deuant ma lente suite
   Des laqs d'amour voler franche & deliure?
Ce faulx espoir, dont la douceur m'enyure
   Tout en vn poinct m'arreste, & puis m'incite,
   Me pousse en hault, & puis me precipite,
   Me faict mourir, & puis me faict reuiure.
Ainsi courant de sommez en sommez
   Auec' Amour, ie ne pense iamais,
   Fol desir mien, à te haulser la bride.
Bien m'as-tu donq' mis en proye au danger,
   Si ie ne puis à mon gré te ranger,
   Et si i'ay pris vn aueugle pour guide.

LXIX.

L'enfant cruel de sa main la plus forte
   M'ouurit le flanc qui est le plus debile,
   Plantant au roc de mon cœur immobile
   Le sainct rameau qu'en mon ame ie porte.
Toute vertu, tout honneur, toute sorte
   De bonne grace, & de façon gentile
   Sont pour racine à la plante fertile,
   Dont la haulteur iusq'au ciel me transporte.
L'eau de mes yeulx, & la viue chaleur
   De mes souspirs en vigueur la maintiennent :
   Son pasle teinct ressemble à ma couleur.
La mes ecriz fueille seiche deuiennent :
   Mon vain espoir y est tousiours en fleur,
   Et mes ennuiz sont les fruictz qui en viennent.

LXX.

Cent mile fois, & en cent mile lieux
 Vous rencontrant, ô ma doulce guerriere !
 Le pié tremblant me retire en arriere
 Pour auoir paix auecques voz beaulx yeulx.
Mais ie ne puis, & ne pouroient les Dieux
 Frener le cours de ma volonté fiere :
 Si ie le puis, la superbe riuiere
 Fera le sien monter iusques aux cieulx.
Que te sert donq' eloingner le vainqueur,
 O toy mon œil ! si au milieu du cœur
 Ie sen' le fer dont il fault que ie meure ?
Ainsi le cerf par la plaine elancé
 Euite l'arc meurtrier qui l'a blessé,
 Mais non le traict, qui tousiours luy demeure.

LXXI.

Le crespe honneur de cest or blondissant
 Sur cest argent vny de tous coutez,
 Sur deux soleilz deux petiz arcz voutez,
 Deux petiz brins de coral rougissant,
Ce cler vermeil, ce vermeil vnissant
 Œillez & lyz freschement enfantez,
 Ces deux beaux rancs de perles bien plantez
 Et tout ce rond en deux pars finissant,
Ce val d'albastre, & ces coutaux d'iuoire,
 Qui vont ainsi comme les flotz de Loire
 Au lent soupir d'vn Zephire adoulci,
C'est le moins beau des beautez de Madame,
 Mieulx engrauée au marbre de mon ame,
 Que sur mon front n'en est peinct le soucy.

LXXII.

Ce voile blanc, que vous m'auez donné,
 Ie le compare à ma foy nette & franche :
 L'antique foy portoit la robe blanche,
 Mon cœur tout blanc est pour vous ordonné
Son beau caré d'ouurage enuironné,
 Seul ornement & thesor de ma manche,
 Pour vostre nom porte l'heureuse branche
 De l'arbre sainct dont ie suis couronné.
Mile couleurs par l'aiguille y sont iointes,
 Amour a faict en mon cœur mile pointes,
 La sont encor' sans fruict bien mile fleurs.
O voile heureux, combien tu es vtile
 Pour essuyer l'œil, qui en vain distile
 Du fond du cœur mile ruisseaux de pleurs !

LXXIII.

Le beau cristal des sainctz yeulx de Madame
 Entre les lyz & roses degoutoit,
 Et cependant Amour qui le goutoit,
 En arrousa le iardin de mon ame.
Au soupirer, qui les marbres entame,
 Le ciel pleurant & triste se voutoit,
 Et le Soleil, qui pleindre l'ecoutoit
 S'osta du chef les rayons de sa fláme.
Les ventz brusloient d'vne chaste amitié,
 L'air, qui au tour s'enflammoit de pitié,
 En fist pluuoir vne triste rousée :
Mes yeulx estoient deux fonteines de pleurs,
 La terre adonq' qui en fut arrousée,
 En fit sortir mile amoureuses fleurs.

LXXIIII.

Si le pinceau pouuoit montrer aux yeulx
  Ce que le ciel, les Dieux, & la Nature
  Ont peint en vous, plus viuante peinture
  Ne virent onq' de Grece les ayeulx.
Toy donq' amant, dont l'œil trop curieux
  Prent seulement des beautez nouriture,
  Fiche ta veüe en cete protraiture,
  Dont la beauté plairoit aux plus beaux Dieux.
Mais si la viue & immortelle image
  Ne te deplait, seule qui le dommage
  De maladie, ou du temps ne doit craindre :
Voy ses ecriz, oy son diuin sçauoir,
  Qui mieulx au vif l'esprit te fera voir,
  Que le visage Appelle n'eust sçeu peindre.

LXXV.

Nimphes meslez voz plus vermeilles roses
  Parmy les lyz qui sont plus blanchissans,
  Et les œillez qui sont plus rougissans,
  Parmy les fleurs plus freschement decloses :
De tout cela, & des plus belles choses
  Que vous ayez en voz prez verdissans,
  Faictes bouquez & chappeaux florissans,
  Or' que des champs les beautez sont encloses.
Et toy, qui fais du monde le grand tour,
  Bien que tu n'ay's au taureau faict retour,
  En mile fleurs, & mil', & mil' encore,
Peins mes ennuiz, & qu'on y puisse lire
  Le nom qu'Anjou doit sur tout autre elire,
  Pour decorer celle qui le decore.

LXXVI.

Quand la fureur, qui bat les grandz coupeaux,
   Hors de mon cœur l'Oliue arachera,
   Auec le chien le loup se couchera,
   Fidele garde aux timides troupeaux :
Le ciel, qui void auec tant de flambeaux,
   Le violent de son cours cessera :
   Le feu sans chault & sans clerté sera,
   Obscur le ront des deux astres plus beaux :
Tous animaulx changeront de seiour
   L'vn auec' l'autre, & au plus cler du iour
   Ressemblera la nuit humide & sombre :
Des prez seront semblables les couleurs,
   La mer sans eau, & les forestz sans ombre,
   Et sans odeur les roses & les fleurs.

LXXVII.

O fleuue heureux, qui as sur ton riuage
   De mon amer la tant doulce racine,
   De ma douleur la seule medicine,
   Et de ma soif le desiré bruuage !
O roc feutré d'vn verd tapy sauuage !
   O de mes vers la source cabaline !
   O belles fleurs ! ó liqueur cristaline !
   Plaisirs de l'œil qui me tient en seruage.
Ie ne suis pas sur vostre aise enuieux,
   Mais si i'auoy' pitoyables les Dieux,
   Puis que le ciel de mon bien vous honnore.
Vous sentiriez aussi ma flamme viue,
   Ou comme vous, ie seroy' fleuue, & riue,
   Roc, source, fleur, & ruisselet encore.

LXXVIII.

La Canicule au plus chault de sa rage
    Ne faict trouuer la fresche onde si belle,
    Ny l'arbrisseau si doulcement appelle
Le voyageur au fraiz de son ombrage :
La santé n'est de si ioyeulx presage
    Au lent retour de sa clerté nouuelle,
    Que le plaisir en moy se renouuelle,
Quand i'apperçoy l'angelique visage.
Soit qu'en riant ses leures coralines
    Montrent deux rancz de perles cristalines,
    Soit qu'elle parle, ou danse, ou bále, ou chante,
Soit que sa voix diuinement accorde
    Aucc' le son de la parlante chorde,
    Tous mes ennuiz doulcement elle enchante.

LXXIX.

Du ciel descend tout celeste pouuoir,
    Pour decorer cet' ame bien heureuse,
    Qui dessus toy ma terre planteureuse,
    Comme vn Phenix faict ses aesles mouuoir.
Le Dieu de Loire, enflammé de la voir,
    Ard iusq'au fond de son onde plus creuse.
    O grand' beauté, ô puissance amoureuse,
Qui faict aux eaux nouueau feu conceuoir !
S'elle est à rive, il semble que les fleuues
    Tardent leurs cours : s'elle erre par les bois,
    Les chesnes vieulx en prennent robes neufues.
Le ciel courbé se mire dans ses yeulx,
    Echo respond à sa diuine voix,
    Qui faict mourir les hommes & les Dieux.

LXXX.

Toy qui courant à voile haulte & pleine,
 Sage, ruzé, & bienheureux nocher,
 Loing du destroict, du pyrate, & rocher,
 Voles hardy ou le desir te meine :
Ne crain pourtant, oyant ma souueréne
 Caler la voile, ou les ancres lácher,
 Sa doulce voix ne te poura fácher,
 Voix angelique, & non d'vne Seréne.
Si tu la vois, tu verras le soleil
 Du beau visage, à cetuy-la pareil
 Que l'Ocëan de ses longs braz enserre.
O mile fois le bien aimé des Dieux,
 Qui sans mourir, & sans voler aux cieulx,
 Peult contempler le paradis en terre !

LXXXI.

Celle qui tient l'aele de mon desir,
 Par vn seul ris achemine ma trace
 Au paradis de sa diuine grace,
 Divin seiour du Dieu de mon plaisir.
La les amours volent tout à loisir,
 La est l'honneur engraué sus sa face,
 La les vertus, ornement de sa race,
 La les beautez qu'au ciel on peult choisir.
Mais si d'vn œil foudroyant elle tire
 Dessus mon chef quelque traict de son ire,
 l'abisme au fond de l'eternelle nuit.
La n'est ma soif aux ondes perissante,
 La mon espoir & se fuit & se suit,
 La meurt sans fin ma peine renaissante.

LXXXII.

Vous qui aux bois, aux fleuues, aux campaignes,
  A cri, à cor, & à courſe hatiue
  Suiuez des cerfz la trace fugitiue,
  Auec' Diane, & les Nymphes compaignes :
Et toy ô Dieu ! qui mon riuage baignes,
  As-tu point veu vne Nymphe craintiue,
  Qui va menant ma liberté captiue
  Par les ſommez des plus haultes montaignes ?
Helas enfans ! ſi le sort malheureux
  Vous monſtre à nu ſa cruelle beauté,
  Que telle ardeur longuement ne vous tienne.
Trop fut celuy chaſſeur auantureux,
  Qui de ſes chiens ſentit la cruauté,
  Pour auoir veu la chaſte Cyntienne.

LXXXIII.

Deia la nuit en ſon parc amaſſoit
  Vn grand troupeau d'etoiles vagabondes,
  Et pour entrer aux cauernes profondes,
  Fuyant le iour, ſes noirs chevaulx chaſſoit :
Deia le ciel aux Indes rougiſſoit,
  Et l'Aulbe encor' de ſes treſſes tant blondes
  Faiſant greſler mile perlettes rondes,
  De ſes theſors les prez enrichiſſoit :
Quand d'occident, comme vne etoile viue,
  Ie vy ſortir deſſus ta verde riue,
  O fleuue mien ! vne Nymphe en rient.
Alors voyant cete nouuelle Aurore,
  Le iour honteux d'vn double teint colore
  Et l'Angeuin & l'Indique orient.

LXXXIIII.

Seul & pensif par la deserte plaine
  Refuant au bien qui me faict doloreux,
  Les longs baifers des collombs amoureux
  Par leur plaifir firent croitre ma peine.
Heureux oiseaux, que voftre vie eft pleine
  De grand' doulceur! ô baifers fauoureux!
  O moy deux fois & trois fois malheureux,
  Qui n'ay plaifir que d'efperance vaine!
Voyant encor' fur les bords de mon fleuue
  Du fep lafcif les longs embraffements,
  De mes vieulx maulx ie fy' nouuelle epreuue.
Suis-ie donc veuf de mes facrez rameaux?
  O vigne heureufe! heureux enlacements!
  O bord heureux! ô bien heureux ormeaux!

LXXXV.

Parmy les fleurs ce faulx Amour tendit
  Vne ré d'or legerement coulante,
  Soubs les rameaux d'vne diuine Plante,
  Ou de pié coy ce cruel m'atendit.
Bien me fembla que quelque voix me dit:
  Hafte les paz de ta courfe trop lente:
  Quand vne main doulcement violente
  Serrant la corde à terre m'etendit.
Lors ie fu' pris: & ne me prenoy' garde
  Qu'en mile nœuds lié ie me regarde
  En la prifon d'vne beauté celefte:
La eft ma foy, gëolier nuit & iour.
  O doulce chartre! ô bienheureux feiour,
  Qui m'a rendu la liberté molefte.

LXXXVI.

Pres d'vn boccage, au milieu d'vn beau pré,
  Ou d'vn ruisseau la frescheur tousiours dure,
  Ie te feray vn autel de verdure
De mile fleurs tout au tour diapré.
La ie pendray en vn tableau sacré
  A ton sainct nom, vne riche peincture,
  Ou ie feray de vers vne ceinture,
De mile vers, s'ilz te viennent à gré.
Soupire donq' de ta plus doulce haleine,
  Me decouurant sur ce col de porphire
  Ces laqs dorez coupables de ma peine.
Ainsi des vents te soit donné l'empire,
  Ainsi ta Flore, ô bienheureux Zephire!
  Te soit tousiours, & tousiours plus humaine.

LXXXVII.

Vent doulx souflant, vent des vens souuerain,
  Qui voletant d'aeles bien empanées[91]
  Fais respirer de soüeues halenées
Ta doulce Flore au visage serain,
Pren de mes mains ce vase, qui est plein
  De mile fleurs auec' l'Aurore nées,
  Et mil' encor' à toy seul destinées,
Pour t'en couurir & le front & le seing.
Encependant, au thesor de ces riues
  Ie pilleray ces emeraudes viues,
  Ces beaux rubiz, ces perles & saphirs,
Pour mettre en l'or des tresses vagabondes,
  Qui ça & la folastrent en leurs ondes,
  Grosses du vent de tes plus doulx soupirs.

LXXXVIII.

Si longue foy peult meriter merci,
  I'auray le gaing de ma perte passée,
  Si mon destin toute ardeur n'a chassée
Du beau soleil, dont ie suis eclerci.
Amour, qui fut longuement endurci,
  Ores piteux à mon ame offensée,
  A mis les yeulx au creux de ma pensée,
Cler à luy seul, à tout autre obscurci.
La forest prent sa verde robe neufue,
  La terre aussi, qui na guere etoit veufue,
  Promet de fruictz vne accroissance pleine.
Or cesse donq' l'hiuer de mes douleurs,
  Et vous plaisirs, naissez auec' les fleurs,
  Au beau soleil, qui mon printemps ramcine.

LXXXIX.

Zephire soufle, & sa Dame raméne
  Les belles fleurs dont la terre est couuerte :
  La forest neufue oit sur sa teste verte
Progne gemir, & pleindre Philomene.
Le ciel trompeur qui le front rasserene,
  De ces thesors nous tient la porte ouuerte,
  Et pour tirer vn gaing de nostre perte,
De nouueaux fruictz la Nature a faict pleine.
Tous animaulx qui cheminent, & noüent,
  Qui vont glissant, & qui par l'air se ioüent,
  Sentent le feu, & ie suis le feu mesme.
Vous seulement osez faire la guerre
  Contre celuy dont la puissance extreme
  Domte le ciel, l'air, la mer, & la terre.

XC.

Toy qui fis voir la lumiere incongnue,
Au chaste filz du ialoux inhumain,
Quand tu pillas d'vne trop docte main
La proye en vain de Pluton retenue :
L'horrible Dieu qui tonne sur la nue,
Meu iustement pour son frere germain,
Darda les traictz vangeurs du fort humain,
Te foudroyant, de sa flamme congneue.
Las moy chetif, qui l'obliuieux bord
Malgré l'Enfer, Acheron, & son port,
Ay depouillé de sa plus riche proye !
Celle que i'ay faict compaigne des Dieux,
Me bat, me poingt, me brusle, me foudroye,
Par les doulx traictz qui sortent de ses yeulx.

XCI.

Rendez à l'or cete couleur qui dore
Ces blonds cheueux, rendez mil' autres choses :
A l'orient tant de perles encloses,
Et au Soleil ces beaux yeulx que i'adore.
Rendez ces mains au blanc yuoire encore,
Ce seing au marbre, & ces leures aux roses,
Ces doulx soupirs aux fleurettes decloses,
Et ce beau teint à la vermeille Aurore.
Rendez aussi à l'amour tous ses traictz,
Et à Venus ses graces & attraictz :
Rendez aux cieulx leur celeste harmonie.
Rendez encor' ce doulx nom à son arbre,
Ou aux rochers rendez ce cœur de marbre,
Et aux lions cet' humble felonnie.

XCII.

Ce bref espoir qui ma tristesse alonge,
  Traitre à moy seul & fidele à Madame,
  Bien mile fois a promis à mon ame
  L'heureuse fin du soucy qui la ronge,
Mais quand ie voy' sa promesse estre vn songe,
  Ie le maudy', ie le hay', ie le blâme,
  Puis tout soudain ie l'inuoque & reclame,
  Me repaissant de sa doulce mensonge.
Plus d'vne fois de moy ie l'ay chassé :
  Mais ce cruel, qui n'est iamais lassé
  De mon malheur, à vos yeulx se va rendre.
La faict sa plainte : & vous qui iours & nuitz
  Avecques luy riez de mes ennuiz,
  D'vn seul regard le me faictes reprendre.

XCIII.

Ores ie chante, & ores ie lamente,
  Si l'vn me plaist, l'autre me plaist aussi,
  Qui ne m'areste à l'effect du souci,
  Mais à l'obiect de ce qui me tormente.
Soit bien ou mal, desespoir ou attente,
  Soit que ie brusle, ou que ie soy' transi,
  Ce m'est plaisir de demeurer ainsi :
  Egalement de tout ie me contente.
Madame donc, Amour, ma destinée,
  Ne changent point de rigueur obstinée.
  Ou hault ou bas la Fortune me pousse.
Soit que ie viue, ou bien soit que ie meure,
  Le plus heureux des hommes ie demeure,
  Tant mon amer a la racine doulce.

XCIIII.

Quand voz beaux yeulx Amour en terre incline,
   Et voz espriz en vn soupir assemble
   Auec' ses mains, & puis les desassemble
   D'vne voix clere, angelique, & diuine,
Alors de moy vne doulce rapine
   Se faict en moy : ie me pers, il me semble
   Que le penser, & le vouloir on m'emble
   Auec le cœur, du fond de la poitrine.
Mais ce doulx bruit, dont les diuins accens
   Ont occupé la porte de mes sens,
   Retient le cours de mon ame rauie :
Voila comment sur le mestier humain
   Non les trois sœurs, mais Amour de sa main
   Tist & retist la toile de ma vie.

XCV.

Dieu qui reçois en ton giron humide
   Les deux ruisseaux de mes yeulx larmoyans,
   Qui en tes eaux sans cesse tournoyans,
   Enflent le cours de ta courfe liquide,
Quand fut-ce, ó Dieu ! qu'en la carriere vide
   De ton beau ciel, ces cheueux ondoyans,
   Comme tes flotz au vent s'ebanoyans,
   Deça dela voguoient à pleine bride ?
Ce fut alors, que cent nymphes captiues
   Entre tes braz, sortirent sur leurs riues,
   Laissant le creux de ta blonde maison :
Ce fut alors que les Dieux & l'année
   Firent sur toy ma terre fortunée,
   Renaistre l'or de l'antique saison.

XCVI.

Ny par les bois les Driades courantes,
  Ny par les champs les fiers ſcadrons armeʒ,
  Ny par les flotʒ les grands vaiſſeaux rameʒ,
  Ny ſur les fleurs les abeilles errantes,
Ny des foreſtʒ les treſſes verdoyantes,
  Ny des oiſeaux les corps bien emplumeʒ,
  Ny de la nuit les flambeaux allumeʒ,
  Ny des rochers les traces ondoyantes,
Ny les piliers des ſainctʒ temples doreʒ,
  Ny les palais de marbre elaboureʒ,
  Ny l'or encor', ny la perle tant clere,
Ny tout le beau que poſſedent les cieulx,
  Ny le plaiſir pouroit plaire à mes yeulx,
  Ne voyant point le Soleil qui m'eclere.

XCVII.

Qui a peu voir la matinale roſe
  D'vne liqueur celeſte emmiellée,
  Quand ſa rougeur de blanc entremeſlée
  Sur le naif de ſa branche repoſe :
Il aura veu incliner toute choſe
  A ſa faueur : le pié ne l'a foulée,
  La main encor' ne l'a point violée,
  Et le troupeau aprocher d'elle n'oſe :
Mais ſi elle eſt de ſa tige arrachée,
  De ſon beau teint la freſcheur deſſechée
  Pert la faueur des hommes & des Dieux.
Helas ! on veult la mienne deuorer,
  Et ie ne puis, que de loing, l'adorer
  Par humbles vers (ſans fruit) ingenieux.

XCVIII.

S'il a dict vray, feiche pour moy l'ombrage
   De l'arbre fainct, ornement de mes vers,
   Mon nom fans bruit erre par l'vniuers,
Pleuue fur moy du ciel toute la rage.
S'il a dict vray, de mes foupirs l'orage,
   De cruauté les durs rochers couuers,
   De defefpoir les abifmes ouuers,
Et tout peril confpire en mon naufrage.
S'il a menti, la blanche main d'yuoire
   Ceigne mon front des fueilles que i'honnore :
   Les Aftres foient les bornes de ma gloire,
Le ciel bening me decouvre fa trace :
   Voz deux beaux yeux, deux flambeaux que i'adore,
   Guident ma nef au port de voftre grace.

XCIX.

O faulfe vieille ! ô fille de l'Enuie
   Et de l'Amour, fille qui à ton pere
   As enfanté dommage & vitupere,
En corrompant le miel de noftre vie :
O gehinne ! ô fleau de noftre fantafie,
   Qui iufqu'en l'ame as ton cruel repere !
   O le feul mal du bien que l'on efpere,
Faulfe aueuglée, inique Ialoufie !
Vent peftilent, air infect, qui apportes
   La mort au cœur par plus de mile portes :
   Sale harpie, oifeau de trifte augure !
Tu es le mal, qui ne craint[92], ó fuperbe !
   Emplaftre, vnguent, iuft de racine ou d'herbe,
   Vers enchanté, ou magique figure.

C.

Vieille qui prens de crainte nouriture,
  De faulx rapport & de legere foy,
  Pourquoy fais-tu soudain que ie te voy,
  Geler mon feu d'vne triste froidure?
Si tu es donq' à mes plaisirs si dure,
  Pourquoy viens-tu loger auecques moy?
  Va te noyer en ce fleuue d'emoy,
  Fleuue infernal, ou le froid tousiours dure.
Au fond d'enfer va pleurer tes ennuiz,
  Parmy l'obscur des eternelles nuitz :
  Pourquoy te plaist d'Amour le beau siour?
Si la clerté les ombres épouante,
  Ose tu bien, ô charongne puante,
  Empoisonner le serain de mon iour?

CI.

O que l'enfer etroitement enferre
  Cet ennemy du doulx repos humain,
  De qui premier la sacrilege main
  Arracha l'or du ventre de la Terre!
Cetuy vraiment mena premier la guerre
  Contre le ciel, ce fier, cet inhumain
  Tua son pere & son frere germain,
  Et fut puni iustement du tonnerre.
O peste! ô monstre! ô Dieu des maleficies!
  Par toy premier la cohorte des vices
  Sortit du creux de la nuit plus profonde.
Par toy encor' s'en reuola d'icy
  L'antique foy, & la iustice aussi
  Auec' l'Amour, l'autre Soleil du monde.

CII.

Des chiens veillants le long cry doloreux,
 Le foing du guet, & la ferrée porte,
 La tour d'airein pouuoient rendre affez forte
 Contre l'affault du nocturne amoureux :
Trop en etoit le fort auantureux,
 Mefm' à celuy qui la vengence porte,
 S'il ne fe fuft de fa diuine forte
 Changé en or, ce metal malheureux.
C'eft ce fier la qui egale aux campaignes
 Les durs fommez des plus haultes montaignes,
 Plus foudroyant que n'eft le traict des cieulx.
Le fer, le feu, les grand's citez fermées,
 Les haultz ramparts, & les bandes armées,
 Donnent paffage à l'or audacieux.

CIII.

Mais quel hiuer feiche la verde fouche
 Des fainctz rameaux, ombrage de ma vie?
 Quel marbre encor', marbre pafle d'enuie,
 Blefmift le teint de la vermeille bouche?
Mais quele main, quele pillarde moûche
 Rauift fes fleurs? c'eft toy fieure hardie,
 Qui fais languir par vne maladie
 Moy en mon ame, & Madame en fa couche.
O toy, que mere & maratre on appelle [93] !
 As-tu donc faict vne chofe fi belle
 Pour la deffaire ! ó Dieu qui n'as point d'yeulx !
Si contre moy la Nature confpire,
 Voire le ciel, la fortune, & les Dieux,
 Deffen au moins l'honneur de ton empire.

CIIII.

O Cytherée, ó gloire paphienne,
  Mere d'Amour, vien' piteufe à la belle,
  Qui le fecours de tes Graces appelle,
  Saincte, pudique, & chafte Cyprienne.
Souftien auffi, vierge Tritonienne,
  De ton vieulx tige vne branche nouuelle :
  Toy, qui fortis de la faincte ceruelle,
  Sage Pallas, Minerue Athenienne.
Oyez encor' vous les deux yeulx du monde,
  L'honneur iumeau de l'ifle vagabonde,
  Le iufte dueil de ce cœur gemiffant.
Ainfi la nuit tes baifers fauorife,
  Chafte Diane : ainfi Parnaze prife,
  Docte Phebus, ton laurier verdiffant.

CV.

Efprit diuin, que la troupe honnorée
  Du double mont admire, en t'ecoutant,
  Cigne nouueau, qui voles en chantant
  Du chault riuage au froid hiperborée :
Si de ton bruit ma Lire enamourée,
  Ta gloire encor' ne va point racontant,
  I'aime, i'admire, & adore pourtant
  Le hault voler de ta plume dorée.
L'Arne fuperbe adore fur fa riue
  Du fainct Laurier la branche toufiours viue,
  Et ta Delie enfle ta Saone lente.
Mon Loyre auffi, demydieu par mes vers,
  Bruflé d'amour etent les braz ouuers
  Au tige heureux, qu'à fes riues ie plante.

CVI.

O noble esprit des Graces allié,
   Que ta vertu, la Muse, & la Nature,
   Ont par destin, & non par auanture,
   Auec le mien etroitement lié !
O de mon cœur la seconde moitié !
   Si de ton feu quelque scintile dure,
   Soulage vn peu le torment que l'endure,
   Me consolant d'excuse ou de pitié.
Inspire moy les tant doulces fureurs,
   Dont tu chantas celle fiere beauté,
   Qui t'aueugla à semblables erreurs.
Ainsi d'Amour le feu puisse descendre,
   Pour amolir cet' humble cruauté,
   En l'estomac de ta froide Cassendre.

CVII.

Sus, sus mon ame, ouure l'œil, & contemple
   L'arc triomphal de l'amour supernel,
   Qui pour lauer ton peché paternel
   Porta le faix de ta perte si ample.
La de pitié est le parfaict exemple :
   Sus donc mes vers, d'vn vol sempiternel
   Portez mes vœux en son temple eternel :
   Le cœur fidele est de Dieu le sainct temple.
S'il a serui pour rendre l'homme franc,
   S'il a purgé mes pechez de son sang,
   Et s'il est mort pour ma vie asseurer,
S'il a goûté l'amer de mes douleurs,
   Prodigues yeulx, ne deuez-vous pleurer.
   D'auoir sans fruit depandu tant de pleurs ?

CVIII.

O Seigneur Dieu, qui pour l'humaine race
  As esté seul de ton pere enuoyé,
  Guide les pas de ce cœur deuoyé!
  L'acheminant au sentier de ta grace.
Tu as premier du ciel ouuert la trace,
  Par toy la mort a son dard etuyé,
  Console donq' cet esprit ennuyé,
  Que la douleur de mes pechez embrasse.
Vien, & le braz de ton secours apporte
  A ma raison, qui n'est pas assez forte,
  Vien eueiller ce mien esprit dormant :
D'vn nouueau feu brusle moy iusq'à l'ame,
  Tant que l'ardeur de ta celeste flamme
  Face oublier de l'autre le torment.

CIX.

Pere du ciel, si mil' & mile fois
  Au gré du corps, qui mon desir conuie,
  Or' que ie suis au printemps de ma vie,
  I'ay asserui & la plume, & la voix :
Toy qui du cœur les abismes congnois,
  Ains que l'hiuer ait ma force rauie,
  Fay moy brusler d'vne celeste enuie,
  Pour mieux goûter la douceur de tes loix.
Las ! si tu fais comparoitre ma faulte
  Au iugement de ta maiesté haulte,
  Ou mes forfaictz me viendront accuser,
Qui me pourra deffendre de ton ire?
  Mon grand peché me veult condamner, Sire,
  Mais ta bonté me peult bien excuser.

CX.

Dieu, qui changeant auec' obscure mort
   Ta bienheureuse & immortelle vie,
   Fus aux pecheurs prodigue de ta uie,
   Pour les tirer de l'eternelle mort :
Celle pitié coupable de ta mort
   Guide les pa*z* de ma facheuse vie,
   Tant que par toy, à plus ioyeuse vie
   Ie soy' conduit du trauail de la mort.
N'auise point, ô Seigneur ! que ma vie
   Se soit noyée aux ondes de la mort,
   Qui me distrait d'vne si doulce vie :
Oste la palme à cet' iniuste mort,
   Qui ia s'en va superbe de ma vie,
   Et morte soit tousiours pour moy la mort.

CXI.

Voicy le iour, que l'eternel amant
   Fist par sa mort viure sa bien aimée :
   Qui telle mort au cœur n'a imprimée,
   O seigneur Dieu ! est plus que dyamant.
Mais qui pourra sentir ce doulx torment,
   Si l'ame n'est par l'amour enflammée?
   Soufle luy donc, pour la rendre allumée,
   L'esprit diuin de ton feu vehement.
Pleure*z* mes yeulx de sa mort la memoire,
   Chante*z* mes vers l'honneur de sa victoire,
   Et toy mon cœur, say luy son deu hommage.
O que mon Roy est inuincible & fort !
   O qu'il a faict grand gaing de son dommage !
   Qui en mourant triomphe de la mort.

CXII.

Dedans le clos des occultes Idées,
  Au grand troupeau des ames immortelles,
  Le Preuoyant a choisi les plus belles,
  Pour estre à luy par luymesme guidées
Lors peu à peu deuers le ciel guindées
  Dessus l'engin de leurs diuines aeles,
  Vollent au seing des beautez eternelles,
  Ou elle' sont de tout vice emondées.
Le Iuste seul ses eleuz iustifie,
  Les reanime en leur premiere vie,
  Et à son filz les faict quasi egaulx.
Si donq' le ciel est leur propre heritage,
  Qui les poura frauder de leur partage
  Au poinct qui est l'extreme de tous maulx?

CXIII.

Si nostre vie est moins qu'vne iournée
  En l'eternel, si l'an qui faict le tour
  Chasse noz iours sans espoir de retour,
  Si perissable est toute chose née,
Que songes-tu mon ame emprisonnée?
  Pourquoy te plaist l'obscur de nostre iour,
  Si pour voler en vn plus cler seiour,
  Tu as au dos l'aele bien empanée?
La est le bien que tout esprit desire,
  La, le repos ou tout le monde aspire,
  La est l'amour, la, le plaisir encore.
La, ô mon ame, au plus hault ciel guidée,
  Tu y pourras recongnoistre l'Idée
  De la beauté, qu'en ce monde i'adore.

CXIIII.

Arriere arriere ô mechant Populaire,
 O que ie hay ce faulx peuple ignorant!
 Doctes esprits, fauorisez les vers
 Que veult chanter l'humble prestre des Muses.
Te plaise donc ma Roine, ma Déesse,
 De ton sainct nom les immortalizer,
 Auec' celuy qui au temple d'Amour
 Baize les piez de ta diuine image.
O toy, qui tiens le vol de mon esprit,
 Aueugle oiseau, dessile vn peu tes yeux,
 Pour mieulx tracer l'obscur chemin des nues.
Et vous mes vers deliures & legers,
 Pour mieulx atteindre aux celestes beautez
 Courez par l'air d'vne aele inusitée.

CXV.

De quel Soleil, de quel diuin flambeau
 Vint ton ardeur? lequel des plus haulx Dieux
 Pour te combler du parfaict de son mieulx,
 Du Vandomois te fist l'astre nouueau?
Quel cigne encor' des cignes le plus beau
 Te prêta l'aele? & quel vent iusq'aux cieulx
 Te balança le vol audacieux,
 Sans que la mer te fust large tombeau?
De quel rocher vint l'eternelle source,
 De quel torrent vint la superbe course,
 De quele fleur vint le miel de tes vers?
Montre le moy, qui te prise et honnore,
 Pour mieulx haulser la Plante que i'adore,
 Iusq'à l'egal des lauriers tousiours verds.

LA
MVSAGNOEOMACHIE

Sous l'œil palle de la nuit
  J'ay faict ma courſe premiere,
  Frizant la mer, qui reluit
  Sous la tremblante lumiere.
  Ores l'epeſſe fumiere
  De l'Ocean monte aux cieux,
  Ie voy l'Aſtre pluuieux
  Et la monſtrueuſe crouppe
  De la grand' marine trouppe :
  Sus mateloz, en auant,
  A la proüe & à la pouppe,
  Armez vous contre le vent.
Scille en ſon ventre aboyant
  Engoufre le couté deſtre,
  Et Caribde tournoyant
  Occupe le flanc ſeneſtre.
  Vous que Iupiter fiſt naitre,
  Flambeaux amis de la nef,
  Decouurez moy voſtre chef.
  Deſſus les plus haultes cimes

Ie voy sortir des abismes
Vne Orque, pour m'abismer
En son ventre plein de crimes,
Qui couue toute la mer.
Homere premier sonna
Et les raz et les grenouilles,
Puis horrible il entonna
Les phrigiennes depouilles.
Dieu, qui en mon Loire mouilles
L'or de tes crespes cheueux,
Recoy doucement les veux
De cete auantragedie :
Afin qu'apres ie dedie
Et aux Muses & à toy,
D'vne trompette hardie
Les victoires de mon Roy.
Au milieu d'vn val ombreux,
Sous vne voûte ancienne
Gist vn Antre tenebreux,
Ou la nuit Cymmerienne
Garde que Phebus ne vienne
Le percer iusqu'au dedens
Des traitz de ses yeux ardens.
Lethe de la prent sa source,
Qui d'vne endormante course
Sort du cœur d'vn rocher vieux
Feutrant d'vne humide mousse
Les pauoz obliuieux.
Le chant du coq reueillant
Du chien la soingneuse cure
N'habite au lieu sommeillant,
Que le long Silence emmure :
L'oye à l'esclatant murmure
N'est en ce clos obscurci :
La le Sommeil endurcy
Tient l'Ignorance embrassée,
Que la Terre courroussée
D'vn estommac verd de fiel,

LA MVSAGNŒOMACHIE. 141

Auec' Encelade & Cée,
Vomit encontre le ciel.
Comme vn lion s'elançant,
Elle a deux leures tortues,
Comme vn asne balançant
Deux grand's oreilles pointues.
Ses pates de poil vestues,
Qui trainent ses membres lourds,
Immitent les pas d'vn ours.
Vne chair de sang mouillée
Enfle sa panse touillée.
Puis veautrant son pesant corps,
Comme vne taupe aueuglée,
Souleue le museau tors.
Maint sceptre victorieux,
Et mainte couronne saincte,
Maint chappeau laborieux,
Et mainte vesture ceincte
Toute diuersement peinte
Ornoit le Monstre hideux,
Alors que tout depiteux
Montroit à la terre plaine
De son arrogance vaine,
Auoir la clef en ses mains
Du loyer & de la peine
Des miserables humains.
Vous qui les fables contez,
Ne decriuez plus Antée,
Ny les fiers cheuaux dontez,
Ny l'ame en trois corps entée,
Ny le porc Erimantée,
Ny le lion Nemean,
Ny le serpent Lernean,
Ny la puante Chimere,
Ny Meduse, ny Cerbere,
Qui furent moins contrefaictz
Que ce Monstre, qui est pere
Des plus horribles forfaictz.

La Fraude, & le faulx conseil,
Et la Discorde suyuie
D'Ambition, & d'Orgueil,
Boureaux de l'humaine vie,
La calumnieuse Enuie,
La Cruauté, qui consent
Au sang du peuple innocent,
La blandissante Malice,
La miserable Auarice,
Les peu durables plaisirs,
Et l'Oisiueté, nourice
Des impudiques desirs,
Les longs tragiques regrez,
La mort en l'ame imprimée,
Et des maulx iadis secrez
La bande mal enfermée,
C'est la furieuse armée,
Qui saccageant l'vniuers
Par tant d'alarmes diuers,
Par fer, par flamme, par mine
Nostre bonheur extermine,
Sous le Monstre dereglé
Par la vengeance diuine
A son malheur aueuglé.
François *premier le chassa*
Par la campaigne de France,
Et l'estommac luy passa
D'vne ineuitable lance :
Voicy Henry *qui s'auance,*
Qui d'vn fer etincelant
Le chef luy va martelant.
Catarine, & Margverite
Chacune d'elles irrite
La beste au dos & au flanc,
Qui d'vne haleine depite
Vomist vn fleuue de sang.
Ie voy le royal enfant,
Que tant de grace enuironne,

Qui d'vn Laurier triomphant
   Defia defia fe couronne :
   Voicy comme il eperonne
   Sa iuuenile vertu
   Deffus le Monftre abatu.
   Voicy l'honneur de l'Eglife,
   Voicy Chatillon & Guyfe,
   Et qui toucha de fa main
   A la couronne promife
   Du fainct college Romain.
Voicy l'arbre plantureux,
   La iufte equité congneue
   De l'Oliuier bienheureux,
   Voicy la vertu chenue
   Du feing de Pallas venue,
   Mafcon dont la docte voix
   Sucre l'oreille des Roys.
   Voicy Monluc, qui arriue,
   Laiffant l'Ecoffoife riue.
   Pitho qui le compofa,
   D'vne humeur perfuafiue
   Sa docte langue arroufa.
Le fage docte Chiron
   D'vne mammelle fertile
   Alaicte dans fon giron
   Le ieune françois Achille :
   C'eft Danaife qui diftile
   Vne celefte liqueur,
   Abreuuant le ieune cœur,
   Qui d'vne genereufe ire
   Defia (ce femble) defire
   Manier fous vn Phenix
   Les armes, & de la Lire
   Les fons en douceur finiz.
Ie voy le Palais royal,
   Des Parlements l'excellence,
   Ou d'vn contrepoix loyal
   Les fainctes loix on balence.

La superbe violence
Du Monstre ennemi de Dieu
N'habite point en ce lieu.
La le protrait on contemple
Du vieil Senat, & l'exemple
Du iugement, qui estoit
Ou iadis dedens son temple
La sage vierge habitoit.
Comme du present des Grecs
Sur la sommeillante Troie
Tomboient les Soudars secrés
Ardens à la riche proie :
La faueur des Dieux ottroie,
Que la royale cité
Enfante vn peuple incité
Des neuf pucelles ensemble.
C'est toy, Paris, ou s'assemble
La fleur des Grecs, & Latins,
Sur l'Ignorance qui tremble
Parmi ses riches butins.
Les Scadrons auantureux
Des abeilles fremissantes
Forment leur miel sauoureux
Des fleurs sans ordre naissantes
Par les plaines verdissantes.
Tel est le vol de mes vers,
Qui portent ces noms diuers,
Discourant parmi le monde
D'vne trace vagabonde :
Mais rien choisir ie ne puis
Au grand thesor qui m'abonde,
Tant riche pauure ie suis.
Le grand visage des cieux
Quand le char de la nuit erre,
Ne rit auecques tant d'yeux
A la face de la terre :
Et l'Inde riche n'enferre
Tant de perles, & thesors,

Que la France dans son corps
   Cache d'enfans poëtiques :
   Qui en sonnez & cantiques,
   Qui en tragiques sangloz
   Font reuiure les antiques
   Au seing de la mort enclos.
Carle', Heroët, Saint Gelais,
   Les trois fauoriz des Graces,
   L'vtiledoux Rabelais,
   Et toy Bouiu, qui embrasses
   Suiuant les royales traces,
   L'heur, la faueur, & le nom
   De Pallas & de Iunon.
   Sceue, dont la gloire noüe
   En la Saone qui te loüe,
   Docte aux doctes eclerci :
   Salel, que la France auoüe
   L'autre gloire de Querci.
Peletier laborieux
   En tes poëtiques œuures,
   Et Martin industrieux,
   Qui fidelement decœuures
   L'art des antiques manœuures :
   Ne laissez, diuins espris,
   Vostre labeur entrepris.
   Voicy Maclou, qui accorde
   Le fer, le feu, la Discorde
   D'vn pouce non endormi,
   Foudroyant dessus sa corde
   L'Anglois, iadis ennemi.
Venez l'honneur Loudunois,
   Et ceux que mon Loire prise,
   Lyon, & le Masconnois,
   Et Tholose bien apprise.
   Paris chef de l'entreprise
   Faict son enseigne ondoyer
   Pour l'ennemi foudroyer.
   Sus donq, diuine cohorte,

Qu'on ouure la double porte
Du mont qui se fend en deux,
Afin que la guerre sorte
Dessus le Monstre hideux.
Ie voy luire trois flambeaux,
De Phebus heureux augure,
Qui tremblent ardens & beaux
Au front de la nuit obscure.
A voir leur belle figure,
Ie preuoy le grand Baïf
En ces trois encores vif
Sous nostre Dorat, qui dore
Ses vers que Parnase adore,
Dont l'art bien elabouré
De l'or de Saturne encore
A ce Siecle redoré.
Qui est celuy, qui du chef
Hurte le front des etoiles?
Qui les aeles de sa nef
Empenne de riches toiles?
Le vent, mary de ses voiles,
Parmi les floz etrangers
Iusqu'au ventre des dangers
Le hausse, le baisse, & brouille.
A voir sa riche depouille,
C'est le Pindare François,
Qui de Thebe & de la Pouille
Enrichist le Vandomois.
Il est temps de deplacer,
Sus ma Muse, la derniere,
Ores il fault delacer
Vostre course prisonniere.
Allez ma douce guerriere,
Et legerement coulant
Sur le chariot roulant
Gaignez quelque peu d'espace.
Ores n'est temps, que l'on face
Vn trotier, & menu train,

Ou que des cheuaux l'audace
Demeure ferue du frein.
Le docte luc tant vanté,
 Qui la mort de l'Ignorance
 Parmi Loudun a chanté,
 Voire par toute la France,
 Me veut donner affeurance
 De lâcher par l'vniuers
 Les traiz de mes petis vers :
 Qui de cete Lire mienne
 D'vne corde horacienne
 Encourageant les doux fons,
 A bien daigné fur la fienne
 Refredonner mes chansons.
Vous, de qui le front fçauant
 Des fainctz rameaux fe fait digne,
 Venez tonner bien auant
 Dedans la torte buccine
 La voix de l'horrible figne :
 Et vous les fcadrons vaillans
 Pour les Mufes bataillans,
 Hurtez le depiteux Monftre,
 Qui friffonne à la rencontre
 De voftre fuperbe effort,
 Et en fon vifage montre
 Le pale teint de la mort.
Du metal il f'arme encor',
 Dont on fonne les alarmes.
 D'vn acier engraué d'or
 Vulcan fift voz belles armes.
 Mais (ô la fleur des gendarmes!)
 Vous ne les changerez pas,
 Comme au milieu des combas
 Fit au plus ruzé Titide
 Le mal cault Antenoride.
 Cent fois la valeur d'vn beuf
 L'armoit, & du Danaïde
 Les armes en valoient neuf.

Iupiter nous a donné
 La terre pour heritage :
 Et a le ciel ordonné
 Aux immortelz en partage.
 La de tout sexe, & tout age,
 Il compasse tous les faictz ;
 Ses iugemens sont parfaictz.
 Sa foudre lente à la peine
 De l'Ignorance inhumaine
 Porte la mort & l'enfer.
 Les Dieux ont les piez de laine,
 Mais ilz ont les braz de fer.
Ie voy tomber d'vn hault vol
 La guerriere Athenienne,
 Portant pendue à son col
 La targe Gorgonienne.
 C'est la grand' Tritonienne,
 Qui va sa hache elançant.
 Sur son tymbre menassant
 Ondoye vne flamme obscure.
 Sus Muses, ma douce cure,
 Venez le Monstre affoler.
 Du couté du bon augure
 I'ay veu deux Cignes voler.
Qui est celuy qui l'air fend
 Au balancer des aisselles,
 Porté sur le dos du vent,
 Qu'il eperonne des aeles
 De ses deux plantes isnelles ?
 A voir son chapeau doré,
 Et le pourpre coloré
 De sa cappe d'or semée,
 A voir sa verge charmée,
 C'est l'oiseau Cyllenien,
 Auancoureur de l'armée
 Du sainct chœur [95] *Aonien.*
Le Dieu qui ses longs trauaux
 Au vieil seing de Thetis baigne,

Faict gallopper ses cheuaux
Par la celeste campaigne.
Dessous la bride compaigne
Ilz sont sortiz de la mer,
Epoinçonnez d'abismer
La fiere beste vilaine.
Leur feuuomissante haleine
Resoufle vn brazier d'horreur
Dedans ma poitrine pleine
D'vne indomtable fureur.
Io Pœan, desserrez
 Mile traitz d'vne secousse,
Et ce Python enferrez
 Dedans sa poitrine rousse.
I'en ay cent dedans ma trousse
Des moins rebouchez de tous,
Pour l'enfoncer de leurs coups
Au chef, au ventre, à l'aisselle.
 Vne tragique pucelle
Pour eux vn arc me tendit
 De l'homicide fiscelle,
Dont Lycambe se pendit.
Allez filles de la nuit,
 De longs serpens cheuelues,
Suiuez le Monstre qui fuit
 Sur ses grand's pates velues.
De cent couleuures elues
Dessus vostre horrible front
Glacez-luy le col en ront :
Et pleuuant en son courage
 De crainte, d'horreur, de rage,
Vne bouillante liqueur,
 De vostre plus grand orage
Tempestez luy dans le cœur.
Le sepulchre des Gëans,
 Et vous traiz de la tempeste,
De l'horrible main chëans,
 Elancez vous sur la teste

De la sacrilege Beste.
Toy les gros soupirs ardens.
Encelade est la dedens,
Qui anime de sa gorge
La Ciclopienne forge.
Ie voy cent braz poudroiez.
Ie voy le feu qui regorge
Des estommacz foudroiez :
Le Monstre aux piez de serpent.
Qui d'vne equaillieuse trace
Le long des cuisses luy pent.
Et le ventre luy embrasse.
Bien trois cens de cete race
Les montaignes assemblans.
Les Astres de peur tremblans
D'enhault voulurent decoudre :
Et pour le ciel mettre en poudre
D'vn epoüantable cœur
Faire au prince de la foudre
Sentir les loix du vainqueur.
Par la grand' lice des cieux
La troupe aux aeles humides
Des freres sedicieux
Contrecourt à longues brides :
Or' par les carrieres vides
Porte l'hiuer & la nuit,
D'vn cours, qui en vain se fuit,
Voltigeant à bride ronde ;
Or' sous la voute du monde
Eloche d'vn dos puissant
De son establo profonde
Le fondement gemissant.
Qui court le ciel accrocher,
Qui arrache les montaignes,
Qui la teste d'vn rocher
Darde à trauers les campaignes.
Qui fuit, qui fuit les enseignes :
Voicy le pere des Dieux.

	Qui vole victorieux
	Sur son Aigle magnanime :
	Voilecy, comme il anime
	Les bandes du ciel, qui vont
	La ou plus fort s'enuenime
	L'assault, que les Gëans font.
Les pointes de feu errant's
	Or à longues halenées,
	Or à longs yeux eclerans,
	Dans les nües etonnées,
	Leurs grand's voix ont entonnées :
	Et la fureur, qui descent
	D'vn trait qui le soufre sent,
	Les montaignes emmoncelle.
	La terre beánt sous elle
	Les enfers ne cache pas.
	Dessous la clerté nouuelle
	Les ombres tremblent la bas :
Ia le tressuant Atlas
	Anhele dessous sa charge.
	Voicy Bellone & Pallas
	Quasi sur l'extreme marge.
	La Medusienne targe
	S'oppose au cruel effort.
	Voicy Mars, voicy la Mort,
	Qui par les grand's bandes erre.
	Voicy la fin de la guerre,
	Voicy les Dieux triomphans,
	Et voicy la triste Terre
	Couuerte de ses enfans.
Dieu en Cirene adoré,
	Ceint de branche verdissante,
	Marie vn archet doré
	Auec la corde puissante
	De ma Lire menaçante :
	Sur les aeles de ton nom
	Guinde bien hault le renom
	De la guerre commencée

Par moy l'Angeuin Alcée,
Suiuant les scadrons diuers,
Qui l'Ignorance ont chassée
Par la foudre de leurs vers.
A quatre Coursiers volans,
Dont la blancheur derobée
Decouure dessus leurs flancs
La nege de frais tombée,
Vostre charette courbée
Attelez, diuin troupeau,
L'honneur du double coupeau :
Et pour celebrer la feste,
Portant voz armez en teste
De couronnes etophez,
De vostre heureuse conqueste
Heureusement triomphez.
Ie veux vn arc eleuer
Sur deux colomnes Doriques,
Pour vostre gloire y grauer
En cent moulures antiques.
La diront mile cantiques
Les ieunes, qui ont choisi
Le thesor presque moisi
De la vieille Poësie,
D'vne honneste ialousie
Enflammez par la saueur,
Qui distile en l'Ambrosie
De la royale faueur.
En ton nectar adouci
Muse enyure ton eponge,
Pour desaigrir le souci
Qui la poitrine me ronge.
Retien l'ame qui se plonge
Au goufre tempestueux
Du Palais tumultueux.
Encre icy ma nef captiue,
Affin que dessus ta riue,
Dedans ton temple immortel,

Des rameaux de mon Olive
l'encourtine ton autel.

A SALMON MACRIN

SVR

LA MORT DE SA GELONIS

Tout ce qui prent naiſſance
 Eſt periſſable auſſi :
 L'indomtable puiſſance
 Du fort le veult ainſi.
Les fleurs, & la peinture
 De la ieune ſaiſon,
 Montrent de la Nature
 L'inconſtante raiſon.
La roze iournaliere
 Meſure ſon vermeil
 A l'ardente carriere
 Du renaiſſant ſoleil.
La beauté compoſée
 Pour fletrir quelque fois,
 Reſſemble à la roſée,
 Qui tumbe au plus doux mois.
La grace, & la faconde,
 Et la force du corps,
 De Nature feconde
 Sont les riches theſors.
Mais il fault que lon meure,
 Et l'homme ne peult pas
 Tarder de demyheure
 Le iour de ſon trepas.

Ou eſt l'honneur de Grece,
  L'epouſe au fin Gregeois,
  Et la chaſte Lucrece,
  Baniſſement des Rois?
L'aueugle archer ſurmonte
  Les hommes & les Dieux,
  Et la Chaſteté domte
  L'Amour audacieux.
La Parque depiteuſe
  De voir l'honneſteté,
  De ſa dextre hideuſe
  Domte la Chaſteté;
Et puis la Renommée,
  Par le diuin effort
  D'vne plume animée
  Triomphe de la Mort.
La Renommée encore
  Tombe en l'obſcur ſeiour :
  Le Temps, qui tout deuore,
  La ſurmonte à ſon tour.
L'An, qui en ſoy retourne,
  Court en infinité :
  Rien ferme ne ſeiourne,
  Que la Diuinité.
La conſtance immuable
  De ta douce moitié,
  Sa chaſteté louable,
  Son ardente amitié,
O Macrin! n'ont eu force
  Contre la fiere Loy,
  Qui a faiƈt le diuorce
  De ta femme & de toy.
La Mort bleſme d'enuie
  En la venant ſaiſir,
  A troublé de ta vie
  Le plus heureux plaiſir.
Si as-tu la vengence
  En ta main bien à poinƈt.

Pour donner allegence
  A l'ennuy qui te poingt.
Commande à la Memoire
  Espendre en l'vniuers
  De Gelonis la gloire,
  Ornement de tes vers.
L'ambicieuse pompe
  Du funebre appareil,
  Si bien que toy ne trompe
  L'obliuieux Sommeil.
Quand la douleur trop forte
  D'vne amoureuse erreur
  Voudroit fermer la porte
  A ta douce fureur,
Ma Muse, ta voisine,
  Deffendra que l'oubli
  Du bruit ne s'ensaisine
  Que tu as annobli.
Si ton amour expresse
  N'a sauué Gelonis,
  L'amoureuse Déesse
  Perdit bien Adonis.
Sus donc, & qu'on essuye
  Les pleurs & le souci :
  Le beau temps & la pluye
  S'entresuyuent ainsi.
Celuy qui bien accorde
  De la Lire le son,
  Cherche plus d'vne corde,
  Et plus d'vne chanson.
Cuydes-tu par ta plainte
  Souleuer vn tombeau,
  Et d'vne vie eteinte
  R'allumer le flambeau ?
Ton dueil peu secourable
  Ne desaigrira pas
  Le Iuge inexorable.
  Qui preside la bas.

La harpe tracienne,
 Qui commandoit aux bois,
 Auſſi bien que la tienne,
 Lamenta quelque fois.
Son pitoyable office
 Aux enfers penetra,
 Ou ſa chere Euridice
 En vain elle impetra.
Macrin, ta douce Lire
 La mignonne des Dieux,
 Ne peult ſurmonter l'ire
 Du ſort iniurieux.
Il fault que chacun paſſe
 En l'eternelle nuit :
 La Mort qui nous menaſſe,
 Comme l'ombre nous ſuit.
Le Temps qui touſiours vire,
 Riant de noʒ ennuiʒ
 Bande ſon arc qui tire
 Et noʒ iours, & noʒ nuiʒ.
Ses fleches empennées
 De Siecles reuoluʒ
 Emportent noʒ années,
 Qui ne retournent plus.
N'auance donc le terme
 De tes iours limiteʒ.
 La vertu qui eſt ferme
 Fuit les extremiteʒ.
Trop & trop toſt la Parque
 T'enuoira priſonnier
 Dedans l'auare Barque
 Du vieillard Nautonnier.
Adonc ira ton âme
 Sa moitié retrouuer,
 Pour ta premiere flâme
 Encores eprouuer.
L'Amour, ta douce peine,
 T'ouurira le pourpris,

> Ou la Mort guide & meine
> Les amoureux espris.
> La, sous le sainct ombrage
> Des Myrtes verdoyants
> S'appaisera l'orage
> De tes yeux larmoyans.

DESCRIPTION

DE

LA CORNE D'ABONDANCE

Présentée à vne Mommerie.

Acheloys cet amoureux fleuue,
  Se faisant Taureau mugissant,
  Contre Hercule au combat se treuue,
  Mais à son dam il fist epreuue
  De l'ennemy le plus puissant.
De cornes sa teste embellie
  De l'vne eut le front desarmé :
  Les Naiades l'ont recuillie,
  Et des plus beaux thesors remplie,
  Dont le cours de l'an soit semé.
La sont les vermeillettes roses,
  Des lys la royalle blancheur,
  La les œillez, la sont encloses
  Mile marguerites decloses
  A la matinale frescheur.
La est la pomme colorée,
  La est le citron verdissant,
  La l'oliue tant honnorée,
  La l'orange iaune dorée,
  La le beau grenad rougissant.

La riche pomme enluminée
   Prix de la plus belle des trois,
   De ce Cor soit exterminée,
   Trop dure fut sa destinée,
   Qui fut la mort de tant de Rois.
Celles par qui la Cyprienne
   D'Atalante tarda le cours,
   Soient dedans cete corne mienne,
   Et face Amour, qu'il m'en auienne
   Contre vous semblable secours.
Ces fleurs ie voüe à la plus belle,
   Mon œil la void, mon cœur la sent :
   Mais ie ne diray le nom d'elle,
   Chacune se peult iuger telle,
   Puis qu'à toutes i'en fay present.
De mile autres icy cachées
   Les champs de Cypre sont fourniz,
   Pour vous y furent arrachées
   Celles qui sont du sang tachées
   D'Hyacint', Narcisse, Adonis.
Venus, qui congnoist voz merites,
   En son verger les fist cuillir
   Par les mains de ses trois Carites :
   Ses faueurs ne sont pas petites,
   Veillez en gré les recuillir.
La riche corne florissante
   Ie la compare à voz valeurs :
   La fleur des ans est perissante
   Et puis la saison rauissante
   Palist les vermeilles couleurs.
Les fruitz, qui les beautez nourissent,
   Ne laissez en l'arbre seicher,
   Cuillir les fault quand ilz meurissent,
   Aussi sans meurir ilz flétrissent,
   S'on les veult trop verds arracher.

AVX DAMES ANGEVINES

Plvme, qui as d'vne aele inusitée
　Depuis deux ans la France visitée,
　Chantant des Rois les louanges à gré,
　Et l'arbre sainct à Minerue sacré,
　Baisse ton vol, razant la fresche riue,
　Ou pres d'Angers le cours de Meine arriue.
Va saluer d'vn son melodieux
　De mon Anjou les domestiques Dieux,
　Qui m'ont souuent de leurs manoirs sauuages
　Ouy chanter sur les prochains riuages
　Le nom, qu'Amour de ma force vainqueur,
　A erigé pour trophée en mon cœur.
Ne cherche point la tourbe murmurante
　Des professeurs de sagesse ignorante :
　Mon nom aussi par la France loué
　Ne quiert le bruit du Palais enroué,
　Ne le sourcil trop superbe & seuere
　Qui le pouuoir des Muses ne reuere.
Le docte Dieu, qui inspire en mon cœur
　Du sainct ruisseau la feconde liqueur,
　Mon sort fatal & mon Dieu domestique,
　Qui m'a voué au labeur poëtique,
　Sçachant combien i'y prenoy' de saueur,
　M'ont destiné à plus douce faueur.
Va plume donc voir les troupes diuines
　Des Demydieux, & Nymphes Angeuines,
　Ou ie feray (peult estre) bien receu,
　Par ton moien, quand la France aura sceu,
　Que leur hault bruit ie fay sonner à Loire,
　Qui ay chanté des grands Princes la gloire.
Des enuieux les plumes de corbeau
　Ont mis l'honneur des Dames au tombeau,
　Sentant combien les graces feminines

Seroient en prix, ſi les plumes benignes
Les oppoſoient au tiltre ambicieux,
Dont noſtre nom ſ'eleue iuſq'aux cieux.
De Cigne donc la mienne blanchiſſante
Soit à leur los ſes aeles flechiſſante :
Mienne ie dy, qui au dedans du corps
Suis auſſi blanc, que le Cigne dehors :
Auſſi le Dieu qui ma fureur allume,
Me fiſt iadis preſent de cete plume.
Les doctes ſœurs qui parmi l'vnivers
Feront voler voſtre nom par mes vers,
Tant que viuray, Dames bien fortunées,
Seront par moy pour vous importunées :
Qui feray bien, ſi i'en veux prendre emoy,
Viure deux fois enſemble vous & moy.
Si vous euſſiez de l'onde obliuieuſe
Tiré voz noms, que la Parque enuieuſe,
Et noz ecriz y ont faict deualer,
Quel bruit pouroit au voſtre ſ'egaler?
Toute vertu des Graces ignorée
N'eſt longuement entre nous honnorée.
Mais maintenant ie voy le temps changer,
Qui vous ſouloit ſous ſa force ranger,
Puis que deſia commencent à vous plaire
Les doctes vers, vous n'aurez plus à faire,
Pour voz honneurs rendre à iamais viuans,
De mandier la main des ecriuans.

IMMITATION DE L'ODE LATINE DE IAN DORAT

SVR

LA MORT DE LA ROINE DE NAVARRE

Comme en un char qui bruloit,
Raui parmy l'air liquide

Le grand prophete voloit,
Et commandant à la bride
Des cheuaux audacieux,
D'vne main etincelante
Guidoit leur trace brulante
Par la carriere des cieux.
Quand du vieil seing foudroyant
Au braz du ieune prophete
La robe en l'air ondoyant
Tomba d'vne longue traite,
Qui sembloit aux regardans
Etinceler par derriere
Vne brillante lumiere
A pointes de traiz ardens :
Comme au serein d'vne nuit
De mile feux couronnée
De loing quelquefois reluit,
Vne étoile epoinçonnée,
Qui coule, ou semble couler,
Et trainant apres sa fuite
De sillons vne grand' suite,
Court par le vague de l'air :
Ainsi, ayant depouillé
De sa forme corporelle
Le manteau iadis souillé
D'vne tache naturelle,
Marguerite delaissa
Ce vieil fardeau tant moleste,
Et aux ronds du feu celeste
Plus alaigre se haulsa.
L'esprit du corps deuoilé,
Et net des terrestres boües
Iusques au ciel étoilé
Vola dessus quatre roües :
La foy, l'esperance aussi,
La charité tant prisée,
Et celle que n'a brisée
L'effort du cruel souci.

Sur ces couples bien appris
  Parmi la celeſte trace
  Au ranc des heureux eſpris
  Elle alla prendre ſa place,
  La ou Roine elle ſe void
  D'vn monde plus grand & ferme,
  Que n'etoit le petit terme,
  Que ſon Nauarrois auoit.

CONTRE LES ENVIEVX POETES.

A PIERRE DE RONSARD.

L'or n'eſt point ſi precieux,
  Si ferme n'eſt point encore
  Le metal audacieux,
  Qui tous ſes freres deuore,
  Comme vn vers, qui nous honnore.
  Les vers ſont plus doux que miel,
  Les vers ſont enfans du ciel.
  Heureux qui par vn Homere
  A domté la mort amere :
  Heureux qui pour guide ont eu
  La louange, qui eſt mere
  Et fille de la vertu.
Mais cete louange encor'
  Fille des Dieux auoüable
  Paſſe l'indique theſor,
  Venant d'vn loüeur loüable,
  C'eſt vn bruuage amiable,
  Plus doux que celuy des cieux,
  Pour mettre du ranc des Dieux
  L'âme digne de le boire :

Et pour grauer vne gloire
Au marbre du firmament,
Ferrement de la Memoire,
Plus dur que le diament.
Heureux vous eſtes mes vers,
Heureuſe tu es ma Lire,
Que deux poëtes diuers
Daignent pour ſuiect elire.
Pour tes louanges ecrire
Soucelle d'vn arc diuin
Tire par l'air Angeuin
Vn trait François : & Patriere
En courant, laiſſe derriere
Les mieux empenneʒ eſpris,
Qui volent par la carriere
Des vieux Romains bien appris.
Par leurs vers laborieux,
Brulans de voir la lumiere,
Noſtre Loire glorieux
Enfle ſa courſe premiere.
Sa trace non coutumiere
Sous la bride de ma voix
Se ioint au Loir Vandomois,
Qui s'egale au Roy des fleuves :
L'Olive & ſes branches neuues
Puiſſent ainſi deſormais
Marier aux foreſtʒ veuues
Mon renom pour tout iamais.
La Nature & les Dieux ſont
Les architectes des hômes :
Ces deux (ó Ronſard) nous ont
Bátiʒ de meſmes atômes.
Or ceſſent donques les Mómes
De mordre les ecriʒ miens,
Puis qu'ilʒ ſont freres des tiens,
Que les plus haux dieux admirent.
Si deux bons archers aſpirent
Ficher leurs traitʒ au milieu

Du blanc, bien souuent ilz tirent
Tous deux en vn mesme lieu.
Peletier me fist premier
 Voir l'Ode, dont tu es prince,
Ouurage non coutumier
 Aux mains de nostre prouince.
Le ciel voulut que i'apprinse
 A le raboter ainsi,
 A toy me ioignant aussi,
Qui cheminois par la trace
De nostre commun Horace.
Dont vn Demon bien appris
Les traitz, la douceur, la grace
Graua dedans tes espritz.
La France n'auoit qui peust,
 Que toy, remonter de chordes
De la Lire le vieil fust,
 Ou brauement tu accordes
Les douces Thebaines Odes.
Et humblement ie chantay
 L'Olive, dont ie plantay
 Les immortelles racines.
Par moy les Graces diuines,
Ont faict sonner assez bien
Sur les riues Angeuines
Le Sonnet Italien :
Dont le bransle industrieux,
 Et la pesante mesure
De ses piez laborieux,
 Qui ne vont à l'auanture
Par les champs, dont la peinture
Dyapre ces belles fleurs,
N'entendent point les valeurs
Que la Lire babillarde
Te fredonne plus gaillarde
Ores hault, & ores bas,
Sur sa chorde fretillarde,
A la cadence des pas.

Le nourisson abreuué
  Du laict de la douce Muse
Filz des Dieux est approuué,
  Et Apollon, qui s'amuse
  A l'enseigner, ne refuse
Le marier aux neuf Sœurs,
Dont tu goûtois les douceurs
Lors que la ieunesse tendre,
Qui de soy ne peut étendre
Ses foibles membres au cours,
En vain me faisoit attendre
Orphelin de vray secours.
Voila comment le bonheur
  De ceulx que la Muse estime,
S'enuole au Palais d'honneur :
  Mais l'Enuie qui se lime
  De voir la vertu sublime,
Dedans son pasle manoir
Plâtré de sang verd & noir,
Guigne de trauers les œuures
Des ingenieux maneuures,
Et regorge tout expres
Le noir venin des couleuures,
Pour le remacher apres.
Qui le mâtin vilageois,
  A veu tombé sous la force
Du genereux dogue Anglois,
  Il a veu comme il s'efforce
  En vain d'vne longue entorce
Sous le mords entrelassé.
Il a le dos herissé,
Parmi sa dent venimeuse
Coule vne baue ecumeuse :
Et horriblement grinsant
Degorge sa voix fumeuse
D'vn œil de feu rougissant.
Telz sont les chiens animez
  Qui loing de Parnase abondent,

Qui d'abois enuenimez
Aux faintes pucelles grondent :
Mais comme la nege ilz fondent
Aux raiz de ce Dieu fçauant,
Qui a pouffé bien auant
Son chef fur noftre hemifphere,
Malgré la nuit, qui efpere
Sortant de fon noir feiour
Rebander (ô vitupere)
Les yeux de noftre beau iour.
I'oy le combat ancien
  Du Cornet contre la Lire
Du Prince muficien,
Qui a d'vn iufte martire
Puni le vaincu Satyre,
Las ! qui en vain fe repent,
Voyant fa peau qui luy pend.
Ie voy fes entrailles viues,
Ses nerfz, fes venes craintiues
Découuertes treffaillir :
Ie voy deux herbeufes riues
De l'eau de fes yeux faillir.
Ie voy plus de cent ruiffeaux
  Colez de fange & de bourbe,
Enfans des horribles eaux
Du grand Fleuue neu' foi' courbe
Au tour de la noire tourbe.
Ilz ne pauent en coulant
Leur fond de fable roulant.
Des herbes eft leur ceinture,
Dont forcerent la Nature
Les deux filles du Soleil :
Leurs ondes font la teinture
De l'obliuieux Sommeil.
Mais les fleuues débordez,
  Qui du fainct Parnafe fourdent,
Courent à floz débridez,
Qui les campaignes effourdent.

Ores leurs fors bras deſſoûdent
  Leurs ponts, ecluſes, & pors,
  Qui fertiliẑent leurs bors,
  De mile palmes gaingnées :
  Ores de fleurs couronnées,
  Et d'vn meſme enfantement
  Auecques l'Aurore nées
  Se bornent plus lentement.
Voleẑ bienheureux oiſeaux,
  Meſſagers de la victoire,
  Sur les eternelles eaux
  Des filles de la Memoire.
  Ie voy venir la gent noire,
  Mile corbeaux enuieux,
  Qui du bord obliuieux,
  Et des chaulx riuages mores
  Icy reuolans encores,
  Troublent d'vn ſon eclattant
  Les nouueaux Cignes, qui ores
  Par la France vont chantant.
Qu'on laſche l'etomiſſeur,
  Qui lentement par l'air nâge,
  Sur ce milan rauiſſeur.
  Il a laiſſé le carnage,
  Il a hauſſé le plumâge.
  Sus fauconniers, delongeẑ
  Les ſacres encourageẑ,
  Qui volent à tire d'aele.
  Voyeẑ la guerre cruelle.
  Voyeẑ l'importun aſſault,
  Voyeẑ rouler peſlemeſle
  Et ſacre & milan d'enhault.
I'oy la babillarde voix
  De la Pie iniurieuſe,
  Qui ſ'eſt ſauuée en ce bois :
  C'eſt la race furieuſe,
  Qui iadis trop curieuſe
  D'egaler ſes facheux ſons,

O Muses! à voz chansons,
Prist cete nouuelle forme,
Temoing de sa faulte enorme,
Demeurant tousiours apres
Et depiteuse, & difforme,
Et iniure des forestz.
Voiray-ie point despouiller
La grand' troupe deloyale,
Qui du bec osoit souiller
La belle fleur liliale?
Ie voy la Nymphe royale,
Qui les éparpille tous,
Et d'vn son heureux & doux
Reclame la bande blanche.
C'est la MARGVERITE franche
Promise aux Astres luysans,
Si la Parque ne me tranche
Le fil de mes ieunes ans.
D'ou vient ce plumáge blanc
Qui ma forme premiere emble?
Desia l'vn & l'autre flanc
Dessous vne aele me tremble.
Nouueau Cigne, ce me semble,
Ie remply l'air de mes criz.
Mes aeles sont mes ecriz,
Et ie porte par le monde
La memoire vagabonde
De mon Prince non pareil,
Des l'Aurore iusq' à l'onde
Ou se baigne le Soleil.

L'ANTEROTIQVE

DE

LA VIEILLE ET DE LA IEVNE AMIE.

 Vieille, auſſi vieille comme celle,
  Qui apres l'Vnde vniuerſelle
  Du ieƈt de la Pierre fecunde
  Engendra la Moitié du Monde :
 Vieille, plus ſale qu'Auarice,
  Vieille qui ferois bien Nourice
  A celle de Neſtor le Saige.
  Vieille, qui portes au viſaige,
  Et aux moins laids endroiƈʒ de toy
  Des Sillons à coucher le Doy.
 Vieille, qui as, ô vieille Beſte !
  Plus d'yeux, que de cheueux en Teſte.
  Vieille à trois petiʒ bouʒ de Dentʒ,
  Tous rouilleʒ dehors & dedens,
  Vieille, qui as ioüe & Narine
  Bordées de Craſſe & farine,
  De baue la Bouche & Genſiue,
  Et les yeux d'Ecarlate viue.
 Vieille, qui as telle Couleur
  Que celle, qui par grand' douleur
  Du bien d'autruy ſe lamentant,
  Se va ſoymeſmes tormentant,
  Et couchée à plat ſur le ventre
  En lieu ou point le Soleil n'entre,
  Pour nourriſſement de ſes œuures
  Se paiſt de Serpens & Couleuures.
 Vieille, horrible plus que Meduſe,
  Vieille, au ventre... hola ma Muſe,
  Veux-tu toucher les Membres ords,

Qui point ne se montrent dehors ?
Veu que ce qui au iour se montre
Est de si hydeuse rencontre,
Que mesmes le Soleil se cache
De peur d'y prendre quelque tache :
Ie te pry, ne t'y fouille point,
De peur que venant sur le point
De la Beaulté, pour qui i'endure,
Tu n'y aportes quelque ordure.
Vieille doncq' plus que toy vilaine,
  Vieille, qui rends semblable halaine
A celle du stigieux Gouphre[97],
Ou d'vne Miniere de Souphre ;
Et si à ryre tu te boutes,
Semble à ceux qui sont aux ecoutes,
Ouyr l'epouuentable voix
Du Chien Portier à trois aboyx.
Vieille, Peur des chastes familles,
  Vieille, peste des ieunes Filles,
Que tout Pere auare & antique,
Et toute Matrone pudique
Craignent trop plus, que le Berger
Du Loup ne doute le Danger.
Bien infortuné deuoit estre
  L'Astre, soubz qui tu vins à naitre,
Et bien etoint fachez les Dieux,
Quand tu naquis en ces bas Lieux,
Qui des maulx y semes encore,
Plus que la fatale Pandore.
O que n'ay-ie de vehemence
Autant que tu as de semence
D'etranges vices, & diuers !
Ma Plume vomiroit vn Vers,
Teint au sang de ce Malheureux,
Qui de peur du Traict dangereux,
Que la Muse alloit debendant,
Sauua sa vie en se pendant[98].
Vieille, que tous Oyzeaux funebres,

Chaz huans, amys des Tenebres,
Auecq' maint charoingneux Corbeau
Ont ia condamnée au Tumbeau.
Que dy-ie? tu ne mouras point,
Pource que la Mort, qui tout poingt
Quoy qu'elle soit fiere & terrible,
Te voyant encor' plus horrible,
De toy approcher n'osera,
Mais de peur tremblente sera.
Comment? ell' cuydera ainçoys,
Que la Mort de la Mort tu soys.
Ou bien si le Ciel pitoyable
De ce Monstre tant incroyable
Purge la Terre, qui tel fruict
Voudroit onques n'auoir produit,
Ton Ame sale & depiteuse,
Sortant de sa Prison hydeuse,
S'en ira blaphemer la bas,
Prenant (comme icy) ses ebas
A donner Peines & encombres.
Malheur à vous (ô pauures Vmbres!)
Qui d'endurer serez contraintes
Les fouëtz, Torches, & attaintes,
Et la Cruelle Seigneurie
De cete quatrieme Furie.
Quand tu vois, ô Vieille & Immunde,
Vieille, Deshonneur de ce Monde,
Celle, qui (si bien m'en souuient)
Sur l'An quinzieme à peine vient :
Qui enuoye iusq'aux Talons
Des Cheueux si crespes & blonds,
Qu'ilz font honte au beau Soleil mesme :
Cheueulx dignes d'vn Diadesme :
Cheueux qui d'vn fil delié
M'ont à eux si tresfort lié,
Que la Mort le seul fer sera,
Qui ce doulx Lyen brisera :
Cheueux, dont ce petit Enfant,

Qui sur les Dieux est triomphant,
A faict la Chorde, dont il tyre
Traictz empennez de doulx martyre :
Ces Traictz, sont les beaux yeux ryans
 Qui ont (tant me semblent frians)
 Ce croy-ie, depuis ma Naissance
 Ma Mort, ma vie, en leur puissance.
L'Arc, sont ces beaux Sourcilz voutilz :
 Ainsi, d'Amour tous les Outilz
 (Quoy qu'il s'en fache, ou qu'il en hongne [99])
 Sont empruntez de ma Mignonne,
 Qui a bien d'auantaige encores.
 Et quoy ? Ce front, qui or' & ores
 Semble le Ciel quand il decœuure
 Le plus luysant de son chef d'Œuure,
 Ou quand quelque petite Nue
 Nous rend sa clarté moins congnue.
Ce beau Teint, qui notre seiour,
 Embellist encor' d'vn beau Iour,
 Et tel qu'on voit, lors que l'Aurore
 L'Orient de Pourpre colore :
 Teint, qui fait le Ciel amoureux
 De la Terre, & moy langoureux.
Ce Nez, ce menton, cete Ioue,
 Ces Leures ou souuent se ioue
 Amour, quand il montre en rient
 Tous les Thesors de l'Orient :
 D'ou sort vne Halaine fleurante
 Mieux qu'Arabie l'Odorante :
 D'ou sort l'Angelique Parler,
 A qui ne pouroit s'egaler
 La plus rauissante douceur
 Du Luc des Ennuiz effaceur,
 Encores qu'Albert le manie :
 Mais bien ressemble l'Harmonie,
 Et les Accords melodieux,
 Qu'on oit à la table des Dieux.
Bref (& de peur que d'auanture

Mon Œil, ma Main, mon Ecriture,
Ne s'egarent, ou perdent, voyre
Par cete Valée d'Iuoyre,
Et ces petiz Coutaux d'Albastre)
M'Amye est vn beau petit Astre
Si clair, si net, que ie crain' bien
Que le Ciel ne l'auoue sien.
Bien etoit l'Influence heureuse
De la belle Etoile amoureuse
Soubz qui M'amye prist naissance,
Et les Dieux, qui ont congnoissance
De tout, nous feurent bien Amys,
Veu que celle au Monde ilz ont mis,
Qui seule y a plus aporté
D'amour, de grace, & de Beauté,
Que d'Odeurs l'Arabie heureuse,
De Perles l'Inde planteureuse,
Ou le verd Printens de fleurettes,
Fideles temoings d'Amourettes ;
Que plust aux Muses & Charites
M'honnorer selon les Merites
De la belle que i'ayme tant,
Sans cesse ie l'iroy' chantant,
Et par des Vers qui seroient telz,
Qu'elle & moy serions Immortelz.
Quand tu vois (O Vieille edentée !)
Que la Beauté que i'ay chantée,
D'vn œil folastre me sourit,
Et notz Cœurs ensemble nourit
D'humides Baysers, qui ressemblent
Ceux, qui les Columbes assemblent,
Remordant, la vindicatiue,
Ma Leure de sa Dent lasciue,
Et d'vn long Soupir adoucy
M'embrasse & serre tout ainsi
Que la Vigne aux cent braz epars,
Etreint l'Ormeau de toutes pars ;
Lors de moy aprocher tu oses

Pour me faire semblables Choses.
Ie suy' ton Dieu plus qu'à demy,
Tu m'apelles ton doulx Amy,
Motz qui aux Oreilles me sonnent
Si doucement, que plus m'etonnent
Que les Grenoilles, ou Cygales,
Ou que l'Enroüé des Cymbales
De tous les Ecouillez ensemble,
De la Vieille, qui te ressemble,
Et court par la Montaigne Idée
De Lyons indomtez guydée :
Pour l'Amour, qui par tout le Monde,
Comme toy, la rend furibonde.
Si que mes Moüelles, qui ardent
Aux douces flammes, que leur dardent
Les yeux Archers de ma Maitresse,
Te voyant, vieille Enchanteresse,
Deuiennent, ie ne scay comment,
Toutes froydes en vn moment.
Or fais-tu maintenant bien voir,
Quel est (ô Amour !) ton pouuoir,
Certes vanter tu te peux bien
Qu'en Ciel & Terre n'y a rien,
Qui plus fort que ton feu se treuue,
Tu en as, Vieille, fait l'Epreuue,
Qui en ta plus chaulde Partie
Es plus froyde que la Scythie,
Ou les hautes Alpes cornues
De Nege comme toy chenues.
Toutefois ces Regards meslez
Aux doulx Baysers emmiellez
De deux ensemble perissans,
Echaufent tes Oz languissans.

VERS LYRIQVES.

AV LECTEVR.

Ie n'ay (Lecteur) entremellé fort fuperfticieufement les Vers Mafculins auecques les Feminins[100], comme on vfe en ces Vaudeuiles, & Chanfons qui fe chantent d'vn mefme Chant, par tous les Coupletz, craignant de contreindre & gehinner ma Diction pour l'obferuation de telles chofes. Toutesfois affin que tu ne penfes que i'aye dedaigné cefte diligence, tu trouueras quelques Odes, dont les Vers font difpofez auecques telle Religion. Comme, *La louange de deux Damoizelles : Des miferes & Calamitez humaines : Le Chant du Defefperé : &, Les Louanges de Bacchus.*

LES LOVANGES D'ANIOV.

AV FLEVVE DE LOYRE.

ODE I.

O (de qui la viue Courfe
  Prend fa bienheureufe fource,
  D'vne argentine Fonteine,
  Qui d'vne fuyte loingtaine,
  Te rens au Seing fluctueux
  De l'Occean Monftrueux)

Loyre, hauſſe ton Chef ores
Bien haut, & bien haut encores,
Et iete ton Œil diuin
Sur ce Païs Angeuin,
Le plus heureux & fertile,
Qu'autre ou ton Vnde diſtile.
Bien d'autres Dieux que toy, Pere,
Daignent aymer ce Repaire,
A qui le Ciel feut donneur
De toute grace & bonheur.
 Ceres, lors que vagabunde
Aloit querant par le Monde
Sa Fille, dont poſſeſſeur
Feut l'Infernal Rauiſſeur,
De ſes pas ſacrez toucha
Cete Terre, & ſe coucha
Laſſe ſur ton verd Ryuaige,
Qui luy donna doulx Bruuaige.
 Et cetuy la, qui pour Mere
Eut la Cuyſſe de ſon Pere,
Le Dieu des Indes vainqueur
Arrouſa de ſa Liqueur
Les Montz, les Vaulx & Campaignes
De ce Terroir que tu baignes.
Regarde mon Fleuue auſſi
Dedans ces foreſtz ici,
Qui leurs Cheuelures Viues
Hauſſent au tour de ces Ryues,
Les Faunes aux Picz ſoudains,
Qui apres Biſches & Dains,
Et Cerfz aux Teſtes ramées
Ont leurs forces animées.
 Regarde tes Nymphes belles
A ces Demydieux rebelles,
Qui à grand' Courſe les ſuyuent,
Et ſi pres d'elles arriuent,
Qu'elles ſentent bien ſouuent
De leurs Haleines le vent.

Ie voy' deia hors d'Haleine
Les Pauurettes, qui à peine
Pouront atteindre ton Cours,
Si tu ne leur fais secours.
Combien (pour les secourir)
De foys t'a-lon veu courir
Tout furieux en la Plene ?
Trompant l'espoir & la Peine
De l'auare Laboureur,
Helas ! qui n'eut point d'horreur
Blesser du Soc sacrilege
De tes Nymphes le College,
College qui se recrée
Dessus ta Riue sacrée.
Nymphes des Iardins fertiles,
Hamadryades gentiles,
Toy Priape, qui tant vaulx
Auecq' ta lasciue Faulx,
Pales, qui sur ces Riuaiges
Possedes tant beaux Herbaiges,
Que Flores va tapissant
De mainte fleur d'eux yssant,
Toy Pasteur Amphrisien,
Chacun de vous garde bien
Ses Richesses de l'Iniure
Du Chault & de la Froidure.
Ces Masses laborieuses
Que les Mains Industrieuses
Quasi egàlent aux Cieux,
Ne sont elles pas aux Dieux ?
Qui vouldra doncq', loue & chante
Tout ce dont l'Inde se vante,
Sicile la fabuleuse,
Ou bien l'Arabie heureuse.
Quand à moy, tant que ma Lyre
Voudra les Chansons elire
Que ie luy commenderay,
Mon Anjou ie chanteray.

O mon Fleuue Paternel,
Quand le Dormir eternel
Fera tumber à l'enuers,
Celuy qui chante ces Vers,
Et que par les Braz amys
Mon Cors bien pres sera mis
De quelque Fontaine viue,
Non gueres loing de ta Riue,
Au moins sur ma froyde Cendre
Fay quelques Larmes descendre,
Et sonne mon Bruyt fameux
A ton Riuaige ecumeux.
N'oublie le Nom de celle,
Qui toutes Beautez excelle,
Et ce qu'ay pour elle aussi
Chanté sur ce Bord icy.

DES

MISERES ET FORTVNES HVMAINES.

AV SEIGNEVR IAN PROVST.

ODE II.

Bellone seme sang & raige
  Parmy les Peuples çà & la,
  Et chasse à la Mort maint Couraige,
  De ce fouët tortu qu'ell' a.
Son Ame cetuy cy ottroye
  A vn venin froid & amer :
  Cetuy la est donné en Proye
  Aux flotz auares de la Mer.

Aucuns d'vne Main vengereſſe
  Veulent par la Mort eprouuer,
  Si du mal, qui tant les oppreſſe,
  Pouront la guerifon trouuer.
Quelques autres venans de naitre,
  Auant qu'ilz aillent rencontrant
  Ce qui malheureux nous fait eſtre,
  Sortent du Monde en y entrant.
Mercure des mains de la Parque
  Prent notz Vmbres, & les conduyt
  Au Bord, ou la fatale Barque
  Nous paſſe en l'eternelle Nuyt:
Ou Minos Iuge inexorable,
  Toutes Excuſes deboutant,
  La Langue autresfois ſecourable
  De l'Orateur n'eſt ecoutant.
Le Chemin eſt large & facile
  Pour deſcendre en l'obſcur Seiour.
  Pluton tient de ſon Domicile
  La porte ouuerte Nuyt & Iour.
La giſt l'Œuure, la giſt la Peine,
  Ses pas de l'Orque retirer,
  A l'etroit Sentier qui nous meine
  Ou tout mortel doit aſpirer.
Le nombre eſt petit de ceux ores,
  Qui ſont les bien aymez des Dieux,
  Et ceux que la Vertu encores
  Ardente a eleuez aux Cieux:
Iupiter tient deuant ſa Porte
  Deux Tonneaux, dont il fait pluuoir
  Tout ce qui aux Humains aporte
  De quoy ayſe ou triſteſſe auoir.
Qui a veu en ce vieil Poëte,
  (Et le voyant, ne pleure lors)
  La trop toſt ouuerte Boëte,
  Et les Vertuz volants dehors?
L'Eſperance au Bord arreſtée
  Outre ſon gré demeure icy:

Puis que seule nous est prestée,
Gardon' qu'elle ne s'en vole aussi.

LES LOVANGES D'AMOVR

AV SEIGNEUR RENÉ VRVOY

ODE III.

Le cler Ruysselet courant,
   Murmurant
   Aupres de l'hospitale Vmbre,
   Plaist à ceux qui sont lassez
   Et pressez
   De chault, de soif & d'encombre.
Et ceux qu'Amour vient saisir,
   Leur plaisir,
   C'est parler de luy souuent.
   D'Amour soyez doncq' mes Chantz,
   Par ces Champs,
   Dessoubz la frescheur du Vent.
Ces Eaux cleres & bruyantes,
   Eaux fuyantes
   D'vn Cours assez doulx & lent,
   Donneront quelque froideur
   A l'ardeur
   De mon feu trop violent.
Erato à ma chanson
   Donne Son,
   Et me permetz approcher
   Pres de toy, pour m'esiouyr,
   Et t'ouyr

Du hault de ce creux Rocher.
Le Roy, le Pere des Dieux,
 Tient les Cieux
 Dessoubz son obeïssance :
 Neptune la Mer tempere,
 Et son frere
 Sur les Enfers a puissance.
Mais ce petit Dieu d'aymer
 Ciel & Mer,
 Et le plus bas de la Terre,
 D'vn Sceptre victorieux,
 Glorieux,
 Soubz son pouuoir tient & serre.
Sans luy, du Ciel le haut Temple
 Large & ample,
 En Ruyne tumberoit,
 Auecq' chacun Element,
 Tellement
 Discorde par tout seroit.
Amour gouuerneur des Villes,
 Loix Ciuiles,
 Et iuste Police ordonne,
 Et l'heur de Paix, qu'on va tant
 Souhaitant,
 C'est luy seul qui le nous donne.
Les Richesses de Ceres,
 Les forestz,
 Les Sepz, les Plantes, & Fleurs
 Prennent d'Amour origine,
 Goust, Racine,
 Vertu, Formes, & Couleurs.
Par luy tout genre d'Oyzeaux
 Sur les Eaux
 Et par les Boys s'entretient :
 Tout Animal de seruaige,
 Et sauuaige
 De luy son Essence tient.
Par ce petit Dieu puissant

  Delaiſſant
 Le doulx Gyron de la Mere,
 La Vierge femme ſe treuue,
 Et fait preuue
 De la flamme doulceamere.
Que me chaut ſi on le blaſme,
 Et ſa flamme ?
 Amour ne ſçait abuſer :
 Et ceux qui mal en reçoyuent,
 Ne le doyuent,
 Mais eux meſmes, accuſer.
Amour eſt tout bon & beau,
 Son flambeau
 N'enflamme les Vicieux :
 Iuſte eſt, & de simple foy,
 C'eſt pourquoy
 Il eſt tout nu, & ſans yeux.
Leurs victorieux Charroys
 Ducz & Roys
 Doyuent à ſes ſainctz Autelz,
 Le Poëtique ouurier
 Son Laurier,
 Et les Dames leurs Beautez.
Puis doncq' qu'il eſt notre Autheur,
 Sa Haulteur
 Bien adorer nous deuons,
 Deſſus ſon Autel ſacré,
 Saichant gré
 A luy, de quoy nous viuons.
La Ieuneſſe (helas) nous fuyt,
 Et la ſuyt
 Le froid Aage languiſſant :
 Adonques ſont inutiles
 Les Scintiles
 Du feu d'Amour periſſant.

DE L'INCONSTANCE DES CHOSES.

AV SEIGNEVR PIERRE DE RONSARD.

—

ODE IIII.

Nvl, *tant qu'il ne meure,*
  Heureux ne demeure :
  Le Sort inconstant
  Or' se hausse, & ores
  S'abaisse, & encores
  Au Ciel va montant.
La Nuyt froyde & sombre
  Courant d'obscure umbre
  La Terre & les Cieux,
  Aussi doux que Miel,
  Fait couler du Ciel
  Le Someil aux yeux.
Puis le Iour luysant
  Au Labeur duysant
  Sa Lueur expose,
  Et d'vn Teint diuers
  Ce grand Vniuers
  Tapisse & compose.
Quand l'Hyuer tremblant
  Les Eaux assemblant
  De Glace polie,
  Des Austres puissans,
  De dueil gemissans,
  La Rage delie,
La Terre couuerte
  De sa Robe verte,
  Deuient triste & nue.

Le vent furieux
Vulturne en tous Lieux
Les foreſtz denue.
Puis la Saiſon gaye
A la Terre eſſaye
Rendre ſa verdure.
Qui ne doit durer,
Las ! mais endurer
Vne autre froidure.
Ainſi font retour
D'un ſucceſſif tour
Le Iour & la Nuyt :
Par meſme Raiſon
Chacune ſaiſon
L'vne l'autre suyt.
Le pueril' Aage
Lubric & volage
Au Printens reſſemble :
L'Eté vient apres,
Puis l'Autonne eſt pres,
Puis l'Hyuer qui tremble.
O que peu durable
'Choſe miſerable,
Eſt l'humaine vie !
Qui ſans voyr le Iour
De ce cler Seiour
Eſt ſouuent rauie.
Soubz le grand Eſpace
Du Ciel le Tens paſſe
Par courſe ſubite :
Thëatres, Coloſſes
En Ruines groſſes
Le Tens precipite.
Que ſont deuenuz
Les Murs tant congnuz
De Troye ſuperbe ?
Ilion eſt comme
Maint Palais de Romme

Caché deſſoubz l'Herbe.
Torrentz, & Ryuieres
   Bruyantes, & fieres,
   Courent en maintz Lieux,
   Ou Rochers & Bois
   Sembloient autresfois
   Menaſſer les Cieux.
Les fieres Montaignes
   Aux humbles Campaignes
   On voit egalées :
   Maintz Lieux foudroyez,
   Les autres noyez
   Des Vndes ſalées.
Regnes & Empires,
   En meilleurs & pires,
   On a veu changer :
   Maint Peuple puiſſant
   Ses Loix delaiſſant
   Suyure l'Etranger.
Superbe Couraige
   Qui ne crains Oraige,
   Foudre ny Tempeſte,
   A ton fier Marcher
   Tu ſembles toucher
   Les Cieux de la Teſte :
Mais ta Voyle enflée
   De faueur fouflée
   Metz hardiment bas :
   Le Ciel variable
   Touſiours amyable
   Ne te ſera pas.
Quoy doncq'? ne sçais-tu,
   Qu'vn Buyſſon batu
   Moins eſt du Tonnerre,
   Qu'vn haut Cheſne, ou Tremble,
   Ou qu'vn Mont qui ſemble
   Depriſer la Terre?
Amy, qui pour viure

Des ennuiz deliure,
Que la Court procure,
T'es venu ranger,
Comme vn Etranger,
En la Tourbe obscure,
Ne regrete point
L'ambicieux poinct
De cete faueur :
Le Ciel fauorable
D'vn plus honorable
T'a fait receueur.
De Ronsard le Nom
Ne soit en Renom
Par le Populaire :
Amy, tu es tel,
Que rien, qu'Immortel,
Ne te pouroit plaire.
Laisse aux Courtizants
Les souciz cuyzans :
Ne soys Curieux
Des biens aquerir,
Ou de t'enquerir
Du Secret des Dieux.

A DEVX DAMOYZELLES.

ODE V.

Il faut maintenant, ô ma Lyre!
Sur ta meilleure Corde elire,
Vn Chant qui penetre les Cieux,
Par vne aussi etrange voye

Que celles à qui ie t'envoye
Sont dignes du plus grand des Dieux.
Dy leur, que ie n'ay l'Artifice
D'vn Peintre ou Engraveur, qui puiſſe
Au vray le ſemblable egaler :
Mais bien ie les puy' faire viure
Mieux qu'en Tableau, en Marbre, ou Cuyure,
Qui n'ont l'vſaige de parler.
Mes Vers, qui portent ſur leurs Eſles
Les Louanges des Damoyʒelles,
Se vantent de voler vn Iour
Parmy la Region des Nues,
Et les Beautez du Ciel venues
Sacrer au celeſte Seiour.
Les Beautez iuſques aux Dieux montent,
Celles que les Muſes racontent :
Les autres qui n'ont ce bon heur,
Les Vmbres ſolitaires ſuyuent.
Mais les votres (ſi mes Vers viuent)
N'iront ſoubz Terre ſans Honneur.
Ie chanteray que votz Merites
Vous egalent aux trois Charites,
Qui font des Chapeaux floriſſans
A la ioyeuſe Cyprienne,
Danſant auecq' la Trope ſienne
Par les Prez de loing rougiſſans.
Telles ſont les chaſtes Compaignes,
Qui parmy foreſtz & Campaignes,
Fleuues & Ruyſſeaux murmurans
Suyuent la Vierge Chaſſereſſe,
Quand d'vn pié leger elle preſſe
Le Doz des Cerfz, legercourans.
Qui a veu les Lyz & les Rozes
Auecq' la belle Aube decloſes,
Celuy a veu votre beau Teint,
Dont le Blanc & Vermeil enſemble
Le Pourpre coloré reſſemble,
Et du laict la Blancheur eteint,

Qui a conté les fleurs facrées
   Des Riues, Campaignes, & Prées,
   Dont l'Air, quand il eft plus rient,
   Orne les Cheueux de la Terre,
   Et les Pierres que lon va querre
   Par tant de flotz en Orient :
Celuy a nombré (ce me femble)
   Voz Graces & Vertuz enfemble,
   Auecques les Traictz de votz yeux,
   Dont mil' & mile fleches darde
   Contre celuy qui vous regarde,
   L'Enfant qui furmonte les Dieux.
Qui de la Harpe Thracienne
   A ouy la voix ancienne,
   Des foreftz l'Ebahiffement,
   Les votres luy fera pareilles,
   Qui font des plus rudes Oreilles,
   Voyre des Cœurs, rauiffement.
Voulez-vous que ma Plume ecriue
   Comment deffus la verde Ryue
   De Cadme la peu fine Seur,
   Eloingnant fa fidele Trope,
   Ofa preffer la blanche Crope
   Du diuin Thaureau Rauiffeur ?
Iadis foubz Plume blanchiffante
   Du Ciel la Maiefté puiffante
   Remplit celle qui enfanta
   Les fors Iumeaux, auecques celle
   Qu'en Ide des troys la plus belle
   Au Iuge Bergier tant vanta.
De la Pluye Iaune coulante
   Au fein d'vne Vierge excellente
   Naquit le cheualier volant :
   Telles font les flammes fubtiles
   Du feu, dont les viues Scintiles
   Vont Dieux & Hommes affolant.
Qui eft celuy qui voudroit taire
   Le filz du Mari adultere ?

Le Monde de Monſtres purgé
De ſes faiƈz la gloire conſerue,
Des Enfers la Depouille ſerue,
Et le Ciel ſur ſon Doz chargé.
Qui ne congnoiſt bien les deux Ourſes
Fuyantes de Thetis les Sourſes ?
Ou qui eſt celuy que n'attaint
La Plainte de la belle Vache,
Qui aux triſtes Riues d'Inache
De l'Amy cruel ſe complaint ?
Fuyez doncq' les façons Cruelles
Que Beauté couue ſoubz ſes Eſles :
Faites à l'Amour humbles vœutz
Qu'à Iupiter ne vous otroye,
Pour croiſtre (ô bienheureuſe Proye !)
Le Nombre des celeſtes Feux.
Par les mains du chaſte Hymenée
Chacune de vous ſoit menée
Au lieu ou l'Ennemy humain
Soubz vne agrëable Lumiere,
De votz Iardins la fleur premiere
Pille d'audacieuſe Main.
Ces petites Vndes enflées
Des plus doulx Zephires ſouflées
Sans fin vont diſant à leur Bord,
Heureuſe la Nef arreſtée
Par le mors de l'Anchre ietée
Dedans le Seing d'vn ſi beau Port.

DV PREMIER JOVR DE L'AN.

AV SEIGNEVR BERTRAN BERGIER.

—

ODE VI.

Voicy le Pere au double front,
Le bon Ianus, qui renouuelle
Le cours de l'An, qui en vn Rond
Ameine la Saison nouuelle.
  Renouvelons aussi
  Toute vieille Pensée,
  Et tuons le Soucy
  De Fortune insensée.
Sus doncq', que tardons-nous encore?
Auant que Vieillars deuenir,
Chassons le Soing qui nous deuore,
Trop curieux de l'Aduenir.
  Ce qui viendra demain
  Ia pensif ne te tienne:
  Les Dieux ont en leur Main
  Ta fortune & la mienne.
Tu voy de Nege tous couuers
Les sommetz de la forest nue,
Qui quasi enuoye à l'enuers
Le faiz de sa Teste chenue.
  La froide Bize ferme
  Le gosier des Oyzeaux,
  Et les Poissons enferme
  Soubz le Cristal des Eaux.
Veux-tu attendre les frimaz
De l'Hyuer, qui deia s'appreste
Pour faire de Nege vn amaz
Sur ton Menton & sur ta Teste?

Que tes Membres transiz
Priuez de leur verdeur,
Et les Nerfz endurciz
Tremblent tous de froidcur?
Quand la Saison amolira
Tes braz autresfois durs & roydes,
Adoncq' malgré toy perira
Le feu de tes Moüelles froydes,
 Que toute Herbe, ou Etuue,
 Tout genial Repas,
 Mais tout l'Æthne & Vesuue
 Ne rechaufferoint pas.
Mon filz, c'est assez combatu,
(Disoit la Mere au fort Gregeois)
Pourquoy ne te reiouys-tu
Auecq' ces filles quelquesfois?
 Les Vins, l'Amour, consolent
 Le triste cœur de l'Homme :
 Les Ans legiers s'en volent,
 Et la Mort nous assomme.
Ie te souhaite pour t'ebatre
Durant ceste morte Saison,
Vn plaisir, voyre trois ou quatre,
Que donne l'Amye Maison :
 Bon vin en ton Celier,
 Beau feu, Nuyt sans Soucy,
 Un Amy familier,
 Et belle Amye aussi,
Qui de son Luc, qui de sa Voix
Endorme souvent tes ennuiz,
Qui de son Babil quelquesfois
Te face moins durer les Nuitz,
 Au Lict follastre autant
 Que ces Cheures lasciues,
 Lors qu'elles vont broutant
 Sur les herbeuses Riues.

DV IOVR DES BACCHANALES.

AV SEIGNEVR RABESTAN.

ODE VII.

Quel bruyt Inusité
 A mes oreilles tonne ?
Ie suy' tout excité
 De l'Horreur qui m'etonne :
Mon Cœur fremist & tremble,
 Euoé, Euoé.
I'oy' la voix (ce me semble)
 D'vn Cornet enroué.
Ie voy' le deux fois né,
 L'Indique Dieu, qui erre,
Le Chef enuironné
 De verdoyant Lyerre :
Les fiers Tygres soupirent
 Soubz le Ioug odieux,
Et tous paisibles tirent
 Son Char victorieux.
Maint Satyre lascif
 Ryant soutient à peine
Sur ung Asne tardif
 Le chancelant Sylene.
Triumphe à la bonne heure,
 Dieu, dont feut le Butin
Ce Peuple qui demeure
 Le plus pres du Matin.
Mon Ame eprise au feu
 De ta Liqueur tant bonne,
Ce Poëtique Vœu
 Te consacre & ordonne.

         Ie te salue Pere,
           Qui tout Soucy deffens,
           Soubz ton Regne prospere
         Fay viure tes Enfans.
      Celuy, qui sceut les Boys
           Et les Rochers attraire,
           Qui fist les trois Aboys
           Tous ebahiz se taire,
           Sceut au prix de sa Teste,
           Combien est perilleux,
           Blamer la Saincte feste
           De ton Nom merueilleux.
      Sans Iarretz se trouua
           Le brave Roy de Trace,
           Et ta force eprouua
           L'Echionnée Race :
           Bien que tu sembles estre
           Au Ryz, Banquetz, & Ieux,
           Plus idoyne, qu'adextre
           Aux Combatz outraigeux :
      Rhete, cest inhumain
           D'vne horrible Machoire
           Renuersé par ta Main,
           Feut temoing de ta gloire,
           Quand les filz de la Terre
           Ozerent s'auancer
           Pour au Ciel faire Guerre,
           Et ton Pere offenser.
      Sans toy n'ard qu'à demy
           La furieuse flamme
           De Venus, ó l'Amy
           Et du Cors & de l'Ame !
           Donq' à force de boyre,
           Noye, ou brusle au dedans,
           La facheuse Memoire
           De noz souciz mordans.
       Amy, ceste Rigueur
           Au vieil Caton delaisse :

*Mais ou est la vigueur
De ta verde Vieillesse?
Le soing de tout affaire
Que n'est-il endormy?
Quelquesfois il faut faire
Le fol pour son Amy.*

DV RETOVR DV PRINTENS.

A IAN D'ORAT.

ODE VIII.

De l'Hyuer la triste froydure
Va sa Rigueur adoucissant,
Et des Eaux l'Ecorce tant dure
Au doulx Zephyre amollissant.
  Les Oyzeaux par les Boys
  Ouurent à cete foys
  Leurs Gosiers etreciz,
  Et plus soubz durs glaçons
  Ne sentent les Poissons
  Leurs Manoirs racourciz.
La froide Humeur des Montz chenuz
Enfle deia le Cours des Fleuues,
Deia les Cheueux sont venuz
Aux forestz si longuement veufues.
  La Terre au Ciel riant
  Va son Teint variant
  De mainte couleur viue :
  Le Ciel (pour luy complaire

*Orne sa face claire
   De grand' Beauté nayue.*
Venus ose ia sur la Brune
Mener danses gayes & cointes
Aux Pasles Rayons de la Lune,
Ses Graces aux Nymphes bien iointes.
   *Maint Satyre outraigeux
   Par les Boys vmbraigeux,
   Ou du haut d'vn Rocher,
   (Quoy que tout brusle & arde)
   Etonné les regarde,
   Et n'en ose approcher.*
Or' est Tens que lon se couronne
De l'Arbre à Venus consacré,
Ou que sa Teste on enuironne
Des fleurs qui viennent de leur gré.
   *Qu'on donne au vent aussi
   Cest importun Soucy,
   Qui tant nous fait la guerre :
   Que lon voyse sautant,
   Que lon voyse hurtant
   D'vn Pié libre la Terre.*
Voicy, deia l'Eté qui tonne
Chasse le peu durable Ver,
L'Eté le fructueux Autonne,
L'Autonne le Frilleux Hyuer ;
   *Mais les Lunes volaiges
   Ces celestes dommaiges
   Reparent, & nous Hommes
   Quand descendons aux Lieux
   De noz Ancestres vieux,
   Vmbre & Poudre nous sommes.*
Pourquoy doncq' auons-nous enuie
Du Soing qui les Cœurs ronge & fend ?
Le terme bref de notre vie
Long Espoir nous deffent.
   *Ce que les Destinées
   Nous donnent de Iournées*

Eſtimons que c'eſt gaing.
Que ſcais-tu ſi les Dieux
Ottroyront à tes yeux
De voir vn Lendemain?
Dy à ta Lyre qu'elle enfante
Quelque Vers, dont le bruyt ſoit tel,
Que ta Vienne à iamais ſe vante
Du nom de Dorat Immortel.
Ce grand Tour violant
De l'An leger-volant
Rauiſt & Iours & Moys,
Non les doctes Ecriz,
Qui ſont de noz Eſpris
Les perdurables Voix.

CHANT DV DESESPERÉ.

ODE IX

La Parque ſi terrible
A tous les Animaulx,
Plus ne me ſemble horrible,
Car le moindre des maulx,
Qui m'ont fait ſi dolent,
Eſt bien plus violent.
Comme d'vne Fonteine
Mes yeux ſont degoutens,
Ma face eſt d'Eau ſi pleine,
Que bien toſt ie m'attens,
Mon cœur tant ſoucieux
Diſtiler par les yeux.
De mortelles Tenebres
Ilz ſont deia noirciz,

Mes Plaintes font funebres,
Et mes Membres tranfiz :
Mais ie ne puy' mourir,
Et fi ne puy' guerir.
La Fortune amyable
Eft-ce pas moins que rien ?
O que tout eft muable
En ce Val terrien !
Helas, ie le congnoy',
Qui rien tel ne craignoy'.
Langueur me tient en Leffe,
Douleur me fuyt de pres,
Regret point ne me laiffe,
Et crainte vient apres :
Bref, de Iour, & de Nuyt,
Toute chofe me nuit.
La verdoyant' Campaigne,
Le flory Arbriffeau,
Tumbant de la Montaigne
Le murmurant Ruyffeau,
De ces plaifirs iouyr
Ne me peut reiouyr.
La Mufique fauuaige
Du Roffignol au Boys
Contrifte mon Couraige,
Et me deplait la voix
De tous ioyeux Oyzeaux,
Qui font au bord des Eaux.
Le Cygne poëtique
Lors qu'il eft myeux chantant,
Sur la Ryue aquatique
Va fa mort lamentant.
Las ! tel chant me plait bien,
Comme femblable au mien.
La voix Repercuffiue
En m'oyant lamenter,
De ma Plainte exceffiue
Semble fe tormenter.

        Car cela que i'ay dit
        Touſiours elle redit.
Ainſi la ioye & l'ayſe
    Me vient de dueil ſaiſir,
    Et n'eſt qui tant me plaiſe
    Comme le deplaiſir.
    De la mort en effect
    L'eſpoir viure me fait.
Dieu tonnant, de ta foudre
    Viens ma mort auencer,
    Afin que ſoye en poudre
    Premier que de penſer
    Au plaiſir que i'auroy'
    Quand ma mort ie ſcauroy'.

AV SEIGNEVR PIERRE DE RONSARD.

ODE X

Chante l'empriſe furieuſe
    Des fiers Géans trop deuoyez,
    Et par la main victorieuſe
    Du Pere tonnant foudroyez :
    Ou bien les labeurs ennuyez
    Par Iunon Déeſſe inhuméne
    A l'inuincible enfant d'Alcméne.
Chante les martiaux alarmes
    D'vn ſon heroïc & haut ſtyle :
    Chante les amoureuſes larmes,
    Ou bien le champ graz & fertile,
    Ou le cler ruyſſeau qui diſtile
    Du mont pierreux, ruyſſeau qui baigne

Prez & spacieuse campaigne.
Chante doncq', les biens de Cerés,
  Et de Bacchus les ieuz mystiques :
  Chante les sacrées forés,
  Seiour des Demydieux rustiques :
  Chante tous les Dieux des antiques,
  Pluton, Neptune impetueux,
  Et les Austres tempetueux.
Bref, chante tout ce qu'ont chanté
  Homere & Maron tant fameux,
  Pyndare, Horace tant vanté,
  Afin d'estre immortel comme eux,
  En depit du dard venimeux
  De celle qui ne peut deffaire
  Ce qu'vn Esprit diuin scait faire.
Ton œuure sera plus durable
  Qu'vn Theatre, ou vn Colisée,
  Ou qu'vn Mauséole admirable,
  Dont l'etophe si fort prisée
  Par le tens a eté brisée,
  Ou que tout autre œuure excellant
  De la main de l'Ouurier volant.
Quant à moy, puis que ie n'ay beu,
  Comme toy de l'unde sacrée,
  Et puis que songer ie n'ay peu
  Sur le Mont double, comme Ascrée,
  C'est bien force, que me recrée
  Auec Pan, qui soubz les Ormeaux
  Fait resonner les Challumeaux.
Mais toy, si desires pour viure
  Delaisser quelque Monument,
  Pourquoi aussi ne veux-tu suyure
  Quelque haut & braue Argument ?
  Amy, vole plus hautement,
  Et en lieu si humble n'amuse,
  Qu'à me louër, ta docte Muse.
Si tu m'eusses, facund Mercure,
  Volu estre vn peu fauorable,

Et toy Phebus, i'euſſe pris cure
De rendre mon bruyt honorable,
Voyre par Ecrit memorable
Vn Iour auec triumphe & gloire
Marier Loyr auecques Loyre.

A VNE DAME

CRVELLE ET INEXORABLE.

ODE XI

Muſe, que tant ie voys cherchant,
Inſpire moy encor' vn Chant,
Vn chant, qui entre en l'obſtinée Oreille
De la Beauté, qui n'a point ſa pareille.
Le feu en la Fournaiʒe etreint
Ard plus que cil qui non contreint
Par le Ciel libre, en ca & la epars,
Donne ſa flamme au Vent de toutes pars.
Amour iuſqu'au profund de l'Ame
A dardé la cruelle flamme,
Que suy' contreint de vomir en mes Vers
D'vn ſon Tragic tout etrange & diuers.
Cruelle, tu voys de bien loing
Ce feu dont tu n'as point de ſoing,
Comme celuy qu'on voit voler parmy
La Ville priſe, ou le Camp ennemy.
Tu m'as ouuert le manque Flanc
Auecques cet Iuoyre blanc,
Qui montre au bout cinq Perles plus exquiſes
Que d'Orient les Pierres tant requiſes.

Pourquoy arraches-tu le Cœur
Dont Amour par toy feut vainqueur?
Pourquoy fais-tu ainſi que deux Tenailles,
Sentir tes Mains en mes viues Entrailles?
 Les Tygres (ô fiere Beauté!)
 N'ont tant que toy de Cruauté :
Ny le Serpent, qui ſe trayne ſoubz l'herbe,
Ny des Lyons la Semence superbe.
 Pas n'auoit ſi grande rudeſſe,
 La cruelle Vierge Déeſſe,
Qui fiſt aux chiens devorer le Veneur
Criant en vain : Ie ſuy' votre ſeigneur.
 Qui eſt celuy, qui ne ſ'etonne
 Quand le Pere courrouſſé tonne,
Dardant ça bas de foudroyante Main
Le Traict vangeur de tout Acte inhumain?
 Amour pourtant dedans les Cieux
 Enflamme le plus grand des Dieux,
Hommes en terre, & en l'air les oyzeaux,
Et les poyſſons iuſq'au fond de leurs eaux.
 O Repaire moins ſouhaitable,
 Que le Caucaſe inhoſpitable,
Ou le Rapteur du ſaint feu va paiſſant
L'Aigle ſacré d'vn poumon renaiſſant!
 Tu me fais par ta grand' froydeur
 Sentir plus violente ardeur
Que cetuy la, dont le doz grand & large
Soutient d'vn mont la trop peſante charge.
 Qui d'Amour blame les edictz,
 Semble ces Gëans, qui iadis
Des plus hauts montz vne echelle erigerent,
Et les manoirs celeſtes aſſiegerent.
 Ne crains-tu point qu'il ſe courrouſſe?
 Ne crains-tu point que de ſa trouſſe
Te darde vn traict empenné de fureur,
Pour ſe vanger d'vn ſi cruel erreur?
 Ou vas-tu Muſe? ſi grand' Ire
 Ne conuient à la douce Lyre.

Tu es trop humble, & de trop petit son,
Pour accorder si tragique chanson.

DE PORTER
LES MISERES ET LA CALVMNIE.
AV SEIGNEVR CHRISTOFLE DV BREIL.

ODE XII

Rien n'est heureux de tous poinctz en ce Monde,
L'air, & le feu, le ciel, la terre, & l'vnde
Nous font la guerre, & les iustes Dieux mesmes
N'ont pardonné à leurs Palaiz supremes.
Ne voy-tu pas que les Signes des Cieux
Sont mutilez de piez, de braz, ou d'yeux?
N'as-tu iamais d'eclypse coutumiere
Veu obscursir l'vne & l'autre lumiere?
O que d'ennuy sans repos nous tormente!
Les vns par faim ont peine vehemente,
Autres on voit en la prison mourir,
Plusieurs aussi à la guerre courir,
Ioyeux spectacle à ce furieux Dieu,
Qui maintenant obtient le premier Lieu
Entre les Roys, les Empereurs & Princes,
Au grand dommaige (helas) de leurs Prouinces.
Le flot, le vent, le Pyrate & rocher
Sont les perilz de l'auare Nocher,
Qui de son ayse & repos s'ennuyant,
Aux Indes court, la pauureté fuyant.
Celuy par fer, par cordeau, ou poyson

Cherche de mort voluntaire achoyſon,
Et pour trouuer de ſes maulx allegence,
A pris de ſoy luymeſmes la vengence :
Et cetuy la qui eſt myeux fortuné
Que les premiers, auant que d'eſtre né
Enſeuely d'vn Sommeil eternel,
Fait ſon Tumbeau du ventre maternel.
D'vn egal pié la Mort qui tout attrape,
Et des petiz les humbles manoirs frape,
Et des plus grands les tours hautes & fortes.
Vne mort ſeule en mile & mile ſortes,
De maulx ſoudains, nouueaux & incurables,
Va tormentant les Humains miſerables.
Le Cours des Ans, des Siecles & Saiſons,
Les grands Citez & ſuperbes Maiſons
Miſes par terre, & les Ruines groſſes
Des vieux Palaiz, Theatres, & Colloſſes,
Montrent à l'œil, tout ce qui eſt ca bas
Etre caduq', & ſubieƈt à trepas.
O malheureux, qui batiſt Eſperance
Sur fondement d'Incertaine aſſurance !
De tous Etaz, de tout Sexe, & tout Aage
Solicitude eſt le propre Heritage.
Ell' ſuyt des Roys les Palaiz ſumptueux,
Conuentz ſacrez, Parquetz tumultueux :
Le Laboureur la porte en ſa charrue,
Et du Paſteur aux toiƈtz elle ſe rue :
L'Homme de Guerre auſſi la porte en croupe,
Et le Marchant auare dans la Poupe :
Rien, que vertu, ne domte la Fortune.
Comme le Roc, quand la Mer importune
En ca & la contre luy ſe courrouſſe,
Rompt les gros flotz, & de ſoy les repouſſe.
O bienheureux qui de rien ne ſ'etonne,
Et ne paliſt, quand le Ciel iré tonne !
O bienheureux, que les Torches ardentes,
Et des troys Seurs les Couleuures pendentes
N'excitent point ! qui n'entrerompt le fruiƈt?

De son Repos, pour quelque petit bruict.
Cet Homme la pour vray iamais ne tremble,
Bien que le Ciel à la Terre s'assemble :
Et ont les Dieux sa fortresse munie
Contre fortune, & contre Calumnie.
Le Ciel vangeur, Protecteur d'Innocence,
Donne aux peruers souuent longue licence
De nuyre aux bons : puis contre eux Irrité
Commende au Tens, pere de verité,
Decouurir tout ; lors la Cause plus forte
Deuient soudain la plus foyble, de sorte
Que la grandeur de la peine compense
La tardité de la iuste vengence.
Espere, Amy, espere, dure, attens
Cete faueur & du Ciel & du Tens.
Et quand le Ciel n'auroit aucun soucy
De tout cela que nous faisons ici,
Mais bien feroint toutes humaines choses
Soubz le Pouuoir de la fortune encloses,
Ne vault-il myeux (veu qu'elle fait son tour
Auoir espoir de son heureux retour,
Qu'estre tousiours en peur de la ruyne ?
Cet Air couuert d'vne obscure Bruyne
S'eclersira, ces vndes courroussées
Iusques au Ciel par l'Aquilon poussées
S'apaiseront, & par l'Anchre ietée
Au Port sera la Nauire arrestée.
O combien doulx sera le souuenir
Des maulx passez ! pour doncq' la paruenir,
Endure Amy ces peines doloreuses.
Et te reserue aux choses plus heureuses.

DE L'IMMORTALITÉ DES POETES.

AV SEIGNEVR BOVIV.

ODE XIII

 Sus Muſe, il faut que lon ſ'eueille,
 Je veux ſonner vn chant diuin :
 Ouure donques ta docte oreille,
 O Bouiu, l'honneur Angeuin !
Pour ecouter ce que ma Lyre accorde
Sur ſa plus haute & mieux parlante chorde.
 Cetuy quiert par diuers dangers
 L'honneur du fer victorieux :
 Cetuy la par flotz etrangers
 Le ſoing de l'or laborieux.
L'vn aux clameurs du Palaiz ſ'etudie,
L'autre le vent de la faueur mandie :
 Mais moy, que les Graces cheriſſent,
 Ie hay' les biens que l'on adore,
 Ie hay' les honneurs qui periſſent,
 Et le ſoing qui les cœurs deuore :
Rien ne me plaiſt, fors ce qui peut deplaire
Au iugement du rude populaire.
 Les Lauriers, prix des frontz ſçauans,
 M'ont ia fait compaignon des Dieux :
 Les laſcifz Satyres ſuyuans
 Les Nymphes des ruſtiques lieux,
Me font aymer loing des congnuz Riuaiges,
La ſainte horreur de leurs Antres ſauuaiges.
 Par le Ciel errer ie m'attens
 D'vne eſle encor' non uſitée,
 Et ne ſera gueres long tens
 La terre par moy habitée.

Plus grand qu'Enuie, à ces superbes Viles
Ie laisseray leurs tempestes ciuiles,
   Ie voleray depuis l'Aurore
   Iusq'à la grand' Mere des eaux,
   Et de l'Ourse à l'Epaule more,
   Le plus blanc de tous les oyseaux.
Ie ne craindray, sortant de ce beau iour,
L'epesse nuyt du tenebreux seiour.
   De mourir ne suys en emoy
   Selon la loy du sort humain,
   Car la meilleure part de moy
   Ne craint point la fatale main :
Craingne la Mort, la Fortune, & l'Enuie,
A qui les Dieux n'ont donné qu'vne vie.
   Arriere tout funebre chant,
   Arriere tout marbre & peinture,
   Mes cendres ne vont point cherchant
   Les vains honneurs de sepulture :
Pour n'estre errant cent ans à l'enuiron
Des tristes bords de l'auare Acheron.
   Mon nom du vil Peuple incongnu
   N'ira soubz terre inhonoré,
   Les Seurs du mont deux fois cornu
   M'ont de sepulchre decoré,
Qui ne craint point les Aquilons puissans,
Ny le long cours des Siecles renaissans.

EPITAPHE DV SEIGNEVR BONIVET.

La France & le Piemont, & les Cieux & les Arts,
Les Soldats & le Monde ont faict comme six parts
De ce grand Boniuet : car vne si grand' chose
Dedans vn seul tombeau ne pouuoit estre enclose.

La France en a le Corps, qu'elle auoit esleué :
Le Piemont a le Cœur, qu'il auoit esprouué :
Les Cieux en ont l'Esprit, & les Arts la Memoire :
Les Soldats le Regret, & le Monde la Gloire.

EPITAPHE DE CLEMENT MAROT.

Si de celuy le Tumbeau veux scauoir,
Qui de Maro auoit plus que le nom,
Il te conuient tous les Lieux aller voir
Ou France a mis le but de son renom.
Qu'en Terre soit, ie te respons que non,
Au moins de luy c'est la moindre partie.
L'Ame est au lieu d'ou elle etoit sortie,
Et de ses Vers, qui ont domté la Mort,
Les Seurs luy ont sepulture batie
Iusques au ciel. Ainsi, LA MORT N'Y MORD.

LOVANGE DE LA FRANCE

ET DV ROY TRESCHRESTIEN HENRY II[102].

Venez, ô mes doulces Carites,
  A l'ombre des grands Lis dorez.
  Carites qui tant honorez
  La perle de noz Marguerites.
  Et de ces deux naïues fleurs
  Mariant les riches couleurs,
  Tissons des gyrlandes nouuelles
  Pour noz images couronner,

Et leurs autelz enuironner
De noz parures les plus belles.
Et toy, mon Prince, que i'adore
   Pour mon seul terrestre Soleil,
   De peur que l'astre, ton pareil,
Ces belles fleurs ne decolore,
Peinds dessus elles ton beau nom,
Et consacre leur sainct renom :
   Afin que deuot ie le sonne
   D'vne perpetuelle vois,
   Qui sans toy nose à si grands Roys
Presenter si digne couronne.
En vain tout autre s'efforce
   De m'y vouloir inciter,
   Si de toy, pour m'exciter,
Ne vient le cœur & la force :
Toy seul ouurir tu me peus
Parnasse comme tu veux.
   Ta seule faueur me donne
   Plume, langue, entendement,
   Qui fait, que si hautement
I'escry, ie parle, & raisonne.
Comme vne grand' coquille creuse,
   Qui s'eleue deuers ses bords,
   D'vne double mer fait ses ports
Vne prouince plantureuse.
Ses flancs superbement bornez
Sont doublement enuironnez
   Des Alpes, & des Pyrenees,
   D'Europe, & de ce Monde encor'
   En autelz, en peuples, en or,
Surmontant les plus fortunees.
Ceste terre, mere feconde
   D'armes, d'amours, & de sçauoir,
   Parmy les autres se fait voir
Comme vne Cybele feconde.
Aussi la grand' mere des Dieux,
Qui la vóid d'œil non enuieux,

Son char & ses lyons luy donne,
De ses tours la couronne aussi,
Et semble qu'auec ceste-cy
L'Italie elle en enuironne.
Et à bon droit elle honnore
Ces deux-cy, puis qu'elles ont
Leurs prestres, prestres qui sont
Vraiz hommes, & qui encore
Remplis de la deité
Du Dieu triple en vnité
Reduiront sous sa puissance
Les empires, & les Roys,
Qui viuent sous autres lois,
N'ayant de Dieu cognoissance.
De ceste mere genereuse
D'autres Demidieux nos seigneurs,
De Iuppiter enfans, & sœurs,
Regne aujourdhuy la troppe heureuse :
Troppe vrayment meritant mieux
D'estre mise au nombre des Dieux,
Et que des temples on luy face,
Que ceux-la, qui du tige tien,
O pere Saturne ancien,
Planterent la celeste race.
Mais les Dieux de nostre prouince
Reiettans telles vanitez,
Soumettent leurs diuinitez
Au Dieu, qui des Dieux est le Prince.
Et qu'ainsi soit, voyez la foy
De ce Henry nostre bon Roy,
Vainqueur de l'inuincible Auguste,
Ce Treschrestien, ce Prince humain,
Qui par la force de sa main
Se monstre pitoyable & iuste.
Voyez comme sa iustice,
Qui d'vn magnanime effort
Soustient le droit du moins fort,
Et punit le malefice,

*Mieux qu'en marbre, ou qu'en airain
Se consacre de sa main
Plus d'vn temple & d'vne image :
Voyez sa graue doulceur,
Et comme il est possesseur
Paisible de son courage.
Voyez comme Iris & Bellonne
Ses traces vont tousiours fuyuant,
Et comme Themis va deuant,
Et comme point ne l'abandonne
Le beau scadron de l'equité,
Du sens & de la verité :
Oyez le bruit de ses tempestes,
Et voyez ses fouldres cheans,
Qui des Lycaons & Géans
Accablent les superbes testes.
Voyez combien de ceste bande
Ia par sa main sont renuersez,
Et combien en sont menassez,
Et auec quelle force grande,
Brisant l'orgueil audacieux
Qui vouloit escheller les cieux,
Son bras indontable repousse
La fureur de tous ces combats,
Ruant Osse & Olympe à bas
Auec vne horrible secousse.
O combien du grand Typhee
La cheute resiouira
Tout le monde, qui voyra
Telle fureur estoufee !
Et de quelle paix vnis
Apres ces combats finiz
Seront peuples & prouinces,
Quand on n'oyra plus tonner
Pour ces Tyrans estonner,
Le grand Iuppiter des Princes,
Dont la grand' Iunon, sa compaigne,
Et sœur de sa diuinité,*

Sa matronale grauité
  D'vne humble douceur accompaigne,
  De son cœur reiectant bien loing
  Tout le soubson & tout le soing
  Dont l'autre Iunon est touchee :
  Et qui pour repeupler les cieux,
  D'vn plus heureux nombre de Dieux
  Est heureusement accouchee.
O d'ame & de nom toute pure,
  Ce fut bien nostre grand bonheur
  Quand le souuerain gouuerneur
  Prit de nous si grand soing & cure,
  Que d'vne inuiolable foy
  T'vnir auec vn si grand Roy
  D'vn tel royaume que la France :
  Pour autant que de ta grandeur
  Renaist l'espoir, & la splendeur
  Qui doit luire sur ta Florence,
Voyre sur toute Italie.
  Que si ta belle clarté
  D'vn ray sur elle escarté
  La rend iamais embellie,
  Bien qu'ayant perdu ses droits,
  Et serue sous autres lois,
  Luy esclairant ta lumiere,
  Elle espere encor vn iour
  Voir son antique seiour
  En sa liberté premiere.
O vrayment Minerue nouuelle,
  De Iuppiter l'enfantement,
  Fille de son entendement,
  De son sens, & de sa ceruelle :
  Puis que le ciel te fit ainsi
  D'vn grand Roy fille, & sœur aussi :
  Le ciel, ô vierge bien heureuse,
  Le ciel te face quelquefois
  D'autres Princes, & d'autres Roys
  Espouse, & mere plantureuse.

Vierge de gloire couronnee,
  Ardant l'obscur de nostre nuict,
  Comme loing du soleil reluit
  Vne estoille bien fortunee :
  Astre des astres le plus beau,
  Des flambeaux le plus cler flambeau
  Perle des perles la plus clere,
  Des thresors le plus beau thresor,
  Quelle chose a Phœbus encor
  Plus que toy precieuse & chere ?
De toy naist, en toy prend vie,
  Par toy regne sa grandeur
  Et tu luis en son ardeur,
  Par qui toute ame est rauie :
  Ardeur, qui m'ard tellement,
  De son sainct embrazement,
  Qu'en leur troppe blanchissante
  Tes cygnes m'ont auoüé,
  Bien que mon chant enroüé
  Vole d'aile languissante.
Voicy la ieune Cynthienne,
  Veufue de son Endymion :
  Belle couple, heureuse vnion,
  Si sa fleur hyacinthienne
  N'eust veu couper deuant le temps
  Le verd honneur de son printemps.
  Mais quoy, puis qu'elle estoit mortelle
  Et que l'amour est immortel,
  Qui tousiours luy demeure tel,
  Pour tousiours viure aueques elle ?
O combien de Cyprines belles,
  Qui font reluire dans leurs yeux
  Vn cœur allaigrement ioyeux !
  Combien d'autres Deesses telles ?
  Et combien, qui d'vn cœur vaillant
  Montent au ciel en battaillant ?
  Que s'ilz n'y ont encores place
  Auec tiltre de deité,

Quelz autres ont mieux merité
Le trident, le tyrſe, ou la maſſe ?
Chanſon, ſi ceux que ie vante,
Ne ſont du nombre des Dieux,
Si ſont bien dignes des cieux
Les grand's vertus que ie chante.
Offre leur pour moy ces fleurs,
Et dy, ſi en leurs couleurs
Ie n'ay les perles meſlees,
Ell' ont voz noms ſur le front,
Mais vn iour elles ſeront
De voz aſtres eſtoillees.

DISCOVRS AV ROY SVR LA POESIE.

Encores que chaſcun, Sire, volontiers priſe
La ſcience qu'il penſe auoir la mieux appriſe,
Si n'ay-ie toutefois iamais beaucoup priſé
L'art ou mon naturel m'a plus fauoriſé,
Fors ſeulement d'autant que ie puis voz louanges
Porter par ce moyen aux nations eſtranges
Et monſtrer par ce peu qui peult ſortir de moy,
Que ie ne ſuis du tout inutile à mon Roy.
Sire, de voz ſuieɑs qui tous à vous ſe doiuent,
Selon que plus ou moins de graces ilz reçoiuent,
Les vns ſont employez en vne faction,
Les autres en vne autre, & chaſcune action
Selon qu'elle deſſert, ſe doit tenir certaine
De receuoir de vous ſon loyer ou ſa peine.
Or entre ceux qui ont tant de felicité
Que de faire ſeruice à voſtre maieſté,
Ceux qui ſont employez aux affaires belliques,
Sont ceux, comme auſſi ſont tous miniſtres publiques,

Qui meritent le plus d'eſtre recompenſez,
Et qui au pres de vous ſont les plus auanſez.
 Mais les biens & honneurs que de voſtre ſeruice
Reçoiuent ceux qui font dignement leur office,
Ne doiuent pas ſuffire à ceux qui ſont bien nez,
Et qui oultre les dons des quelz ils ſont ornez,
Oultre voſtre faueur & le bruit populaire,
Ont quelque choſe en eux par deſſus le vulgaire.
 Ilz attendent encor' pour auoir ce bon heur
De viure apres leur mort, vn immortel honneur :
Honneur, le ſeul loyer qui la vertu guerdonne,
Loyer, qu'à la vertu la ſeule Muſe donne.
 Car veu que la nature a d'vn ſi petit cours
A l'homme limité le terme de ſes iours,
Pourquoy de tant d'ennuis, de trauaux, & trauerſes,
De voyages loingtains, & fortunes diuerſes,
Fol ſe priueroit-il de ce peu de plaiſir,
S'il n'auoit en ſon cueur ceſt honneſte deſir
D'allonger par vertu le cours de ſa memoire,
Et gaigner par ſa mort vne immortelle gloire ?
 Ce genereux deſir de l'immortalité
Tous l'apportent icy des leur natiuité,
Chaſcun ou plus ou moins, ſelon que de nature
Il eſt fauoriſé, ou de ſa nourriture :
Ce qui nous monſtre bien que tout on ne meurt pas,
Mais qu'il reſte de nous, apres noſtre treſpas,
Ie ne ſçay quoy plus grand & plus diuin encore,
Que ce que nous voyons, & que la mort deuore.
 Celuy vrayment ſeroit ſemblable à ces Geans,
Qui furent foudroyez par les champs Phlegreans,
Qui penſeroit que l'homme, apres ſa ſepulture,
Du bruit qu'il a laiſſé n'euſt ſentiment ny cure.
Car l'eſprit reüny à ſon eternité,
Et voyant au miroir de la diuinité
Tout ce qu'on fait icy, comme au ciel il herite
Auec vn heur parfait du fruit de ſon merite,
Auſſi ſent il le bruit qu'en terre il a laiſſé,
Pour les faictz, dont il eſt au ciel recompenſé.

C'est pourquoy ces grands Roys, & magnanimes Princes,
Apres auoir donté les barbares prouinces,
Fait florir la vertu, la iustice, & la paix,
Dechassé les Tyrans, & par autres bienfaictz
Aydé le genre humain, pour sacrer leur memoire
A la posterité, engrauerent la gloire
De leurs faictz genereux en marbres esleuez,
En colomnes, en arcz à double front grauez,
En superbes tumbeaux, & semblables ouurages
Que le temps a dontez. Quelques autres plus sages
Voulant perpetuer le bruit de leur vertu
Par œuure qui ne peust du temps estre abbatu,
Qui ne craignist le feu, ny le fer, ny l'orage,
Ny mesme Iuppiter, mais passant d'aage en aage
Se fist tousiours plus beau, emprunterent les mains
Et l'immortel labeur des doctes escriuains :
Par le moyen desquelz, plus viuans ilz sont ores,
Que du temps qu'ilz viuoient, & leurs beaux faictz encores
Plus recents que ceux-la, qu'on voit presentement :
Tant de force a l'histoire escrite doctement.
   Sire, parlant ainsi du pouuoir de l'histoire,
Ie parle du Poëte, estant assez notoire,
Que tous deux sont esmeuz d'vn semblable desir,
Qui est de profiter, & de donner plaisir.
Tous deux par leurs escripts mesme chose pretendent,
Mais par diuers moyens à mesme fin ilz tendent.
   Cestuy-là, sans vser d'aucune fiction,
Represente le vray de chascune action,
Comme vn, qui sans oser s'esgayer dauantage,
Rapporte apres le vif vn naturel visage :
Cestuy-cy plus hardy, d'vn art non limité
Sous mille fictions cache la verité,
Comme vn peinctre qui fait d'vne braue entreprise
La figure d'vn camp, ou d'vne ville prise,
Vn orage, vne guerre, ou mesme il fait les Dieux
En façon de mortelz se monstrer à noz yeux.
Tel que ce premier là est vostre Ianet, Sire,
Et tel que le second Michelange on peult dire :

A l'vn voſtre Paſchal eſt ſemblable en ſon art,
A l'autre eſt reſemblant voſtre docte Ronſard.
 Ie ne veux pas icy par le menu deduire
Pluſieurs autres raiſons, que ie pourrois induire
Pour monſtrer ce qui eſt de ſemblable en ces deux,
Et ce qui eſt auſſi de difference entre eux.
Par vn autre œuure à part ie vous feray notoire
Ce qui ſe trouue eſcript des vertus de l'hiſtoire,
Qui vers nous de heraut ſert à l'antiquité,
Comme à nous quelque iour vers la poſterité
Ell' doit auſſi ſervir ; mais fuyuant la matiere
De ce preſent diſcours, pour vne gloire entiere
Baſtir à voſtre nom, dire i'oſeray bien,
Que le poëte il fault ioindre à l'hiſtorien.
Car bien que ceſtuy-cy d'vn plus ſeur teſmoignage
Depoſe à l'aduenir des geſtes de ſon aage,
Et de ce qu'il a veu (car ſans ce dernier poinct
Le nom d'hiſtorien il ne merite point)
Ceſtuy-la toutefois eſt trop plus admirable,
Et ſon œuure n'eſt moins que l'hiſtoire durable,
Pour ce qu'en imitant l'autheur de l'vniuers,
Toute eſſence & idee il comprend en ſes vers.

A ANDRÉ THEVET,

ANGOVLMOISIN.

SONNET

Si la premiere nef que vid la pleine humide,
 De nef fut transformee en aſtre flamboyant,
 Pour auoir voyagé d'vn chemin ondoyant,
 Qui va du Theſſalique au riuage Colchide :

Combien doit noſtre France à ceſt autre Æſonide,
  Qui comme l'Ocean la terre coſtoyant,
  Qui comme le Soleil le monde tournoyant,
  A veu tout ce qu'enceint ce grand eſpace vuide?
C'eſt Theuet qui ſans plus des rocs Cyaneans,
  N'a borné ſon voyage, ou des champs Medeans:
  Mais a veu noſtre monde, & l'autre monde encore:
Dont il a rapporté, non comme fit Iaſon,
  Des riuages du Phaſe, vne blonde toiſon,
  Mais tout ce qui ſe void ſur les champs de l'Aurore.

AV MESME THEVET

SVR SES

SINGVLARITEZ DV LEVANT[103].

Apres avoir gaigné quelque grande victoire,
  Les Empereurs Romains en triomphe portoient
  La prouince dontée & la repreſentoient
  Par l'habit qui pouuoit la rendre plus notoire.
Theuet à ſon retour tout' imitant la gloire
  De ceux-la qui iadis les Barbares dontoient,
  Des peuples qui de nom cognus à peine eſtoient,
  Nous repreſente icy la naturelle hiſtoire.
Comme Vlyſſe echappé de cent mille dangers,
  De ce qu'il a conquis ſur les bords eſtrangers
  Vn eternel trophee il plante ſur noz riues:
Rapportant, non l'honneur d'vn peuple ſurmonté,
  Non le riche butin d'vn Barbare donté,
  Mais de tout l'Orient les deſpouilles captiues.

DV PARLEMENT DE PARIS.

Rome la grand' & les doctes Athenes
  Ne viuent tant par leurs Temples dorez,
  Par leurs Palais de marbre elabourez,
  Ny par l'orgueil de leurs Pointes hautaines :
Par tant d'honneurs, par tant de Capitaines
  Ne sont encor' ces peuples decorez
  Si hautement, que les ont honnorez
  Leurs Cicerons, & leurs grands Demosthenes.
Et ce Paris, qui suyt diuinement
  L'antique honneur de ce double ornement,
  De sa grandeur n'est point si fier encore,
Comme de ceux, dont son Palais Royal
  Bruit l'eloquence, & tout ce qui honnore
  Vn Orateur disertement loyal.

RECVEIL DE POESIE

PRESENTÉ A TRESILLVSTRE

PRINCESSE MADAME MARGVERITE

Seur Vnique du Roy

ET MIS EN LVMIERE PAR LE COMMANDEMENT
DE MADICTE DAME [104].

A TRESILLVSTRE

PRINCESSE MADAME MARGVERITE

SŒVR VNIQVE DV ROY

MA DAME, apres auoir depuis peu de temps mis en lumiere quelques petiz ouuraiges poëtiques, plus pour satisfaire à l'instante priere d'aucuns miens amis, que pour espoir que i'eusse d'acquerir aucune reputation entre les doctes, i'auoy deliberé me retirer entierement de ce labeur, aussi peu maintenant fauorizé, comme il estoit anciennement entre les meilleurs espriz singulierement recommandé. Ie ne sçay si l'infelicité de

noſtre ſiecle en eſt cauſe, ayant l'ambition, & l'auarice,
& l'ocieuſe volupté, peſtes des bons eſpriz, chaſſé d'entre
nous ce tant honneſte deſir de l'immortalité : ou la trop
grande & indoĉte multitude des eſcriuains, qui de iour
en iour ſ'eleue en France, au grand deſhonneur & aba-
tardiſſement de noſtre langue. I'auoy (dy ie) propoſé
m'addonner à quelque autre eſtude, ſi non tant louable,
pour le moins plus fauorable que ceſtui cy : lors que
dernierement eſtant le Roy à Paris, apres auoir pris la
hardieſſe de me preſenter deuant voſtre Excellence, il
vous pleut de voſtre benigne grace me receuoir auecques tel viſage, que ie congneu mes petitz labeurs vous
auoir eſté agreables. Cela, Madame, a depuis ſi viuement
incité mon couraige, que mettant en arriere ma premiere
deliberation, ie me ſuis remis aux choſes que i'ay penſé
vous pouuoir donner quelque plaiſir ; sans que maladie
ou autre empeſchement ait peu retirer mon eſprit de
ceſte non iamais aſſez louée entrepriſe, iadis tant fauo-
rizée de ce grand Roy François voſtre pere, & maintenant du treſchreſtien Roy, & de vous, comme ſeuls & vrais
heritiers de ſa vertu. Vous ayant doncques ces derniers
iours fait preſent de ce petit liure, non ſeulement vous
l'auez eu aggreable (comme eſt voſtre bonté couſtumiere
de receuoir toutes choſes, qui d'humble vouloir ſont
preſentées à voſtre grandeur) mais encor' vous a pleu
me commander de le mettre en lumiere, & ſoubs voſtre
nom. Auecques lequel ie me ſen ſi fort & bien armé
contre toutes les difficultez qui de iour en iour ſe
treuuent es haultes entrepriſes, que ie pourray combatre
l'enuie & la mort, & celuy temps meſmes qui abat les
grands Palais & ſuperbes Pyramides. Ie ne me veulx
amuſer icy à reſpondre aux calumniateurs (comme eſt
la façon ordinaire des eſcriuains) puis que mes eſcriz ont
deſia eſté ſi heureux de rencontrer la faueur de voſtre
iugement, & par voſtre moyen, celuy du Roy & de la
Royne, auxquels ayant ſatisfaiĉt, tant ſ'en fault que ie
me ſoucie du meſcontentement d'autruy, que i'eſtimeray
de là auoir receu toute la gloire & le fruiĉt de mes la-

beurs. Ma dame ie supplie à nostre Seigneur vous conserver en heureuse & longue vie, & augmenter de plus en plus en vous les souueraines graces & vertuz qu'il vous a si liberalement departies. A Paris, ce *XXIII.* d'Octobre. *M D.XLIX.*

    De vostre Excellence le treshumble &
   trefobeissant seruiteur *I. D. B. A.*

A SA LYRE.

Va doncques maintenant ma Lyre,
 Ma Princesse te veult ouir.
 Il fault sa table docte eslire,
 Là quelque amy voudra bien li
 Tes chansons, pour la resiouir.
Ta voix encores basse & tendre,
 Apren à hausser des ici,
 Et fay tes chordes si bien tendre
 Que mon grand Roy te puisse entendre,
 Et sa royale epouze aussi.
Il ne fault que l'enuieux die
 Que trop hault tu as entrepris :
 Ce qui te fait ainsi hardie,
 C'est que les choses qu'on dedie
 Au temple sont de plus grand pris.

CAELO MVSA BEAT.

PROSPHONEMATIQVE[105].

AV ROY TRESCHRESTIEN HENRY II.

*V*ous qui tenez les sources de Pegaze,
  (Celestes Seurs) bandez vostre arc diuin[106]
  Tout au plus hault de vostre sainct Parnaze,
  Et permettez que ce bras Angeuin[107]
  Par l'air François desserre vn traict, qui vole
  Mieulx que iamais de l'vn à l'autre Pole.
Ce traict puissant[108] dessus ses ailes porte
  L'horrible nom qui fait mouuoir les cieux,
  Le fer, la flamme, & la non iamais morte
  Gloire des Roys, enfans aisnez des Dieux :
  Dont le protraict, Henry, celeste race,
  A peint au vif en sa diuine grace.
La maiesté de son front tant illustre
  Entre les Roys apparoist tout ainsi,
  Que l'or aupres de l'argent : & son lustre
  Ard tout l'obscur de ce beau siecle ici,
  Comme la Lune aux etoiles eclaire
  Par le serain de quelque nuict bien claire.
En quelque part que son bel œil se montre,
  Comme vn Printemps il serene le iour :
  Et semble bien qu'à si haulte rencontre
  Renaisse au monde vn plus ioyeux seiour.
  Le Ciel en rid, & le Soleil encore
  De nouueaux raiz ses blonds cheueux decore.
Vien Prince, vien : rends aux tiens la lumiere
  Qu'obscurcissoit ce tien long demeurer,

Et la vigueur de leur vertu premiere,
Qui ne se peult qu'en ta force asseurer.
Ton seul regard inspire en leurs couraiges
L'ardent desir des martiaux ouuraiges.
Comme la mere au riuaige lamente,
Prie, & fait vœux pour son desiré filz,
Qu'vn vent contraire en haulte mer tormente
Outre le terme à son retour prefix :
Paris ainsi languissoit auant l'heure
Qui a mis fin à ta longue demeure.
La Grand Ceres, qui ces murs enuironne,
A ton passer de beaux epiz dorez
Enceinct le tour de sa riche couronne,
Et par les champs de iaune colorez
Fait ondoyer sa cheuelure blonde,
Pour honnorer le mesme honneur du Monde.
Bacchus aussi orne teste & visaige
De nouueau pampre & d'odorantes fleurs :
Prez, montz & plains à ton heureux passaige
Vestent habits de diuerses couleurs :
Et la forest branlant sa teste armée,
Donne le fraiz de sa neufue ramée.
Les Demidieux & Nymphes se retirent
Aux plus haulx lieux, pour à l'aise te voir :
Les plus doulx vents tant seulement souspirent,
Les ruysselets ne font moins leur deuoir,
Et les oizeaux à l'enuy te saluent
Sur les sommets qui vn peu se remuent.
Tout animal domestic ou champestre,
Fiche sur toy son regard etonné :
Les baz tropeaux en ont laissé le paistre,
Et les taureaux en ont abandonné
Leurs fiers combaz : les plus cruelles bestes
Deuers le Ciel ont eleué leurs testes.
Qui a peu veoir les mousches menageres
Sur le Printemps de leurs manoirs saillir,
Faire vn grand bruit, & s'en voler legeres,
Puis ça & là l'honneur des champs cueillir :

*Celuy a veu les miliers, qui se rendent
Dessus les murs, & portes, qui t'attendent.*
Paris, qui void son Prince à la campaigne,
　*A mis au vent tout importun souci :
Toute maison en tout plaisir se baigne,
　Veuf de procez est le Palaiz aussi ;
Et par les feuz, qui aux temples s'allument,
Pour toy* Henry, *mil' autels aux Dieux fument.*
Enfans bien nez, les plus heureuses bandes,
　*Vostre beau chant soit l'Io triumphal :
Vous saincts vieillars, chargez les Dieux d'offrandes :
　Vierges aussi au visaige Nymphal,
Faites couler vne pluye de roses,
Des propres mains de l'Aurore decloses.*
Ecoute Roy, le plus grand de la Terre,
　*L'horrible voix du foudroyant canon,
Qui par le Ciel fait vn nouueau tonnerre,
　Moindre pourtant, que le bruit de ton nom.
Seine en fremist, les riuieres craintiues
Heurtent en vain leurs opposées riues.*
Iupiter mesme, oyant l'air ainsi fendre,
　*Change couleur pour vn tel foudroyer,
Et craint encor' que la Terre n'engendre
　Nouueaux enfans pour le Ciel guerroyer.
La nuict qui sort de l'epesse fumiere
Auant le soir fait faillir la lumiere.*
Seine dormoit au plus creux de ses ondes,
　*Mais te sentant de sa rive approcher,
A mis dehors ses belles tresses blondes,
　Et s'est assize au coupeau d'vn rocher.
Ses filles lors, qui à my-corps y nouent,
Diuersement à l'entour d'elle iouent.*
Marne peignoit ses beaux cheueux liquides,
　*Qui luy armoint & l'vn & l'autre flanc :
Oyze au Soleil seichoit les siens humides,
　Les separant sur son col net & blanc :
Et de ces iongz, Yonne, que tu portes,
Tu en tissois chapeaux de mille sortes.*

Lors se tirant sur le rocher sauuaige,
  L'vne apres l'autre ont fait plus d'vne fois,
  Hault rechanter tout le courbé riuaige,
  Soubz l'argentin de leurs celestes voix.
  Quelqu'vne ainsi consacre à la Memoire
  (S'il m'en souuient) de sa mere la gloire :
Tage, & Pactol à l'arene doree,
  N'ont merité l'honneur qui t'appartient,
  O fleuue heureux! de qui l'onde azuree
  Dessus son dos plus grans thresors soutient :
  Ton cours tortu, qui lentement distile,
  D'vn gras limon rend la terre fertile.
En mille tours par la Prouince heureuse
  Tes cleres eaux s'en vont ebanoyant :
  Tes bras y font mainte isle plantureuse
  De tous costez : & ainsi tournoyant,
  Entre haults murs ton onde etroitte & forte,
  Le riche honneur de l'abondance porte.
Les grans cyprez poussent bien hault sur l'herbe
  Leurs fiers sommetz à croistre exercitez :
  Le grand Paris d'vn tel fleuue superbe
  Leue son chef sur les autres citez,
  Non autrement qu'on void parmy les nues,
  Les haulx sourcils des grands Alpes chenues [109].
Quelqu'vn loura (dit la Nymphe seconde)
  Lyon, Rouen, Bordeaux, Orleans, Tours :
  Et ie diray la richesse feconde
  Du grand Paris, & ses superbes tours :
  Ses Temples sainctz & son Palaiz, qui semble
  Non vn Palaiz, mais deux citez ensemble.
Mere des ars ta haulteur ic salue,
  Ie vous salue aussi vous tous les Dieux
  Qui auez là vostre demeure elue
  Pour y semer les grans thresors des cieux :
  Pallas y est, & les Muses sacrees
  Sur Seine ont fait leurs riuaiges ascrees.
Comment te peut assez chanter la France,
  O grand FRANCOYS, *des neuf Seurs adoré?*

Tu as defaict ce vil monstre Ignorance,
　　Tu as refaict le bel aage doré :
　　Par toy premier au monde est reuenue
　　La belle Vierge aux vieux siecles congneue.
Les vertueux (dist la troizieme) viennent
　　Des vertueux : les fiers Taureaux ainsi
　　La braueté de leur source retiennent :
　　Des bons cheuaux les bons naissent aussi :
　　L'aigle haultain ne degenere & tombe
　　Au naturel de la simple columbe.
De ton FRANCOYS, *qu'vn autre n'eust peu suyure,*
　　En ton HENRY *à mesme vertu né,*
　　France, tu vois l'excellence reuiure,
　　Dont les haulx Dieux rien meilleur n'ont donné,
　　Ny donneront, bien qu'ils facent renaitre
　　Sept & sept fois le temps du premier estre.
Vy, Prince, vy : & de cent ans encores
　　Pour enrichir le seiour eternel
　　De nostre bien, ne vole ou reluit ores
　　Au plus beau lieu ton Astre paternel,
　　Qui d'œil benin ton franc peuple regarde,
　　Te fauorize, & ta place te garde.
Ainsi chantoint les trois Nymphes Senoizes,
　　Comme a l'enuy, quand Seine en se leuant,
　　Entrerompit leurs tant doulcettes noizes :
　　Et d'vne voix, qui persoit bien auant,
　　Fist resonner aux oreilles royales
　　L'heureux decret des trois vierges fatales[1].
Tu es venu finablement, ô Prince!
　　Et ie t'auoy' si long temps attendu :
　　Tu es au seing de ma belle Prouince
　　Entre mes braz heureusement rendu.
　　Ecoute doncq' de quoy m'ont asseurée
　　Les non menteurs oracles de Nerée.
Est-ce pas toy à qui les Dieux promettent
　　Tout le bon heur du monarque Romain?
　　Les Dieux qui ia par leurs arrests soumettent
　　Tout l'vniuers à ta puissante main?

J'en voy defia les depouilles captiues
Mifes par toy pour trophée à mes riues.
Ie voy tomber foubz les fleches Françoifes [111]
    Le Leopard [112], ton antiq' ennemy,
    Qui fouloit bruire aux foreftz Efcoffoizes.
    Le feu vangeur defia vole parmy
    La nef captive : au fang Anglois encore
    L'azur marin de pourpre fe colore ;
Ie voy defia la colomne eleuee
    De ta victoire : & ta gloire qui luit,
    Eft fi auant dans les cieulx engrauee,
    Qu'on la peult lire en l'obfcur de la nuit.
    Le beau Croiffant [113], qui le ciel François orne,
    Ameine en rond & l'vne & l'autre corne.
Vn lieu fe treuue hors le cours de l'annee,
    Loing de la voye au chariot luifant,
    Là où Atlas tient l'epaule inclinee
    Deffoubs l'effeul aux etoiles duifant,
    Là tu feras ta renommée entendre,
    Et iufqu'aux bords de la terre f'etendre ;
Bien toft apres Difcorde furieufe
    Soubs vn frein ferf prife tu meneras :
    Lors regnera la paix victorieufe :
    Lors de Ianus le temple fermeras,
    Et de laurier ta tefte couronnée,
    Adoncq' fera d'oliue enuironnée.
Ce nouueau fiecle, à l'antique femblable,
    Verra fleurir le fceptre de Valois.
    La Foy chenue [114], alors non violable,
    Tiendra le lieu des puniffantes loix.
    Vice mourra : & les nopces pollues
    Ne feront lors par amours diffolues.
A Dieu doncq' Roy, mon deftin me rapelle.
    Ainfi difant, le genoil auança :
    Puis tout à coup, auec fa troupe belle
    D'vn fault leger en l'onde fe lança :
    L'eau iette vn fon, & en tournoyant toute,
    Fait bouillonner mainte efcumeufe goutte.

CHANT TRIVMPHAL

SVR

LE VOYAGE DE BOVLONGNE.

M.D.XLIX. AV MOYS D'AOVST.

 Voicy le temps si long temps desiré
Ou noz ayeulx en vain ont aspiré,
Qui sur l'Angloys finablement rameine
La iuste (helas) mais trop tardiue peine.
 Les Dieux vengeurs par toy mis à mepris,
Superbe Angloys, veulent rendre le pris
A leurs autels & temples, que tu souilles,
Ornez iadis de nos serues depouilles.
 Du grand Henry, le bras puissant & fort
Auec les Dieux desia fait son effort,
De regaigner par ses fouldres belliques,
Le vieil butin des grand's pertes galliques.
 Si Mars nous a regardé quelquefois
D'vn œil felon, onques nul toutefois
S'est peu vanter de voir par luy dontée
Nostre vertu non iamais surmontée :
 Qui a tousiours cœur & force repris
De son malheur : comme le chesne appris
A reuerdir sa perruque nouuelle,
Apres le fer sa teste renouuelle.
 Non autrement que des dents que planta
Le fort Iason, la terre en enfanta
Hommes armez, France durant la guerre
Nouueaux enfans de son ventre desserre.
 Hydre iadis en ce point combatoit,
(Dit l'ennemy) quand Hercule abbatoit
L'vn de ses chefs, auec peine inutile,
Qui la rendoit par ses playes fertile.

Craindras tu donq', ô bon peuple de Mars,
Craindras tu donq' les flesches & les arcs
Du rouge Angloys ton antique auersaire [115],
Viuant HENRY, seul né pour le deffaire?
    Maint Roy Francoys a tenté le danger
Des fiers combats, pour la France vanger :
Mais à HENRY, enfant de la Victoire,
Le Ciel amy reseruoit ceste gloire.
Son nom fatal à l'Angloys familier,
Et le discours des astres regulier
Luy peuuent bien donner ferme asseurance
De ioindre en bref l'Angleterre à la France :
Alors sera des Roys plus orgueilleux
Presqu' adoré son sceptre merueilleux :
Et sera dict en la Francoise terre
Second du nom, neufieme en Angleterre.
    La Francoys, la, aidez vostre bon heur,
Fauorisez d'vn tel Prince l'honneur,
Et auancez par vostre diligence
De vos ayeulx la boyteuse vengence.
Vne Boulongne ou Calaiz ne sont pas
Puissans assez pour vous clore le pas,
Non l'Ocean, qui de vous aura crainte,
De sang Angloys voyant son onde teinte.
    Ia d'vn costé des nostres le grand cœur
A triumphé du souldard [116] belliqueur,
Qui soubs le coup de la hache Françoise,
En gemissant, mord la terre Ecossoise.
De l'autre donq' ne soyez endormis,
A fouldroyer voz mortelz ennemis,
Afin que d'eulx la depouille soit mise
Tout à l'entour des bords de la Tamise.
    C'est chose doulce & belle que mourir
Pour son pays & son Roy secourir.
De quoy te sert, ô personne craintiue !
Fuir la mort d'vne course hastiue?
Elle te suit, qui n'a point pardonné
Au doz craintif a la fuite addonné,

Ny au iaret trop peu ferme & debile
De la ieuneſſe à la guerre inhabile.
  La vertu ſeule, à qui a merité
Auoir le prix de l'immortalité,
Ouure le ciel, & d'vne aile courante
Laiſſe la terre à la tourbe ignorante.
Hercule ainſi par cet art glorieux
Iadis ſ'aſſiſt à la table des dieux,
Et des Iumeaux le ſigne heureux aux voiles,
Ainſi accreut le nombre des eſtoilles.
Ainſi Auguſte, ainſi le grand François,
Et toy HENRY, *quelque part ou tu ſois,*
la deſtiné, ta belle eſtoille ardente
Sera du ciel au plus hault euidente.
  Comme l'on void par la fureur des vents
En l'Ocean les flots ſ'entreſuyuans,
Tous argentez d'ecumes blanchiſſantes,
Heurter le front des riues gemiſſantes :
Ou les epiz ia non plus verdoyans,
D'vn ordre egal iuſqu'à terre ondoyans,
Faire vne mer de la blonde Champaigne,
Ou de la Beauce à la large campaigne :
Ainſi feront noz ſouldars par les champs
Contre l'Angloys à la guerre marchans,
Comme vn torrent debordé, qui emmeine
Tects & troupeaux contreual par la pleine.
  Là des premiers le hardy Vandomoys,
Guyſe, & ſon fort Aumale, mille fois
Par les ſcadrons feront la preſſe moindre,
Pour aux plus fors des ennemis ſe ioindre.
Auecques eulx on pourra voir auſſi
Noſtre Neſtor, le grand Mommorancy,
Vn ſainct André le bien voulu du Prince,
Et vn Sedan monarque en ſa prouince.
Le grand HENRY *ſur tous apparoiſſant,*
Comme vn ſapin aux montaignes croiſſant
Paſſe le freſne aimant la freſche riue,
Ou l'oliuier à la perruque viue,

Souillé du sang des souldars estrangers
Rendra les siens aueugles aux dangers,
Sans que son bras en vain descendre face
L'horrible coup de sa pesante masse.
   Tu n'as sans plus, ô des tiens le rampart !
Des plus haulx dieux la faueur pour ta part :
Du noir Pluton le triste domicile
Mesmes te rend la victoire facile.
   Ia long temps a, les filles d'Acheron,
Que maints serpents arment à l'enuiron,
Qui pour cheueux en mille neuds leur pendent,
Et noir venin leur distilent, & rendent,
Des cœurs Angloys inspirent au dedens,
Et leurs poisons, & leurs flambeaux ardens,
Qui font bruler par discordes ciuiles
Les fors chasteaux, & les superbes viles.
Du peuple serf l'effort seditieux
S'est opposé au noble ambitieux.
Mars les anime, & Discorde qui gronde,
Espend partout sa semence feconde.
   Io, Paris, il te fault recevoir
Ton prince heureux, lequel te vient reuoir,
Te promettant d'armes bien etophees
L'esté prochain mille & mille trophees.
Sus, que de ioye on face nouueaux feuz,
Qu'on rende à Dieu graces en lieu de veuz,
Qu'on s'esiouisse, & que chacun s'appreste,
Pour dedier de ce retour la feste.
La froide peur, France, a couru souuent
Parmy tes oz : donne la donq' au vent,
Puis que tu vois la magesté sacrée
De ton Seigneur, ou ton œil se recrée.
   O quantesfois Royne, & royale seur,
Vous auez craint, qu'en quelque lieu mal seur,
Ou trop auant aux assaulx & alarmes,
Il ne tentast la fortune des armes !
Maintenant donq', que ce mordant souci
Voz tristes cœurs ne ronge plus ainsi,

Laiſſez les veuts aux mariniers timides,
Et d'vn beau riz ſeichez ces yeulx humides.
Aux nouueaux raiz du matinal ſoleil
Les fleurs ainſi reprennent leur vermeil,
Dont les beautez ſe montroint effacées
Preſqu'à demy par les pluyes paſſées.
    N'auons[117] *encor' vous celeſtes eſpriz*
De noſtre court, quelque ouuraige entrepris
Digne du nom, dont la France vous priſe,
Et de ce Roy, qui tant vous fauoriſe?
Les vers ſucrez [118] *du luc melodieux,*
Qui reſiouiſt les hommes & les Dieux,
Auront le pris, ſi la Muſe heroïque
Ne fait ſonner ſa trompette bellique.
Ronſard premier oſa bien attenter
De faire Horace en France rechanter,
Et le Thebain (ô gloire ſouhaitable!)
Qu'à grand labeur il a fait imitable.
    Ainſi me fault quelque voye eprouuer
Pour Apollon & les Muſes trouuer,
Qui me feront en la terre ou nous ſommes
Voler vainqueur par les bouches des hommes.
I'ameneray le premier, ſi ie puis,
A mon retour au pays d'ou ie ſuis,
Les ſainctes ſœurs, qui me feront reuiure
Mieulx que la main qui anime le cuyure.
    De marbre noir au milieu d'vn beau pré
I'edifiray vn temple dyapré,
Tout au plus pres, ou Loyre plus profonde [119]
En l'Ocean fait couler ſa clere onde.
De marbre auſſi les coulonnes ſeront,
Qui en blancheur la neige paſſeront,
Auec l'autel conſtruict de meſme pierre
Encourtiné de laurier & de l'hyerre.
    De ce beau lieu la ſuperbe grandeur
Imitera du Croiſſant la rondeur,
Ou ſeront peints de Diane honorée
Les arcs, les traicts, & la trouſſe dorée.

On ne verra par le fer demolir,
Ny par l'orage, ou la flamme abolir
Cet œuure faict de matiere si dure,
Que la rigueur des siecles il endure.
 Là mon grand Roy sera mis au milieu
Sur piliers d'or, qui tout au tour du lieu
Tesmoigneront sa louange notoire,
Et sera dict le temple de victoire :
Là ie peindray comme il aura donté
Calaiz, Boulongne, & l'Anglois surmonté,
Puis l'Hibernie, & tout ce qui attouche
L'humide lict, ou le soleil se couche :
 Tu y seras de Florence l'honneur,
Royne en qui gist le comble de bon heur,
Que la Vertu digne epouze a fait estre
Du plus grand Roy que ce siecle ait veu naistre.
Toy Vierge aussi, miracle de ton temps,
Qui rend le ciel & nature contens,
Alors qu'en toy l'vn & l'autre contemple
De son sçauoir le plus parfaict exemple.
De voz grandeurs le prestre ie seray,
Et deuant vous maint hymne chanteray,
Duquel pourront les nations estranges,
Et noz nepueux apprendre voz louanges.
 Ce doulx labeur la Muse me donnoit
Lors que Henry à Boulongne tonnoit,
Luy faisant ia de son bras la vaillance
Chemin au ciel par le fer de sa lance.

VERS LIRIQVES.

A LA ROYNE.

ODE I.

La louange nous agrée,
  La louange nous recrée [120],
  Louange qui va foulant
  L'honneur de l'arene blonde
  Qu'Herme tourne dans son onde
  Tout trouble de l'or coulant.
La vertu est meprisée,
  Qui n'est point fauorisée
  Des Graces, contre ces trois,
  Le temps, la mort, & l'enuie,
  Desquels souuent est rauie
  La gloire mesme des Roys.
Royne donques ne refuse
  De l'humble & petite Muse
  Les vers, que i'ay mariez
  A ma lyre, qui accorde
  Leurs sons divers sur sa chorde,
  A ta grandeur dediez.
Par eulx n'agueres fut dicte
  Ceste belle MARGVERITE,
  Qui enclose en mes ecriz,
  Ainsi que la pierre honnore
  Son anneau, elle decore
  Mes vers d'assez petit priz.
Pourtant si tu es chantée
  Par la Muse tant vantée

Du tien Bouiu bien souuent,
Ne dedaigne point d'entendre
La mienne encor' ieune & tendre,
Qui met ses ailes au vent.
De Phebus la saincte bande,
A chacun qui le demande,
N'a fait liberalité
De pouuoir ainsi aux hommes,
Mesme en la terre ou nous sommes,
Donner immortalité.
Sur la riue obliuieuse
La noire tourbe enuieuse
Des corbeaux [121], fait deualer
Les noms, que de l'eau profonde
Les cygnes tirant sur l'onde,
Font par le monde voler.
Iadis Romme faisoit naistre
Aux disciplines adestre
Maint bon esprit feminin :
Mais ton Italie encores,
Dont la gloire tu es ores,
A eu le ciel plus benin.
Celle ou Ferrare se mire [122],
Qu'ores nostre France admire,
Seconde entre les siens luit,
Comme aux mariniers eclaire
Celle Tramontane claire,
Qui tant decore la nuit.
Royne à nulle autre seconde,
Le ciel t'a rendu feconde,
A fin de perpetuer
La race en France eternelle,
Qu'à la vertu paternelle,
On verra s'euertuer.
Morte est donq' la maladie,
Qui fut bien assez hardie
De monstrer quasi la nuict
A ce petit second Prince,

Qui ia en noſtre prouince,
Comme vn nouuel aſtre, luit.
Sus donq', qu'on chante, qu'on bale,
 Puiſque la main triſte & paſle
 A caché ſes dards hydeux.
Roy, en qui l'honneur ſe baigne,
 Et toy, ſa chere compaigne,
 Reſiouiſſez vous tous deux.
O dieux, combien eſt heureuſe
 La belle etoille amoureuſe,
 Qui plus fort que les ormeaux
 La vigne n'eſtreinɛt & lie,
 Vous tient, & que ne ſ'alie
 L'hyerre à ſes prochains rameaux.
Romme doncq' chante Lucrece,
 Et ta Penelope, ô Grece,
 Toy Pont celle de grand cœur,
 Qui ſuiuit par maintes terres
 Son mary parmy les guerres,
 Comme vn ſoudard belliqueur.
Et toy Carie honnorable
 Par ton ſepulchre admirable,
 Prens de ta gloire le fruit
 En la louange qui vole
 De celle qui ſon Mauſole
 Eterniza d'vn hault bruit.
La France dira ſans ceſſe
 Les vertus de ſa Princeſſe :
 Mais moy, ie les vanteray,
 Et tant les feray ſ'eſtendre,
 Qu'Arne pourra bien entendre,
 Les vers que i'en chanteray.

A TRESILLVSTRE
PRINCESSE MADAME MARGVERITE,

Seur vnique du Roy.

ODE II.

La saincte horreur que sentent
  Tous ceulx qui se presentent
  Craintifs deuant les dieux,
  Rendoit ma muse lente,
  Bien qu'elle fust bruslente
  De s'offrir à voz yeulx.
I'admiroy bien la grace
  Qui montre en vostre face
  Des cieux le plus grand soing :
  Mais si grande haultesse
  Mon humble petitesse
  Regardoit de bien loing.
Ores, ores le temple
  Des Graces ie contemple
  Desia plus d'vne fois.
  Et la coulonne seure,
  Ou humblement s'asseure
  Mon courage & ma voix.
Là mon ame incitée,
  Là mon ame agitée
  D'vne diuine ardeur,
  Comme toute ecstatique,
  Pend ce veu poëtique
  Deuant vostre grandeur.
De Dieu la bonté haulte,
  Bien qu'il n'ait de rien faulte,
  Reçoit pourtant à gré
  Vne volunté grande,

Qui fait petite offrande
A son autel sacré.
Si vostre bruit, qui touche
Le ciel, vole en la bouche
De l'Immortalité,
Pourtant il ne refuse
De ma petite muse
La liberalité.
Chante ma lyre doncques
Plus hault, que ne feiz onques,
Et parmy l'vniuers
Fay resonner sans cesse
Le nom de ma Princesse,
Seul honneur de mes vers.

A MELLIN DE SAINCT GELAIS.

ODE III.

Mellin, que cherist & honnore
La court du Roy, plein de bon heur :
Mellin, que France auoue encore
Des Muses le premier honneur :
Mes vers, qui souloient resonner
De Venus les ardentes larmes,
Audacieux vouloint tonner
De Mars les fouldroiantes armes.
Quand le dieu, qui regne en la lyre,
Ceinct du laurier victorieux,
Me reprist, de vouloir elire
Vn œuure tant laborieux.
Ne souille point le luc doré
Au sang, qui coule en la campaigne,

Ou le dieu en Thrace adoré
　　　Plein de pouldre & sueur se baigne.
Qui dira d'assez bonne grace
　　　Les trophées de Marignan [123] ?
　　　Ou l'Espaignol fuyant la face
　　　Du ieune Prince à Carignan ?
　　　La Parque sur noz ennemis
　　　Esbranlant son Vrne fatale,
　　　Et l'heur que les dieux ont promis
　　　Au grand Henry, *qui les egale ?*
Que ceulx là les batailles chantent
　　　Plus hault que le Grec ou Romain,
　　　Qui la bonne fortune sentent,
　　　Et l'heur de la royale main.
　　　Des Indes le premier vainqueur,
　　　Le soing qui la ieunesse amuse,
　　　Et l'archer qui blesse le cœur,
　　　Seront les labeurs de ma muse.
Labeur est en petite chose,
　　　Mais non petit honneur attent
　　　Celuy qui heureusemēt ose,
　　　Et Phebus inuoqué l'entend.
　　　Si Homere & Virgile ont pris
　　　L'honneur de la premiere place,
　　　Pourtant n'est demeuré sans pris
　　　Le nom de Pindare & d'Horace.
Celuy, à qui le ciel n'ottroye
　　　Le plus fort des Grecz ressembler,
　　　Qui les superbes murs de Troye
　　　Fist mille & mille fois trembler,
　　　Desdaigner il ne doit pourtant
　　　La vertu Salaminienne [124],
　　　Ou celuy qui en combatant
　　　Blessa Mars, & la Cyprienne.
Comme la Saone doulce & lente
　　　Dedans son sein non fluctueux,
　　　Coule beaucoup moins violente,
　　　Que le fort Rhosne impetueux :

Mellin tes vers emmielez
Qui auſſi doulx que ton nom coulent,
Au nectar des Muſes meſlez,
L'honneur de tous les autres foulent.
Celuy qui n'a eu fauorable
La Muſe lente à ſon ſecours,
D'vn artifice miſerable
Enfante les ſiens durs & lours.
Pourquoy doncques ſi longue nuit
Veulx tu ſur tes labeurs eſtendre,
Opprimant la voix de ton bruit,
Qui malgré toy ſe fait entendre?
Telle eſt la vertu qu'on palie,
Eſtant à ſoymeſmes cruel,
Que la pareſſe enſeuelie
D'vn ſilence perpetuel.
Sus mon luc, va toy repoſer
En la royale Margverite,
Que le ciel voulut compoſer
Sur le protraict d'vne Charite.

A MADAME MARGVERITE.

D'ESCRIRE EN SA LANGVE.

ODE IIII.

Quiconque ſoit qui ſ'eſtudie
En leur langue imiter les vieulx,
D'vne entrepriſe trop hardie
Il tente la voye des cieulx,
Croyant en des ailes de cire,
Dont Phebus le peult deplumer :

Et semble à le voir qu'il desire
　Nouueaux noms donner à la mer.
Il y met de l'eau, ce me semble,
　Et pareil (peult estre) encor' est
　A celuy qui du bois assemble,
　Pour le porter en la forest.
Qui suyura la diuine Muse,
　Qui tant sceut Achille extoller [125] ?
　Ou est celuy qui tant s'abuse
　De cuider encores voler
Ou par regions incongneues
　Le cygne Thebain [126] *si souuent*
　Dessoubs luy regarde les nues,
　Porté sur les ailes du vent?
Qui aura l'haleine assez forte,
　Et l'estommac, pour entonner
　Iusqu'au bout la buccine torte,
　Que le Mantuan [127] *fist sonner?*
Mais ou est celuy qui se vante
　De ce Calabrois [128] *approcher,*
　Duquel iadis la main scauante
　Sceut la lyre tant bien toucher?
Princesse, ie ne veulx point suyure
　D'vne telle mer les dangers,
　Aimant mieulx entre les miens viure,
　Que mourir chez les estrangers.
Mieulx vault que les siens on precede,
　Le nom d'Achille poursuyuant,
　Que d'estre ailleurs vn Diomede
　Voire vn Thersite bien souuent.
Quel siecle esteindra ta memoire,
　O Boccace! & quelz durs hyuers
　Pourront iamais seicher la gloire,
　Petrarque, de tes lauriers verds?
Qui verra la vostre muëtte
　Dante, & Bembe à l'esprit haultain!
　Qui fera taire la musette
　Du pasteur Neapolitain [129] ?

Le Lot, le Loyr¹³⁰, Touure & Garonne,
A voz bords vous direz le nom
De ceulx que la docte couronne
Eternize d'vn hault renom.
Et moy (si la doulce folie
Ne me decoit) ie te promés
Loyre, que ta lyre abolie,
Si ie vy, ne sera iamais.
MARGVERITE *peut donner celle*
Qui rendoit les enfers contens,
Et qui bien souuent apres elle
Tiroit les chesnes escoutans.

A TRESILLVSTRE PRINCE MONSEIGNEVR REVERENDISS.

CARDINAL DE GVYSE.

ODE V.

Le sentier de la vertu
N'est vn grand chemin batu,
Ou tous viateurs arriuent :
C'est vn sommet hault & droict,
Epineux, & fort estroict ;
Aussi peu de gens le suyuent.
Heureux, qui pour y monter,
Tout labeur peut surmonter,
Quelque danger qu'il y voye :
Celuy qui iadis naquit
D'Alcmene, le ciel aquit,
Ayant esleu ceste voye.
O Prince bien fortuné !

Le ciel prodigue a donné
  Ce bon heur à ta ieuneſſe,
  Ie dy ce meſme bon heur,
  Dont à peine a eu l'honneur
  La plus conſtante vieilleſſe.
Le Printemps deſſus les fleurs
  En mille & mille couleurs
  Peint la premiere apparence
  Des fruicts de l'eſté ſuiuant :
  Mais les tiens ſont nez auant,
  Que d'en donner l'eſperance.
De leurs mains les meſmes dieux
  Se ſont peints dedans tes yeulx,
  Et en ton eſprit encore :
  Ton grand Roy le congnoiſt [131] bien,
  Et ſa France voit combien
  Il te cheriſt, & honnore.
Et qui n'y eſt inuité
  Par ta douce gravité ?
  A qui n'eſt deſia congneue
  A voir tes geſtes duiſans,
  Meſme en ces tant ieunes ans,
  Ceſte vertu tant chenue ?
Quel ennemy du François,
  Quelle ville, mais ainçois
  Quelle mer, ou quelle terre
  N'a congneu iuſques ici
  Ton pere & freres auſſi,
  Ces trois fouldres de la guerre ?
Qui n'oit encore le nom,
  Qui fait bruire le renom
  Du grand Prelat de Loraine :
  Dont le tige antiq' & beau
  Eſt planté ſur le tombeau
  De la fameuſe Sereine [132] ?
Le mont [133] qui fut enuoyé
  Deſſus le doz fouldroyé
  N'eſclaire d'vn plus grand luſtre

*Que ton sang dessus les lieux
Ou tes couronnez ayeux
Ont haussé le chef illustre.*

A MONSEIGNEVR REVERENDISS.

CARDINAL DE CHASTILLON.

ODE VI.

*Quelle grande vertu
  Maintenant ose tu
  Celebrer, ô ma Muse?
  Cet œuure humain n'est pas,
  Et ton pouuoir trop bas
  Si grand' charge refuse.
Le luc melodieux
  A bien chanté les dieux,
  Et leurs enfans encore :
  Chanton' les donq' aussi,
  Et entre eux cestui ci,
  Qui Chastillon decore.
Ie sens desia combien
  Mes vers luy plaisent bien,
  Ie sçay qu'il fauorise
  Cet honneste labeur,
  Que retardoit la peur
  De ma ieune entreprise.
Que diray-ie premier
  De luy, tant coustumier
  D'aymer ceulx qui escriuent
  Les vers laborieux,*

Par qui victorieux
　　　Les noms au ciel ariuent?
Heureux qui scait gouster
　　Ce qui le peult ouster
　　Des mains de la mort blesme :
　　Vrayment il ne mourra,
　　Mais viuant se pourra
　　Tirer du tumbeau mesme.
Maint Prince, dont le nom
　　Se taist, a eu renom
　　Deuant Charles en guerre.
　　D'vn seul Roland si fort,
　　D'vn seul Regnauld l'effort
　　N'a fait trembler la terre.
Maints viuans ont eu bruit,
　　Dont or' la longue nuict
　　Enseuelist la gloire :
　　Pource qu'ils n'ont point eu
　　Qui leur morte vertu
　　Feist viure en la memoire.
Mais ie voue & promés
　　De n'endurer iamais
　　Que l'oubly sacrilege
　　Morde sur mon grand Roy,
　　Sur ton oncle & sur toy,
　　L'honneur du sainct College.
Iadis le grand Atlas
　　Quand son dos estoit las
　　Soubs le faix tant moleste,
　　Se tenoit bien plus seur,
　　Ayant vn successeur
　　A sa charge celeste.
Hercule sceut combien,
　　Le secoururent bien
　　Les flammes punissantes,
　　O d'Egée le filz,
　　Quand steriles tu feiz
　　Les testes renaissantes.

Et ta nef bien souuent
  Fut maistresse du vent
  Ayant Typhis[124] *pour guyde,*
  Quand tu alois, Iason,
  Voir la riche toison
  En la terre Colchide.
O grand Mommoranci,
  Tu seras donq' ainsi
  A ce Roy nostre Prince
  Le plus grand des Chrestiens,
  Qui dessoubs luy soustiens
  Le faiz de sa prouince.
Angloys, reprenez cœur
  Contre HENRY *vainqueur,*
  Boulongne estant reprise :
  Osez encor' armer
  Et la terre, & la mer ;
  Vaine est vostre entreprise.
Prelat, les fors Iumeaux
  Dessus les grandes eaux
  Leurs estoilles font luire :
  Tes deux freres vaillans
  Pour France bataillans
  Leurs noms y feront bruyre.

L'AVANTRETOVR EN FRANCE

DE MONSEIGNEVR REVERENDISS.

CARDINAL DV BELLAY.

—

ODE VII.

Tu viendras donq' finablement
Heureux Prelat, & à la suite

Retourneront semblablement
L'esprit, la vertu, la conduite,
Qui te suiuent ou que tu voises,
Veillant aux affaires Françoises.
Les dieux & les astres aussi
Fauoriserent bien la France,
Qui en toy feirent naistre ainsi
La mesme mort de l'ignorance.
Le ciel, qui ton esprit admire,
Dedans son ouuraige se mire.
Ou est le lieu, qui n'a congneu
Ce grand Langé inimitable,
Dont le renom est paruenu
Aux fins de la terre habitable ?
Qui est celuy nostre auersaire,
Qui n'a veu ce qu'il sçauoit faire ?
Cæsar a senty mille fois,
Que pouuoit la sage entreprise,
La vertu, la plume, la voix
Qu'encores tout le monde prise,
De celuy, qui n'a, ce me semble,
Laissé que toy, qui luy ressemble.
Le ciel cruel, à qui sembla
France par vous deux trop puissante,
Las, par mort vous desassembla,
Dont mon ame en est gemissante :
Saichant bien qu'vne telle perte
Iamais ne sera recouuerte.
Ce grand Roy gueres n'admiroit
Celuy dont Troye se lamente,
Qui dix Nestors se desiroit,
Non vne force vehemente.
Le miel qui les oreilles touche
A Nestor couloit de la bouche.
Le saige Grec, dont le parler
Sembloit aux neiges hyuernales,
Que le Printemps fait deualer
Par les montaignes inegales,

Congneut par cent mile traverses
Et hommes & citez diuerses.
Sa chaste epouze ce pendant
De poursuiuans sollicitée,
Fut bien vingt hyuers attendant
L'heure heureuse tant souhaitée,
Qui apres la rendit contente
Par le fruit de sa longue attente.
La France, qui bien aperçoit
Combien vault vn esprit si saige,
Apres longs trauaulx te reçoit
Auecques vn ioyeux visaige :
Si fait ton Roy, bien heureux Prince,
D'auoir tel homme en sa prouince.
Haste toy donq', & n'attens pas
Que la grand' epaule chenue
Des Alpes deçoiue tes pas.
Paris, ioyeux de ta venue,
Ia de loing venir te regarde :
Mon dieu, que l'arriver me tarde !
Io ma lyre, io ie veulx,
Qu'vn tel iour me soit tousiours feste,
Pour payer tous les ans mes veutz.
Sus donq', qu'vn autel on m'appreste
D'hierre à la racine velue,
Et de veruene cheuelue.
Celui Macrin, que tu congnois[135],
Aux Latins sacra ta memoire :
Et moy, apres ce Loudunoys,
Aux François ie chante ta gloire,
Tant i'ay desir de voir en France
Les Muses faire demourance.
Le Lesbien[136] ses vers sonnoit
Parmy les armes non timide,
Ou quand à sa nef il donnoit
Repos sur le riuaige humide.
Prelat, te plaise temps elire
Pour mes vers ecouter, ou lire.

Des vents encores foutenu,
  Sortant du maternel boccaige
  L'oyfeau par fentier incongneu
  Tente le premier nauigaige
  Des ailes, que fa mere guyde,
  L'affeurant parmy l'air liquide.
Moy ieune & encores peu fier
  Laiffant la maifon paternelle,
  Au ciel ie m'oferay fier,
  Deffoubs la faueur de ton aile :
  Aile, dont la plume dorée
  De tout le monde eft adorée.
O la grand' ardeur que i'auois
  D'appaifer ma foif en ceft' onde,
  Qui veid à fon bord quelque fois
  Les dépouilles de tout le monde !
  Et la grand' cité, qui encore
  Ainfi qu'vn demi-dieu t'adore.
Ie bruloy' tous les iours apres,
  Alors que les fieures cruelles
  Mes oz vont ronger de fi pres,
  Qu'ilz n'ont quafi plus de mouelles;
  Ia-defia me montroit la Parque
  De Charon la fatale barque :
Mais les dieux n'ont voulu chaffer
  De moy cet heur tant fouhaitable,
  Que d'eftre tien, feuft pour paffer
  Le froid Caucafe inhofpitable,
  Ou parmy les ondes auares
  Le deftroit des Syrthes barbares

CONTRE LES AVARITIEVX.

ODE VIII.

Toy, de qui la richeſſe excede
Celle que l'Afrique poſſede,
Et les grands theſors non touchez
Qui ſont en la terre cachez :
Combien que deſia ſoint compriſes
En ce Palaiz, que tant tu priſes,
Plus des deux pars de la Cité ;
Si la dure neceſſité,
Qui à toutes les loix renonce,
Ses cloux de dyamant enfonce
Deſſus toy iuſq'au dernier point,
Ton ſerf eſprit ne ſera point
De peur deliure, ny ta teſte
Des liens, que la mort t'appreſte.
Le Scythe a plus grande raiſon,
Qui ſa vagabunde maiſon
Par tout, ou bon luy ſemble, meine :
Et les Getes durs à la peine
Nature a trop mieulx contentez
Qui ont leurs champs non arpentez :
Et ou la culture annuelle
A chacun n'eſt perpetuelle.
Venus & la forte liqueur,
Qui arrache le ſoing du cueur,
Les viandes elabourées
Auec ſauces bien ſauourées,
Le ſon du luc, & ſur les eaux
Le doulx ramaige des oyſeaux
N'oſtent de l'or la faim ſacrée
Au cueur ambicieux ancrée,

Qui iamais ne fent en fon œil
Couler l'emmiellé fommeil :
Le doulx fommeil plus toft habite
La maifonnette humble & petite
Du berger ou du laboureur,
Que le Palaiz d'vn Empereur.
La mer qui eft tempetueufe
Par la defcente impetueufe
De l'Arcture, ou par le leuer
Du Bouq ne fceurent [131] oncq' greuer
Celuy qui d'affez fe contente.
La grefle qui deçoit l'attente
Du vigneron, le champ trompeur,
L'arbre fans fruict, ne luy font peur :
Soit que la terre foit bruflée
Du chault, ou par l'hyuer gelée.
Pourquoy en auroit-il ennuy,
Puis qu'immortelz ainfi que luy
Sont les biens ou fon cueur il fiche ?
O l'homme heureux! ô l'homme riche !
Si les honneurs ambicieux,
Les Palais eleuez aux cieux,
Le doulx nectar & l'ambrofie
Ne contentent la fantafie
De celuy qui nourrit le foing
D'vn cœur à foymefmes tefmoing,
Pourquoy hausseray-ie les voiles
Deffoubz la faueur des etoiles?
Par mile & par mile dangers
Suyuant les thefors etrangers,
Et la pauureté renaiffante,
Auec la richeffe croiffante,
Vole donq' auare marchant,
Des Indes au foleil couchant ;
Et du Septentrion encore
Iufq'au bord de la terre more,
Cerne le tour continuel,
Si tu veux, de l'aftre annuel

Auecques vn labeur extreme,
Et te fuy, ſi tu peux, toymeſme :
Pourtant ſi ne fuiras tu pas
Le ſoing qui te ſuit pas à pas,
Et la crainte qui tourne & vire
Le gouuernail de ta nauire.
 Moy, que la Muſe veult aimer,
Par les vents ie feray ſemer
Tout le ſoucy qui me fait guerre
Deſſus l'ennemie Angleterre
Ou regne l'horrible fureur
D'Erynnis, auec' la terreur
Des armes & de l'entrepriſe
De Henry, *que Mars fauoriſe.*

A BOVIV.

LES CONDITIONS DV VRAY POETE.

ODE IX.

Boviv, *celuy que la Muſe*
 D'vn bon œil a veu naiſſant.
De l'eſpoir qui nous abuſe,
 Son cœur ne va repaiſſant.
La faueur ambitieuſe
 Des grands, voluntiers ne ſuit,
 Ny la voix contentieuſe
 Du Palaiz, qui touſiours bruit.
Sa vertu n'eſt incitée
 Aux biens que nous admirons.

Et la mer follicitée
 N'eft point de fes auirons.
La vieille au vifaige blefme [135]
 Iamais greuer ne le peult,
 Qui fe tourmente elle mefme,
 Quand tourmenter elle veult.
Son eftoille veult qu'il viue
 Toufiours de l'amour ami,
 Mais la volupté oyfiue
 Ne l'a onques endormi.
Il fuit voluntiers la vile,
 Il hait en toute faifon
 La faulfe tourbe ciuile
 Ennemie de raifon.
Les fuperbes Collifées,
 Les Palaiz ambitieux,
 Et les maifons tant prifées
 Ne retiennent point fes yeux :
Mais bien les fontaines viues
 Meres des petits ruiffeaux
 Autour de leurs verdes riues
 Encourtinez d'arbriffeaux :
Dont la frefcheur qui contente
 Les beufz venans du labeur,
 De la Canicule ardente
 Ne fentit onques la peur.
Il tarde le cours des ondes,
 Il donne oreilles aux bois,
 Et les cauernes profondes
 Fait rechanter foubs fa voix :
Voix que ne feront point taire
 Les fiecles f'entrefuiuans :
 Voix, qui les hommes peult faire
 A eulx mefmes furuiuans.
Ainfi ton bruit qui f'ecarte,
 Boviv, tu feras parler,
 Ainfi ta petite Sarte [136]
 Au mefme Pau f'efgaler.

O que ma Muſe a d'enuie
  D'ouyr (te ſuiuant de pres)
  La tienne des bois suyuie
  Commander à ces foreſtz !
En leur apprenant ſans ceſſe,
  Et à ces rochers ici,
  Le nom de noſtre Princeſſe,
  Pendant que ma lyre auſſi
Ceſte belle MARGVERITE
  Sacre à la poſterité,
  Et la vertu, qui merite
  Plus d'vne immortalité.
O l'ornement delectable
  De Phebus! ô le plaiſir,
  Que Iupiter à la table
  Sur tous a voulu choiſir !
Luc, qui eteins la memoire
  De mes ennuitz, ſi ces doigtz
  Ont rencontré quelque gloire,
  Tienne eſtimer tu la doibs.
Ou me guidez vous Pucelles,
  Race du Pere des dieux ?
  Ou me guidez vous les belles,
  Et vous Nymphes aux beaux yeux ?
Fuyez l'ennemy riuaige,
  Gaignez le voiſin rocher :
  Ie voy de ce bois ſauuaige
  Les Satyres approcher.

DE L'INNOCENCE,

ET DE N'ATTENTER CONTRE LA MAGESTÉ DIVINE.

ODE X.

Qui vers le ciel les mains renuerſera,
 L'œil & le cœur, & la doulce faconde,
 Des bienheureux le plus heureux ſera,
 Et la fureur de l'air ne bleſſera
 Ses blez ioyeux, ny ſa vigne feconde.
Il ne craindra le bras du fier Angloys,
 Qui ſa vertu porte encloſe en ſa trouſſe :
 Beſoing n'aura du fidele carquoys
 Plein de ces traicts, que ſouuent l'arc turquoys
 Enuenimez contre l'ennemy pouſſe.
D'vn mur d'airain ſon cœur enuironné
 La froide peur ne peindra dans ſa face,
 Soit que le pere ait en fureur tonné,
 Ou que le vent ſoubs la terre entonné
 Les fondemens du monde trembler face.
Celui qui a engraué bien auant
 Dedans ſon cœur la coulpe vengereſſe,
 Son peché palle il voit courir deuant
 Les piedz aiſlez de la peine ſuiuant'
 Qui ia-deſia les deux talons lui preſſe.
Il ſent encor' les furieux ſerpens,
 Auec' l'oiſeau qui te ronge & moleſte,
 Toy, dont le corps couure bien neuf arpens,
 Et toy auſſi qui en vain te repens
 Du larecin de la flamme celeſte.
Ce fut au temps que ce languiſſant corps
 Sentit premier les fieures tant cruelles.
 Mille malheurs, mille ſortes de morts,

*Le ciel vengeur feift defcendre, & alors
La mort boiteufe à fes piedz mift des aifles.*
 Que n'ont ozé les hommes attenter
  Contre les dieux? cet audacieux feuure[140]
  De l'air iadis le vyde ofa tenter :
  Mais bien l'Enfer ne fe peult exempter,
  Que fon obfcur mefmes on ne defcœuure.
Celui vrayment contre dieu s'efleua,
 Qui feift premier le tonnerre imitable :
 Ce fut celui qui le canon trouua,
 Et Salmonée encores eprouua
 De Iupiter la foudre veritable.
A fon dommaige Orion quelquefois
 Tenta la Vierge aux forefts tant congneue,
 Trois cens liens enchainent Pirithoys,
 En mefme erreur, Ixion, tu eftois,
 Quand tu aimas la tromperefſe nue.
Et qui ne fcait comment le Roy des dieux,
 Dont le fourcil fait trembler ciel & terre,
 Brifa iadis l'efcadron furieux,
 Qui pour monter au ciel victorieux
 Ofa dreffer la facrilege guerre ?

AV SEIGNEVR DV BOYSDAVLPHIN.

Maistre d'hostel du Roy.

ODE XI.

Les Roys font enfans des dieux,
 Les dieux les Roys fauorizent,
Et bien font vouluz des cieux,
 Qui les honnorent & prifent.

Ceulx qui des Roys ont la grace,
N'ont pas vn petit bon heur,
Et qui honnore leur face,
Aux Roys mesmes fait honneur.
Ton Prince qui bien entend
La grandeur de ton merite,
Sur toy sa faueur estend,
Faueur, qui n'est pas petite.
Mais qui bien te congnoist ores,
Et n'est aussi congnoissant
L'esprit, qui est plus encores
Que son corps, apparoissant?
Ma lyre, qui sceut chanter
Nagueres des Roys la gloire,
S'ose encores bien vanter
D'eterniser ta memoire.
La nature me feist naistre
De ton sang non gueres loing,
Et à vertu me fait estre
De tes honneurs le tesmoing.
Celuy qu'amour de soy poingt,
Sa figure ait contrefaicte :
Le tableau ne parle point,
Et la statue est muëtte.
Les vers iamais ne se taisent :
De vers pauure ie ne suis.
Les vers (Boysdaulphin) te plaisent :
Des vers donner ie te puis.

A CARLES.

ODE XII.

Laisse de celuy les dangers,
Qui veid maintz peuples estrangers,

Apres auoir donné en proye
Les murs de la fatale Troye.
Il fault plus grand œuure mouuoir,
Et tu en as bien le pouuoir
Carles, dont la Muse prisée
Est du Roy tant fauorisée.
La donc' fay ta plume voler,
Pour France & son Prince extoller :
Et auec vne voix hardie
Sonne l'Angloyse tragedie.
Tu pourras bien tout à loisir
Le vent & la saison choisir,
Pour ramener au port d'Itaque
Le pere au saige Telemaque.
Le grand vainqueur de l'vniuers
Dist le Grec gisant à l'enuers
Bien heureux, dont sa gloire insigne
Trouua d'Homere la buccine.
O prince heureux, ou que tu sois,
Ton siecle & ton peuple François,
Et heureux tous ceulx dont tu parles,
O la docte Muse de Carles !
Qui eust congneu les longs erreurs,
Et les belliqueuses terreurs,
Ou la vertu presqu'incroyable
De ce grand Troyen pitoyable :
Qui eust sceu de Mars les enfans,
Leurs lauriers, leurs chars triumphans,
Si ores l'enuieux silence
A leurs noms faisoit violence ?
Les sepulchres laborieux,
Collosses, Arcz victorieux,
Et les batailles engrauées
Sur les columnes eleuées :
La main du peintre, & la faueur
De l'ingenieux engraueur,
Le tableau, le marbre & le cuyure,
Qui font les hommes deux fois viure,

Ne ſcauroint ſi bien exprimer,
 Ce qui HENRY fait eſtimer,
 Comme le ſonnent en leur onde
 Les flots de la docte Gyronde [1].
I'oy la buccine à ceſte fois,
 Auec l'epouuentable voix
 Du canon qui l'oreille etonne,
 Et le hault phyfre qui reſonne.
Ia le harnoys reſplendiſſant
 Fait peur au cheual haniſſant,
 Et aux yeux du ſouldard timide,
 Qui fait de ſang la terre humide.
Ie voy les vainqueurs cheualiers
 Ardents au milieu des miliers,
 Souilleʒ des piedʒ iuſqu'à la teſte
 D'vne pouldre non deſhonneſte.
Quel champ par la main des Valoys
 N'eſt engreſſé du ſang Angloys?
 Qui n'oit le bruit que fait la terre
 Soubs la ruine d'Angleterre?
Quel deſtroict, quel haure & rocher
 Ne void les nefʒ s'entreaccrocher?
 Sur l'onde le flotant bagaige,
 Et le feu qui la mer ſaccaige?
Mais affin, luc trop couraigeux,
 Que tu ne delaiſſes tes ieux,
 Ceſſe ton chant, ou bien accorde
 Vn plus doulx ſon deſſus ta chorde.

A HEROET.

ODE XIII.

Les Traces chantent leur Orphée,
La Grece encores ſe debat

De cil qui du Troyen combat
    Dreſſa le ſuperbe trophée.
Thebes encor' eſt glorieuſe
    Du luc ſur tous le mieulx appris [142],
    Qui donne en Olympe le pris
    De la palme victorieuſe.
Paris, mais bien la France toute,
    De Seine [143] oit tous les iours le ſon
    Qui fait de toy mainte chanſon,
    Que noſtre ſiecle heureux ecoute.
Heroët aux vers heroïques,
    (Subiect vrayment digne du ciel)
    Qui en doulceur paſſent le miel,
    En grauité les fronts Stoïques :
Ta Muſe, des Graces amie,
    La mienne à te louer ſemond,
    Qui ſur le hault du double mont [144]
    As erigé l'Academie.
Si l'on doibt croire à Pythagore,
    Qui les corps fait reanimer,
    On peut, Heroët, eſtimer
    En toy celuy reuiure encore,
A qui iadis [145] dedans la bouche
    Les abeilles alloint formant
    Le miel, lors qu'il eſtoit dormant,
    Encor' enfant, dedans ſa couche.
Tu as rompu l'arc [146] & la trouſſe
    Du ieune archer malitieux,
    Qui bleſſoit la terre & les cieulx,
    Luy baillant nature plus doulce.
Venus, qui n'a plus de puiſſance,
    En vain par tout cherche ſon filz,
    Que n'a gueres voler tu feis
    D'ici au lieu de ſa naiſſance.
Sus, Muſes, que l'on enuironne
    Le front ſcauant de ceſtuici,
    Qui a bien merité auſſi
    De voz mains receuoir couronne.

Voz mains donques la luy compofent
  Non du victorieux laurier,
  Mais du pacifique oliuier,
  Deffoubs qui les loix fe repofent ¹⁴⁷.

A MERCVRE ET A SA LYRE.

POVR ADOVCIR LA CRVAVTÉ DE SA DAME.

ODE XIIII.

Neueu d'Atlas, qui donnas le pouuoir
Au vieil Thebain ¹⁴⁸, *des pierres efmouuoir,*
Et toy encor', ó coquille dorée ¹⁴⁹,
Des plus grands Roys au vieux fiecle adorée,
  Monftre moy les accords
  Des accordans difcords,
  Dont ma doulce ennemie
  Se puiffe emerueiller,
  Et face reueiller
  Son oreille endormie.
Ell' fuit ainfi que la ieune iument,
Qui va l'ardeur des cheuaulx allumant
Deça delà, iouant par les campaignes,
Ou fur le doz des prochaines montaignes.
  Des nopces le doulx poinct
  Encores ne la poingt
  (La fauuaige & farouche);
  Mais d'vn pié non oifif,
  Fuit le mari lafcif,
  De peur qu'il ne la touche.
Tu peulx mener les compaignes foreftz,
Tygres, lyons, te vont fuiuant de pres:

Et foubs ton chant les riuieres bruyantes
Hauffent la bride à leurs ondes fuyantes.
 Le portier aboyant
 Tes chanfons fut oyant,
 Bien que fa tefte porte
 Serpens pleins de laideur,
 Et que puante odeur
 De fes trois gueulles forte.
Le grand Tytie à l'œil fier & hydeux,
Et Ixion rirent en depit d'eulx :
La rouë auffi, qui iamais ne f'arrefte,
Auec la pierre à t'efcouter fut prefte.
 La doulceur de ta voix
 Arrefta quelquefois
 Le Buffard toufiours vyde,
 Ce pendant que chantant
 Tu alois efbatant
 La race Danaïde.
Efcoute donq' de ces vierges ici
La cruauté, & les tourments auffi,
Celle qui m'eft en plus cruelle peine,
Qu'à leurs maris cete gent inhumaine ;
 Dont l'vne feulement,
 Qui mentit noblement
 A fon pere infidele,
 Valoit bien que le fruit
 De nuptiale nuit
 Ne fuft efloingné d'elle.
Sus, leue toy tout bas dift elle adonc'
Au ieune epoux, que ton fommeil trop long
Tout maintenant par la tourbe cruelle
Ne foit mué en nuit perpetuelle.
 Defia toutes ont mis
 Leurs efpoux endormis
 A mort les inhumaines :
 La lyonne courant'
 Ainfi va deuorant
 Les veaux parmy les plaines

Moy, que pitié & l'amour de toy poingt,
O mon amy! ie ne t'occiray point :
Haſte toy donq', ta vie helas ie n'oſe
Tenir ici plus longuement encloſe.
  Soint de peſans liens
  Chargez les membres miens,
  Ou face que i'endure
  Exil perpetuel
  Le mien pere cruel,
  Pour n'auoir eſté dure.
Fuy de rechef ou le vent te conduit,
Fuy ce pendant que Venus & la nuit
Donnent faueur à ta courſe haſtiue :
Ie demouray en ta place captiue.
  Sur mon ſepulchre au moins
  Graue ces pleurs teſmoings
  De mon amour extreme :
  Teſmoings d'or' enauant,
  Que ie t'ay fait viuant
  Par la mort de moymeſme.

LA LOVANGE

DV FEV ROY FRANCOYS ET DV TRESCHRESTIEN ROY HENRY.

ODE XV.

Combien tu doibs France à ceulx de Valoys,
 Teſmoings en ſont les armes & les loix,
 Qui ont fleury ſoubs FRANCOYS, *ainſi comme*
Iadis en Grece, & ſoubs Auguſte à Romme.

C'est luy qui a de ce beau Siecle ici,
  Comme vn soleil, tout obscur eclairci,
  Ostant aux yeulx des bons espritz de France
  Le noir bandeau de l'aucugle ignorance.
C'est luy premier, qui du double coupeau
  A ramené des Muses le troupeau,
  Pour consacrer à leur mere la gloire
  Du Lot, du Loyr, de la Touure, & de Loyre :
Si n'a-il point vn plus grand œuure faict,
  Que de laisser vn enfant si parfaict
  Comme ce Roy, qui rendra eternelle
  Par sa vertu la vertu paternelle.
Comme l'oyzeau de prodige annonceur,
  Du blond Troyen fidele rauisseur,
  A qui des dieux le souuerain otroye
  Les vagabonds volatiles en proye,
Des plus doulx vents au printemps soutenu,
  Vole hardy parmy l'air incongnu
  Si tost que l'aage & vigueur paternelle
  Dehors le nid ont esbranlé son aile,
Suit les oizeaux, puis faict plus couraigeux,
  Ose assaillir les serpents outraigeux :
  Tel fut senty, & tel sera encore
  Ce nouueau Roy, que nostre siecle adore.
La bische ainsi, ou le ieune cheual,
  Ont veu de loing descendre contreual
  Le lyonceau hardy, qui les deuore
  Auec' ses dents innocentes encore ;
Qui tost apres ose en fureur saillir,
  Pour les taureaux indomtez assaillir,
  Et appaiser par le sang qu'il en tire,
  Sa longue faim, & l'ardeur de son ire.
Iadis, Angloys, iadis preuue tu feis,
  Que c'est d'auoir de François esté filz,
  Et combien vault la bonne discipline
  Au naturel qui à vertu s'incline.
Maintenant donq' eprouuer tu peuz bien,
  Par la grandeur de tes pertes, combien

D'vn si grand Roy peult la saige entreprise,
Et la vertu, que le ciel fauorise.

A MADAME
LA COMTESSE DE TONNERRE.

ODE XVI.

Haulte vrayment dire i'ose
   Trois & quatre fois la chose,
   Ou les feminins espriz
   N'ont peu quelquefois attaindre.
   Bien doit donq' la cheute craindre,
   Qui a tel œuure entrepris.
Dieu leur a donné des aisles,
   Qui sont bien assez isnelles,
   Pour voler iusques aux cieux.
   Quelle grandeur de couraiges!
   De leurs belliqueux ouuraiges
   Tesmoings furent noz ayeux.
Le bruit iusqu'ici resonne
   De celle braue Amazone,
   Qui par l'espez des milliers,
   A Mars se donnant en proye,
   Feist rougir les champs de Troye
   Au sang des Grecz cheualiers.
Des ans viuront mil' & mile
   L'Assyrienne, & Camille [150].
   Quel marbre, quel diamant
   Est plus dur que la memoire,
   Qui garde encore la gloire
   De Marphise & Bradamant?

Thebes encores se vante
   De sa Corinne scauante.
   Sur toy Pindare mordoit
   La doulce lyre ancienne,
   Que la fille Lesbienne
   Si doctement accordoit.
Celle qui feist plus feconde
   De ses enfans la faconde[1],
   Romme, en memoire tu l'as :
   Mainte autre n'est plus prisée,
   Qui se veit fauorisée
   De l'vne & l'autre Pallas.
O plumes trop enuieuses
   Qui es eaux obliuieuses
   Laissez noyer le renom
   De tant de celestes dames,
   Dont ores les tristes lames
   Couurent le corps & le nom !
Combien sont mieulx fortunées,
   Qui en cest age sont nées
   Ou maint gentil escriuant
   A bien osé entreprendre
   Par ses doctes vers de rendre
   Leur hault honneur suruiuant ?
La vertu est trop seuere,
   Qui la Muse ne reuere.
   La Muse aime la Vertu.
   Tu ne verras donq', Contesse,
   Devaler de sa hautesse
   Ton loz par mort abatu.
Qui publira les louanges
   Des nostres, ou des estranges,
   Et de toy ne chantera
   L'esprit, la doulceur, la grace,
   Dont la genereuse race
   De Clairmont se vantera ?
C'est pourquoy mes vers aspirent
   Ou tes louanges les tirent :

Bien que ton sçauoir soit tel,
(Si tu le veulx entreprendre)
Que ton renom se peut rendre
Par toymesmes immortel.

ELEGIE.

Non que d'excuse, ou feinte ou veritable,
Me [152] *soit besoing en ma cause equitable :*
Non que ie soye en doute de la foy
Qui vous vnist estroictement à moy :
Non que ie pense vn traict de ialousie
Estre fiché dans vostre fantasie :
Pour tout cela, ou pour tel autre poinct,
O le cœur mien, ie ne vous escry point :
Mais bien pourtant que la ferme pensée,
Qui tient mon ame à la vostre enlacée,
Ne me permet vn seul ennuy sentir,
Ou vn seul bien, sans vous en aduertir.
Or saichez donq qu'Amour qui fauorize
D'vn chaste cœur la louable entreprise,
Au poinct heureux m'a n'aguere aduancé,
Dont vous m'auez maintefois dispensé,
Me remonstrant or' l'estat de mon aage,
Ores les ieux de fortune volage :
Et combien nuist d'attendre au lendemain
Ce qu'auiourd'huy se presente à la main.
Vous me disiez (il m'en souuient encore) :
Bien que l'ennuy tout mon plaisir deuore,
Pour voir assez combien à l'aduenir
I'auray pour toy de triste souuenir ;
Si veulx ie bien te donner congnoissance,
Que mon plaisir n'a point tant de puissance

Sur ma raifon, que ton aduancement
Ie ne prefere à mon contentement.
Or pourfuy donq' (amy) ton auantage,
Dont le moyen eft le feul mariage.
Ce bon confeil vous me donniez alors,
Et moy apres cent contraires effors
Perfuadé de voftre aduis honnefte,
Finablement à ce poinct ie m'arrefte,
Qui n'a iamais contenté mon defir,
Sinon d'autant que c'eft voftre plaifir.

 Auffi les cieulx & les enfers ie iure,
Que pour ne faire à noftre [153] amour iniure,
Iamais tel ioug mon defir n'euft dompté,
S'il euft defpleu à voftre volunté.
Ce n'eft vn ioug qui captiue mon ame
Soubz le lien d'vne impudique flamme :
Ce n'eft vn ioug qui dompte mon defir
Soubz l'aiguillon d'vn follaftre plaifir :
Mais c'eft vn ioug d'amitié coniugale,
Qui d'vne foy honneftement egale
Separe en deux celle chafte amitié,
Dont vous auez la premiere moitié.

 Cefte moitié que vous auez pour gaige,
Long temps y a que l'euftes en partage,
Et ce fut lors qu'Amour & fermeté
Me firent ferf de voftre honnefteté.
L'autre moitié, celle qui l'ha faifie,
Croyez qu'elle ha fi bien efté choifie,
Qu'autre ne peult mieulx qu'elle meriter
L'honnefte amour que ie vous veulx porter.

 L'vne a efté, comme la plus aagée,
Premierement fur mon cœur partagée,
Et fur luy mefme en mefme chafteté
Secondement vne aultre l'ha efté.
Ne craignez donq, que foyez deffaifie
De voftre droict, ou qu'autre fantaifie
Puiffe rauir ce cœur, qui n'eft point mien,
Sinon d'autant que de vous ie le tien :

Cœur, qui l'honneur si sainctement regarde,
Que l'honneur mesme en est la seule garde :
Cœur qui ne peult gouster plaisir plus doulx,
Que tout haïr pour estre aymé de vous :
Cœur qui ne peult sentir plus grand dommage
Qu'estre affranchi du droit de vostre hommage.
  Plus tost les Cerfz viuront parmy les eaux,
Et les poissons, ou viuent les oizeaux :
Plus tost sera la grande mer sans voiles,
Les bois sans vmbre, & le ciel sans estoiles,
Et voyra lon plus tost le monde enclos
Dedans le seing de son premier cahos,
Que pour vertu en mon cœur imprimée
Vostre vertu de moy soit moins aymée,
Ou que d'vn cœur honnestement lié
L'honneste amour soit iamais oublié.
Ains tout ainsi qu'vn impetueux fleuue,
Plus furieux par vn autre se treuue,
Quand les deux cours en vn cours assemblez
Vont rauissant les arbres & les bledz,
Pierres, maisons, boys & toute autre chose
Qui au deuant de leur fureur s'oppose :
Ainsi l'Amour qui en mon chaste cœur
D'vn autre Amour prent nouuelle vigueur,
Courra tousiours, d'vne si viue sourse,
Qu'aultre Amitié n'arrestera sa course.
  O doncq' heureux, heureux double lyen,
Qui deux espris vnis auecq' le mien,
Double lyen, qui d'vne double force
Plus fermement que la corde retorse
N'estreinct le faiz, enchaisnes dedans moy
Troys cœurs vnis d'vne eternelle foy :
Soit à iamais ta puissance immortelle,
Et puisse encor' dessus l'vne & l'autre aelle
De ces deux cœurs, le mien si hault voler,
Qu'aultre amitié ne le puisse aualer.
  Combien qu'vn clou par l'autre se repousse,
Ne pensez voir par aucune secousse

L'accord premier entre nous commencé,
Par le second eftre defaduancé :
Car la vertu dont ceftuy prift naiffance,
A ceftuy la donne encor' accroiffance.
  Le feu ne peult habiter nullement
Auecques l'eau, fon contraire element :
Les animaulx de diuerfe nature
Ne prennent point enfemble nourriture :
Mais vn amour faigement entrepris,
Qui fur vertu fon fondement ha pris,
Ne craint iamais l'amour, qui luy reffemble,
Car la vertu à la vertu f'affemble.

CHANSON.

On peult feindre par le cizeau,
  Ou par l'ouuraige du pinceau
    Toute vifible chofe :
  Mais d'Amour le feul poingnant traict
  Vous peult figurer le protraict
    De ma trifteffe enclofe.
On peult diffinir au compas
  De tout ce qu'on void ici bas
    La forme en rond vnie :
  Mais on ne fcauroit mefurer
  Le mal, que me fait endurer
    Mon amour infinie.
Au centre, au tour duquel fe fait
  Du monde le cercle parfait,
    Toutes les lignes tendent :
  Et le diuin de voz beautez
  Eft le poinct ou mes voluntez
    Egalement fe rendent.

L'esprit infus en ce grand corps
 Vnist par differents accords
  Et les cieux & la terre ;
 Et voz sainctes perfections
 Assemblent mes affections
  Par vne doulce guerre.
Du chault, & de l'humidité
 Procede la fecondité
  Des semences du monde ;
 Et de ma violente ardeur
 Iointe à vostre lente froideur,
  Naist ma peine feconde.
Le mal d'vn corps intemperé
 Peult estre esteint ou moderé
  Par iust d'herbe, ou racine :
 Mais du trop de mon amitié
 Ou la mort, ou vostre pitié,
  Sera la medecine.
La gloire incite l'empereur,
 La richesse le laboureur,
  Le butin l'homme d'armes :
 Mais tout le gaing que ie reçoy
 De mon inuiolable foy,
  Ce sont souspirs & larmes.
Tout cela qu'on void de mondain,
 Suyuant du ciel le cours soudain,
  Se change d'heure en heure :
 Mais le desir ambitieux
 Qui me tire apres voz beaux yeux,
  Tousiours ferme demeure.
La pierre dont le seul toucher
 Guide l'aiguille du nocher,
  Tousiours se tourne au pole :
 Et mon cœur de voz yeux touché
 Ne peult si bien estre attaché,
  Qu'apres eulx il ne vole.
Le roq des flots marins batu
 N'est iamais par eulx abbatu,

Mais demeure imployable :
Et mon cœur plein de fermeté
De mille peines tourmenté
N'eſt iamais variable.
La cire transformer ſe peult
 En telle imaige que lon veult,
  Non pas la gemme dure,
 Qui plus toſt ſe laiſſe briſer,
 Qu'en autre protraict deguiſer
  Sa premiere figure.
Amour graua voſtre beauté
 Au plus fort de ma loyauté
  De vous tant eſprouuée,
 Et mon cœur ſi bien la reçoit,
 Qu'autre beauté, tant belle ſoit,
  N'y peult eſtre engrauée.
Tout cœur leger eſt incité
 Par les dons, ou l'auctorité
  Que le vulgaire adore :
 Mais le mien qui vous eſt aquis,
 Par or ne peult eſtre conquis,
  Ny par grandeur encore.
Par force, par mine, ou trayſon[154],
 On peult gaigner vne maiſon,
  Tant ſoit elle tenable :
 Mais la fortreſſe de mon cœur,
 Dont voſtre œil fut le ſeul vainqueur,
  S'eſt rendue imprenable.
Il ne fault muraille ou rampart
 Pour garder qu'vn autre y ait part,
  Car ſoyez aſſeurée,
 Que plus ferme & entiere foy
 De loyal ſubiect a ſon Roy
  Ne fut oncques iurée.
Quant à celle que ie vous doy,
 Croyez que vous eſtes de moy
  Encores mieulx ſeruie,
 Et que pour voſtre honneur garder,

Ie vouldrois le mien hazarder,
Qui m'eſt plus que la vie.
Si vous traictez ſi mal celuy
Qui vous a plus chere que luy,
Que pourriez vous pis faire
A voſtre cruel ennemy,
Ou celuy qui ſoubs nom d'amy
Vous ſeroit aduerſaire ?
Toutefois ſi mon deſplaiſir
Peult contenter voſtre deſir,
Soyez moy pitoyable,
Ou comme bon vous ſemblera,
Iamais rien ne me deſplaira,
Qui vous ſoit agreable.

DIALOGVE

D'VN AMOVREVX ET D'ECHO.

Piteuſe Echo, qui erres en ces bois,
Reſpons au ſon de ma dolente voix.
D'ou ay-ie peu ce grand mal conceuoir,
Qui m'oſte ainſi de raiſon le deuoir ?   *De voir.*
Qui eſt l'autheur de ces maulx auenuz ?   *Venus.*
Comment en ſont tous mes ſens deuenuz ?   *Nuds.*
Qu'eſtois-ie auant qu'entrer en ce paſſaige ? *Saige.*
Et maintenant que ſens-ie en mon couraige ?   *Raige.*
Qu'eſt-ce qu'aimer, & ſ'en plaindre ſouuent ? *Vent.*
Que ſuis-ie donq' lors que mon cœur en fend ? *Enfant.*
Qui eſt la fin de priſon ſi obſcure ?   *Cure.*
Dy moy, quelle eſt celle pour qui i'endure ? *Dure.*
Sent-elle bien la douleur qui me poingt ?   *Point.*
O que cela me vient bien mal à point !

Me fault-il donq' (ô debile entreprise,
Lascher ma proye auant que l'auoir prise?
Si vault-il mieulx auoir cœur moins hautain,
Qu'ainsi languir soubs espoir incertain.

AV SEIGNEVR DE LANSAC,

Ambassadeur pour le Roy à Rome

Celuy qui touché du miel,
 Dont le ciel
 Oingt vne diserte langue,
Ne sent couler dans son cœur
 La liqueur
 D'vne si douce harangue :
Croyez que d'vn triple fer
 De l'enfer
 Trois fois retrempé en l'onde,
Son cœur durement charmé
 S'est armé,
 Pour combatre la faconde.
Bien malade est l'estomac,
 O Lansac!
Lansac, l'honneur de Sainctonge,
Lequel ne peult aualler
 Ton parler,
 Qui iusq'en l'ame se plonge.
Pour n'ouir l'humaine voix
 Quelquefois
 L'aspic son oreille bousche :
Il est plus sourd qu'vn serpent,
 Qui ne pend
 A la chaisne de ta bouche.

Plus douce estoit la ranqueur,
  Qu'en son cœur
 Iunon tenoit recelee :
Plus encores estoit doux
  Le courroux
 Du braue filz de Pelee.
Les presens d'Agamemnon,
  Ny le nom
 Des plus nobles de l'armee,
Ny leur haranguer si long
  Ne sceut onq'
 Donter son ire enflammee :
Et toutefois l'ancien
  Thracien,
 Par sa douceur incroyable,
Adoucit bien, ce dict on,
  De Pluton
 Le courage impitoyable.
Aussi, est-il entre nous
  Rien plus doux,
 Qu'vne oraison douce & belle ?
C'est l'enchanteresse vois,
  Qui les bois
 Faisoit courir apres elle.
L'ire porte à son talon
  L'aiguillon,
 Dont plus tormentez nous sommes :
Mais rien, tant que l'orateur,
  N'est donteur
 De ce qui donte les hommes.
Il peult faire au dos fuytif
  Du craintif
 Tourner visage aux alarmes :
Il peult au milieu des dards
  Aux soldards
 Du poing arracher les armes.
Qu'est plus sainct entre les Roys
  Que les droicts

De ceſte charge honnorable?
Meſme aux plus barbares lieux
 Ou des Dieux
Le nom eſt moins venerable.
Celuy ſagement eſleut,
 Qui voulut
Pour ſon orateur t'eſlire :
Il auoit cogneu en toy
 Et la foy,
Et la force de bien dire.
A quoy pourray-ie egaler
 Ton parler,
Fors à l'œuure d'vne abeille ?
Si doux ne gliſſoit encor'
 De Neſtor
La grand' douceur nompareille.
Tel que la nege roulant'
 S'eſcoulant,
Sur le dos de la montaigne,
Enfle l'orgueil des ruiſſeaux,
 Dont les eaux
Tempeſtent ſur la campaigne,
S'ouït tonner quelque fois
 Le Gregeois,
De qui le parler agile
Emporta, malgré l'effort
 Du plus fort,
L'honneur des armes d'Achile.
Les cœurs les plus obſtineʒ,
 Eſtonneʒ
Du bruit de telle merueille,
Se rangeoient deſſous les lois
 De ſa vois,
Qui les tiroit par l'oreille.
Les Dieux ne reſpandent pas
 (Icy bas)
Sur tous vne meſme grace :
Ils t'ont donné le pouuoir

   D'emouuoir,
 Propre ornement de ta race.
Le grand Iules est tesmoing,
   De quel soing,
 Pour le bien de ta prouince,
 D'vn œil sans cesse veillant
   Trauaillant
 Tu fais seruice à ton prince.
Iamais le nepueu d'Atlas
   Ne fut las
 D'ailer sa plante legere,
 Pour annoncer çà, & là,
   Ce qu'il a
 En mandement de son Pere.
Ores sa verge charmant
   Va fermant
 Les yeux de l'homme, qui veille :
 Ores d'vn sommeil de mort
   Les endort :
 Ore' ouure l'œil, qui sommeille.
Par elle descendre il peult
   Quand il veult,
 Iusqu'aux ombres incogneues :
 Par elle il chasse le vent,
   Et se fend
 Vn beau chemin par les nues.
Aussi celuy qui des Dieux,
   D'vn clin d'yeux,
 Rend la puissance estonnee,
 Sans l'oyseau Cylenien
   Ne fait rien,
 Qui soit de haulte menee.
Ce Dieu t'a donné encor'
   Le Thresor
 De sa langue bien apprise.
 Te puisse-il tousiours aider,
   Et guider
 Chacune tienne entreprise :

Et face le Philien
Qu'vn lien
Eternellement enferre,
D'vne inuiolable foy,
Noſtre Roy
Au grand ſucceſſeur de Pierre.

AV REVERENDISS. CARD. DV BELLAY

ET

AV SEIGNEVR DE LANSAC,

Ambassadeur pour le Roy à Rome.

ESTRENES.

Du chef le plus digne,
Du chef plus inſigne
De pourpre veſtu,
La toute vertu
Puiſſe ceſte annee
Se voir eſtrenee
Du Pere à deux chefs,
Qui porte les clefs,
Pour donner entree
A la vierge Aſtree,
Et refaire encor'
Ce beau ſiecle d'or,
Qui doroit la terre,
Auant que la guerre
Euſt par art d'enfer
Emoulu le fer.

Ouurant de main forte
La grand' double porte
Du clauier de l'An.
Mais Dieu doint que Ian
En Ianus enferre
Ceste horrible guerre
Fille du Caos,
Luy ferrant au dos
Les mains enchainees,
Les mains condamnees
Aux fers, iusqu'à tant,
Que de là fortant
On chasse d'Europe
L'infidele troppe.
Ce grand bonheur tien,
O peuple Chrestien,
Pend de l'entreprise
Du chef de l'Eglise.
Descende des cieux
Le Courrier des Dieux,
R'amenant la belle,
Que Paix on appelle,
Paix, fille de Dieu,
Paix, qui au milieu
Des cruels alarmes
Arrache les armes
Du poing des soldars
En despit de Mars,
Qui ores se baigne
Au sang de l'Espaigne
Et du fier Germain,
Tremblant sous la main
Du Roy le plus iuste,
Qui depuis Auguste
Fut onq' couronné,
Roy du ciel donné.
Le ciel donc nous face,
Lansac, tant de grace,

Que le Pere Sainct,
Iusqu'aux Enfers craint,
Chasse la Furie
Dont la seigneurie
D'vn cours effrené
A ia trop regné
Dessus les prouinces
Aux cœurs des grands Princes.
Si ce grand bien-fait
Par toy nous est fait,
Bellay fera dire
Aux nerfs de sa lyre
Vn chant immortel,
Offrant sur l'autel
Sainct à la Memoire,
Ce vœu, pour ta gloire.
C'est, que le bonheur,
Le gaing, & l'honneur
Tousiours fauorise
A ton entreprise,
Et qu'à ton retour,
Le plus digne Tour,
Que ton Prince donne,
Ton col enuironne.

SONNET AV ROY.

Puis qu'Alexandre, & ce grand Empereur,
Dont vos vertus ont merité la gloire,
Daignerent bien des filles de Memoire
Fauoriser la tant douce fureur :
Puis que de Mars l'audace & la terreur
Ne suffiroient à vous rendre notoire,
Si les beaux vers n'arrachoient la victoire

Du plus profond de l'eternelle horreur :
Puis que le ciel d'vn pere vous fit naiſtre
  Qui, par les arts, de la mort ſ'eſt fait maiſtre,
  Ie ne crains point qu'apres Ceſar donté,
Voſtre faueur dedaigne de ſ'eſtendre
  Sur ce qui peult à iamais faire entendre,
  Que vous l'aurez quelquefois ſurmonté.

A MADAME MARGVERITE.

Bien que de Mars le dedaigneux orgueil,
  Bien que le feu que Cupidon attiſe,
  Bien que de l'or l'infame conuoitiſe
Ait mis l'honneur des lettres au cercueil :
Si ne croiray-ie, vn eternel ſommeil
  Deuoir preſſer ſi louable entrepriſe,
  Tant que la fleur, que le ciel fauoriſe,
  Nous daignera contempler d'vn bon œil.
Voyla pourquoy, quelque vent qui ſ'appreſte,
  Ie ne crains point l'horreur de la tempeſte,
  Ny des rochers le dangereux abbord,
Puis que voſtre œil, ſeul Phare de noſtre age,
  Au plus obſcur du perilleux orage
  Guigne ma nef pour la tirer au port.

A MES DAMES
DE VANDOSME ET DE GVYSE.

Du plus grand heur, dont le ciel ſoit auare,
  Du plus grand bien que nature ait donné,

Le ciel, nature, & les Dieux ont orne
Celle qui eſt l'ornement de Nauarre.
Des plus beaux dons, du ſçauoir le plus rare,
Qui ſoit encor' en noſtre ſiecle né,
Ce ſiecle voit richement couronné
Celle, qui eſt le threſor de Ferrare.
Ie te ſaluë, ó fleur du Nauarrois,
Ie te ſaluë, ó fleur du Ferrarois,
Puis que voʒ fruits, qui ia nous apparoiſſent
Fauoriſeʒ des hommes & des Dieux,
Croiſſant pour nous, demonſtrent à noʒ yeux,
Qu'à noſtre bien, & voſtre honneur, ils croiſſent

A MES SEIGN.

DE VANDOSME ET DE GVYSE.

A la vertu iuſqu'aux Aſtres notoire
Du Vandoſmois, & du prince Lorrain,
Plus dur qu'en fer, qu'en cuyure, ou qu'en airain,
I'appen ce vœu ſur l'autel de Memoire :
Pour auoir l'vn, d'vne prompte victoire
Remis Hedin ſous la Françoiſe main,
Pour ſ'eſtre l'autre, en deſpit du Germain,
Acquis à Mets vne eternelle gloire.
Le cœur ſacré du Parnaſſe François
Pour honnorer le prince Vandoſmois,
Luy met au chef la fameuſe couronne :
Et au Lorrain, pour monſtrer combien vault
Le cœur d'vn Prince au danger d'vn aſſault
Du meſme honneur le chef il enuironne.

A MONSEIGN. LE CONNESTABLE.

Sans vn Thesee on n'a point veu Alcide
   Donter tousiours des vieux monstres l'effort,
   Ny sans Typhis, vn Iason faire abbord
   Sur les dangers de la terre Colchide.
On n'a point veu du Courrier Atlantide
   Le grand Ayeul, sur son dos large & fort
   Porter le ciel, sans le commun support
   Du bon Thebain, des monstres homicide.
Et ce grand Roy, nostre Hercule Gaulois,
   L'hydre Espaignol n'a donté tant de fois,
   Il n'a donté le gardien encore
De la Toyson, & son graue soucy
   Ne porte point, sans vn Mommorency,
   Le pesant fais du sceptre qui l'honnore.

AV PAPE,

LE PREMIER IOVR DE L'AN[1].

Soit desormais sous tes clefs enserree,
   Pere Ianus, la Thracienne horreur,
   Le fer, le sang, la flamme, & la fureur
   De trois cents fers pieds & mains enserree.
Viue la vierge au vieux siecle adoree,
   De Iupiter Saturne soit vainqueur,
   Regne Pallas sur le Dieu belliqueur,
   Cede le fer à la saison doree.
Le gouuerneur du grand tropeau Romain
   De sang François, Espagnol, & Germain.

Ne voye plus la campaigne arrousee.
En lieu de sang son aage plus heureux
Voye couler par les champs planteureux
Le laict, le miel, la manne, & la rosee.

DV IOVR DE NOEL.

La Terre au Ciel, l'homme à la Deïté,
  Sont assemblez d'vn nouueau mariage :
  Dieu prenant corps, sans faire au corps outrage,
Naist auiourd'huy de la virginité.
La Vierge rend à la Diuinité
  Son sainct depost, dont le Monde est l'ouurage,
  Mais auiourd'huy il a fait d'auantage,
S'estant vestu de nostre humanité.
Il a plus fait : car si du corps humain
  Tenant la vie & la mort en sa main,
  Il s'est rendu mortel par sa naissance,
Ne s'est-il pas luy-mesme surmonté?
  Cest œuure là demonstre sa puissance,
  Et cestuy-cy demonstre sa bonté.

ODE

SVR

LA NAISSANCE DV PETIT DVC DE BEAVMONT,

Fils de Monseigneur de Vandosme, Roy de Nauarre [136].

Enfant, qui dessus ta face
  Portes escript tout l'honneur,

Dont les Dieux, & le bon heur,
Des Roys ferenent la grace,
Autant puiſſes-tu auoir
De vertueuſe accroiſſance,
Que le ciel nous a fait voir
De bon heur à ta naiſſance.
Le ciel, garde des prouinces,
Le ciel, protecteur des Roys,
Qui au sceptre Nauarroys
Lia la fleur de noz Princes,
Celuy meſme fut encor'
Le ſeul auteur de ton eſtre,
Pour faire le ſiecle d'or
En ta naiſſance renaiſtre.
Le Tygre au Tygre ſe meſle,
Le Lyon n'engendre pas
Le Cerf qui a le cœur bas,
Ni l'Aigle la Colombelle :
Du bon grain vient le bon fruict
En terre bien labourable :
Bon terroy bon vin produict,
S'il a le ciel fauorable.
Pour nous donner teſmoignage
Combien le conſeil des Dieux,
De tes couronnez ayeux
Fauoriſe le lignage,
Le pere ſa bouche enfla
Et d'vne longue halence
Sur ton viſage souffla
Ceſte maieſté bien nee.
Des Dieux la grande Princeſſe,
De Iuppiter femme & ſœur,
T'a deſtiné poſſeſſeur
D'vne feconde richeſſe.
Par elle vn iour puiſſes-tu
Dedans ta maiſon royale
Fauoriſer la vertu
Sous ta grand' main liberale.

La vierge, que la ceruelle
　De Iuppiter enfanta,
　Dedans ta mere planta
　Vne autre Pallas nouuelle,
　Et le guerrier Thracien
　Du rouge fer de sa lance
　Graua sur le pere tien
　Le protrait de sa vaillance.
D'vne prodigue largesse
　Ces deux leurs presens t'ont faicts,
　Pour nous monstrer les effects
　D'vne vaillante sagesse,
　Qui de vangeresse main
　Dé-ia dé-ia te redonne
　Tout ce que l'Aigle Romain
　Vsurpe sur ta couronne.
Sur ta genereuse enfance
　Les freres cheualeureux
　Respandent le plus heureux
　De leur iumelle influance :
　De l'vn le bras bien appris
　Gaigna la palme guerriere,
　L'autre s'est donné le pris
　De la poudreuse carriere.
Pour fredonner sur la lyre
　Phebus ses doigts te donna,
　Et sa sœur les façonna
　Pour l'arc Turquois faire bruire.
　De l'vn la blonde beauté
　Au chef de ton pere habite,
　De l'autre la chasteté
　Dedans ta mere est escrite.
La diuine Pasitee
　Orna ta natiuité
　D'vne douce grauité,
　Qui n'est qu'aux Roys vsitee
　Le Cyllenien mesla
　Sa langue auecques la tienne,

Et Pithon l'emmiella
D'vne fleur hymetienne.
Ce petit Dieu qui enflamme
Des Dieux le plus furieux,
Enferma dedans tes yeux
Les femences de sa flamme
Ces dons tu receus alors
Que la chaste Cyprienne
T'inspira par tout le corps
Vne odeur Ambrosienne.
Voyant ton enfance blonde
Peincte de blanc & vermeil,
Ie voy le nouueau Soleil
Tirant son chef hors de l'onde :
Et ta celeste beauté
Plaisir des Dieux & des Hommes,
Me repeint la nouueauté
Du beau printemps ou nous sommes.
Crois donq', ô race diuine,
Crois, ô royal enfançon,
Pour escouter la chanson
De l'humble Lyre Angevine.
A ta petite grandeur
Ie donne ces fleurs sacrees,
Dont l'immortelle verdeur
Peint les riuages Ascrees.
Dessus la riue de Loyre
Ie nourris vn verd laurier
Pour faire vn chappeau guerrier
A l'honneur de ta victoire,
Quand tu rauiras le pris
Dessus l'estrangere terre,
Ayant sous ton pere appris
Le dur mestier de la guerre.
Dedans les forests de Thrace
Se voit l'horrible manoir,
Dont le sommet triste & noir
Les rais du Soleil efface.

De fer les colonnes font,
De fer les murs & les portes :
Là leur demeurance font
De Mars les grandes cohortes.
Là les Ires rougiſſantes,
Là ſont à viſage blanc
Les Peurs qui n'ont point de ſang :
Là les Fureurs palliſſantes :
Là les Trayſons vont celant
Leurs pointes de ſang trempees :
Là eſt Diſcorde branlant
Deux meurtrieres eſpees.
Là ſe voit la Mort armee,
Là ſont les gemiſſemens,
Les cris, les henniſſemens,
La pouſſiere, & la fumee.
Le fer, le ſang & le feu
Sont en ceſte horrible bande :
La vertu eſt au milieu,
A qui fortune commande.
Mille creſtes eſleuees
Pendent là de tous coſtez,
Mille nauires voutez,
Et mille armes engrauees.
Là pend maint harnois voué,
Le cuir, l'acier, & la maille,
Et le metal enroué,
Qui anime à la battaille.
Là ſe voit toute la troppe,
Le tonnerre, & la fureur,
Dont l'eſpouantable horreur
Menaſſe toute l'Europe.
En ce terrible ſeiour
Tes parents demeurent ores :
Tu y ſeras quelque iour,
Attens vn petit encores.
Dé-ia l'antre de Secile
Gemit ſous les coups doublez

Des Cyclopes assemblez
  A l'ouurage difficile,
  Dont leur maistre industrieux,
  Pour te guider aux alarmes,
  D'vn burin laborieux
  Graue tes fatales armes.
Dé-ia mon regard se trouble
  Par le foudroyant esclair
  De ton treluisant boucler
  Plus fort que le sept-fois-double,
  Et seul encor' assez fort
  Pour vn iour à la campagne
  S'opposer au braue effort
  De tous les bras de l'Espaigne.
Le rond de l'ouurage embrasse
  D'vn long ordre tous les Roys
  De France, & les Nauarroys,
  Double tige de ta race,
  Qui de son bruit non pareil
  Touche la double barriere
  Ou se borne du soleil
  Et l'vne & l'autre carriere.
Ores Alençon, & ore'
  Bourbon, & le Vandomoys,
  Ores l'honneur d'Angomoys
  Ces riches portraits honnore.
  Entre tant de Roys ie voy
  Ce grand Seigneur de la France,
  Qu'on nomme le premier Roy
  Ennemy de l'Ignorance.
C'est luy qui a fait reuiure
  Le plus heureux des Cesars,
  Et tout ce qu'ont peu les arts
  En table, en marbre, & au liure ;
  Mais parauant ie luy voy
  Donter le mutin Suysse,
  Qui auoit trahy sa foy
  Par execrable auarice.

Icy sous ce mesme Prince
   Ton ieune oncle s'est acquis
   Victoire du vieil Marquis
   Dessus l'estrange prouince :
   Et là ton pere puissant
   D'vne entreprise hardie
   Va le Bourguignon chassant
   Loing, loing de la Picardie.
De l'autre costé de l'œuure
   Vn grand Prince belliqueur,
   D'esprit, de force, & de cœur
   Indontable se descœuure,
   Ayant d'vn secours humain
   Sauué la gent Escoçoyse,
   Et remis dessous sa main
   Boulongne n'aguere Angloyse.
Soudain son pouuoir qui vole
   Outre les monts enncigez
   Garde les murs assiegez
   De Parme, & la Mirandole :
   Puis on luy voit trauerser
   Les campaignes de Lorraine,
   Et sa victoire pousser
   Iusqu'à la riue Germaine.
Ie voy les bandes Françoyses
   Sur le champ Italien,
   Et au bord Sicilien
   L'horreur des armes Gregeoyses.
   Ie voy le dos d'vne Mer
   Couppé de rames legeres,
   Et les ondes escumer
   Sous les Françoyses galleres.
Ie voy la Hongre Amazone
   Qui à la fureur de Mars
   Mille villages Picards
   Cruellement abandonne.
   Ie voy l'orage abattu,
   Qui menaçoit la Champaigne,

Par la prudente vertu
De la royale compaigne.
Icy Charles & sa suyte
  Tremblant de se voir enclos,
  Par deux fois monstre le dos
  D'vne vergongneuse fuyte :
  Là son ennemy vainqueur,
  Quand plus on le fauorise,
  Par fainte, ou faulte de cœur,
  Perd l'heur de son entreprise.
On voit encor' en arriere
  Le Flaman se destourner,
  Puis tout soudain retourner
  Suyuant sa braue guerriere :
  Or' on luy voit enuahir
  Ceux que moins forts il espere,
  Ores on le voit fuir
  Deuant les yeux de ton pere.
Là sont mile autres figures,
  Ouurage d'acier, & d'or :
  Là se voit l'image encor'
  De tes victoires futures,
  Par le feuure Lemnien
  N'ignorant les destinees
  Dans l'antre Cyclopien
  Diuinement burinees.
Mais toy ne sçachant (peult-estre)
  L'ouurage, que tu liras,
  D'y voir t'emerueilleras
  Maint grand Prince, ton ancestre :
  Puis l'approchant de ton flanc,
  Tu pendras à ton espaule
  L'honneur de ton double sang,
  Et la gloire de la Gaule.
I'enten pour toy, ce me semble,
  Vn fier cheual hennissant,
  De qui le poil blanchissant
  A ceux d'Achile ressemble.

Quoy? tu rides ton beau front
D'vn œil dé-ia redoutable :
Atten les ans, qui feront
Meurir ta force indontable.
Aſſez toſt l'horrible creſte
De ton Tymbre menaſſant,
A l'ennemy palliſſant
Annoncera la tempeſte :
Pendant, d'vne douce voix
Ouure ta leure iumelle,
Et prend de tes petis doigts
Ta nourrice à la mammelle.
Le bras fueillu du l'hierre,
Neuf fois d'vn double cerceau
Deſſus ton royal berceau
Ton chef ombrage, & enferre.
Viennent d'vn doux fredonner
Les abeilles ſur ta couche,
Viennent leur miel façonner
Deſſus les fleurs de ta bouche.
D'vn ris ſemblable à l'Aurore
Voy l'arbre, qui t'a produit,
Gros encor' d'vn autre fruit,
Que ia noſtre ſiecle adore.
Ie voy dedans quelque moys
Luire en l'vne & l'autre enfance
Les deux aſtres Vandomoys,
Double ornement de la France.
Ta grand' mere, deuenue
Vn aſtre brillant & beau,
Fera luire ſon flambeau
Sur ta ieuneſſe chenue :
Puis te guidant pas à pas
Loing de la tourbe eſtonnee,
T'eſleuera par compas
D'vne aile bien empennee.
Les vulgaires exercices,
Les Sirenes des plaiſirs,

N'abysmeront tes desirs
  Dedans le goufre des vices :
  Le cauteleux & menteur,
  Auec ses vaines merueilles,
  D'vn enchantement flateur
  N'endormira tes oreilles.
Tu fuyras la vaine troppe,
  Et les baings accoustumez
  De ces muguets parfumez
  Poursuyuans de Penelope :
  Et ton royal entretien
  Ne couurira sous son ombre
  Ces nais à manger le bien,
  Qui ne seruent que de nombre.
L'entreprise, & la conduyte,
  L'honneur, & l'vtilité,
  Auec la facilité,
  Seront tousiours à ta suyte :
  Et ta vertu qui sera
  De fortune bien voulüe,
  En tous ses faits trouuera
  L'occasion cheuelüe.
Puisse encor' ton bras robuste
  L'honneur d'Hercule fouler,
  Et ton bon heur s'egaler
  A la fortune d'Auguste :
  Et puisses-tu quelquefois
  Vanger l'ancien outrage,
  Qui foule dessous ses loix
  Le droit de ton heritage.
Cependant les destinees
  Dessus leur fatal mestier,
  D'vn cours paisible & entier
  Feront couler tes annees,
  Et les neuf Sœurs qui feront
  Les ailes de ta memoire,
  Iusqu'au ciel te pousseront
  Sur le resonnant iuoyre.

Pourquoy non? la dextre agile,
 Auecques les mesmes doigts,
 Qui branlerent mille fois
 La hache du grand Achille,
 Pour enchanter ses ennuis,
 Ou pour desaigrir son ire,
 Trompoit la longueur des nuits
 Par les fredons de sa lyre.
Et quelle ame tant fachee
 Ne se sent rauir au ciel,
 Lors qu'elle gouste le miel
 D'vne corde bien touchee?
 Les vers ne sont les appas
 D'vn cœur chagrin, ou auare,
 Mais ils ne desplaisent pas
 Aux oreilles de Nauarre.
Tousiours l'ignorant mesprise
 L'honneur qui luy est donné,
 Mais l'esprit qui est bien né,
 Les bons esprits fauorise :
 Le tien qui sera soingneux
 De suiure l'heur de sa race,
 Ne sera point dedaigneux
 Du bien que le ciel embrasse.
Dessous vn antre sauuage
 Ma lyre ces vers sonnoit,
 Lors que mon grand Roy tonnoit
 Dessus le Germain riuage :
 Ouurant le chemin des cieux
 Auecques la mesme dextre,
 Qui mit au nombre des Dieux
 Le Grec à la masse addextre.

SONNETS A LA ROYNE DE NAVARRE

AVSQVELS LADICTE DAME FAIT ELLE MESME RESPONSE.

A LA ROYNE.

Que vous portiez le sceptre Nauarroys
 Et de Iunon la maiesté cogneuë,
 A vous sans plus ceste gloire n'est deue,
 Elle est commune à la race des Roys.
Que la beauté la plus belle des trois
 Qui au Troyen se monstra toute nue,
 Iointe à l'honneur, en vous soit reuenue,
 Nature aussi y demande ses droits.
Qu'à vous encor nostre France reserue
 Le sainct honneur de la docte Minerue,
 Le ciel se dit auteur de ce bonheur :
Mais que parmy vne telle hautesse
 Vostre grandeur iusq'aux moindres s'abbaisse,
 A vous, Madame, appartient cest honneur.

Si la vertu, des beautez la plus belle,
 Pour son loyer ne cherche que l'honneur,
 Et si le los dont Phebus est sonneur,
 Seul a pouuoir de la rendre immortelle :
Ne doutez point que vous ne soyez telle,
 Puis que le ciel de ce premier bonheur
 Est enuers vous si liberal donneur,
 Et qu'au second Apollon vous appelle.
Les Dieux ont fait vn erreur seulement,
 De n'auoir mis, ou vostre entendement,
 Ou vos vertus, en quelque autre personne.
Car telle estant, vous n'auez que chanter
 Digne de vous, & pouuez vous vanter
 N'auoir aussi qui dignement vous sonne.

RESPONSE DE LA ROYNE.

Que meriter on ne puiſſe l'honneur
  Qu'auez eſcript, ie n'en ſuis ignorante :
  Et ſi ne ſuis pour cela moins contente,
  Que ce n'eſt moy à qui appartient l'heur.
Ie cognois bien le pris & la valeur
  De ma louange, & cela ne me tente
  D'en croire plus que ce qui ſe preſente,
  Et n'en ſera de gloire enflé mon cœur :
Mais qu'vn Bellay ait daigné de l'eſcrire,
  Honte ie n'ay à vous & chacun dire,
  Que ie me tiens plus contente du tiers,
Plus ſatisfaite, & encor' glorieuſe,
  Sans meriter me trouuer ſi heureuſe,
  Qu'on puiſſe voir mon nom en voz papiers.

De leurs grands faicts les rares anciens
  Sont maintenant contens & glorieux,
  Ayans trouué Poëtes curieux
  Les faire viure, & pour tels ie les tiens.
Mais i'oſe dire (& cela ie maintiens)
  Qu'encor' ils ont vn regret ennuieux,
  Dont ils feront ſur moymeſme enuieux,
  En gemiſſant aux champs Elyſiens :
C'eſt, qu'ils voudroient (pour certain ie le ſçay)
  Reuiure icy, & auoir vn Bellay,
  Ou qu'vn Bellay de leur temps euſt eſté.
Car ce qui n'eſt ſçauez ſi dextrement
  Feindre & parer, que trop plus aiſément
  Le bien du bien ſeroit par vous chanté.

LE POETE.

Que voſtre nom ſe liſe en mes papiers,
  Cela ne peut augmenter voſtre gloire,

Qui de la main des filles de Memoire
 Auez receu les plus doctes lauriers.
Le mien sans plus, qui entre les derniers
 Iusques icy a esté peu notoire,
 En vous louant, tasche auoir la victoire
 Sur nos nepueus, & sur nos deuanciers.
Mais que ce los (Madame) ne vous tente
 De penser plus que ce qui se presente,
 C'est ce qui fait vostre gloire augmenter.
Toute louange est pour vous trop petite.
 Mais si mes vers sont de quelque merite,
 C'est pour l'honneur qu'ils ont de vous chanter.

Le bien du bien seroit par moy chanté,
 Si dignement ie vous pouuois chanter,
 Et si pourrois encores me vanter
 Qu'oncques ne fut plus bel œuure enfanté.
Car vous louant vers la posterité,
 Nom de menteur ie pourrois euiter,
 Et si n'aurois la peine d'imiter,
 Pour feindre rien, la docte antiquité.
Besoing n'aurois ny d'artifice vser,
 Ny, comme Homere, aux fables m'amuser,
 Pour vous louer : ains me contenterois
De mon esprit, sans imiter les vieux :
 Car si moins qu'eux i'estois ingenieux,
 Plus veritable aussi qu'eux ie serois.

C'est à moy seul à me glorifier
 En vous louant, si ce los vous aggree :
 Car sans mes vers vostre gloire sacree
 Peult & le temps & la mort deffier.
Mais i'ay ozé vostre los publier,
 Pource qu'estant d'eternelle duree,
 D'autant sera ma memoire asseuree,
 Sans que iamais on la puisse oublier.
Combien que Dieu n'ait besoing qu'on le loue,
 De le louer pourtant il nous aduoue,

Et ne reiette en cela noſtre foy :
Mes vers auſſi, bien que n'ayez que faire
D'eux, ny de moy, ne vous doiuent deſplaire,
Car vous louant ie fais ce que ie doy.

LA ROYNE.

Le papier gros, & l'encre trop eſpeſſe,
  La plume lourde, & la main bien peſante ,
  Stile qui point l'oreille ne contente,
Foible argument, & mots pleins de rudeſſe,
Monſtrent aſſez mon ignorance expreſſe,
  Et ſi n'en ſuis moins hardie & ardente
  Mes vers ſemer, ſi ſubiet ſe preſente :
Et, qui pis eſt, en cela ie m'adreſſe
A vous, qui pour plus aigres les gouſter,
  En les meſlant auecques des meilleurs,
  Faiſtes les miens & voſtres eſcouter.
Telle ſe voit difference aux couleurs :
  Le blanc au gris ſçait bien ſon luſtre oſter.
  C'eſt l'heur de vous, & ce ſont mes malheurs.

LE POETE.

Le ſeul penſer me ſembloit vn vray ſonge,
  Et en l'oyant le trouuois incroyable :
  Ores voyant choſe tant admirable,
L'effect certain m'eſt preſque vne menſonge :
Car tout eſprit ſe trauaille & ſe ronge
  Pour mettre en œuure vn eſcript receuable,
  Et ſ'il le veult faire à iamais durable,
Fault qu'vn long temps en penſee il ſe plonge.
Mais vous (Madame) à peine auez reçeu
  L'opinion d'vn ouurage entreprendre,
  Qu'il eſt parfait auſſi toſt que conceu.
Et ne deuez des ans ſecours attendre

Pour voz escripts (si iuger ie l'ay sçeu).
Bien se parfait, meilleur ne se peult rendre.

Si de l'esprit, plus que du corps, l'ouurage
   Louer se fait, & plus recommander,
   Puis que l'vn doit par raison commander,
   L'autre obeir, comme estant en seruage :
Et si d'vne art excellente l'vsage
   Veult vn temps propre à l'œuure demander
   Pour la polir, & tousiours l'amender
   Tant qu'aye attaint au dernier aduantage,
Dont vient cela (Madame) que le cours
   Est de neuf moys aux enfans necessaire,
   Qui contre mort ne trouuent nul secours :
Et vous soudain, de l'esprit sçauez faire
   Naistre tel fruit, qu'il ne craint le discours
   Des ans plus longs, ny ruine contraire?

C'estoit beaucoup, & presque hors de creance,
   En vn instant & penser & escrire
   Escripts qu'on peult auecques plaisir lire,
   De grace pleins, & de rare elegance :
Mais c'est bien plus, i'en ay veu l'euidence,
   En mesme temps ouïr parler & bruire,
   Mettre en l'esprit ce que l'oreille oit dire,
   Et composer vers de prime excellence.
Vous tels effects (Madame) nous donnez
   Par les hauts biens qu'en vous le ciel assemble,
   Qu'heureusement en vertu maintenez,
Dont vous vainquez, vous & l'art, ce me semble :
   Vous, faisant plus que vous n'entreprenez ;
   L'art, parfaisant plusieurs choses ensemble.

L'honneur premier des Dames d'Ausonie
   Qui par le monde a le los espandu
   De son diual, & immortel rendu
   Par son clair chant de douceur infinie,
Le plus grand pris (Madame) ne vous nie,

Car terre & mer ont dé-ia entendu
De voſtre eſprit iuſqu'au ciel eſtendu,
Les ſons hautains de parfaicte harmonie ;
Et qui plus eſt, vous paſſez l'excellence
Du diuin ſtile & promptitude extreme
De celle dont vous portez la ſemblance :
Qui vous ſera gloire vnique & ſupreme,
Ne vous reſtant plus oultre la puiſſance
De vaincre rien, ſi ne vainquez vous meſme.

LA ROYNE.

Le temps, les ans, d'armes me ſeruiront
Pour pouuoir vaincre vne ieune ignorance,
Et deſſus moy à moy meſme puiſſance
A l'aduenir, peult eſtre, donneront.
Mais quand cent ans ſur mon chef doubleront,
Si le hault ciel vn tel aage m'aduance,
Gloire i'auray d'heureuſe recompenſe,
Si puis attaindre à celles qui ſeront
Par leur chef d'œuure en los touſiours viuantes.
Mais tel cuider ſeroit trop plein d'audace,
Bien ſuffira ſi pres leurs excellentes
Vertus ie puis trouuer petite place :
Encor' ie ſens mes forces languiſſantes
Pour eſperer du ciel tel heur & grace.

LE POETE.

Docte prelat, honneur de la Garonne,
Carles, à qui le vif entendement,
Les hauts diſcours, le diuin iugement,
Ont mis au chef la plus belle couronne :
Soit que ta main diuinement façonne
Vn vers Latin, qui tombe rondement,
Soit vn Toſcan qui va plus lentement,
Soit vn François qui doucement reſonne :

Inspire moy ceste diuine ardeur,
  Pour dignement celebrer la grandeur,
  De ceste docte & gentile Princesse :
Ou pren plus tost ceste charge sur toy,
  Puis que le ciel t'a donné, plus qu'à moy,
  De iugement, d'esprit, & de sagesse.

Ie ne veux plus de ces poëtes vieux
  Plaindre le sort, & la fortune amere :
  Ie ne veux plus pauure appeller Homere,
  Ny accuser les astres enuieux.
Ie veux plus tost faire venir des cieux
  Les doctes Sœurs, & dire que leur mere
  Fut vne Royne, & Iuppiter leur pere,
  Iuppiter Roy des hommes & des Dieux.
Tant qu'on voudra lon blasmera les Muses,
  Et ceux qui ont leurs sciences infuses :
  Les Muses sont de la race des Roys :
Roynes plus tost elles sont, ce me semble,
  Puis qu'vne Royne auec elles s'assemble,
  Et qu'Apollon s'est rendu Nauarroys.

Si ie la flatte, & si l'autorité
  Du nom royal que tout le monde admire,
  De ceste Royne (ô Carles) me fait dire
  Chose qui soit contre la vérité :
Soit contre moy tout Parnase irrité,
  De moy Phebus pour iamais se retire,
  Et tout cela que chantera ma Lyre
  Soit ignoré de la posterité.
Ie iure donc, &, si ie me periure,
  Soit Iuppiter vangeur de ceste iniure,
  Que France n'a vn plus diuin esprit
Que ceste Royne, & que sa mere encore,
  Qui de ses vers nostre siecle redore,
  N'a iamais rien plus doctement escrit.

Quand ceste Royne (ô Carles) que i'admire

Au parangon des plus diuins esprits,
Auroit deigné œillader mes escripts,
Egal aux Roys, ie m'oserois bien dire.
Mais aduenant qu'elle deignast les lire,
Sans autrement leur donner los & pris
Si ne croirois-ie auoir trop entrepris,
Quand demydieu ie me voudrois inscrire.
Et si de bouche, encor que sobrement,
Elle daignoit les louër seulement,
Pareil aux Dieux ie m'oserois bien croire.
Si donc elle a daigné tant s'abbaisser,
Que mon honneur par ses escrits hausser,
Quel autre honneur peult egaler ma gloire?

C'est maintenant (ô Carles) que mes vers
Egaleront l'vne & l'autre buccine :
C'est maintenant que tranformé en cygne
Ie voleray par ce grand vniuers.
C'est maintenant que par les champs ouuers
Des bienheureux, comm' vn Orphee insigne,
I'apparoistray, & que ie seray digne
Du dieu Phebus, & de ses lauriers vers,
Puis qu'il a pleu à celle que Nauarre
Nomme à bon droit son ornement plus rare,
De m'honnorer d'vne plus digne voix
Que ce qu'Auguste a chanté de Vergile,
Et ce que dist sur le tombeau d'Achile
Ce grand vainqueur des Perses & Gregeois.

DISCOVRS AV ROY

SVR LA TREFVE DE L'AN M.D.LV[157].

Le Ciel voulant tirer d'vne rigueur cruelle
 Vne humaine doulceur, d'vn oraige vn beau temps,
 D'vn hyuer froidureux vn gracieux printemps,

Et d'vne longue guerre vne paix eternelle,
Permit que le discord, d'vne fureur nouuelle
  Vint arracher des mains des deux Roys plus puissans
  La Trefue qui entre eulx deuoit durer cinq ans,
  Pour apres assopir toute vieille querelle.
Puis donq que le Ciel veult se monstrer plus benin,
Et qu'il a contre nous vomy tout son venin,
Receuons desormais le bien qui se presente :
Renoüons cest accord d'vne plus forte main,
  Prenons l'heure aux cheueux : l'homme r'appelle en vain
  La sourde Occasion, alors qu'elle est absente.

  Comme on void de chasseurs vne bande peureuse,
Trouuant du fier Lyon la femme genereuse,
Auecques ses petiz, de la frayeur qu'elle a,
Sans passer plus auant, se retirer de là,
Et puis se r'asseurant d'vne tremblante audace,
S'approcher peu à peu pour luy donner la chasse,
Faire vne longue enceinte, & de cris & d'aboys
Resonner tout autour les antres & les boys :
  Et comme à ce grand bruit la magnanime beste,
Craintiue pour les siens, vient à leuer la teste,
D'vn horrible regard roüant ses yeux ardents,
Et d'vn horrible son faisant cracquer ses dents,
S'élance tout à coup, & du premier encontre
Renuerse en fouldroyant tout ce qu'elle rencontre,
Démembre les veneurs, rompt les espieux ferrez,
Et déchire en passant les toiles & les retz,
Puis tourne en sa tesniere, & sent en son courage
Combattre en mesme temps & l'amour, & la rage.
  La rage, qui la poingt d'vne iuste fureur,
Veult qu'elle emplisse tout & de sang & d'horreur,
Mais l'amour la retient : & bien que sa nature
Genereuse de soy, maluoluntiers endure
Qu'on ose de si pres sa cauerne approcher,
Se contient toutefois au creux de son rocher,
Remasche sa fureur, & quoy qu'elle desire,

Regarde ses petits au milieu de son ire.

Ainsi quand l'Empereur, SIRE, *feit ses efforts*
Pour prendre des François les villes & les forts,
Et quand dardant par tout les fouldres de la guerre,
Il arma contre vous l'Espagne, & l'Angleterre,
Les forces d'Italie, & tout ce que sa main
Domine sur les bords du grand fleuue Germain,
Vous luy feistes sentir des la premiere attainte,
Combien vostre grandeur commande sur la crainte,
Et combien la vertu peult au cueur d'vn grand Roy,
Quand il a, comme vous, la Fortune pour soy.

Vous reprinstes Bollogne, & gardastes l'Escosse,
Et guidant vers le Rhin vne armee plus grosse
Monstrastes vostre force, & vostre pieté,
Gardant de voz aïeux l'antique liberté.
Vous conquistes la Corse, & par le nauigage
De France en Italie asseurant le passage,
Feistes voir à Cesar que vous pouuiez armer,
Aussi bien comme luy, & la terre & la mer.

Depuis sur le Sienois, d'vne force rusee,
Tenant de l'ennemy la puissance amusee,
Bourgogne & le Piedmont vous bornastes plus loing,
Mettant, comme prudent, vostre principal soing,
A prendre ce qui est à garder plus facile,
Et ne faire bien loing vne guerre inutile.
Voila de voz neuf ans le sommaire discours,
Qui sans voir leur bon heur entrerompre son cours,
Se peuuent egaler au long aage des Princes,
Qui ont comme vous, SIRE, *augmenté leurs prouinces.*

L'Empereur est tesmoing, & le sont comme luy
Ceulx qui ont trauaillé pour vous donner ennuy,
De quel meur iugement, & prompte diligence
Vostre vertu s'anime à la iuste vengence,
Combien de voz desseings les secrets sont couuers,
Mesmes faisant la guerre en tant de lieux diuers,
Combien de bons soldats voz bandes sont fournies,
Et comment vous tenez voz frontieres garnies
De villes & chasteaux, tousiours sur l'estranger

Repoulsant loing de vous la perte & le danger.
  Ce que voyant Cesar, & perdant l'esperance
D'eniamber plus auant sur les bornes de France,
A choisy pour le mieulx d'oublier la rancueur
Qui auoit si long temps regné dedans son cueur,
Et pour n'entretenir vne guerre si chere,
A receu de la Paix l'heureuse messagere,
La Trefue bienheureuse, & profitable à tous,
Mais plus vtile à luy, & plus louable à vous :
Plus vtile, d'autant qu'en seureté plus grande
Il iouist du repos, que son aage demande :
Et plus louable à vous, d'autant que le bon heur,
*S*IRE*, vous asseuroit de r'emporter l'honneur,*
*Et vous aue*z *trop plus, tenant ia la victoire,*
Prisé le bien public, que vostre propre gloire.
  Celuy vrayement, celuy est doublement vainqueur,
Vainqueur de son hayneux, & de son propre cueur,
Qui peult durant le cours de sa bonne fortune
Suyure de la vertu la trace non commune.
Fascheuse de nature est toute aduersité,
Mais trop plus dangereuse est la felicité.
Le cheual furieux, aiant le mords pour guide,
Tousiours en sa fureur ne desdaigne la bride :
Le nauire agité des vents impetueux
Ne succumbe tousiours aux flots tempestueux :
Et le cours du torrent tombant de la montaigne
S'allente quelquefois au plain de la campaigne.
Mais veoir vn ieune Roy heureusement vaillant,
Contre vn autre grand Roy pour l'honneur bataillant,
*Refrener sa fureur, S*IRE*, c'est vne chose,*
Qui d'vn moindre que vous au pouuoir n'est enclose.
  *Nul, ie ne diray point de no*z *esprits François,*
Mais bien fust-ce vn Virgile, ou celuy des Gregeois
*Qui a le mieulx chanté, d'vne asse*z *digne gloire*
*Pourroit de vo*z *haults faicts celebrer la memoire,*
*Mais cest acte dernier (S*IRE *pardonne*z *moi)*
Ie ne sçay quoy plus grand, & plus digne d'vn Roy,
Nous fait loüer en vous. Car la gloire bellique

Iufqu'aux moindres foldats fe rend quafi publique,
Et n'eft propre à vn feul : &, à la verité,
La vertu des foldats, & l'opportunité
Ou du temps, ou du lieu, les viures, & les armes,
Et l'argent, qui fouuent fait plus que les genfdarmes,
Y feruent de beaucoup : & fur tout, le hazard
Au faict de la victoire a la plus grande part.

Mais icy de l'honneur qu'à bon droit on vous donne,
Qui eft certes beaucoup, rien n'en touche à perfonne :
Il n'appartient qu'à vous, & n'y demande rien
Cefte-la mefme encor', qui dit tout eftre fien,
Cefte dame Fortune, à qui pour fa puiffance,
Dont les diuers effects nous donnent cognoiffance,
Sans en fçauoir la caufe, on a d'antiquité
Donné iufqu'auiourdhuy tiltre de deité.
Car auec la bonté d'vn Prince magnanime,
Qui, quand plus la fureur à la guerre l'anime,
Pour le commun falut fe rend plus adoulcy,
Le hazard n'a que voir, ny la Fortune auffi.

Donques autant de fois qu'en noz vers ou hiftoires,
Noz nepueux reliront voz heureufes victoires,
Ilz f'efmerueilleront, & de quelle vertu,
Et de quel heur encor' vous aurez combattu
Contre vn tel ennemy. Mais autant de fois, SIRE,
Que voz fuiets viendront, ie ne dis pas à lire,
Mais fentir la pitié dont vous auez vfé,
Sans auoir, inhumain, de leur fang abufé,
Ilz vous adoreront, & en chafque prouince
Serez tenu pour Dieu, & non pas pour vn prince.
On vous tiendra pour Dieu, car qu'elle chofe aux Dieux
Approche de plus pres, qu'vn Roy victorieux,
Vn Roy fage, conftant, fort, magnanime, & iufte,
Plus humain que Traian, & plus heureux qu'Augufte ?

Vous pouuiez regaigner, voire en bien peu de temps,
Ce que voftre ennemy depuis vingt ou trente ans
Vfurpe deffus vous : mais voftre bonté, SIRE,
Qui plus au bien public, qu'à fa grandeur afpire,
Pour laiffer repofer de leurs trauaux paffez

Voz peuples & voisins de la guerre lassez,
Est venue arracher au milieu des alarmes,
Des mains de voz soldats, la fureur & les armes.
   Car vous n'auez pluftost apperceu l'Empereur
Incliner à la Paix, que soudain la fureur
S'est esteinte dans vous au plus fort de l'affaire :
Et content d'auoir peu domter vostre aduersaire,
Auez domté vous mesme : & pour le commun bien
Vous estes souuenu d'estre Roy Treschrestien :
Non vn Iules Cesar, vn Pyrrhe, vn Alexandre,
Qui ne prenoient plaisir qu'à sang humain espandre.
   Aussi ne feront pas voz gestes engrauez
En cuyure seulement, ou marbres esleuez
En colonnes, en arcz, en superbes trophees,
Ornez pompeusement d'armes bien estoffees :
Ilz feront engrauez aux cueurs de noz nepueux,
Qui parleront de vous, & d'offrandes & vœux
Feront à vostre honneur vne feste Chrestienne,
Non point vne hecatombe à la mode Payenne.
Ilz parleront de vous, & n'oubliront aussi
Le prelat de Lorraine, & ce Mommorancy,
Ce grand Mommorancy le Nestor de la France,
Qui sçait au bon conseil marier la vaillance.
   Ilz diront que ces deux soubz vostre maiesté
Les principaulx autheurs de la trefue ont esté,
L'vn armant pardeça le successeur de Pierre,
Pour estonner les cueurs trop amis de la guerre,
Et l'autre pardela contraignant le moins fort
De chercher à la fin les moiens de l'accord.
   Parle donc qui voudra de la chauue Déesse,
Qui deux fois aux cheueux empoigner ne se laisse ;
Discoure sur Milan, qui vouldra discourir,
Sur Naples, & sur ceulx qu'on deuoit secourir,
Sur le danger de voir paisible l'Angleterre,
L'Empire hereditaire, & tout ce que la guerre
Empeschoit à Cesar : discours passionnez
De gens qui seulement à leur profit sont nez,
Et non pas de Chrestiens. Vostre maiesté, Sire,

Qui, comme la *Lyonne*, en *fa fureur defire*
De conferuer les fiens, non les laiffer perir,
Et ne veult par leur fang la victoire acquerir,
A remis fon laurier, fon triumphe, & fa gloire,
En la main de celuy qui donne la victoire,
En la main de celuy qui voyant la bonté,
Dont vainqueur vous auez voftre appetit domté,
Vous donnera fa grace, & le Ciel en partage,
Et iufte vous rendra voftre propre heritage.
 Sire, fi voftre loz d'vne *Iliade* entiere
Ne donnoit à chafcun affez ample matiere,
Sans d'autres argumens fon poëme allonger,
I'irois auec *Afcree* en *Parnafe* fonger
Cent mille inuentions pour blafmer la *Difcorde*,
Et loüer cefte-la qui les Princes accorde,
La *Paix* fille de Dieu, nourrice des humains,
Qui forma ce grand *Tout*, & de fes propres mains
Débrouilla le *Chaos*, ou d'vne horrible guerre
Enfemble combattoient le feu, l'onde, la terre,
Et ceft autre element qui nous faict refpirer :
Puis contre *Iupiter* ie ferois confpirer
Ceulx qui iufques au Ciel les montaignes haufferent,
Et les premiers ça bas la guerre commencerent.
 Et puis de fiecle en fiecle, aux *Perfes* & *Gregeois*,
Aux *Romains* & aux *Gotz*, aux *Germains* & *François*
Deduifant mon propos, ie chanterois les guerres,
Que tant fur leurs voifins, qu'aux plus loingtaines terres,
Voz anceftres ont mis heureufement à fin :
Puis ie viendrois à vous, & d'vn chant plus diuin,
Defcrirois voz vertus belliques & ciuiles :
Combien vous auez prins de chafteaux & de villes,
Repouffé d'ennemis, toufiours victorieux,
Faifant en mefme temps la guerre en diuers lieux.
 Apres ie vous mettrois fur vn fiege d'iuoyre
En habit triomphal dans vn char de victoire
Trainé pompeufement. Mais apres voz charroys
Ie ne ferois marcher les Princes & les Roys,
Les braz liez au dos à la mode Romaine,

Triomphe des Gentils. La Discorde inhumaine
Aux tresses de serpens, les filles de la Nuict,
Et l'horreur que Belonne à la guerre conduit,
Marcheroit apres vous honteusement captiue.
La Paix iroit deuant, & d'vn rameau d'oliue
Vmbrageant ses cheueux serois au premier ranc
Chacune en son habit, cheminer flanc à flanc,
Vostre France & l'Espaigne, auec toute leur troppe,
Et la plus grande part des prouinces d'Europe,
Qui d'vn commun accord vostre enseigne suiuant
Chrestiennes conduiroient leurs forces en Leuant ;
Et de là recouurant noz pertes anciennes,
Rapporteroient icy les enseignes payennes,
Que vostre Maiesté planteroit de sa main
Dessus le grand portail du sainct temple Romain.

 Voyla les premiers traits de ma riche peinture,
Si i'auois tant amis les cieulx & la nature,
Qu'en mes tableaux ie peusse au vif representer
Quelque chose qui peust vostre esprit contenter.
Mais l'ennuy qui me ronge, auec la tyrannie
De celle que les Grecs ont appellé Penie,
Et mil autres malheurs qui me suyuent de loing,
Pour n'auoir iamais eu des richesses grand soing,
Allentent ma fureur, Sire, & font que mon Ame
Ne resent plus l'ardeur de sa premiere flamme.

 Ie ne veulx point icy, pour mon hymne borner
D'art plus elabouré voz louanges orner :
Ie laisse aux plus sçauans, qui la charge en ont prise,
Le travail & l'honneur d'vne telle entreprise,
Pour ne vous faire tort, & tumber soubz le faiz
Dont chargeroit mon doz la grandeur de voz faicts :
Bien iray-ie apres eulx de voz vertus belliques,
Et des autres vertus recueillant les reliques,
De loing suiuant leurs pas, comme on voit le gleneur
Recueillir les espics apres le moissonneur.

HYMNE AV ROY

SVR

LA PRINSE DE CALLAIS[158].

Sire, ce grand Monarque & magnanime Prince,
Qui feit de tout le Monde vne feule Prouince,
Qui de liens de fer la Guerre emprifonna,
Qui le furnom d'Augufte aux Empereurs donna,
Qui refeit l'aage d'or, & duquel on peult dire
Que le grand Roy des Roys nafquit fous fon Empire,
Auec tout ce grand heur fi heureux ne fut point,
(Et qui, finon les Dieux, eft heureux de tout poinct?)
Qu'à la felicité d'vne fi grande gloire
Le malheur d'vn Varus n'oftat vne victoire.
Mais par vn tel malheur il ne perdit le cœur,
Ains arrachant la Palme à l'ennemy vainqueur,
Auec vne victoire & plus grande & plus prompte
Luy remeit fur le front la vergongne & la honte.
Sire, vous auez faict comme cét Empereur,
Qui ne vous eftonnant d'vne courte fureur,
Mais reprenant au poil la Fortune tournee,
Qui vous ayant fruftré de l'heur d'vne iournee
Penfoit par vn malheur tout voftre heur vous ofter,
Auez imité l'arc qui fe laiffe voulter,
Puis d'vn effort plus grand, tout foudain fe déuoulte,
Vendant le mal reçeu plus cher qu'il ne luy coufte.

Le Malheur enuieux & deffus le grand heur
De voz heureux fucces, & fur voftre grandeur,
Qui fembloit s'eftre faict la Fortune feruile,
Vous auoit faict fentir la perte d'vne Ville,
Pour rompre voftre cours, & pour nous faire voir
Combien fur les humains le Sort a de pouuoir.
Mais la Vertu, qui eft voftre fidelle efcorte,
Voulant fur le Deftin fe monftrer la plus forte,

A combatu pour vous, triumphant du malheur
Qui vouloit triumpher de voſtre grand' valeur.
Car ce qu'au parauant, durant que la Fortune
Sembloit à voz deſſeings eſtre plus opportune,
On n'oſoit eſperer, Sire, vous l'auez faict,
Et auez noſtre eſpoir deuancé par l'effect.
 Vous auez prins Callais, deux cens ans imprenable,
Montrant qu'à la Vertu rien n'eſt inexpugnable,
Lors qu'elle eſt irritee, & que la paſſion
Luy faict imiter l'ire & le cœur du Lyon :
Qui au commencement de ſa queüe ſe flatte,
Et couché de ſon long ſur l'vne & l'autre patte
S'irrite lentement : mais ſi du Chien mordant,
Ou d'vn autre Animal il a ſenti la dent,
Il ſe leue en fureur, & à courſe élancee
Déplie tout d'vn coup ſa cholere amaſſee,
Déchire l'ennemy aux ongles & aux dents,
Allume de ſes yeulx les deux flambeaux ardents,
Remache ſa fureur, & d'vn regard horrible
Faict cracquer hautement ſa machoire terrible.
 Sire, vous ne pouuez, eſtant ſi courageux,
Ne vous ſentir du tort du Deſtin oultrageux,
Qui parmy tant d'honneurs, de triumphes & gloires,
Et parmy les Lauriers de ſi hautes victoires,
A bien oſé meſler le regret & ſoulcy,
Qui nous a pour vn temps faict baiſſer le ſourcy.
Mais vous ne ſentiriez ſi parfaicte allegreſſe,
Si deuant vous n'euſſiez eſprouué la triſteſſe :
Et peult eſtre qu'encor' vous n'euſſiez attenté
Cela que de long temps vous auiez proietté,
Epiant le moyen & le temps plus propice,
Si la neceſſité n'euſt trouué l'artifice.
 L'ire qui vous émeut, voyant le cruel Mars
Se baigner furieux au ſang de voz ſoldarts,
Vous feit attacher l'aile au doz de la Vangeance,
Et remettre en leur lieu les bornes de la France,
Qui deux cens ans, & plus, honteuſe lamentoit,
Comme vn corps mutilé, le dueil qu'elle ſentoit

D'eſtre ſans vn CALLAIS, & voir l'audace Angloiſe
Brauer ſi longuement la puiſſance Françoiſe.
  Mais à qui fault-il, SIRE, attribuer l'honneur
D'vne ſi grand' victoire, & d'vn ſi grand bon-heur
Fors à DIEV, & à Vous, qui d'vne telle priſe
Auez premierement deſſeigné l'entrepriſe,
Contre l'aduis de ceux qui n'auoient bien penſé
Ce que ſans y penſer vous n'auez commencé?
  Ilz ne cognoiſſoyent bien voſtre fortune heureuſe,
Et ſi ne cognoiſſoyent la vertu valeureuſe
De ce Prince Lorrain, qui d'vn grand Empereur
Auoit souſtins à Metz la force & la fureur.
Qui auoit à Ranty deſſous voſtre conduyte
Rompu voſtre ennemy, & mis Ceſar en fuyte :
Qui pour ſauuer l'eſtat du grand Preſtre Romain
Auoit paſſé les Monts, & planté de ſa main
Sur le champ ennemy les enſeignes de France,
Qu'en France il rapporta contre tout' eſperance,
Et contre le prouerbe vſurpé longuement,
Qui dict que l'Italie eſt noſtre monument.
  On vante de Ceſar la prompte vigilance,
Mais ſi lon iuge bien de quelle diligence
Ce PRINCE a ramené, quand moins on l'eſperoit,
Ce qu'vn ſi long chemin nagueres ſeparoit,
Mis vne armee aux champs, & en ſi peu d'eſpace
Prins en telle ſaiſon vne imprenable Place,
Dont ſon Fort le plus fort voſtre ennemy faiſoit :
Ce que, parlant de ſoy, Ceſar meſme diſoit,
Ceſtuy-cy le peult dire à bon droict (ce me ſemble) :
Ie ſuis venu, l'ay veu, l'ay vaincu tout-enſemble.
  Si voſtre MAIESTÉ ne diſcouroit aſſez
De voz poures ſubiectz les dommages paſſez
Au moyen d'vn CALLAIS, le paſſage ordinaire
Du furieux Angloys, voſtre antique aduerſaire,
Ie deduirois icy les guerres & combatz
Depuis deux cens dix ans, & ne me tairois pas
De la commodité qu'Eſpaigne & l'Angleterre
Auoyent par ce moyen de vous faire la guerre :

Combien la Flandre y perd, & de quel large tour
Il luy fault deformais nauiguer à l'entour
De ceulx qui le Soleil voïent cacher en l'onde,
Qui or' plus que iamais sont separez du Monde.
 Mais ce discours la, Sire, est vn discours commun,
Et qui, sans que i'en parle, est notoire à chacun.
Ie diray seulement que de ceste victoire
Il semble que le Ciel vous reseruoit la gloire
Pour estre celuy seul, qui deuoit quelque fois
Sur Philippe vanger Philippe de Valloys.
Aussi ne failloit il qu'vn moindre que vous, Sire,
Nous rendist vn Callais duquel vous pouuez dire,
Que l'ayant regaingné, vous n'auez pas moins faict,
Que si vous eussiez mesme en bataille deffaict
Les forces de l'Anglois, qui du sceptre de France,
En perdant son Callais, a perdu l'esperance.
Icy ie vous supply mettre deuant voz yeulx
Tous ces vieux Roys François, voz antiques ayeulx,
Ce grand Françoys sur tous, dont l'Vmbre venerable
Entre les Vmbres tient lieu plus honnorable :
Quel ayse pensez vous qu'ont senty ces esprits,
Oyant bruire la-bas, que Callais estoit pris?
 Il me semble de voir ceste troppe legere
En vn rond assemblée au tour de vostre Pere,
Et luy s'éiouissant que son filz ayt l'honneur
D'auoir rendu Callais à son premier Seigneur.
 I'oy d'vn autre costé la lamentable noise,
Et les gemissemens d'vne grand' troppe Angloise,
Laquelle en maugreant d'vne execrable horreur,
Inuoque des Fureurs la plus grande Fureur,
Contre ceste Furie & cruelle Megére,
Du sexe feminin l'eternel vitupere.
 Ie voy sortir d'Enfer les filles d'Acheron,
Qui leurs serpens tortuz lacent à l'enuiron
Du col de l'inhumaine, au fond de son couraige
Répandant le venin de leur plus grande raige.
Ie voy dessus son chef tomber l'ire des Cieux,
Le Peuple mutiné, & Vous victorieux.

SIRE, *parmy le bruit & publique allegreſſe*
Du Peuple vous loüant, i'ay prins la hardieſſe
De vous offrir ces Vers auſquelz l'affection
Ne m'a laiſſé donner ceſte perfection
Qu'on void en ces Eſcrits, que lon a de couſtume
De repolir ſouuent, & mettre ſus l'enclume :
Suppliant humblement voſtre grand' MAIESTÉ
D'eſtimer le preſent ſelon la volunté
De qui le vous preſente, en imitant l'exemple
De DIEV, *duquel en vous l'image lon contemple.*

EVOCATION

DES DIEVX TVTELAIRES DE GVYNES.

Quiconques ſoyent les Dieux qui defendent la terre,
Les temples, les maiſons, le peuple d'Angleterre,
Et celuy par ſur tous qui ſ'eſt faict de ce lieu
Le principal patron, & tutelaire Dieu,
Ie vous prie, & ſupplie en deuotion grande,
Et vous requiers pardon de ce que ie demande :
C'eſt qu'en proye & butin vous laiſſiez aux François
Les temples, les maiſons, la terre des Anglois :
Que vous ſortiez ſans eulx, & qu'en leurs cœurs empraincte
Ne demeure ſinon vne effroyable craincte,
Vne peur, vn oubly, & que partant d'icy,
En France auecques moy vous en veniez auſſi :
Qu'agreables vous ſoyent plus que ceulx d'Angleterre
Les temples des François, leurs maiſons, & leur terre :
Que gardes vous ſoyez de France à ceſte fois,
De mon PRINCE, *& de moy, & du peuple François.*
Si vous faictes ainſi, ie vous prometz & voüe,
Et du vœu que ie fais, la France m'en auoüe,
De vous baſtir vn temple, & par ieux ſolennelz
Rendre au peuple François voz honneurs eternelz

EXECRATION SVR L'ANGLETERRE.

Mânes, Vmbres, Esprit*z*, & si l'antiquité
A donné d'autres noms à vostre deité,
Erebe, Phlegeton, Styx, Acheron, Cocyte,
Le Caos, & la Nuict, & tout ce qui habite
A la gueule d'Enfer, la Raige, la Fureur,
Et tout ce qui est plein d'vne eternelle horreur,
A fin que vous mettie*z* vne peur, vne fuyte,
Et tout ce que la peur trayne encor' à sa suyte,
Aux Anglois, en leur Royne, en tous les ennemis
Qui contre les François en armes se sont mis :
Et à fin que les fort*z*, les villes, les villages,
Les temples, les maisons, les sexes, & les aages,
De ceulx-la que i'entens, vous soyent à ceste fois
Par toutes mauldissons & execrables loix,
Voüe*z* & consacre*z*, ie les consacre & voüe,
Et du veu que ie fais, la France m'en auoüe.
    Ie les consacre donc pour le bien de mon Roy,
Pour tous ses allie*z*, pour la France, & pour moy :
A fin que tout le mal, l'oraige, la tempeste,
Qui nous peult menacer, tumbe dessus leur teste :
Que nous demeurions sauf*z*, no*z* femmes, no*z* enfans :
Que nous en retournions vainqueurs, & triumphans,
Et charge*z* de butin, & que nostre victoire
Soit pour iamais sacree au temple de Memoire :
Qu'Angleterre, & sa Royne, & tous ses allie*z*
Ayans les bras au dos honteusement lie*z*
Marchent la teste bas prisonniers de mon PRINCE :
Que tributaire soit à iamais leur prouince,
Et regnent à iamais no*z* enfans & neueu*z*
Sur les fil*z* de leurs fil*z* & ceulx qui naistront d'eulx.
    Si vous faictes ainsi Styx, Acheron, Cocyte,
L'Erebe, le Caos, & tout ce qui habite
A la gueule d'Enfer, la Raige, la Fureur,
Et tout ce qui est plein d'vne eternelle horreur,

Ie vous prometz & voüe, à la mode Romaine,
Immoler trois aigneaulx frizez de noire laine.

SONNET

A LA ROYNE D'ESCOSSE.

Ce n'est pas sans propoz qu'en vous le Ciel a mis
  Tant de beaultez d'esprit & de beaulté de face,
  Tant de royal honneur & de royale grace,
  Et que plus que cela vous est encor' promis.
Ce n'est pas sans propoz que les Destins amys
  Pour rabaisser l'orgueil de l'Espagnole audace,
  Soit par droict d'alliance, ou soit par droict de race,
  Vous ont par leurs arrestz trois grands peuples soumis.
Ilz veulent que par vous la France & l'Angleterre
  Changent en longue paix l'hereditaire guerre
  Qui a de pere en fils si longuement duré.
Ilz veulent que par vous la belle Vierge ASTREE
  En ce Siecle de fer reface encor' entree,
  Et qu'on revoye encor' le beau Siecle doré.

LES FVRIES

CONTRE LES INFRACTEVRS DE FOY [150].

Lors que du pere occis l'ombre si mal vengee,
Au plus profond de Styx pour ses forfaicts plongee,
Sceut l'infame traicté, & la periure foy
Qui pour fuyure Cesar a fait laisser le Roy,

Elle arracha sa barbe, & de fureur contrainte
Tirant son chef de l'eau fait ainsi sa complainte :
   Enfans, que pour enfans ie n'auouroy [160], *sinon*
Que vos faicts malheureux sont dignes de mon nom :
Estoit-ce donques là [161] *ceste belle vengence,*
Dont vous deuiés donner à ma mort allegence ?
Est-ce là la pitié, que le deuoir commun
Et nature ont grauee en l'ame d'vn chacun,
De conseruer la vie à qui nous l'a donnee ?
Loy des Dieux immortels aux hommes ordonnee.
Si, lasches, vous craigniés de tomber au danger
De vostre propre mort pour la mienne venger,
Deuiés vous, malheureux, pour croistre vostre terre
Changer en paix honteuse vne honnorable guerre ?
Trahir ce noble Roy, dont ingrats vous tenez
Plus de bien, que de moy, de qui vous estes nez ?
Et cruels vous ietter, eternel vitupere,
Entre les bras souillez du sang de vostre pere,
Que vous auez occis, vous estans faicts amis
De ceux, qui l'homicide ont iustement commis.
Iustement auoient ils commis cest homicide,
Mais vous, y consentans, l'auez fait parricide
Dignes (si iamais nul digne se peult nommer)
Que dans vn sac de cuir on vous iette en la mer.
Ha que vous donnez bien par vos faicts tesmoignage
De vostre naturel, & de vostre lignage !
Vostre meschante vie, & voz mœurs deprauez ,
L'vne & l'autre Venus, dont vser vous sçauez,
Vostre traistre soubris, vostre double faintise,
Vostre orgueil, vostre enuie [102], *& vostre conuoitise,*
Monstrent, qu'autre que moy, iadis si monstrueux,
Ne pouuoit engendrer monstres si tortueux [103].
   Le ciel pour faire voir qu'il a bien la puissance
De changer es enfans la loy de la naissance,
Aussi bien que le lis peult naistre d'vn fumier,
La rose d'vn buisson, comme vn bon iardinier,
Qui sur vn tronc sauuage, ou sterile de soy,
Ante quelque bon fruit, auoit produit de moy

Vn enfant vertueux : mais la Parque fatale
Ne fut d'vn si grand bien longuement liberale,
Retirant, comme vn don auarement offert,
Ce qu'à peine elle auoit au monde descouuert.
 Afin qu'apres ma mort ce seul confort ie n'eusse,
Et que d'vn seul bien faict vanter ie ne me peusse,
Ell' fit deuant ses iours mourir cruellement
Celuy, qui meritoit viure eternellement :
Et vous laissa meschans, fils [164] dignes d'vn tel pere,
Pour estre de mon sang eternel vitupere,
Et pour monstrer que i'ay en tous faicts vicieux
Surmonté nostre temps, & tous les siecles vieux.
Tout ce que par nature on peult sçauoir de vice,
Et tout ce qu'on en peult forger par artifice,
Tout ce que Caligule en delices auoit,
Tout cela que Neron de volupté sçauoit,
Ou [165] si la fable Grecque, ou la Romaine histoire,
De quelque plus meschant deteste la memoire,
En moy seul se trouua : mais oncques ie ne feis
Si grand' meschanceté, que d'engendrer tels fils.
Dont l'vn qui corrompu des pieds iusqu'à la teste [166]
Ne laisse sur son corps vn seul endroit honneste,
Tout cela que la Grece eut oncq' de vanité,
Et ce qu'onques l'Afrique eut d'infidelité
Cache dedans son cœur : l'autre a ioinct à ce vice
Les mines d'vn buffon [167], digne d'vn tel office,
Non du tiltre, qu'il a : l'autre voluptueux
Comme Heleogabale en ventre monstrueux,
Comme vn Sardanapale, ou comme vn Epicure.
Et si pour se nourrir d'vne semblable cure,
Quelqu'autre a merité cest honnorable lieu,
Monstre bien qu'il a fait de son ventre son Dieu.
 Que Rome hardiment ne me vante plus ores
Ses braues Scipions, ne ses Gracches encores,
Ses Metelles vaillants, ses sages Fabiens,
Ses Brutes, ses Catons, ny ses Fabriciens :
Car en ses trois elle a plus de vices fait naistre,
Qu'es autres de vertu. Le siege du grand prestre,

Ce fameux Vattican [168], & tout ce beau seiour,
Ou ie soulois iouyr de la clarté du iour,
Est encores souillé de leurs pechez enormes.
Et qui iamais a veu trois monstres tant difformes?
Si cent langues i'auois, cent bouches & cent voix
Aussi dures que fer, raconter ne sçaurois
En combien de façons d'horrible forfaiture
Ils ont [169] offensé Dieu, le monde, & la nature :
Mais cest acte dernier fait que les deshontez [170]
Se sont (comme l'on dit) eux-mesmes surmontez :
Traistres, cruels, ingrats : car en vous (ce me semble)
Ces trois belles vertus se rencontrent ensemble.
 Ne vous souuient il plus de la benignité,
Et de l'honneste accueil, de vous non merité,
Dont le Roy magnanime, & pitoyable Prince,
Vous receut fugitifs en sa belle prouince?
Pour vous en camp marchant, ne craignant hazarder
Ses estats & subiets, pour les vostres garder.
Ou sont les Dieux iurez, ou est la foy promise?
Si telle lascheté est aux hommes permise,
De quoy te sert la foudre, ó grand pere des Dieux?
Peux-tu souffrir cecy, & le voir de tes yeux?
Ta main, pere, ta main ne fut pas ocieuse,
Quand pour damner icy ceste ame vicieuse,
D'vne honteuse mort en pieces dehaché [171],
Ie receu [172] le loyer digne de mon peché.
Pourquoy donc maintenant, pourquoy cesse ta foudre [173]
A punir ces meschans, & les briser en poudre?
Ces auares meschans, qui ont fait sur ma mort
Le vergongneux marché de leur pariure accord?
 Mais tu ne pouuois mieux de ton ardent orage [174]
Venger de ces felons le sacrilege outrage,
Qu'en leur ostant le sens, & leur sillant les yeux,
Pour, aueuglez, ne voir leur mal pernicieux.
Les poures aueuglez bien ont ils prins la voye
De leur perdition, de s'estre faits la proye
Contre Dieu, contre droit, contre toute raison,
Des plus grands ennemis qu'eust oncques leur maison.

Qui comme il fit de moy, punira leur meschance [175],
Et fera de ma mort luy mesmes la vengeance.
Ie leur predis cecy, & leur mauuaise fin
Fera voir que ie suis veritable deuin.
Car celuy qui tout voit, & d'egale balance
Sçait peſer iuſtement le bien-fait, & l'offenſe,
Attent pour quelque temps, & puis la tardité
De la peine compenſe auec la grauité.
Adoncques vous croirez ce que ie ne creu oncques
Iusques à maintenant, vous le croirez adonques,
Qu'il y a quelque Dieu, & que toute action
Doit auoir à la fin ſa retribution.
　Pour moy ce grand Paſteur, que le ſens & l'vſage
Auoient fait de ſon temps eſtimer le plus ſage,
S'engraua ſur le front d'vn reproche [176] eternel,
Quand ſe laiſſant mener d'vn amour trop charnel,
De deux fortes [177] citez il deſpouilla l'Egliſe
Pour fonder vn eſtat venu [178] de baſtardiſe :
Et pour vous malheureux fut troublé ſans [179] propos
De la Chreſtienté le publique repos,
Quand pour voſtre querelle on veit toute l'Europe
Se diuiſer en deux, & l'vne & l'autre troppe
Au ſang de l'Italie enſanglanter ſa main,
Et tout pour le peché du grand Preſtre Romain,
Qui deuant que mourir pour loyer de ſa faulte
Se trouuant abuſé de ſa fineſſe cante,
Veit tomber ſur mon chef la vengence des cieux,
Et ſortir de mon corps le feu pernicieux,
Qui depuis embraſa & la France & l'Eſpaigne,
Faiſant d'vn rouge lac ondoyer la campaigne
Ou ſont les murs de Parme, & tout ce bort cognu
Que baigne [180] de ſes flots Eridan le cornu.
Auſſi ne falloit-il qu'vn corps ſi plein de vice
Euſt apres ſon treſpas autre funebre office,
Que le ſang, & le feu, & tout ce que d'enfer
Apporte auecques ſoy la licence du fer,
Que ie ſens maintenant forcener dans mon ame,
Comme eſtant le tiſon de la fatale flamme

Que vous auez soufflé, & qui ne cessera,
Tant que de telle race vn seul viuant sera.
  Que cela, que ie dy veritable se treuue,
Vostre dernier traicté en fait certaine preuue.
Traicté fait sur le poinct, que l'Espaignol mutin,
Ardant, comme autrefois, de rauir le butin,
Et de fouler aux pieds l'honneur du sainct college,
Imita des Geans la guerre sacrilege.
Ha que vous sceustes bien espier la saison,
D'enfanter à propos la feinte trahison,
De longue main conceuë, à fin que le passage,
Qui seul peult garentir de l'Espagnol outrage
Le vicaire de Dieu, ne fust ferme aux François
Protecteurs de l'Eglise & de ses sainctes loix.
Mais vous n'auez rien fait, que vous charger de crime.
Car d'vn prince Lorrain la vertu magnanime
S'ouurira, maugré vous, auec le fer en main,
Le chemin pour conduire au riuage Romain
Le secours attendu : lors vostre iuste peine
Vous fera voir combien vostre entreprise est vaine :
Et combien vostre cœur enuieux du grand heur
De ceux, qui vous sembloient fouler vostre grandeur,
S'est lourdement deceu d'abandonner le Prince,
Qui seul pouuoit garder vous, & vostre prouince :
Et qui seul vous fera, non moins iuste que fort,
Reuomir [18] tout cela, que vous tenez à tort.
  Or allez maintenant, & faictes entreprise
De remettre chez vous le siege de l'Eglise,
Dont fut si longuement indigne possesseur
Celuy, qui s'acheta pour l'honneur de sa sœur
L'honneur du sainct chappeau, & la triple coronne
Qui du plus grand Pasteur les temples enuironne.
O grandeur bien fondee, & qui de main en main
Merite d'estre assise au sainct throsne Romain :
Mais vous ne verrez plus cest heur en vostre race :
Ains priuez de support, de faueur, & de grace,
De chappeaux & d'estats, vous verrez douloureux
Payer le chastiment de vos faicts malheureux.

O grand portier du ciel, ô succeffeur de Pierre,
Qui feul deffous tes clefs peux renfermer la guerre
Ou la faire fortir, pere que fonges tu ?
Si tu es (comme on dit) tant amy de vertu,
Pourquoy vit fi long temps cefte hydre tant feconde,
Que, comme vn autre Hercul [182], tu n'en purges le monde ?
Si de l'honneur mondain tu as quelque foucy,
Quel triomphe attens-tu plus grand que ceftuy-cy ?
Si tu veulx faire à Dieu aggreable feruice [183],
Dequoy luy peus-tu faire vn plus beau facrifice ?
Et fi de ta maifon tu quiers la feureté,
Que peux-tu faire mieux pour ta profperité ?

 O toy, qui dois monftrer, pour eftre fort & iufte,
Qu'on ne te nomme à tort & Cefar & Augufte,
Si du pere mefchant tu punis le forfaiƈ,
Pour la terre purger d'vn monftre tant infeƈ,
Que n'eftains-tu encor d'vne vengence egale
D'vn fi malheureux fang la femence fatale ?
Si tu permets, Cefar, repulluler de moy
Vn fi mefchant reieƈ, chacun dira de toy,
Que tu as abufé du tiltre de iuftice
Pour rauir mon eftat, non pour punir [184] mon vice.

 Et toy Prince, qui as le nom de Trefchreftien,
Si tu veux qu'à bon droit ce beau tiltre foit tien,
Seras-tu proteƈeur, non des Mahometiftes,
Mais de ces faux Chreftiens de race d'Atheiftes ?
Efperes-tu trouuer quelque fidelité
En ceux qui dans leur cœur n'ont point de Deité ?
Tu as fait (ô grand Roy) par ta fage vaillance,
Cela que deuant toy ne feit onq' Roy de France ;
Mais tu ne feras rien ny [185] fi digne d'vn Roy,
Si digne d'vn Chreftien, ny fi digne de toy,
Que fi ta Maiefté, pour le commun feruice,
Extirpe [186] ces mefchans, qui par leur artifice
(Tant ils font impudents) voudront pour f'excufer,
De leurs faulfes raifons ta iuftice abufer,
Si tu preftes l'oreille au deceuant langage,
Dont ils fcauent farder leur langue & leur vifage.

O Prince Catholique, ô bon Roy des Romains,
O Roy de Dannemarc, & vous peuples Germains [187],
O Princes Electeurs, ô superbes prouinces,
Qui auez pris le nom de Correcteurs des Princes,
O sage republicque, ô la Religion [188],
Receurez vous [189], Seigneurs, telle contagion ?
 Ie parle encor à toy, ô grand Prince d'Asie,
Bien que la loy de Christ n'ait ton ame saisie,
Et que de Mahomet la douce vanité
Ait planté dans ton cœur vn [190] autre Deité ;
Si ne croy-ie pourtant ta nature estre telle,
Que tu n'ayes sentiment de la loy naturelle.
Donq' si quelque iustice est ioincte à ton erreur
(Comme on dit que tu as les vices en horreur)
Permettras-tu, Seigneur, que dessous ton Empire
Le meurtrier de son pere à garand se retire,
Et que la mesme loy, qui feit deuant tes yeux
Honteusement mourir ton fils seditieux,
Se monstre pitoyable enuers la forfaiture
De ceux, qui ont rompu tous les droits de nature ?
 Ie sçay, meschans, ie sçay (car ie cognoy en moy
Ce qu'encores en vous recognoistre ie doy [191]),
Ie sçay que vous n'aurez (fuyuant vos vieilles ruzes)
Faute de beaux discours, & de belles excuses,
Pour abuser ceux-là, qui leur iuste courroux
Voudront à la vengence animer contre vous :
Mais Dieu ne permettra (race ingrate & meschante)
Que vostre beau parler les oreilles enchante,
Il ne permettra point que telle verité
Demeure enseuelie en longue [192] obscurité.
Il descouurira tout, & son œil qui prend garde
Aux œuures d'vn chacun, vous fera (quoy qu'il tarde)
Voir qu'vn nouueau torment punit [193] vn vieux peché,
Et que rien deuant luy n'est couuert ne caché.
 Ce pendant, si l'Enfer, & Pluton m'en aduouë,
Enfans desnaturez ie vous consacre & vouë
Auecques tous les vœus pleins d'execrable horreur,
Dont peult maudire vn pere en sa iuste fureur :

Iamais ne puiſſiez vous iouïr de voſtre terre
Sans crainte & ſans enuie, & celle meſme guerre,
Qui arma la fureur des deux freres Thebains,
Vous puiſſe encor vn iour mettre le fer es mains.
　　Iamais ne ſoyez vous recueillis d'aucun Prince,
Mais touſiours fugitifs de prouince en prouince :
Et mendians ſecours, ſoyez enuers chacun,
D'iniure & de riſee vn argument commun.
　　Touſiours la poureté vous ſuyue par le monde,
Et voſtre vie ſoit errante & vagabonde :
A fin que d'vn chacun par vous[194] ſoit entendu,
Que le bien mal acquis eſt plus mal[195] deſpendu.
　　Par tout où vous irez auecques vous chemine
Et la peſte, & la guerre, & la palle famine :
Et où vous ne ſerez[196], l'abondance, & bonheur,
De leurs cornes plus riches eſpandent tout l'honneur.
　　Pour vous l'air ſe corrompe, & le feu s'amortiſſe :
La terre ſe deſſeiche, la mer ſe tariſſe :
Et pour vous le ſoleil couuert d'obſcurité
Ne departe aux humains ſa chaleur & clarté.
　　Autant ſoit voſtre vie à vous-meſme' ennuyeuſe,
Comme elle eſt à chacun à bon droit odieuſe.
Mais iamais n'ayez vous[197] les aſtres tant humains
De receuoir la mort, que par vos propres mains.
　　Les rages de Panthee, & les fureurs d'Oreſte,
D'Œdipe, d'Agaué, d'Athree[198], & de Thieſte,
Vous ſoient touſiours au dos[199], & iamais dans voz yeux
Ne permettent couler le doux preſent des cieux :
Mais deſſus voſtre cœur & dans voſtre courage
Preſſurant de leurs mains le venim, & la rage,
De leurs gros lezards verds vous facent iour & nuict
Porter deuant voz yeux la peine qui vous ſuit.
　　Nulle foy, nulle amour, nulle ferme alliance,
Demeure en vos maiſons, mais toute deffiance,
Toute crainte, & ſoupçon, toute meſchanceté,
Tout inceſte y habite, & toute impiété,
Du pere enuers le fils, du fils enuers le pere,
Du frere vers la ſœur, de la ſœur vers le frere.

Iufqu'à tant que les vns ayent les autres deffaits,
Et toufiours y pullule vne hydre de forfaicts.
 Ce malheur entre vous paffe de race en race,
A fin que de ma mort la vengence fe face,
Sur vous, fus voz enfans, & deffus vos nepueus,
Sur les fils de leurs fils, & ceux qui naiftront d'eux.
Ie verray tout cela, & au fond de ce gouffre,
Ou pour mes vieux pechez ie brufle en feu de fouffre,
Au milieu des tormens (oubliant ma douleur)
Ie me refiouïray de voir voftre malheur.
 Icy l'ombre fe teut, & à tefte panchee
Au fond du lac ombreux foudain f'eft recachee,
Laiffant à fes enfans vn prefage affeuré
Du malheur, qui les fuit pour auoir pariuré,
Et pour auoir fouillé d'vne tache eternelle
Leur fang & leur maifon, par la mort paternelle.

HYMNE CHRESTIEN.

O grand Dieu fouuerain, dont la diuinité,
 Chreftiens, nous adorons deffous triple vnité,
 Qui as pour ton palais cefte voute etheree,
 Ou des Anges te fert la troppe bienheuree,
 Qui formas, tout-puiffant, le grand tour fpacieux
 De ce diuin chef-d'œuure admirable à nos yeux,
 Qui tournes d'vn clin d'œil cefte grand' maffe ronde,
 Qui lances de ta main la fouldre par le monde,
 Pardonne nous, Seigneur, & nos pechez lauant,
 En ta iufte fureur ne nous vas pourfuyuant.
Que fi tu mets nos faicts en egale balence,
 Et veux à la rigueur condamner noftre offenfe,
 Qui pourra fupporter le terrible courroux
 De ce grand Dieu riuant animé contre nous?

Rien ne se sauuera de ta fureur diuine,
Non pas mesmes du ciel l'eternelle machine.
Car ou est cestuy-là qui ne soit criminel
Par son propre peché, ou par l'originel ?
Mais bien tu es celuy, Dieu facile & ployable,
Qui es egalement & iuste & pitoyable,
Qui donnes le loyer plus grand que le bienfaict,
Et la punition moindre que le forfaict :
Aussi ta pieté nos offenses surpasse,
Et donner au non digne, est digne de ta grace.
Bien que dignes assez nous nous pouuons nommer,
Si dignes tu nous fais, & nous deignes aymer.
Donques regarde nous de tes yeux pitoyables,
Soit comme seruiteurs, ou soit comme coupables.
Coupables sommes nous, si ta seuerité
Regarde seulement à nostre iniquité :
Mais si tu as egard à la noble nature,
Dont tu nous as ornez sur toute creature,
Sire nous sommes ceux qui de creation
Te sommes seruiteurs, & fils d'adoption.
Dont helas d'autant plus coupable est notre race,
Nous ayant le peché priuez de ceste grace :
Mais par la grace soit le peché surmonté,
Et croisse en nos forfaits l'honneur de ta bonté.
Car soit que ta sagesse, ou soit que ta puissance
Vueille autrement de soy nous donner cognoissance,
L'honneur de ta bonté est trop plus grand en nous :
Et cest amour là, Sire, est aymable sur tous,
Qui a peu le Seigneur du ciel faire descendre,
Et les membres de Dieu dessus la croix estendre,
Pour lauer nos pechez par l'onde & par le sang
Que le fer inhumain fit sortir de ton flanc.
Ainsi ta pieté, & ton amour, ô Sire,
Fait que vainqueur du mal nostre bien se peult dire.
O Amour ! ô pitié songneuse de noz biens,
Qui serue de tes serfs t'es faicte pour les tiens !
O Amour ! ô pitié de nous mal recogneuë,
Que nous auons quasi par nos pechez vaincuë !

Fay que de ton amour la violente ardeur
Vers toy puisse echauffer nostre lente froideur :
Affranchis nous, Seigneur, de l'odieux seruice,
Qui nous a si long temps fait esclaues du vice :
Esteins en nous l'ardeur de nostre vain plaisir,
Et fais de ton amour croistre en nous le desir,
A fin qu'ayans parfait le cours de nostre vie,
Lors que deuant son Roy l'ame sera rauie,
De son partage heureux iouissant auec toy,
Tu luy sois comme Pere, & non pas comme Roy.

DV REGRET DE L'AVTHEVR

AV PARTIR DE FRANCE.

Vous qui m'oyez souspirer les ennuis,
  Dont ie repais l'erreur de ma ieunesse,
  Or qu'esloigné des yeux de ma maistresse,
Ce que i'estois plus estre ie ne puis :
De tant de pleurs espandus iours & nuicts,
  Pour le regret des beaux yeux que ie laisse,
  Prenez pitié vous seulement que blesse
Ce petit Dieu, dont esclaue ie suis.
Or voy-ie bien, veu l'estat de ma peine,
  Que d'en sortir toute esperance est vaine,
  Puis que d'vn Dieu prisonnier ie me sens.
Et que par luy ma raison est deceüe,
  Qui m'a liuré au pouuoir de mes sens,
  Dont ie voudrois, & ne puis, faire issuë

D'VN SONGE

QV'IL FEIT PASSANT A S. SAPHORIN.

Trifte & rongé du foing qui plus me nuict,
  Pour le regret qui m'englace, & m'allume,
  Ie retournois fur l'hofteliere plume,
  Mes membres las fous l'horreur de la nuict :
Quand le courrier, qui les vmbres conduict,
  Deuant mes yeux, qu'en pleurant ie confume,
  Feit apparoir plus grand que de couftume,
  Ce grand Langé qui par les aftres luict.
Lors effroyé de voir telle merueille,
  Tout treffuant en furfaut ie m'efueille.
  Ha (dy-ie lors) voicy le mefme lieu,
Où de l'Angé l'efprit inimitable,
  Efprit fur tous à Charles redoutable,
  Laiffa le Roy, pour f'en aller à Dieu.

SVR CE MESME PROPOS.

Si dix Neftors Agamemnom euft eu,
  Malgré d'Hector l'ineuitable lance
  Il n'euft douté que leur fage vaillance
  N'euft promptement Ilion abbatu.
Le grand Cefar en vain euft debatu
  Depuis douze ans à l'encontre de France,
  Si de Langé l'heureufe preuoyance
  En euft eu dix de pareille vertu.

Langé viuant fut à ceux de sa part,
 Fosse, tranchee, & muraille & rempart :
 Mais à la fin sa vertu fut contrainte
De nous laisser pour aux astres courir :
 Et en mourant feit encores mourir
 L'espoir François, & l'Espagnole crainte.

DE SON FEV.

Tout ce qu'on voit vniuersellement
 Resent du feu la nature diuine,
 Du feu qui tout purge, esprouue, & affine,
 Comme plus noble & parfaict element.
Hercule mesme auant qu'au firmament
 Fust esleué pour faire vn nouueau signe,
 De Iuppiter n'en fut estimé digne,
 Que par le feu purgé premierement.
Et moy, pour m'estre approché de ce feu,
 Ie me sens ia esloigner peu à peu
 De tout penser terrestre & vicieux.
Mais si l'ardeur penetre iusqu'à l'ame,
 I'espere bien sur l'aile de ma flamme,
 Laisser la terre, & m'en voler aux Cieux.

EN LA FVREVR DE SA FIEVRE.

Ce Montgibel, qu'horrible ie degorge,
 Et ce Caucase englacé de froideur,
 Ont engendré la forcenante ardeur,
 Qui boult, qui fume en l'antre de ma gorge

Là ie retrempe, & retourne, & reforge
  Mille fanglots, dont l'effroyable horreur
  Emmaffe, entourne, endouble la fureur
De ces gros vers batus à triple forge.
Ores le feu m'eft aux vaines enclos,
Ores le froid me faccage les os.
  Horreur, horreur, ie fens dans mes entrailles
Ramper l'ardeur du maugreant Thebain :
  Horreur, ie fens tournaffer en mon fein
De cent fureurs les mordantes tenailles.

VŒV A LA FIEVRE.

Si par deux fois fraudé de ce defir,
  Qui vainement fur le Tybre me meine,
  Finablement apres fi longue peine,
De ces liens ie me puis deffaifir :
Si quelquefois m'eft donné le loyfir
  De comtempler cefte fatale plaine,
  Où la vertu, & fortune Romaine
Vindrent iadis leur demeure choifir :
Ie te feray le mefme honneur encore,
  Que tu receus au lieu que tant i'adore :
  Les mefmes vœus, fiéure, ie te rendray :
Et à ton los, ó nourrice des hommes,
  Alme Santé, par qui viuants nous fommes,
  De mille vers vn Tableau i'appendray.

A SON LVTH.

Luth qui foulois adoucir les ennuis
    Qu'ores le fort qui me tournoit fans ceffe,
    Ores l'amour d'vne belle maiftreffe
    M'a fait fouuent foufpirer iours & nuicts :
Puis que fans toy, Luth, viure ie ne puis,
    Comme tu as confolé ma ieuneffe,
    Confole auffi, ie te pry, ma vieilleffe,
    M'oftant l'ardeur de la fiéure où ie fuis.
Si tu me fais ce bien, pour recompenfe,
    Quand ceft efprit (qui doit, comme ie penfe,
    Pour viure au ciel, bien toft partir d'icy
Pres d'Apollon ira prendre fa place,
    Ie te promets de te planter auffi
    Au pres du Luth du grand preftre de Thrace.

DE LA SAIGNEE

QVI LVY OSTA LA FIEVRE.

Si cefte pafle & vieille rechignée,
    Cruelle fiéure, horreur des fiecles vieux,
    Par les Romains mife au nombre des Dieux
    Sus leurs autels euft fa place affignee,
Pourquoy de nous feras-tu dedaignee,
    Toy feule clef du threfor precieux,
    Que la fanté nous apporte des cieux,
    O bonne, ô faincte, ô diuine Saignee ?

Tu as chaſſé de mes os la froideur,
  Tu as eſteint de mes veines l'ardeur,
  Tu as repeint l'honneur de mon viſage,
Tu as refait la force de mes bras,
  Tu as r'aſſis la marche de mes pas,
  Tu m'as rendu la force & le courage.

DEVX LIVRES

DE

L'ENEIDE DE VIRGILE

A SCAVOIR LE QVATRIEME ET SIXIEME
AVEC AVTRES TRADVCTIONS[201]

AV SEIGNEVR I. DE MOREL

AMBRVNOYS

Ie n'auoy iamais experimenté la doulceur des bonnes lettres (cher amy Morel) si non depuis que la fortune m'a voulu preparer tant de calamitez, que ie ne seray iamais las de remercier celuy qui m'a donné la grace de les pouuoir supporter iusques icy. Ie ne diray, par quelle diuersité de malheurs s'est iouée de moy ceste cruelle arbitre des choses humaines : comme celuy qui n'ignore telles complainctes estre aussi vsitées, comme les occasions en sont ordinaires. Ie diray seulement que parmy tant de malheurs (contre lefquelz ie ne fens ma raizon fi forte qu'elle m'euft peu armer de fuffifante patience) le non moins honnefte, que plaifant exercice poëtique m'a donné tant de confolation, que ie ne puis encores me repentir d'y auoir perdu vne partie de mes ieunes ans. Ce qui faiét que ie porte moins d'enuie à la felicité de ceux, qui pour deftourner le cours de leurs fafcheries, ou n'ayans (peult eftre) autre occupation, paffent le tems en ie ne fçay quelz exercices [202], dont pour le mieux ilz ne peuuent recueillir qu'vn bref plaifir fuyuy d'vne longue repentance. Voyla toute la gloire que pour cefte heure ie pretens donner à la poëzie : afin que ie ne foy' veu trop hault louer l'artifice ou i'ay employé vne portion de mon induftrie. Vray eft que n'ignorant combien le champ de poëzie eft infertil, & peu fidele à fon laboureur, auquel le plus fouuent il ne rapporte que ronfes & efpines, i'auoy occafion de n'y defpendre mon labeur, fi apres la gloire de celuy qui depart fes graces ou bon luy femble, & ne les veult eftre inutiles, ie me feuffe propofé autre fin que l'honnefte contentement de mon efprit, accompaigné d'vng ie ne fçay quel defir (ie n'auray honte de confeffer mon ambicion en ceft endroict) de tefmoingner à la pofterité que i'ay quelquefois, & non du tout ocieufement, vefcu. Ie me laifferay encor' abufer d'vne fi doulce folie, que de penfer, mes petitz ouuraiges auoir trouué quelque faueur en l'endroict de ceux dont le iugement a bien cefte auctorité de donner (f'il fault ainfi parler) droict d'immortalité à mes labeurs. Ie diray d'auantage, que ce n'eft vne des moindres felicitez dont les hommes fe puiffent vanter, que d'auoir peu en quelque liberal exercice faire chofe agrëable aux Princes. Et quand la confcience de mon peu de merite m'auroit du tout retranché l'efperance d'vng fi grand bien, fi eft ce (cher amy) que pour le droict de noftre amitié ie prendray cefte hardieffe de me glorifier (en ton endroict feulement) d'auoir quelquefois par la lecture de mes efcriz donné plaifir aux yeux cler-voyans de celle tant rare

perle, & royale fleur des Princesses, l'vnique Margverite de noftre âge : au diuin efprit de laquelle eft par
moy des long tems confacré tout ce qui pourra iamais
fortir de mon induftrie. Ce font les principales raizons,
qui m'ont donné courage de continuer iufques icy en
l'eftude des chofes que i'ay fuyuies, non tant de ma
propre election, que pour ne laiffer mon efprit languir
en oyfiueté : lequel ie fentoy (à mon grand regret)
affez mal preparé à l'eftude des lettres plus feueres.
C'eft pourquoy les moindres occupations que me puiffent
prefenter mes affaires domeftiques, me retirent facilement
de ce doulx labeur, iadis feul enchantement de mes en-
nuys : & qui maintenant de iour en iour fe refroydift en
moy par l'iniure de cefte importune, qui m'ayant defia
par vne infinité de malheurs priué de toute autre confolation, tafche encor' de m'arracher des mains ce feul
plaifir, demeuré le dernier en moy, comme l'efperance
en la boëte de Pandore. A l'occafion de quoy ne fentant plus la premiere ardeur de cet Enthufiasme, qui
me faifoit librement courir par la carriere de mes inuentions, ie me fuis conuerty à retracer les pas des anciens,
exercice de plus ennuyeux labeur, que d'alegreffe d'efprit : comme celuy qui pour me donner du tout en
proye au foing de mes affaires, tafche peu à peu à me
retirer du doulx eftude poëtique. Toutefois pour n'a-
bandonner fi toft le plaifir qui durant mes infortunes
m'a toufiours pourueu de fi fouuerain remede, ie veux
bien encor' donner à noftre langue quelques miens
ouurages, qui feront (comme ie penfe) les derniers
fruicts de noftre iardin, non du tout fi fauoureux que
les premiers, mais (peult eftre) de meilleure garde. Et
afin que le tout puiffe rencontrer quelque plus grande
faueur, ie commenceray, non par œuures de mon inuention, mais par la tranflation du quatriefme liure de
l'Eneïde, qu'il n'eft befoing recommander d'auantage,
puis que fur le front elle porte le nom de Vergile. Ie
diray feulement qu'œuure ne fe trouue en quelque langue que ce foit ou les paffions amoureufes foyent plus

viuement depeinctes, qu'en la perfonne de Didon. Parquoy fi vng poëme, pour eftre plaifant & profitable, doit contenter les lecteurs de bon efprit, ie croy que ceftuy cy ne leur deura pas defplaire. Quand à la tranflation, il ne fault point que ie me prepare d'excufes en l'endroict de ceulx qui entendent & la peine & les loix de traduire : & combien il feroit mal ayfé d'exprimer tant feulement l'ombre de fon aucteur, principalement en vng œuure poëtique, qui vouldroit par tout rendre periode pour periode, epithete pour epithete, nom propre pour nom propre : & finablement dire ny plus ny moins, & non autrement que celuy qui a efcrit de fon propre ftyle, non forcé de demeurer entre les bornes de l'inuention d'autruy Il me femble, veu la contraincte de la ryme, & la difference de la proprieté & ftructure d'vne langue à l'autre, que le tranflateur n'a point mal faict fon deuoir, qui fans corrompre le fens de fon aucteur, ce qu'il n'a peu rendre d'affez bonne grace en vng endroict f'efforce de le recompenfer en l'autre. Si i'ay effayé de faire le femblable, ie m'en rapporte aux benins lecteurs, non que ie me vante (ie ne fuys tant impudent) d'auoir en ceft endroict contrefaict au naturel les vrais lineamens de Vergile : mais quand ie diray, que ie ne m'en fuys du tout fi eflongné, qu'au port & à l'accouftrement de ceft eftranger naturalizé, il ne foit facile de recongnoiftre le lieu de fa natiuité, ie croy que les equitables oreilles n'en deuront eftre offenfées. Et fi ie congnoy que ce mien labeur foit agreable aux lecteurs, ie mettray peine (fi mes affaires m'en donnent le loyfir) de leur faire bien toft voir le fixiefme de ce mefme aucteur : car ie n'en ay pour cefte heure entrepris l'entiere verfion, que tous ftudieux de noftre langue doiuent fouhaicter d'vne fi docte main, que celle de Lovis des Mazvres, dont la fidele, & diligente traduction du premier & fecond liure, m'ont donné & defir & efperance du refte. Ie n'ay pas oublié ce qu'autrefois i'ay dict des tranflations poëtiques[203] : mais ie ne fuis fi ialouzement amoureux de mes premieres apprehenfions,

que i'aye honte de les changer quelquefois, à l'exemple
de tant d'excellens aucteurs, dont l'auctorité nous doit
oster ceste opiniastre opinion de vouloir tousiours persis-
ter en ses aduis, principalement en matiere de lettres.
Quand à moy, ie ne suis pas Stoïque iusques là. C'est
encor' la raison, qui m'a faict si peu curieusement regarder à l'orthographie, que ie n'eusse laissée à la discre-
tion de l'imprimeur, si ie n'eusse preferé l'vsage publiq
à ma particuliere opinion, qui n'a telle auctorité en mon
endroict que pour si peu de chose ie me veuille declarer
partial, & conuoiteux de choses nouuelles. Si quelqu'vng se fasche que i'aye le plus souuent retranché
l'*s*, aux premieres personnes, & en quelques motz, qui
pour la continuelle & longue suyte des *ss* concurrentes,
semblent vng peu durs à l'oreille, quand i'entendray
telle obseruation desplaire aux lecteurs, ie prendray
raison en payement, & ne seray point heretique en mes
opinions. I'en dy autant de quelques mots composez
comme *pié-sonnant*, *porte-lois*, *porte-ciel* [204] : & autres,
que i'ay forgez sur les vocables latins, comme *cerue*
pour *bische* : combien que *cerue* ne soit vsité en termes
de vennerie, mais assez congnu de noz vieux romans. C'est
pourquoy ne voulant tousiours contraindre l'escriture
au commun vsage de parler, ie ne crains d'vsurper
quelque fois en mes vers certains motz & loquutions
dont ailleurs ie ne voudroi' vser, & ne pourroi' sans
affectation & mauuaise grace. Pour ceste mesme raison,
i'ay vsé de *gallées*, pour *galleres* : *endementiers*, pour
en ce pandant : *isnel*, pour *leger* : *carrolant*, pour *dan-*
sant : & autres, dont l'antiquité (suyuant l'exemple de
mon aucteur Vergile) me semble donner quelque maiesté au vers, principalement en vng long poëme, pourueu toutesfois que l'vsage n'en soit immoderé. Ie retourne à la translation du quatriesme de l'Eneide, que
i'ay accompagnée d'vne complaincte de Didon à Enée,
immitée sur Ouide : ce que i'ay faict, tant pour la con-
tinuation du propos, que pour opposer la diuine magesté de l'vng de ces aucteurs à l'ingenieuse facilité de

l'autre. I'ay encore' adioufté vng epigramme d'Aufone, declarant la verité de l'hyftoire de Didon, pour ce qu'il me fembloit inique, de renouueler l'iniure qu'elle a receu par Vergile, fans luy reparer fon honneur par ce qu'autres ont efcrit à fa louange. Quand aux œuvres de mon inuention, ie ne les eftimoi' dignes de fe montrer au iour, pour comparoiftre deuant ces diuins efpris Tholozains, Mafconnois, & autres : fentant mon ftyle tellement refroidy, & alteré de fa premiere forme, que ie commence moy mefme à le defcongnoiftre : mais voyant quelques miens efcriz, par vne infinité de copies tellement deprauez, que ie ne les pouuoy ny deuoy laiffer plus longuement en tel eftat, i'ay bien voulu en recuillir vne partie des moins malfaictz, attendant l'entiere edition de tous les autres, que i'ay deliberé (afin de ne mefler les chofes facrées auecques les prophanes) difpofer en meilleur ordre que deuant : les comprenant châcun felon fon argument fou' les titres de LYRE CHREST. & LYRE PROPHA. Ce pandant ceux cy marcheront les premiers : pour la protection defquelz, ie ne les veulx dedier à plus ambicieufe faueur, qu'à l'heureufe memoire de noftre immortelle amytié, inftituée premierement par quelque bonne opinion que tu as voulu prendre de moy : & depuis entretenue par l'admiration de ta vertu, prudence, & doctrine, qui me contraignent (toutes les fois que ie contemple la philofophique, & vray'ment Chreftienne œconomie de ta maifon) eftimer ta fortune heureufe, qui t'a pourueu d'vne femme fi entierement conforme à la perfection de ton efprit : & d'vng tel amy, que cete incomparable lumiere des loix & des lettres plus doulces, MICHEL DE L'HOSPITAL, dont les fingulieres vertuz, louées de toute la France & particulierement admirées de toy & de tous ceux qui font fi heureux que de luy eftre familiers, feroient par moy plus laborieufement defcrites, fi ie leur pouuoy donner quelque grace apres l'inimmitable main de ce Pyndare François PIERRE DE RONSART, noftre commun amy : des labeurs duquel 'fi l'Apollon de

France est profpere à fes enfantemens) noftre poëzie doit efperer ie ne fçay quoy plus grand que l'Ilïade.

EPIGRAMME DV TRANSLATEVR.

ON VOID PLVS D'VNG MOQVEVR ENÉE
ET PLVS D'VNE FOLE DIDON,
COVVER LE FEV DE CVPIDON
DESOVBS LES CENDRES D'HYMENÉE.

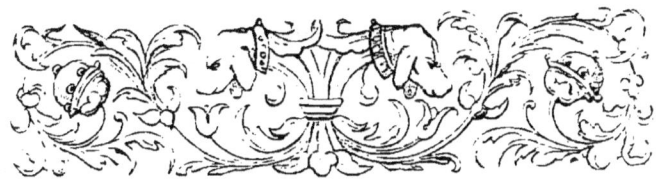

LE QVATRIESME LIVRE

DE

L'ENEIDE DE VERGILE

LA FIN DV TROIZIEME LIVRE.

Ainſi Enée, vng chacun l'eſcoutant,
  Alloit des Dieux les deſtins racontant :
  Finablement, ſilence il ſ'impoſa,
  Et faiſant fin, icy ſe repoſa.

  Mais ce pandant, la Roine ia bleſſée
D'vn grief ſouci, nourriſt en ſa penſée
Ce qui la bleſſe, & ſent dedans ſes veines
L'aueugle feu des amoureuſes peines.
Mainte valeur, mainte Troienne gloire
Court, & recourt en ſa promte memoire.
La face aimée, & le parler auſſi,
Sont engrauez en ſon triſte ſouci :
Et ne permet ſon penſer ennuieux
Le doulx ſommeil couler dedans ſes yeux.
  Ia de Phebus la lampe retournée
Nous eſclairoit la ſeconde iournée.

Et ia partoit du celeste seiour
L'humide nuit, fuyant l'aulbe du iour,
Lors qu'à sa sœur tesmoing de ses secretz
Ceste insensée ainsi fait ses regretz :
  Anne ma sœur, helas dont me suruiennent
Tant de songers, qui douteuse me tiennent ?
Qui est cet hoste, & nouuel estranger,
Qui s'est venu en noz palais loger ?
Quel port il a ! ô que son hardi cœur
Montre qu'il est vng braue belliqueur !
Certes ie croy (& ma foy n'est point vaine)
Que telle race est des dieux la prochaine.
La peur descouure vng cœur abatardi.
O que cetui d'vn couraige hardi
A trauersé d'estranges destinées !
O qu'il chantoit de guerres terminées !
  Si ie n'auois fiché dans mon courage
De ne me ioindre à nul par mariage,
Depuis le temps que la mort m'a deceue
De l'amitié en moy premier conceue :
Si ie n'auoi' oublié tout desir
De retenter des noces le plaisir,
Ma volunté (possible ores peu caute)
M'eust fait tumber sou' cete seule faute.
  Ia ne te soit mon couraige caché,
Anne, depuis que mon pauure Siché
Souilla noz Dieux par l'homicide main
De ce cruel nostre frere germain,
Ce seul ici a flechi ma pensée,
Ce seul ici mon ame ballencée
A esbranlé : ie reconnoi' les pas
Du premier feu de mes ieunes appas.
  Mais dessou' moi plus tost la terre fonde
Pour m'engloutir dedans la nuit profonde
Au plus obscur de l'enfer odieux.
Plus tost le roy des hommes & des Dieux
Darde le feu de ses fleches puissantes
Pour m'abismer aux vmbres palissantes,

Que ie te bleſſe, ou que par amour fole,
O mon honneur, tes ſainčts droičts ie viole.
 Celui premier, qui de moy ſ'acointa,
Auec' ſa mort mes amours emporta :
Luy ſeul les ait, & lui ſeul ait la cure
De les garder ſou' meſme ſepulture.
Ainſi parla, & ſes pleurs, qui coulerent
Soudainement, ſa poitrine mouillerent.
 Anne reſpont : O ſeur, qui m'es plus chere,
Que du beau iour la plaiſante lumiere,
Voudrois-tu bien d'vng eternel veuuaige
Vſer ainſi la fleur de ton ieune eage?
Et ne gouſter d'Amour les appetiz,
Ni la douceur de tes enfans petiz?
Croi'-tu vng tas d'ombres enſeuelies
Auoir ſouci de ces douces folies?
 Et ſoit ainſi, que ta freſche douleur
D'aucuns maris n'ait priſé la valeur,
Ou ſoit d'Iarbe, à qui tu fis ſentir
Ton fier deſdain en Libye, & en Tyr,
Ou ſoit de ceux que l'Aphricain bonheur
Tient eſleuez en triumphe & honneur :
Veux-tu encor' demeurer obſtinée
Contre l'amour en ton cœur ſi bien née?
Songe'-tu point en quelle nation
Tu as eſleu ton habitation?
De ce coſté, Getulie indomtable,
Le fier Numide, & Syrte inhoſpitable :
De ceſtui la la grand' plaine alterée
Des Barcëans, te rend mal aſſeurée.
Et que dirai des menaces cruelles
De noſtre frere, & des guerres nouuelles,
Qui dedans Tyr ſ'eſleuent contre toy!
Certes la main des Dieux, comme ie croy,
Auec' Iunon, ont ſur les riues tiennes
Guidé le cours des nauires Troiennes.
 Quelle cité tu verras ſe dreſſer,
O chere ſœur! quel regne ſe hauſſer

Sou' tel mary ! combien fou' telles armes
Ta nation fera braue aux alarmes !
Tant feulement offre aux Dieux facrifice,
Et à ceux cy par hofpital office
De s'arrefter braffe l'ocafion,
En ce pandant que l'humide Orion
Trouble la mer, & le ciel mal traictable,
Choquant les nefz d'vng bruit efpouentable.
 Par ces propos, du couraige enflammé
Elle a plus fort le defir allumé :
Elle affeura la penfée douteufe,
Et deflia la chafteté honteufe.
 Premierement, des temples confacrez
Vont vifiter les deftours plus fecrez,
Et requerir à l'entour des autelz
La fainde paix des benins Immortelz.
Puis enfuyuant les façons vfitées,
Brebis d'eflite ell' ont efgorgetées :
Sacrifiant à l'honneur de ces trois,
Bache, Apollon, & Cere porte-lois :
Iunon fur tous, qui les noces maintient.
Didon la belle en fa dextre foutient
Vne grand' couppe, & la liqueur efpanche
Droict fur le front d'vne geniffe blanche.
Ores des Dieux les autelz elle adore,
Et de prefens chacun iour les honore :
Ores bëant aux poictrines fanglantes,
Regarde au font des entrailles faillantes
 Mais, ô l'abus des ignorans Deuins !
Las, qu'ont ferui tant de temples diuins,
Et tant de vœuz à cefte furieufe ?
En ce pendant la flamme doucereufe
Ronge fes oz, & la plaie infenfée
Secretement eft viue en fa penfée.
 La malheureufe, ardente & furibonde
Court par la vile, errante & vagabonde.
Telle qu'on voit dans les foreftz de Crete
Par le long coup d'vne fleche fecrete,

*La pauure Cerue euiter le berger,
Qui l'a bleſſée : alors d'vng pié leger
Lancée au cours, d'vne fuite diuerſe
Les Dictēans buiſſons elle trauerſe,
Et les foreſtz : mais la mortelle pointe
Luy eſt au flanc eternellement iointe.
 Ores, on voit, ainſi que forcenée,
Par la cité auec' ſon cher Enée
Se pourmener l'amoureuſe Didon,
Qui de ſa vile, & de l'or de Sidon
Fait grande monſtre, & de parler ſ'appreſte,
Puis au milieu de ſon parler ſ'arreſte.
 Ores au ſoir ell' tente les moiens
D'ouir encor' les longs erreurs Troiens,
Fole, qu'elle eſt : & ſur la meſme couche
Du racontant pend encor' à la bouche.
 Puis quand chacun depart, & qu'à ſon tour
L'obſcurité vient embrunir le iour,
Et que les feuz, qui d'enhault precipitent,
De tous colez au ſommeil nous incitent,
En ſon palais, ſolitaire, & fachée,
Deſſus ſon lict deſert elle eſt couchée :
Elle oit, & voit, & touſiours ſe preſente
L'amy abſent, du quel elle eſt abſente :
Ou elle tient Aſcaigne, qu'elle embraſſe,
Et baize en lui de ſon pere la grace,
Se parforçant de tromper en ce point
Le fol deſir de l'amour qui la poingt.
 Plus vers le ciel les tours encommencées
Ne vont montant : les armes ſont laiſſées
De la ieuneſſe : & les pors & rampars
Abandonnez montrent de toutes pars
Le peu de ſoing des futures batailles :
L'œuure imparfait des ſuperbes murailles,
Et des palais le front audacieux
Ne taſchent plus de ſ'egaler aux cieux.
 Mais tout ſoudain que la compaigne chere
De cetui-la, qui des Dieux eſt le pere,*

Voit forcener telle peste enflammée
En cete cy, & que la renommée
Ne peut garder que la fureur ne donte
L'effort premier de sa pudique honte,
De lui aider vng desir la pressa,
Et par telz moz à Venus s'addressa :
 Vrai'ment & toy & ton gentil enfant
Auez aquis vng butin triumfant,
D'auoir tous deux, ó diuinité haute !
Ainsi trompé vne femme peu caute.
 l'enten' assez, que, pour ton filz songneuse,
Tu as esté contre nous soupsonneuse,
Et que tu crains qu'il ne reçoiue outraige
Entre les murs de ma fiere Carthaige.
Mais quelle fin prendra ceste querelle?
Pourquoy plus tost d'vne paix eternelle
N'exerçon' nous vng noçaige asseuré?
Tu as cela, que tant as desiré :
Didon se brusle, & de son mal enclos
Ia la fureur luy saccaige les os.
Gouuernon' donc' cetuy peuple en commun,
Et faison' tant, que des deux ne soit qu'vng :
Soit asseruie à vng Phrygien prince,
Auec' Didon sa dotale prouince.
 Venus respond (sentant bien de Iunon
Le feinct parler, qui ne tendoit sinon
A detourner le sceptre d'Italie,
Futur vainqueur d'Aphrique & de Libye.
Qui est le fol si ardent de combatre
Qui aimast mieux par querelle debatre
Auecques toy, que t'accorder ces choses?
Pourueu aussi, que ce que tu proposes,
Soit gouuerné par la fortune humaine :
Mais les destins me rendent incertaine,
Si Iupiter veult qu'vne ville assemble
Les Tyriens & les Troiens ensemble.
Et qu'vng accord de commune alliance
Mesle ces deux en longue patience.

Toy son espouse, essaye par priere
A le flechir : va, marche la premiere ;
Ie te suiuray. Iunon replique ainsi :
 Ie pren' sur moy tout ce labeur icy.
Or maintenant quel moyen fault tenir,
Pour à ce poinct de noces paruenir,
Si tu le veux entendre promtement,
Escoute moy, ie te diray comment.
Ton filz Enée, & ceste pauure lasse
Naguere' ont fait entreprise de chasse,
Deliberez auec' tout l'appareil,
Partir demain des le premier soleil.
Lors sur le point des plus secrez apprez,
Et qu'on fera l'enceincte des forez,
Ie verseray dessus eux vne nue
Grosse de pluye, & de gresle menue,
Et par la voix d'vng eclattant tonnerre,
Feray trembler tout le ciel & la terre.
De toutes pars, oyant vng si grand bruit,
Chacun fuyra, couuert d'obscure nuit.
Moy qui presente à la fuyte seray,
Sous vng mesme antre alors i'addresseray
Auec' Didon le Troien capitaine :
Et si tu es de volunté certaine
En mon endroit, d'amour bien ordonnée
Ie les ioindray sous les loix d'Hymenée.
Venus alors, d'vng signe sans mot dire
La ruze approuue, & s'en prent à sourire.
 Endementiers l'Aurore se leuoit
De l'Ocëan, & auec elle on voit
Sortir aux champs les plus deliberez.
Larges espieux, toiles, pantes de rez,
Meutes de chiens, piqueurs Massiliens
Marchent espais. Les seigneurs Libyens
Deuant sa porte attendent la Princesse,
Qui se leuoit d'vne lente paresse.
Couuert de pourpre, & d'or à l'auenant,
Se tient debout le hardi pié-sonnant,

Qui fait le braue, & de sa bouche humide
Masche le frein de l'escumeuse bride.
 Finablement elle marche dehors
A grande suyte, aiant autour du cors
Le riche honneur d'vng manteau Tyrien
Ouuré en rond à poinct Sydonien,
La trousse au col, & ses cheueux deliez
Au tour du chef mignardement liez
D'vng neu doré : sa robe purpurée
Se retroussoit d'vne agrafe dorée.
 Les Phrygiens, & le gaillart Ascaigne
Fort brauement marchent par la campaigne
Enée aussi, qui tous autres efface,
Se ioint à eux compaignon de la chasse.
 Tel, qu'Apollon au regart se presente,
Lors qu'il depart de Licye, & de Xante,
Pour visiter sa Dele maternelle.
A son retour le bal se renouuelle,
Et à l'entour des autelz, qui sont ceincts
Du Chœur sacré, les Agathyrses peincts
Vont carrolant par fremissantes troppes
Entremeslez de Cretes & Dryopes.
 Luy, sur le haut du couppeau Cynthien
Marche à long pas, & d'vn doré lien
Pressant son chef de rameaux nouuelez,
Noüe à l'entour ses cheueux crespelez,
Qui molement contreual s'abandonnent.
Ses traictz aussi sur ses espaules sonnent :
Non moins que luy gaillard marchoit Enée,
Tel est le port de sa grace bien née.
 Puis quand on feut hors des larges campaignes,
Sur le plus hault des vmbreuses montaignes,
Et au plus creux des forez mal voyées,
Voicy tumber les bisches desuoyées
Par les rochers, courant deça, dela :
D'autre costé par les champs se mesla
Des cerfz legers la grand' bande paureuse,
Laissant les mons d'vne suyte poudreuse.

*Le gay Afcaigne au plain de la valée
Son fier cheual pique à bride aualée,
Et peu rufé au meftier de la chaffe
Ores ceux cy, & ores ceux la paffe :
Defirant fort vng efcumeux Ranger
Par les troppeaux timides fe ranger ;
Ou contre luy defcendre en rugiffant
L'afpre fureur d'vng lyon blondiffant.
 Pandant, le ciel en murmurant fe mefle
De tourbillons, & de pluye, & de grefle :
Les Tyriens & Troiens egarez,
Afcaigne auffi, par la peur feparez
Vont au couuert : & des croppes hautaines
Les fiers torrens f'eflancent par les plaines :
Et fur ce poinct, mefme cauerne affemble
Didon la belle, & le Troien enfemble.
 Premierement, la terre nourriciere
Donna le figne, & Iunon la Nociere :
Des feuz auffi l'infortuné prefaige
Se monftre en l'air coupable du noçaige :
Et des fommez mainte nymphe etonnée
Par hullemens a chanté l'Hymenée.
 Ce iour premier feut la caufe, & le chef,
Et de la mort, & de tout le mechef :
Car ia Didon de fon honneur tumbée,
Ne fonge plus vne amour defrobée :
Plus ne luy chault de ce que lon dict d'elle :
Ce qu'elle a fait, mariage elle appelle,
Et penfe bien que ce nouueau peché
Deffous tel nom foit finement caché.
 Soudainement la vifte Renommée
Par les citez de Libye eft femée :
La Renommée à l'aile vagabonde,
Le plus promt mal qui foit en tout le monde,
Et dont le cours au partir foible & lent,
Au cheminer fe faict plus violent.
 A fa naiffance elle eft craintiue & baffe,
Puis tout foudain reprent cœur & audace,*

Marche *sur* terre, & *fiere* deuenue,
Cache *son* front en l'*obscur* de la nue.
　La Terre mere *asprement* *courroussee*
Contre les Dieux, apres la mort de Cee
L'*vng* de *ses* *filz*, & d'Encelade *aussi*
(Comme l'on dict) enfanta *ceste* cy,
Qui court leger, & vole encores mieux :
Monstre *superbe*, horrible, & tout plein d'*yeux*,
Yeux, qui *iamais* de veiller ne *se faschent*
Dessous autant de plumes, qui les cachent :
Auec' autant de bouches, & de langues,
Cet importun babille *ses* harangues,
Et *dresse* encor' (ó *estranges* *merueilles*
De tous *costez* pareil nombre d'oreilles.
　Toute la nuit *diuersement* il erre
Parmy le ciel, & l'*vmbre* de la terre,
Sifflant de l'aile, & *son* voler *dispos*
Ne *sent iamais* la douceur du repos :
Durant le iour, *sur* les toicts il *se* plante,
Ou *sur* les tours : adonc il *espoüante*
Les grand's *citez*, & d'affermer *essaye*
Autant le *faulx*, que la parole *vraye*.
　Ce *monstre* alors par les peuples chantoit
Ce *qu'estoit* fait, & ce que fait *n'estoit* :
Estre venu de Troienne lignee
Nouuellement ie ne *sçay* quel Enee,
Que pour *mary* a bien daigné *choisir*
Didon la belle : & que d'*vn* long *plaisir*
Passent l'*hyuer* aux *presens* qu'amour donne,
Sans *auoir soing* de *sceptre*, ni couronne.
　Ceste vilaine en tous ceux qu'elle attouche,
Espand ainsi le venin de *sa* bouche :
Puis vers le prince Iarbe *se* retire,
En allumant *son* cœur d'*vne* grand' ire,
Emmoncela dedans *sa fantaisie*
Mile fureurs d'ardente *ialouzie*.
　Cetuy cy né de la race Ammonide,
Qui efforça *vne* Garamantide.

*Auoit bafti en cent prouinces amples
A Iupiter cent autelz, & cent temples :
Luy confacrant le feu, qui iour & nuit
Deuant les Dieux eternellement luit :
Du fang auffi, qui des beftes iffoit,
Le gras paué du temple rougiffoit :
Et feut encor' en plus de cent couleurs
Le foir couuert de chappelez de fleurs.*

   *Luy donc efmeu d'vne fureur mortelle
Pour le rapport de fi trifte nouuelle,
Par les autelz des Dieux, qu'on va priant,
A Iupiter s'alloit humiliant,
Les yeux au ciel, & à mains renuerfées
Auoit ainfi fes plaintes addreffées :*

   *O tout-puiffant ! ó Dieu que la gent More
Sur les liās peints deuotement adore,
En repaiffant, & te facrant l'honneur
Des faincāz prefens, dont Bacche eft le donneur !
Voy-tu cecy, ó Père ? ou fi tes mains
Sont pour néant la crainte des humains ?
Donques en vain noz couraiges s'eftonnent
Des feuz fecretz, qui par les nues tonnent ?*

   *Vne eftrangere entre nous abordée,
Qui de nouueau vne vile a fondée
A petit prix : à laquelle en feruage
Auons donné le fablonneux riuage
A labourer : & qui prent accroiffance
Deffou' les loix de noftre obeiffance,
Nous a laiffez, pour fe donner en proie,
Entre les bras d'vng fugitif de Troie,
Et maintenant iouift de noftre bien
Ce beau Paris, ce mitré Phrigien,
Tout parfumé entre ces demis-hommes :
Nous ce pandant, qui aux prieres fommes,
Te prefenton' les mains d'offrande' pleines,
Et nous paiffon' de ces louange' vaines.*

   *Priant ainfi, Iupiter l'entendit,
Et tout faché fon regard eftendit*

Sur la cité, ou ces amants viuoient,
Qui leur bon bruit en oubly mis auoient.
Adonc' Mercure à soy venir il mande,
Et par telz motz son plaisir luy commande :
 Va mon filz, va, esbranle tes esselles,
Huche les vens, coule dessus tes ailes,
Et parle ainsi au Duc Dardanien,
Qui enfermé du mur Sydonien,
Ne songe plus, ni à ses destinees,
Ni aux citez pour luy determinees.
 Ce ne sont pas les propos que Venus
De son cher filz m'a n'agueres tenus,
Et pour cecy ne l'a sauué des armes,
Ia par deux fois, entre les Grecz gendarmes.
Ains m'asseuroit qu'en l'Italique terre,
Grosse d'empire, & superbe à la guerre,
Du sang Troien le nom replanteroit,
Qui sou' ses lois le monde rangeroit.
 S'il a du tout chassé de sa memoire
Si riche espoir, & si pour telle gloire
Ne daigne plus faire entreprise nulle,
Pourquoy est-il enuieux sur Iülle,
Qui doit ieter aux Italiques plaines
Le fondement des fortresses Romaines ?
Qu'entreprent-il, ou espere parmy
Ce peuple icy, qui luy est ennemy ?
N'a-il plus soing des champs Lauiniens,
Ny de l'honneur de ses Ausoniens ?
Or sus, qu'il voise à son premier desir
Et naige tost, car c'est nostre plaisir.
 Il auoit dict : & le Dieu messager
Soudainement feut promt à desloger.
Il noüe aux pieds ses riches talonnieres,
Qui par le vent de leurs plumes legeres
Le vont portant à course vagabonde
Plus tost sur terre, & plus tost dessus l'onde.
Il prent sa verge : & cete verge est celle
Dont icy hault les ombres il appelle

Des tristes lieux, ou bien les y conuoye :
Auecques elle en noz yeux il enuoye
Ores le somme, & ores le reueil,
Ores les clost d'vng eternel sommeil :
Par elle encor' chasse vents & orages,
Et à son gré trauerse les nuages.
    Ainsi en poinct, ce messager ailé,
En peu de tems a tellement volé,
Qu'il voit d'Atlas les haux flancz, & le feste
A qui le ciel repose sur la teste :
Le dur Atlas de pins enuironné,
Et dont le chef sans cesse couronné
D'obscurs brouillars, est agité souuent
De tourbillons, & de pluye, & de vent.
De nege aussi ses espaules se cachent :
De son menton les fiers torrens se laschent
Sur sa poitrine : & d'vne humeur glacée
Sa rude barbe est tousiours herissée.
    Droict au sommet du Mauritanien
Se va percher l'ailé Cyllenien,
Et puis de là par grande violence
La teste en bas sur les ondes s'eslance :
Tel que l'oizeau, qui d'ailes marinieres
Nage à l'entour des roches poissonnieres,
Raze la mer & d'vng tour & retour
Va ba'-volant des riues tout au tour.
    Non autrement ce messager isnel
Abandonnant son ayeul maternel,
Entre deux airs à basses ailes fent
Des Libyens les sablons, & le vent.
    Incontinent que d'vne ailée plante
Sur le sommet des loges il se plante,
Il voit Enée ententif à l'ouurage,
Et des maisons, & des tours de Carthage.
Son Cymeterre en arc se flechissant
Feut esmaillé de iaspe iaunissant,
Et son manteau qui du col deualoit
De pourpre esleu par tout etinceloit.

Pourpre de Tyr, que d'vne main non chiche
Auoit ouuré cete Princeſſe riche,
Pour ſon Enée, & ſi auoit encor'
Entre-tyſſu les toiles de fin or.
 Lors diſt Mercure : Ainſi donc deſormais
Les fondements de Carthage tu metz :
Ainſi te plaiſt par la main du maçon
Elabourer d'vne exquiſe façon
Ta belle ville, ô nouueau marié !
Qui as l'honneur de ton regne oublié.
Mais cetuy la, qui des Dieux eſt le pere,
Dont le pouuoir ciel & terre tempere,
M'a commandé deſcendre promtement,
Et t'apporter par l'air ce mandement.
Que ſonge'-tu ? ou ſur quelle eſperance
Fai'-tu icy tant longue demeurance ?
 Si pour l'honneur de tant de belles choſes,
Si pour ton nom entreprendre tu n'oſes
Aucun labeur, au moins que ta memoire
Regarde Iülle, & ſa naiſſante gloire,
Dont les neueuz ſeront de main en main
Chefz d'Italie, & du peuple Romain.
Ainſi diſant, à my-parler s'enfuit,
Et comme vent en l'air s'eſuanoüit.
 Mais le Troien tremblant à cete fois
D'vng tel regard, perdit couraige & vois,
De grand' horreur ſon poil ſe heriſſa,
Et ſon gozier ſa parole preſſa.
Il eſt ardant de s'en füir grand erre,
Et de laiſſer cete tant douce terre :
Car ſon eſprit s'eſtonne grandement,
D'auoir ouy ſi haut commandement.
 Helas comment, ou par quelle fineſſe
Oſera-il aborder la Princeſſe
En ſa fureur ? comment pourra ſa langue
Se deſplier à ſi triſte harangue ?
Deça dela ſon penſer agité
Eſt d'vne part, & de l'autre incité

Diuersement, & va d'vng leger cours
Par mile auis, & par mile discours.
Finablement ses ballancez espris
A ce conseil, pour le mieux, se sont pris.
   Soudainement il appelle Meneste,
Le fort Cloante, & encore' Sergeste :
Leur commanda les vaisseaux apprester,
Les compaignons sur le port arrester,
Couuertement trousser tout le bagage,
Et de tenir secret le nauigage.
   Luy, ce pendant que la Princesse humaine
De ses amours se tiendra plus certaine,
Tentera l'heure, & le tems plus dispos,
Pour entamer vng si triste propos.
Ainsi commande, & eux, qui feurent prestz,
Ioyeusement dressent tous leurs apprestz.
   Mais la Princesse ' & qui peut deceuoir
Vng cœur amant? alla soudain preuoir
Toute la ruze, & premiere s'auise
Subtilement du fait de l'entreprise.
Du plus certain elle est tousiours douteuse,
Rien ne l'asseure : & la fame impiteuse
Luy va conter que la fuite se dresse.
   La Roine adonq' que la fureur oppresse,
Pauure d'esprit, s'en va courant les rues,
Telle qu'on voit les Thyades esmues,
Lors que le iour de Bache on renouuelle,
Et que de nuit Cytheron les appelle.
Finablement Enée ell' deuança,
Et par telz motz ses plaintes commença :
   O desloyal! as-tu bien proiedé
En ton esprit si grand' meschanceté,
Que de vouloir d'vne pariure foy
Subtilement te desrober de moy ?
Donq' ni l'amour, ni la dextre donnée,
Ni ta Didon à la mort condamnée
Ne t'ont esmeu ? mesmes tu veux parmy
Les Aquilons, & sou' l'astre ennemy

Hauſſer la voile. Et quoy? homme leger,
Si vne terre, & vng peuple eſtranger
Tu ne cherchois, & ſi l'antique Troie
Des Grecs ſouldars n'euſt point eſté la proie,
Troie pourtant ſeroit-elle cherchée
Parmy les floz d'vne mer ſi fachée?
Me fuy'-tu donq'? par ces pleurs, & ta dextre,
(Puis qu'autre choſe en moy plus ne peut eſtre)
Par noſtre Hymen, & ſi quelque plaiſir
Contenta onq' ton amoureux deſir,
Regarde, helas, cete pauure maiſon :
Et ſi vers toy encor' eſt de ſaiſon
Quelque prier, ie te prie & ſupplie,
Que ton eſprit ceſte penſée oublie.

 Pour toy ie ſuis aux Libyques prouinces
Faite haineuſe, & aux Nomades princes :
Pour toy auſſi le Tyrien m'honnore
Moins que deuant : & pour toy meſme' encore'
Eſt aboly cet honneur, & ce nom,
Qui egaloit aux aſtres mon renom.
Helas, à qui, pour me donner confort,
Me laiſſe'-tu ſi proche de la mort?
O l'hoſte mien! puis que ta vaine foy
Ne m'a laiſſé quelque autre nom de toy.
Qu'atten'-ie plus? que mon cruel Germain
Ceſte cité ſaccaige de ſa main?
Ou que ie ſoi' en triomfe rauie,
Au prince Iarbe eſclaue, & aſſeruie?
Si i'euſſe au moins de toy quelque lignée
Auant ta fuyte, & qu'vng petit Enée
Ioüaſt à moy, dont ſeulement la grace
Me raportaſt quelques traictz de ta face,
Vray'ment encor' du tout en ma penſée
Ie ne ſeroi' captiue, ni laiſſée.

 Elle auoit dict : mais luy epoinçonné
Du mandement par Iupiter donné,
Regardoit ferme, & domter ſ'efforçoit
Secretement le mal, qui le preſſoit.

*Finablement, sa responce feut telle
En peu de motz : O Royne, tu es celle,
Dont tant de biens que tu m'as ramentus,
Iamais de moy ne pourront estre teus :
De moy, par qui la memoire d'Elize
En nonchaloir ne se verra point mise,
Tant que mon cœur de moy se souuiendra,
Et que mon ame en mon cors se tiendra.
Tant seulement vng peu ie parleray
De ce qui s'offre. Onques ie n'esperay
Par vne fuite eschaper hors d'icy :
Et ne fault point que tu la nomme' ainsi.
De mariage onq' propos n'ay tenu,
Et pour cela ne suis-ie icy venu.
 Si les destins vouloient qu'à mon plaisir
Ie peusse viure, & suiure mon desir,
I'habiteroi' la vile ou sont enclos
De mes ayeulx les cendres & les oz :
Du roy Priam la demeure superbe
N'eust demouré si longuement sou' l'herbe,
Et eusse encor' aux vaincuz Phrygiens
R'edifié les Pergames Troiens.
 Mais Apollon Grinëan me commande
De faire voile en l'Italie grande :
C'est son oracle, & le fort Lycien
Veut que i'aborde au port Ausonien :
Voyla mon bien, voyla mon heritage.
 Si tant te plaist la cité de Carthaige,
Bien qu'elle soit en terre Libyenne,
Et que tu soi's de gent Phenicienne,
Dea que te chault, si par nous est vnie
Au sang Troien la race d'Ausonie ?
On ne doit pas donques nous reprocher,
Si nous voulon' terre estrange chercher.
Toutes les fois, que la nuict froide & sombre,
Ce bas seiour couure d'vne obscure ombre,
Toutes les fois, que les astres brulans
Iettent sur nous leurs yeux etincelans :*

L'esprit troublé de mon cher pere Anchife
En mon dormant hafte mon entreprife.
Afcaigne auffi, que ie priue d'Itale,
Son vray dommaine, & prouince fatale,
Me touche au cœur, & toufiours m'ammonefte
L'affection d'vne fi chere tefte.
    N'aguere' encor' le truchement des cieux
Tranfmis vers moy par le pere des Dieux,
(Et l'vng & l'autre à tefmoing i'en appelle)
M'en a par l'air apporté la nouuelle
Iufques icy : fa mefme deité,
Lors qu'il entra dedans cete cité,
Vifiblement à mes yeux fe monftra,
Et fa parole en mon oreille entra.
Or ceffe donq' par fi fort lamenter
De toy & moy enfemble tormenter.
Pour mon plaifir certes ie ne defplie
La voile au vent, à fuiure l'Italie.
    Parlant ainfi, elle qui de trauers
Le fou' — guignoit, d'vng penfement diuers
Tourne fur luy fes yeux deça dela,
Puis en fureur finablement parla :
    Tu n'es point né d'vne Déeffe mere,
Quiconques fois, & Dardan le grand-pere
Onques ne feut de ton lignaige autheur,
O defloyal & pariure menteur !
Mais bien Caucaze en quelque roche dure,
A qui tu es femblable de nature,
T'a engendré : & croy que ta ieuneffe
Succa le laict d'vne Hyrcane Tygreffe.
    Que fein'-ie plus ! ou quelle plus grand' chofe
Demeure encor' en ma penfée enclofe ?
Voyez s'il a gemy de noftre dueil,
Voyez s'il a feulement flechi l'œil,
S'il a pleuré, ou s'il a pris pitié
De la fureur d'vne telle amitié.
Que doy-ie doncq' eflire pour le mieulx
Defia, defia de pitoyables yeux

Ne daignent plus confiderer cecy
Iunon la grand' ny Iupiter auffi.
   La foy n'eft plus en ce monde affeurée.
Dedans mon port, ó pauure malheurée!
Ie l'ay receu errant, & miferable,
Luy faifant part de mon fceptre honnorable :
Ie l'ay logé, & du peril des eaux
l'ay garanty fes hommes, & vaiffeaux.
O la fureur d'vne brulante rage,
Qui maintenant tranfporte mon courage!
Voicy les forts, voicy Phebus l'augure,
Voicy apres l'ambaffadeur Mercure,
Qui parmy l'air aporte à cete fois
De Iupiter l'efpoüantable vois.
Donques les Dieux voluntiers ont befoing
De ce labeur : c'eft voluntiers le foing,
Qui de leur aize empefche le repos.
Va, ie ne veux deftourner ton propos :
Suy l'Italie, & par floz & dangers
Cherche l'honneur des regnes eftrangers.
   I'efpere bien, fi la bonté diuine
Au iufte dueil de mes plaintes f'incline,
Que les rochers, & ondes irritées,
Seront vng iour tes peines meritées,
Et que fouuent tu nommeras Didon.
Ie te fuiuray par le fumeux brandon
De tes fureurs : & puis quand la mort froide
Aura ce corps eftendu palle, & roide,
Mon ombre encor' te fuyura pas à pas.
I'oiray ta plainte, & fou' les enfers bas
Viendra le bruit de ta peine endurée
Pour le forfaict de ta foy pariurée.
   Apres ces mots, d'vng defpit & grand' ire
Elle f'arrefte au milieu de fon dire,
Fuit la prefence, & la clarté du iour,
Et fe retire en fon priué fciour,
Laiffant celuy que la peur faifoit taire,
Et qui vouloit mainte excufe luy faire.

Elle se pasme, & ses membres faillis
Sont par les mains des femmes recueillis,
Puis tout soudain molement on l'incline
Sur les tapiz de sa chambre marbrine.
   Mais ce pandant, le bon Prince Troien,
Bien qu'il cherchast voluntiers le moyen
De l'adoucir, & par quelque parler
Humainement sa plainte consoler,
Pour la grandeur de l'amour qui l'estreinct,
Le veueil des Dieux toutesfois le contrainct
De la laisser, & se tirer au port
Ou les Troiens arrangent bort à bort
Les grands vaisseaux. La nef regouildronnée
Aux ondes ia se sent abandonnée.
Vous les voyriez apporter des forez
Tronqs & rameaux : vous les voyriez apres
Hors la cité courir à grande suite,
Si fort les poingt le desir de la fuite.
   On voit ainsi les formiz voyager,
Pour vng grand tas de frument saccager,
Lors que le soing de l'hyuer qui s'appreste,
Les a contrainčs de se ieter en queste.
Le noir troppeau par les champs se presente :
Les vngs par l'herbe, & par estroičte sente
Portent leur proye, & les autres moins fors
A la pousser mettent tous leurs effors,
Hastent ceux cy, & assemblent ceux la,
Tout le chemin en fume ça & la.
   Quel esprit lors, Didon, te demeura,
Ou quelz sangloz ton cœur en souspira,
Quand ton œil vid du sommet d'vne tour
L'espez sablon poudroyer à l'entour
De ton riuage, & la mer se mesler
Par le grand bruit, qui s'esleuoit en l'air ?
Meschant Amour, ô que ta force est grande
Sur les espris, ou ton pouuoir commande !
   Elle est encor de descendre contrainte
En nouueaux pleurs, & nouuelle complainte.

Pour amolir cet Amour endurcy,
Et veut encor' se mettre à sa mercy :
A celle fin, que rien ne luy demeure
A essaier, puis qu'il faut qu'elle meure.
   Anne, tu vois la fuite s'auancer,
Tu vois au mast la voile se hausser,
Chacun s'appreste, & ia les gayes trouppes
Des mariniers ont couronné les pouppes.
Si i'ay bien peu ce grand dueil esperer,
Ie pourroy bien, chere sœur, l'endurer :
Et toutesfois ie te supply' de grace,
Que ta pitié ce seul plaisir me face.
Car toy sans plus le traistre carressoit,
Et ses pensers plus secrez t'addressoit :
Toy seule encor' sçauois l'heure opportune
De l'aborder, sans luy estre importune.
Va donq', ma sœur, cete requeste faire
A ce hautain & superbe aduersaire :
Au port d'Aulide, auec' les Grecz gendarmes,
Ie n'ay iuré de ruïner par armes
Les murs Troiens, & n'y ay pas transmis
A cete fin mes vaisseaux ennemis :
D'Anchise aussi par fureur aueuglée
Ie n'ay la cendre en l'air esparpillée.
Pourquoy est donq' cet homme impitoyable
A mes priers si dur, & mal ployable ?
Qu'il donne au moins, pour vng ample guerdon,
A cete amante vng extreme, & seul don :
Attende vng peu, que la mer appaizée
Luy ait rendu sa fuyte plus aizée.
   Ie ne luy veux du noçaige parler,
Qu'il a osé laschement violer,
Et ne quiers pas qu'auec' nous il s'allie,
Pour se priuer de la belle Italie :
De requerir sans plus ie suis contente
Le vain plaisir de quelque brefue [205] *attente*
Attende donc' que mon triste malheur
Ait conuerty ma furie en douleur.

Et que le temps m'ait appris la science
De me douloir auecques patience.
Voila, ma sœur, l'extreme & le seul bien,
Que ie requiers : & dont si ie l'obtien',
Ie ne fauldray à bien te satisfaire,
Et deust ma vie en estre le salaire.
  Ainsi Didon ses prieres faisoit :
Et tous ces pleurs disoit & redisoit
La triste sœur : mais l'oreille d'Enée
Se fait tousiours plus sourde & obstinée :
Car son destin & Iupiter vainqueur
Ont endurcy la pitié de son cœur.
Et tout ainsi que les freres du Nord,
Alors qu'ilz sont d'arracher leur effort,
Comme à l'enuy, par souflers excessifz,
Vng chesne vieil sur les Alpes assis,
Croulent son tronq d'vne horrible menace,
Et de fueillars pauent toute la place,
Luy ce pendant, qui la fureur soustient,
Dessus vng roc immobile se tient,
Et vers le ciel autant sa teste dresse,
Comme aux enfers sa racine il abaisse :
  Non autrement par importunes larmes
Ce grand Seigneur soustient diuers alarmes,
Deça dela, & son graue souci
Presse au dedans vng regret adouci.
Le cœur est ferme, & les pleurs espanduz
Coulent en vain, sans profit despenduz.
  Ores Didon la pauure malheureuse,
Par les destins horriblement paureuse,
Requiert la mort, & luy est ennuieux
De regarder la grand' voute des cieux.
Et ce qui fait qu'elle a plus grand' enuie
D'abandonner cete commune vie,
C'est qu'en offrant les dons accoutumez
Sur les autelz sainctement parfumez,
Elle apperçoit, ô chose horrible à croire !
L'eau consacrée estre de couleur noire

Et voit encor', que les vins efpanchez
De fang meurtri font noirciz & tachez.
Elle fans plus f'apperceut de cela,
Qu'à fa fœur mefme onques ne reuela.
   Vng autre figne encor l'efpoüantoit :
C'eft qu'au dedans de fon palais eftoit
A fon mary antique dedié
Vng temple fainct, de marbre edifié,
Qu'elle honnoroit de toizons blanchiffantes,
Et l'vmbrageoit de fueilles verdiffantes.
De la fortoient ie ne fçay quelles vois,
Et luy fembloit entendre quelque fois
De fon mary la voix, qui l'appeloit,
Lorfque la nuict du ciel fe deualoit.
Elle oit encor' fur le haut du repaire
Se lamenter le Hybou folitaire.
Et au milieu des nocturnes tenebres
Trayner en long fes complaintes funebres.
Puis des Deuins les refponfes terribles
De plus en plus par menaces horribles
L'efpoüantoient : & quand il anuytoit
Le fier Enée en fonge l'agitoit.
Toufiours luy femble eftre feule egarée
En fon dormant : & des fiens feparée
Par longs fentiers chercher à grande peine
Ses Tyriens en la deferte plaine.
   Comme Panthée, alors que fon erreur
Voit des Fureurs l'efpoüantable horreur
En vng troupeau, & qu'à fes yeux il femble
Voir deux foleilz, & deux Thebes enfemble :
Ou tel, qu'on voit le filz d'Agamemnon,
(Qui maint théatre a rempli de fon nom),
Alors qu'il fuyt de fa mere enflammée
Les noirs ferpents, & la torche allumée :
Et qu'à fa porte eft affize fans ceffe
Des trois Fureurs la bande vangereffe.
   Donques apres qu'elle a conceu la rage,
Et arrefté la mort en fon courage,

Elle discourt & le tems & la forme
D'executer ce conseil tant enorme :
Couure son cœur sous vng visaige feinct
Et serenant son front d'vng nouueau teinct,
Par vng espoir, qu'au dehors elle porte,
Sa triste sœur aborde en telle sorte :
 I'ay descouuert (resiouis-toy ma sœur
Auecques moy) vng moyen promt & seur
Pour ce cruel à mon amour attraire,
Ou pour du tout de l'amour me distraire.
Pres du riuage, ou le tombant soleil
A chef courbé se retrouue au sommeil,
Vne gent More aux derniers lieux se tient,
La, ou Atlas le porte-ciel soustient
L'ardent esseul, sur lequel va roulant
Des astres clers le chariot brulant.
De la, i'ay veu vne vieille prestresse
Massilienne, habile enchanteresse,
Garde du temple aux Hesperides sœurs,
Qui du miel espandant les douceurs,
Et les pauoz, qui vont les yeux charmant,
Souloit nourrir le dragon non dormant :
Et si gardoit sur les branches sacrees
Le riche honneur de leurs pommes dorees.
 Elle promet par ses vers enchantez
Rendre les cœurs de l'amour tormentez,
Ou deslier les captiues pensées,
Qui de l'amour se trouuent offensées :
Arrester court des fleuues la carriere,
Et destourner les astres en arriere.
Tu luy verras par ses vers murmurez
Tirer de nuict les esprits coniurez,
Mugler sou' toy les tremblantes campaignes,
Et deualer les fresnes des montaignes.
Par tous noz Dieux sainctement ie t'assure,
Et par ton chef bien aimé ie te iure,
O chere sœur! qu'outre ma conscience
De l'art magiq' ie fai l'experience.

Toy, sans mot dire, au lieu le moins ouuert
De ce palais, fay moy au defcouuert
Dreſſer en poincte vng grand amas de bois,
Et metz deſſus les armes, qu'autrefois
Pres de mon lict laiſſa ce defloyal,
Les veſtemens, & le lict nuptial,
Par qui ie meurs : car la preſtreſſe veut,
Que tout cela, qui reprefenter peut
Le fouuenir de cet homme cruel,
Soit effacé d'oubly perpetuel.
Elle fe teut : & fa coupable audace
En mefme inſtant luy fait palir la face.
 Anne pourtant ne croit, que la Princeſſe
De fon trefpas le facrifice dreſſe,
Ou qu'elle foit maintenant plus fachée
Qu'au parauant par la mort de Sichée,
Elle ne peut en fon cœur conceuoir
Si grand' fureur : parquoy fait fon deuoir
D'executer ce qui luy eſt enioinct.
Mais quand Didon, qui entendoit le poinct,
Secretement voit la pyle dreſſée
De boys gommeux, & d'ieuze entaſſée,
De chappelez le lieu elle enuironne,
Et de rameaux de cyprez le couronne.
Apres elle a fur le lict agenfé
Les veſtemens, & le glaiue laiſſé,
Auec' l'image, & le protrait d'Enee :
Toute la place eſt d'autelz entournee.
 Alors Didon la preſtreſſe nouuelle,
Bien troys'-cent Dieux à haulte voix appelle,
Efcheuellee, & par horribles motz
Inuoque auſſi l'Erebe, & le Caos.
Puis d'Hecaté troys'-foys'-iumelle encore'
Deuotement les trois fronts elle adore,
En efpanchant quelques eaux deguizées,
Qu'elle feinct d'Auerne auoir eſté puyzées
Et puis on va, pour la faire bouillir,
L'herbe nouuelle à la lune cuillir.

Auec' le suc du noir venin terrible.
On cherche aussi cete apostume horrible
Que des cheuaux les meres vont succant
Dessus le front de leur poulain naissant.
 Elle tenant la tourte en sa main pure,
L'vng des piedz nud, la robe sans ceincture,
Va protestant à l'entour des autelz
Les feuz du ciel, & les Dieux immortelz,
Coulpables seulz du triste sacrifice :
Et s'il y a au ciel quelque iustice,
Qui des amans mal traictez ayt le soing,
Didon encor' l'en appelle à tesmoing.
 Il estoit nuict, & les membres lassez
D'vn plaisant somme estoient tous embrassez :
Sans bruit estoient les plaines & les boys,
Et feut la mer paisible à cete fois.
C'estoit au poinct, que ia la nuit voylee
Tient le milieu de sa course estoilee,
Quand sur la terre, en l'air, & sur les eaux,
Bestes des champs, & poissons, & oizeaux,
Enseueliz d'vng sommeil adouci
Charment du iour le travail & souci :
 Mais non Didon la triste infortunée,
Qui de regretz sans cesse importunée
Ne sent iamais glisser dedans ses yeux,
Ny en son cœur le doulx present des cieux.
Son mal redouble, & son feu renaissant
Se fait tousiours plus superbe, & puissant.
De son courroux la chaleur tressaillante
Fait ondoyer sa poitrine bouillante,
Et en son cœur, sans loisir, ni repos,
Va retournant tous ces diuers propos :
 Las, que feray-ie, ô moy pauure laissée !
Doi'-ie chercher ceux qui m'ont pourchassée ?
Et requerir les Nomades maris,
Qu'au parauant i'ai tant mis à mespris ?
Suiuray-ie donq' le Troien partement
Esclaue, & serue à leur commandement ?

Pource qu'ilz ont amplement guerdonné
Le bon secours, que ie leur ay donné,
Et que iamais par vng ingrat vouloir
Noz vieulx biensfaictz n'ont mis en nonchaloir.
   Mais qui voudra (feins que ie le desire)
Me receuoir compaigne en sa nauire ?
Permettront bien ceulx la, qui m'ont moquée,
Qu'auecques eux ie puisse estre embarquée ?
Ne congnoi'-tu encor' fole Didon,
Le traistre sang du fin Laomedon ?
Et bien pourtant ? seule par tant de floz
Suiuray-ie donq' les ioyeux matheloz ?
Ou si i'auray, auec' toute ma suyte,
Les Tyriens compaignons de ma fuyte ?
Ceux que i'ay donq' arrachez à grand' peine
Hors de Sydon, faut-il que ie les meine
Auecques moy, esprouuer si souuent
La cruauté des ondes, & du vent ?
Meurs plus tost, meurs, digne de ce malheur,
Et par le fer destourne ta douleur.
   O chere seur, que mes pleurs ont troublée :
Par toy ie feu' premierement comblée
De tant d'ennuiz : c'est toy, par qui ma vie
A ce cruel feut premier asseruie.
Que n'ay-ie peu, comme les animaux,
Viure seulette exempte de ces maux ?
Ie n'eusse pas telle faulte commise
Et eusse mieux gardé la foy promise
A mon Sichée. Ainsi en ces secrez
Didon alloit sangloutant ses regrez.
   Enée adonq' en vne haute nef
Au doulx repos auoit courbé le chef,
Ayant dressé, pour nager promtement,
Tout l'appareil de son embarquement.
Voicy le Dieu sous vng mesme visaige,
Qui luy redouble encores ce messaige.
Mercure estoit en cestuy cy depeinct,
Il en auoit la parole & le teinct,

La belle taille, & la frizure blefme
De fes cheueux : c'eſtoit Mercure mefme.
   Filz de Deeſſe en quelle feureté
Es-tu icy au dormir arreſté
Si longuement ? ne voi'-tu point encores
Les grands dangers, qui t'enuironnent ores,
Fol, que tu es ? n'oï-tu point les Zephyres
Heureuſement appeller tes nauires ?
Elle, qui ia de la mort eſt certaine,
D'horrible & grand ie ne ſçay quoy demaine
En ſon courage : & ſon ire enflammée
Fait refloter ſa poitrine allumée.
Ne fuy'-tu donq' haſtiuement d'icy,
Or' que tu as le moyen de cecy ?
Tu verras toſt par force de ramer
Au tour de toy blanchir toute la mer :
Et ſur le port les torches flamboyantes
Eſtinceler à pointes ondoyantes
De tous coſtez, ſi iuſq'au poinct du iour
Tu fais encor' en ces terres ſciour.
Courage donq', fuy d'vne courſe agile :
Touſiours la femme eſt legere & fragile.
   Ainſi parlant, l'image de Mercure
S'entremeſla parmy la nuict obſcure.
Enée alors du ſonge emerueillé
S'eſt en ſurſault de grand'peur eueillé,
Huche ſes gens, les incite, & les preſſe.
   Debout enfans, rompez toute pareſſe,
Ne dormez plus ſur ce riuage eſtrange,
Et que chacun parmy les banqs ſe range :
Guindez au maſt. Voicy encor' le Dieu,
Qui nous incite à partir de ce lieu,
A deſtacher le tortueux cordage,
Et à donner la voile au nauigage.
   Nous te ſuyuons, quiconques ſois des Dieux :
Et de rechef, auec' vng cœur ioyeux
T'obeiſſon' : ſoi's nous donq' ſecourable,
Et nous eſclaire vng aſtre fauorable,

O Dieu benin! Enee en ce difant
Va deguayner fon glaiue treluyfant :
Et tout foudain par vng reuers, qu'il tire,
Tranche le cable, ou tenoit le nauire.
 Pareille ardeur tous les autres incite.
Vng chacun d'eux la fuyte precipite,
Qui ça, qui la. Les riues font defertes,
Et de vaiffeaux les ondes font couuertes.
Les mathelotz à fuyte mezurée
Raclent le doz de la plaine azurée,
Et renuerfez à force d'auiron
Font bouillonner l'efcume à l'enuiron.
 C'eftoit au poinct, que l'Aurore laiffante
Du vieil Tithon la couche rougiffante,
Auoit defia fur la terre efcarté
Du noueau iour la premiere clarté :
Incontinent que par vne fenestre
La trifte Royne aperceut le iour naiftre,
Et qu'elle a veu les Troiennes gallées
Singler bien loing à voiles egalées,
Le haure vuyde, & le prochain riuage
Sans mariniers, tout defert, & fauuaige :
Elle arracha l'honneur blond de fa tefte,
Et en frappant fon eftommac honnefte
Trois, quatre fois, d'vne fureur mortelle
Va f'efcrier : Par Iupiter (dift-elle)
Donques ainfi f'en ira fans danger
Ce defloyal & moqueur eftranger?
Ne courront point mes armez citoiens?
N'iront-ilz point faccaiger ces Troiens
En leurs vaiffeaux? Sus, fus, portez les flammes :
Hauffez la voile : alez tirer aux rames.
 Que dy-ie? ou fuy'-ie? ô moy fole infenfee !
Quelle fureur a troublé ma penfee ?
Pauure Didon, voicy ton cruel fort,
Qui maintenant te prononce la mort.
La mort alors t'euft bien efté grand heur,
Quand tu foumis ta royale grandeur

A ce meschant. C'est la dextre, & la foy
De cetui la, qui porte auecques foy
Ses dieux priuez, & qui se donne los
D'auoir porté son vieil pere à son dos.
Que n'ay-ie donq' ses membres destranchez ?
Que ne les ay-ie en la mer espanchez ?
Tué ses gens ? & pour mieux me vanger,
Que ne luy ay-ie Ascaigne fait manger ?
Mais du combat le sort douteux estoit.
Et bien pourtant ? de qui s'espoüentoit
Mon cœur desia de mourir appresté ?
I'eusse le feu dans les tentes porté,
Et dans les nefz : i'eusse esteinct filz & pere :
Toute la race, & famille estrangere
Dedans le feu i'eusse precipitée,
Et puis dessus ie me feusse ietée.

 Soleil, qui vois toutes choses humaines :
Et toy Iunon, coupable de mes peines :
Toy Hecaté par les cantons hullée,
Quand dessus nous la nuit est deualée :
Raiges d'enfer, que la vangence attize,
Et vous les Dieux de la mourante Elize,
Ie vous supply, que mon dueil vous incite
A la pitié, que mon malheur merite,
Oyez cecy, & receuez mes plaintes.

 S'il est requis les riues estre attaintes
Par ce meschant, si Iupiter le veut,
Qu'il soit ainsi, puis qu'autrement ne peut :
Mais ie vous pri' que ce malicieux
Soit guerroyé d'vng peuple audacieux :
Qu'il soit banny, & que finablement
Soit arraché du doulx accolement
De son Iülle, & que la mort cruelle
De ses plus chers luy soit continuelle :
Voise au secours, & apres s'estre mis
Dessou' les lois de ses fiers ennemis,
Iamais ne soit de son sceptre asseuré,
Ny du plaisir du iour tant desiré :

Mais bien sa mort deuance la nature,
Et soit priué de toute sepulture.
Cecy ie prie, & auecques mon sang
Ces derniers motz ie pousse hors du flanc.
  Vous Tyriens, ayez en souuenir
D'exercer hayne & guerre à l'aduenir
Sur les neueux d'vng tel sang demourez,
Et de ce don mes cendres honnorez.
Nulle amitié entre vous puisse naistre.
Sors de noz oz toy, quiquonques dois estre
Nostre vangeur, & t'oblige' par vœu
De guerroyer & par fer & par feu
Les successeurs de la race Troienne.
Or' à iamais, en quelque temps que vienne
Nostre pouuoir l'vng auec' l'autre estriue,
Flot contre flot, & riue contre riue,
Camp contre camp, alarmes contre alarmes,
Et tousiours soient les deux peuples en armes.
  Apres ces motz, son vagabond esprit
A tournoyer de tous costez se prist
Diuersement, & sans cesse taschoit
A se priuer du iour, qui luy fachoit.
Adonq' elle a promtement depesché
Barce, qui fut nourrice de Siché,
(Car elle auoit en sa terre ancienne
Laissé les oz & cendres de la sienne).
  Fay venir Anne, ó ma nourrice chere!
Dy' qu'ell' s'arrouze auec' eau de riuiere:
Ameine aussi les offrandes monstrées,
Et les brebis à l'autel consacrées.
Toy mesmes fay que ta teste soit ceinte
Deuotement d'vne templette sainte.
Depesche donq: paracheuer ie veux
Au Dieu d'enfer mes bien commencez vœuz,
Oster mon cœur de ce facheux lien,
Et mettre au feu l'amour Dardanien.
Parlant ainsi, Barce qui s'apprestoit,
D'vn pas vieillart son allure hastoit.

    Mais ce pendant, Didon fiere & terrible
Pour le remords de son conseil horrible,
Tournant des yeux la prunelle sanglante
Deça, dela : & sa ioe tremblante
Entre-tachée, auec' pasle couleur,
Signe mortel de son prochain malheur,
Aux lieux secrez entre par violence,
Et en fureur sur la pyle s'eslance :
Ou le Troien glayue elle a desgainé,
Qui ne feut pas à telle fin donné.
Puis auoir veu les Troiens vestemens,
Et de son lict les congnuz ornemens,
Toute esplorée, & lente sur sa couche,
Ses derniers moz fist sortir de sa bouche :
    Douce despouille, alors qu'il feut permis
Par les destins, & par les Dieux amys,
Reçoy ceste ame, & de tant de soucy
Deslie moy. I'ay vescu iusq'icy,
Et de mes ans le cours ay reuolu
Tel que Fortune ordonner l'a voulu.
Ores de moy la grand' Idole errante
Sera bien tost sou' la terre courrante.
Vne cité i'ay fondé de ma main,
I'ay veu mes murs : i'ay dessu' mon germain
Vangé le sang, & la mort doloreuse
De mon mary ; heureuse, o trop heureuse !
Si des Troiens les nauires fuytiues
N'eussent iamais abordé sur noz riues.
    Ainsi parla : & sur la couche aymée
Ayant les yeux, & la bouche imprimée,
Mouron'-nous[206] *donq' d'vne mort si cruelle*
Sans nous vanger ? mais mouron' (ce dist elle)
Ainsi, ainsi il me plaist de mourir,
Et promptement sou' les ombres courir.
Ce fier Troien bien loing dedans la mer
Voye le feu, qui me va consommer,
Et porte encor' auec' toute sa trouppe

De noſtre mort le plaiſir & la coulpe.
　Elle auoit dict : & ſes femmes l'ont veue
Parmy ces moꝛ ſur le fer eſtendue :
Les braꝛ eſpars, & le glayue eſcumeux
Rouge du ſang bouillonnant, & fumeux.
Vne clameur confuſement meſlée
Iuſq'au' plus haulx cſtaiges eſt volée
En eclattant : & le bruit excité
Court en fureur par toute la cité.
Les hullemens des femmes gemiſſantes
Hurtent le toict des maiſons fremiſſantes :
Et du hault cry, qui par la ville tonne,
La terre en tremble, & le ciel en reſonne :
Non autrement que ſi les ennemis
Eſtoient en Tyr, ou en Carthaige mis,
Et que le feu tournoyaſt furieux
Par les maiſons des hommes & des Dieux.
　Voicy la ſœur de ſon ſens deſuoyée,
Du ſoudain cours, & du bruit effroyée :
Qui ſon viſaige aux ongles violant,
Et ſa poictrine à coups de poing foulant
Par le milieu ſe ruë peſle meſle,
Et de bien loing Didon mourante appelle :
　Auoy'-tu donq' telle fraude conceue?
O chere ſœur! m'as-tu ainſi deceue?
Ce feu, ce boys, ces beaux autelꝛ ſecreꝛ
Me dreſſoient-ilꝛ tant de pleurs & regreꝛ?
De quoy premier me plaindray-ie de toy?
N'as tu daigné t'accompaigner de moy,
Qui ſuis ta ſœur? Ta vie exterminéе
M'euſt appellé à meſme deſtinée.
Meſme douleur, meſme fer & treſpas
Et l'vne & l'autre euſt enuoyé la bas.
　Auoy'-ie donq' huché à pleine vois
Noꝛ Dieux de Tyr? auoy'-ie tant de bois
Auec' ces mains en vng monceau reduis,
Pour te laiſſer? cruelle que ie ſuis.

Ta mort, ô sœur ! en ruyne delaisse
Moy, ta cité, ton peuple, & ta noblesse.
Donnez de l'eau : ie laueray la playe :
Et si encor' le cœur mourant essaye
De halleter, ma bouche mettra peine
D'en recuillir la defaillante haleine.
 Ainsi parlant, sur le hault se transporte :
Et reschaufant sa sœur ia demy-morte
Entre ses bras, d'vn long gemissement
Le sang meurtry dessechoit doucement.
Didon encor' voulut dresser en hault
Les yeulx mourans. mais l'esprit luy deffault,
Et de son cœur la playe trop voizine
En elançant luy pince la poitrine.
Troi' foi' son bras sous elle se courba :
Et par troi' foi' sur le lict retumba.
Elle a cherché d'vne errante paupiere
De nostre iour la tant doulce lumiere,
La vëue au ciel bassement esleuee,
Puis a gemy apres l'auoir trouuee.
 Voyant cecy Iunon la tou'-puissante,
Prenant pitié de ceste languissante,
Transmist du ciel Iris, pour ieter hors
L'esprit rebelle attaché dans le corps :
Car pour autant, que de mort naturelle
Ne perissoit, mais par fureur nouuelle
Deuant ses iours, la Royne du bas monde
N'auoit couppé sa cheueleure blonde,
Et à l'Enfer de Styx enuironné
Son chef encor' n'auoit point condamné.
 Donques Iris aux ailes rougissantes
Traynant au ciel mile couleurs naissantes
Par les rayons de la flamme opposée,
D'vng loingtain vol sur le chef s'est posée.
Ce triste vœu de par Iunon la grande
Au Dieu d'enfer ie porte pour offrande :
Te separant d'aucq' ce cors humain.
 Ell' parle ainsi : puis de sa dextre main

Tranche le poil : la chaleur s'auala,
Et l'ame au vent parmy l'air s'en alla.

FIN DV QVATRIESME LIVRE DE L'ENEIDE
DE VERGILE.

COMPLAINTE DE DIDON A ENÉE,

PRINSE D'OVIDE.

Comme l'oiʒeau blanchiſſant,
  Languiſſant
Parmy l'herbette nouuelle
Chante l'hymne de ſa mort,
  Qui au bort
Du doux Méandre l'appelle :
Sans eſpoir de te pouuoir
  Emouuoir,
Mes complaintes ie reueille :
Car aux ingrates douleurs
  De mes pleurs
Les Dieux font la ſourde oreille.
Mais ayant perdu l'honneur
  Du bonheur,
Que la chaſteté merite,
De perdre encor' mes eſcriʒ
  Et mes criʒ,
C'eſt vne perte petite.
Tu veux tes voiles hauſſer,
  Et laiſſer
Didon, que l'Amour afole,
Les vens qui t'emporteront,
  Soufleront
Tes voiles, & ta parole.

Tu veux delier aux eaux
Tes vaiſſeaux,
Et ce qui vers moy te lie :
Suyuant par floz etrangers
Les dangers
De l'incongnue Italie.
De Carthage ne te chaut,
Qui ſi haut
Commence à dreſſer la teſte.
Tu cherches ce qui eſt loing,
Et n'as ſoing
De ta prochaine conqueſte.
Le bien aſſeuré tu fuis,
Et pourſuis
Vne incertaine entrepriſe.
Autre terre eſt ton ſoucy :
Cete-cy
T'eſt ſans nulle peine aquiſe.
Et quand là tu paruiendrois,
Par quelz drois
En auras tu iouiſſance ?
Comment pourra l'etranger
Se ranger
Deſſou' ton obëiſſance ?
Il reſte vne autre Didon
Pour guerdon
D'vne autre amour commencée.
Il te reſte vne autre foi,
Qui par toy
Puiſſe encor' eſtre faucée.
Quand auras tu, ó Troien !
Le moyen
De fonder vne Carthage ?
Quand verras tu d'vne tour
Tout autour
L'honneur d'vng tel heritage ?
Et quand bien tout ſeroit fait
A ſouhait

Selon l'entreprife tienne,
Quelle femme en amitié
A moitié
Aprochera de la mienne ?
Comme le tizon gommeux
Tout fumeux
De foufre, & de cire ardente,
Ie me confume : & l'amour
Nuit & iour
Mon Enée me prefente.
Vray eft, qu'il eft entaché
Du peché
D'vne ingrate confcience :
Et tel, fi fole n'eftoy,
Que deuroy
En euiter l'alience.
Mon cœur pourtant le reçoit,
Bien qu'il foit
Vers moy de mauuais courage :
Mon amour fait plus d'effort,
Quand plus fort
Ie me plain' de fon outrage.
Venus, donne moy le don
De pardon,
Qui fuis de ton filz compaigne :
Et toy auffi, ieune archer,
Fai' marcher,
Ton frere fou' ton enfeigne,
Ou moy, qui ne trouue amer
L'art d'aymer :
Celuy qui me faict amante,
Qu'il me donne feulement
Argument
D'aymer ce qui me tormente.
Ie me trompe, & ceftui-cy
Vante ainfi
Faulcement fon haut lignage :
Car fon cœur ne porte point

A ENÉE.

    D'vng seul poinct
De sa mere tesmoignage.
Les pierres, les mons, les bois,
      Que tu vois
  Sur haulx rocz prendre acroissance,
 Et les animaux plus fiers
     Voluntiers
Sont autheurs de ta naissance :
Ou ceste mer, que souuent
     Par le vent
  Ores tu vois agitée :
  Et dont ton audace encor'
    Ne craint or'
  La violence irritée.
Ou fuy'-tu? voicy l'hyuer
     Arriuer,
L'hyuer me soit fauorable.
Oy le bruit que les vens font
    Iusq'au fond
De la mer inexorable.
Redeuable laisse moy,
    Non à toy
(Ce que pourtant ie demande),
Mais aux ondes, & au tems,
   Dont i'attens
Vne humanité plus grande.
Ie ne suis de si hault pris
   (Ce mespris
 Plus superbe ne te face)
Que doiues, pour m'euiter,
    Te ieter
Au danger, qui te menace.
Tu nourris vne rancœur
   En ton cœur
 Vray'ment precieuse & chere,
Si pour de moy t'etranger,
   Le danger
De mort t'est peine legere.

Les vens, qui toſt ceſſeront,
    Laiſſeront
D'vne carriere aſſurée
Le verd Triton galoper,
    Et couper
Le dos de l'onde aʒurée.
O que ton cœur endurci
    Peuſt ainſi
Adoucir vng peu ſon marbre !
Ie croy qu'il ſ'adoucira,
    Ou ſera
Plus dur que le cœur d'vng arbre.
Quoy, ſi congnu tu n'auois
    Mile fois
De la mer l'impacience ?
Veux tu à ce Monſtre fier
    Te fier
Apres telle experience ?
Et quand Neptune apaiʒé
    Plus aiʒé
Se promettroit à ta fuyte,
Sur l'eau mile autres malheurs
    De douleurs
Traynent vne longue ſuyte.
Celuy, qui a pariuré,
    Aſſuré
Deſus la mer ne doit eſtre :
La mer doit eſtre la peur
    Du trompeur,
Qui a dementi ſa dextre.
Meſme' ayant oʒé facher
    L'enfant cher
De Venus : car Citherée
Qui ſur les eaux a credit,
    Comme on dit,
Eſt fille de la marée.
Ie crain' nuyre à qui me nuyt :
    Et deſtruyt

Ne veux voir, qui m'a destruyte.
J'ay peur que mon ennemy
  Soit parmy
 Les floz de la mer depite.
Vy, ie te pry', car mes yeux
  Ayment mieux
 Pour la seule absence tienne,
 Que pour ta mort faire deul :
  Toy donq' seul
 Sera cause de la mienne.
Feins (Dieu t'engard' toutesfois)
  Que tu sois
 Surpris d'vng soudain oraige :
 Quel esprit te demou'ra,
  Que dira
 Le secret de ton couraige?
Tu viendras à resentir
  Le mentir
 De ton pariure artifice :
 Et Didon qu'aura defait
  Le forfait
 De la Troienne malice.
Mile furieux remors
  Viendront lors
 Representer à ta vëue
 Les cheueux s'esparpillans,
  Et sanglans,
 De ton epouze deçëue.
J'ay par mon iniquité
  Merité
 Tout cecy, & la tempeste
 Dont ce nauire est batu
  (Diras tu)
 Ne menace que ma teste.
Donne espace à la rigueur
  De ton cœur,
 Et de la mer violente :
 Ton cours, qui seur se fera,

Ce sera
L'vzure de ton attente.
Ne pren point de moy pitié,
L'amitié
D'Iūle sans plus t'emeuue.
C'est bien assez que le tort
De ma mort
En tes beaux titres se treuue.
Que t'a Iūle mefait ?
Qu'ont forfait
Les Dieux familiers de Troye ?
Ceux, qu'arracher on a veu
Hors du feu,
Seront des ondes la proye.
Mais ilz ne sont auec' toy,
Cœur sans foy,
Quoy que tu en face' myne.
Ni eux, ni ton pere agé
Ont chargé
Ta laborieuse eschine.
Tout est faux : ta langue aussi
N'a icy
Sa belle science aprise.
A telz mielleux appas
Ie n'ay pas
Esté la premiere prise.
Si d'enquerir il te plaist
La ou est
La mere du bel Ascaigne :
Seule, elle est morte d'ennuy
Par celuy,
Duquel elle estoit compaigne.
Ces beaux contes i'escoutoy
Dont i'estoy
Bien digne d'estre deceüe :
i'adoucy par mon erreur
La fureur
De la peine, qui t'est dëue.

Les *Dieux*, dont tu es muny,
  T'ont puny,
Tes pechez te font la guerre :
Car c'est le septieme eté,
  Qu'as esté
Errant par mer, & par terre.
Ie t'ay laissé prendre port
  A mon bort,
Que maint rampart enuironne.
A vng fuytif incongneu,
  Pauure, & nu,
I'ay fait part de ma couronne.
Plût à Dieu que des bienfaicts,
  Que t'ay faicts,
Ie me feusse contentée :
Et que le secret plaizir
  Du gezir
Ne m'eust d'honneur exemtée.
Ce iour me feut malheureux,
  Quand au creux
D'vne cauerne sauuaige,
Me trouuay de bonne foy
  Auec' toy,
Fuyant le soudain oraige.
Des nymphes les longues vois
  Celle fois
Sembloyent huller l'*Hymenée* :
Les furies l'ont sonné,
  Et donné
Le signe à ma destinée.
Puny moy, ô l'ancien
  Honneur mien,
Violé vers mon *Sichée* :
Ou la mort, qui ia me fuyt,
  Me conduyt
De grand' vergongne entachée.
I'ay en vng temple sacré
  Consacré

De Siché la protraiture :
De blanches toyſons eſt ceinct
  Ce lieu ſainct,
Et tapiſſé de verdure.
Vne vois ſortant de la
  M'apella
Quatre fois en cete egliſe :
Et i'oüy, que mon eſpoux
  D'vng ſon doux
Me diſt, vien ma chere Eliſe.
Ie vois la mort eſprouuer,
  Pour trouuer
Celuy, que ſeul ie doy ſuyure.
Las ! mais i'ay trop attendu :
  I'ay perdu
L'honneur, qui me faiſoit viure.
Pardonne moy, ie te pry',
  Cher mary,
Car la celeſte nobleſſe
De celuy qui a ſurpris
  Mes eſpris
Doit excuſer ma foibleſſe.
Sa mere, qui tient des cieux
  L'vn des lieux,
Son doux filz, & ſon vieil pere,
Ne me promettoient de luy
  Tant d'ennuy,
Et d'inconſtance legere.
Si Didon errer deuoit,
  Elle auoit
Trouué argument capable.
Adiouſte encores la foy :
  Lors ie croy,
Que ie ne ſeray coulpable.
Touſiours mes ſoucis cuyſans
  De mes ans
Ont la carriere ſuyuie :
Le deſtin, qui tant me nuyt,

Me poursuyt
Iusqu'aux bornes de ma vie.
Mon mary, deuant les yeux
De noz Dieux
Fist de sang la terre humide :
Et mon auare germain
De sa main
Fit ce cruel homicide.
Laissant la terre, ou enclos
Sont les oz
De Siché', ie pris la fuyte,
Fuyant par diuers erreurs
Les fureurs
De la fraternelle suyte.
Ie vins l'estranger fuyuant,
Me sauuant
Et de mon frere, & de l'onde.
Le lieu, que donné ie t'ay,
l'achetay :
Et ceste vile i'y fonde :
La ramparant à l'entour
D'vng long tour
De tours & murailles fortes :
Qui font peur deça dela
A ceulx là,
Qui sont voizins de nos portes.
Pour vne femme chasser,
Se dresser
Ie voy vne forte guerre.
Voire, & si foible ie suis,
Que ne puys
Quasi deffendre ma terre.
A mil' poursuyuans i'ay pleu,
Qui n'ont peu
A mon alience attaindre :
Et voyant vng incongnu
Mieux venu,
Ore' ont cause de se plaindre.

Que n'as-tu, ô inhumain,
  En la main
D'Iarbe liuré ma vie,
Puis qu'à ta meschanceté
  I'ay esté
Si longuement asseruie ?
Mon frere aussi qui se deult,
  Baigner veult
En mon sang la mesme pointe,
Qui au flanc de mon epoux
  Par mains coups
Feut si cruellement iointe.
Mets ius tes Dieux : tu ne dois
  De tes dois
Souiller la chose sacrée.
L'honneur que les vicieux
  Font aux Dieux,
Aux Dieux voluntiers n'agrée.
Si la main, qui les sauuoit,
  Leur deuoit
Faire apres vng si grand blásme :
Ie pense qu'ilz voudroient or'
  Estre encor'
Parmy la Troienne flamme.
O deloyal ! tu me fuys :
  Et ie fuys
De ton fait (peut estre) enceincte :
Vne partie de toy
  Dedans moy
De mes entrailles est ceincte.
Le pauuret, qui perira,
  Sentira
Le fier destin de sa mere :
Et tu seras, ô menteur !
  Seul auteur
De son infortune amere.
Ainsi le maternel sort
  Rendra mort

Le petit frere d'Ascaigne :
Mon corps, & le sien, au moins
Seront ioincts
Par vne peine compaigne.
Si ton partir de ce lieu
Vient de Dieu,
Ie voudroy', qu'il eust encore'
Daigné tes vaisseaux garder
D'aborder
Dessus le riuaige More.
C'est ce Dieu, qui iour & nuit
Te conduit
A la mercy de Neptune :
C'est luy, qui t'a fait ainsi
Iusqu'ici
Courir si longue fortune.
Si telz que du temps d'Hector,
Restoient or'
Les fiers Pergames de Troye,
Si ne deurois tu pourtant
Voguer tant,
Pour en retrouuer la voye.
Quand paruenu tu seras,
Tu n'auras
Trouué ton beau Simoente :
Mais le Tybre furieux,
Qui les yeux
Des estrangers espoüante.
Et veu la longueur du tems,
Que tu tens
A la fin de ce voyage,
Tu grizonneras ainçois
Que tu sois
Au bout de ton nauigage.
Fay-toy donq, pour le plus seur,
Possesseur
Du peuple, & de la richesse,
Que i'amenay de Sydon.

C'eſt le don,
Duquel ie te fai' largeſſe.
Pren l'or de Pigmalion,
Ilion
En ta Carthaige tranſporte :
Et le ſceptre Tyrien
Comme tien,
En main plus heureuſe porte.
Si tu deſires trouuer,
Ou prouuer
Ta force aux armes adextre :
Si ton Iūle de ſoy
Quiert de quoy
Faire trionfer ſa dextre :
Pour vaincre, il n'eſt ia beſoing,
Que plus loing
Voiʒe chercher les alarmes :
En ce lieu trouuer on peut
Ce qu'on veut,
Soit ou la paix, ou les armes.
Mercy, mercy ie te cry ;
Et te pri'
Par les fleches de ton frere,
Par ceux, qui te veulent mieux,
Par tes Dieux,
Et par l'ame de ton pere.
Ainſi aux tiens deſormais
Pour iamais
La fortune ſoit humaine :
Et les combas Phrygiens,
Dont tu viens,
Soient les bornes de ta peine.
Ainſi tous les iours prefix
A ton filʒ,
Leur terme heureux accompliſſent :
Et d'vng paiſible repos
Les vieux oʒ
D'Anchiſe repoſer puiſſent.

Helas, montre toy plus dous
        Enuers nous,
Qui sommes la maison tienne.
Qu'ay-ie fait, que trop aimer,
        Si blâmer
Tu veux quelque offence mienne?
Pour mien ie ne recongnoy
        Le terroy
De Mycenes, ou de Phthie :
Mon pere & mari ne sont
        Ceulx qui ont
Suiuy la Greque partie.
Si espouze me nommer
        T'est amer,
Le tiltre d'hostesse i'aye,
D'amye, ou d'espouze, non :
        Fy du nom,
Pourueu que tienne ie soye.
Ie sçay le vent Lybien,
        Ie sçay bien
Quelz flots ceste coste baizent :
Ces flots (si tu ne l'entens)
        Certain temps
Se courroussent, & s'apaizent.
Quand le bon vent souflera,
        On pourra
Faire voyle à la bonne heure :
La nef au port attendant'
        Cependant
Parmy la glage demeure.
Commande moy t'auertir
        Du partir,
Ores que tu le desires :
Ton cours ie n'arresteray,
        Mais feray
Lascher la bride aux nauires.
Tes gens des trauaux passez
        Sont lassez :

Tes nefz demy-r'acoutrées,
Auant ton departement
Promtement
Pourront eſtre calfatées [207].
Pour tout le paſſé plaiẑir,
Et deẑir
De mieux meriter ta grace :
Pour l'eſpoir qui m'eſtoit né,
D'Hymené`,
Ie requiers vng peu d'eſpace.
En ce pendant, que la mer,
Au ramer
Fera ſes eaux mieux traitables,
La douleur de iour & iour,
Et l'amour,
Me feront plus equitables.
Si non, tuër ie me veux,
Tu ne peus
M'eſtre longuement rebelle.
O qu'euſſe' tu le pouuoir
De me voir
Faiſant ma plainte mortelle !
Mes yeux, comme deux ruiſſeaux,
De leurs eaux
Mouillent la Troienne eſpee,
Qui bien toſt fera du ſang
De mon flanc,
En lieu de larmes, trempée.
Mon Dieu, que tes beaux preſens
Sont duiſans
Au fait de mon entrepriſe !
Tu as dreſſé tout exprès
Les apprez
De ma mort, à peu de miſe.
Le coup, qui me bleſſera,
Ne fera
Le ſeul, qui mon cœur entame :
Car des amoureux attraiẑ

J'ay les traiz
Bien auant dedans mon ame.
Ma sœur Anne, Anne ma sœur
Tesmoing seur
De ma piteuse auanture,
Tes yeux bien tost pleureront,
Et feront
L'honneur de ma sepulture.
Celuy qui la bastira,
N'inscrira,
Elize de Siché' femme :
On y lira seulement
Breuement
Les vers de cet Epigramme :

Enée a de ceste mort,
A grand tort,
Donné la cavse et l'espée :
La miserable Didon,
De ce don
A sa poitrine frapée.

SVR LA STATVE DE DIDON,

prins d'Avsone.

Passant, ie suis de Didon la semblable,
Tirée au vif d'vng art emerueillable.
Tel corps i'auoy, non l'impudique esprit,
Qui feintement par Vergile est descrit :
Car onq' Enée, onques les nefz Troyennes
Ne prindrent port aux riues Libyennes :

Mais pour fûir d'Iarbe la fureur,
Mon eſtomac pudique n'eut horreur
Du chaſte fer, dont ie fu' tranſperſée,
Non d'vne rage, ou amour offenſée.
De telle mort me plaiſt bien le renom,
Puis qu'en viuant ie n'ay bleſſé mon nom.
I'ay veu mes murs, i'ay vangé mon Sichée :
Puis de ce fer ma poitrine ay fichée.
  Qui t'auoit donq', ó Vergile, incité
D'eſtre enuieux ſur ma pudicité?
Croyez, lecteurs, cela que les hiſtoires
Ont dict de moy : non les fables notoires
De ces menteurs, qui d'art laborieux
Chantent l'amour des impudiques Dieux,
Apropriant à la diuine eſſence
Des corps humains l'imparfaicte naiſſance.

LA MORT DE PALINVRE.

DV CINQVIESME DE VIRGILE.

  Mais cependant Venus de dueil attainte
Degorge ainſi à Neptune ſa plainte :
  Le fier deſdaing, l'inſatiable raige,
Qui de Iunon tourmente le couraige,
Que la pitié ny la longue ſaiſon,
Ny Iupiter n'ont ſceu mettre à raiſon
Et que les forts meſmes n'ont peu plier,
Me font (Neptune) vn chaſcun ſupplier.
  Auoir parmi les peuples Phrygiens
Rongé, mangé les murs Dardaniens,
Auoir trainé par tout genre de peines
Cruellement les reliques Troyennes,

*Ne luy suffist, mais son courroux enclos
Poursuit encor' leurs cendres & leurs oz.
  De sa fureur la cause ie n'entens,
Tu m'es tesmoing combien puis peu de temps
Elle agita d'oraige furieux
L'onde Libyque : elle mesla aux cieux
Toutes les mers, & osa ceste sole
Mettre (ô forfaict) les tempestes d'Eole
Ou tu es Roy. Les Troyennes Gallées
Par son moyen vilainement bruslées,
N'aguere' aussi furent mises en proye
A la fureur des matrosnes de Troye,
Forçans les miens de laisser en arriere
Leurs compaignons, en prouince estrangere.
Au demeurant, ie te pry que tes eaux
Donnent passaige au reste des vaisseaux,
Et que mon filz (au moins s'il est permis,
Et les destins ces murs luy ont promis)
Puisse aborder au Tybre Ausonien.
  Alors respond le filz Saturnien
Roy de la mer : Tu peus, ô Cytherée,
Estre par tout en mon regne asseurée,
Dont tu nasquis, & ie merite aussi
Que de ma foy tu estimes ainsi,
Moy, qu'on a veu tant de fois reprimer
Telles fureurs du ciel & de la mer :
Et si n'ay eu (Xante m'en soit tesmoing,
Et Simoïs) sur terre moindre soing
De ton Enée, alors qu'on veid Achille
Chasser les tiens, & que sa course agile
Contre les murs demy-mors les pressoit,
Lors qu'à milliers son braz les meurtrissoit,
Et que les corps, les canaulx remplissans,
Bouchoient la voye aux fleuues gemissans,
Et que les eaux de Xante ne couloient
Dedans la mer, ainsi qu'elles souloient.
  Alors i'ostay soubs vne nue vuide
Ton filz Enée au superbe Pelide*

Plus fauori des armes & de nous.
Bien que vouluſſe alors deſſus-deſſoubs
Verſer les murs de Troye pariurée,
Dont ie l'auois moymeſmes emmurée.
Ce bon vouloir eſt encor arreſté
Dedans mon cœur, ton filz en ſeureté
Chaſſe ta peur, conduira ſes nauires
Au port d'Auerne, ainſi que tu deſires.
Vn ſeul ſans plus dans la mer perira,
Vn ſeul ſans plus pour le reſte mourra.
 Incontinent que le Pere eut ainſi
Le cœur ioyeux de Venus adoulci.
Ses fiers cheuaux il attéle, & embouche
D'eſcumeux freins leur brauté farouche.
Laſche la reſne, & a bride aualee,
Naɡe le hault de la plaine ſalée
Sur ſon char bleu : les flotz incontinent
Se ſont planez, deſſoubz l'eſſeul tonnant
La mer ſonſiſt, les vents audacieux
Fuyent parmy le grand vague des cieux.
 Voilà apres vn horrible exercite
De grands poiſſons : Glauque, & ſa blanche ſuyte,
Et Palemon, & Phorce auec ſa trouppe,
Et les Tritons a la legere crouppe.
Sur l'aiſle gauche eſt ſur l'onde chappee
Deſinis, Thetis, Melite & Panopée :
Nyſée auſſi a leur bande s'alie,
Auec Spion, Cymodoce, & Talie.
 La gayeté a ſon rang retournée
Chatouille lors le cœur doureux d'Enée,
Il fait ſoudain les vaiſſeaux einuoiler,
Guinder au mats les verges eſtaler.
Chacun ſe prend à tendre le cordaige,
Et à dreſſer la voille au nauigaige,
On a dextre vent à ſeneſtre, & ores
Croiſſent bien hault les autennes encores,
Les vents bien vent s'entrepent la flote,
[illegible line]

Qui d'auirons vn grand nombre menoit :
Tous vont fuiuant la route qu'il tenoit.
 Ia de la nuit la moyteufe carriere
Touchoit du ciel la moyenne barriere,
Et les nochers d'vn doulx fomme allechez
Eftoient de ranc foubs les rames couchez,
Quand le fommeil des eftoilles coulant
L'air tenebreux efclaircit en volant,
Pour t'abufer, & d'vn fomme trop dur
Charmer tes yeux, ô pauure Palinur',
Ne meritant vn fi trifte mechef.
Lui donq' affis au plus hault de la nef
De Phorbe prift la parole & la grace.
 O Palinur', la Iafienne race,
Noz vaiffeaux ont le vent & la marée,
La faifon eft au repos preparée,
Repofe toy, & tous ennuiz chaffez
Au long trauail emble tes yeux laffez.
En cependant ie feray ton deuoir.
 Lors Palinur' à peine ayant pouuoir
D'entr'ouurir l'œil : veulx tu donq' que i'ignore
La mer paifible, & fes doulx flots encore ?
Que ie me fie à ce fier monftre ici ?
Comment veulx tu que i'abandonne ainfi
Mon prince Enée à la fraude du vent,
Du temps ferain abufé fi fouuent ?
 Ainfi parloit au gouuernail fiché,
Et par les yeux aux aftres attaché.
Le Dieu alors vn rameau ftygieux
Trempé en l'eau du fleuue obliuieux,
Sur vne temple & l'autre fecouant,
Luy ferme l'œil vagabond & nouant
Ce faulx dormir alors non attendu
L'auoit à peine au repos eftendu,
Quand deffus luy tumbant le cruel fomme
Renuerfe en l'eau & gouuernail & homme,
Et auec' luy grande part de la pouppe.
Ceftuy en vain huche fouuent fa trouppe,

Et cestuy la, qui en volant s'enfuit,
D'vne aisle prompte en l'air s'esuanouït.
  La flote alors vsant de la fortune
Qu'auoit promis le bon pere Neptune,
Single à plaisir par les humides plenes.
Et ia les nefz costoyoient des Syrenes
Les haulx rochers iadis pleins de dangers,
Et blanchissans d'ossemens estrangers.
L'enroué bruit de l'onde retournée
Tempestoit là, quand le bon Prince Enée
Se sent errer à brides vagabondes.
Lui mesme adonq' par les nocturnes ondes
Seruit de guide à son vaisseau flotant
Sans gouuerneur, & d'vn cœur sangloiant
De son amy plaint beaucoup l'auenture.
  Las il te fault, ó paure Palinure,
Trompé du ciel, & de la mer seréne,
Coucher tout nu sur la deserte aréne.

LE SIXIEME LIVRE
DE
L'ENEIDE DE VIRGILE

    Ainſi Enee, ayant la larme à l'œil,
De ſon amy faiſoit complainte & dueil
Puis donne voile, & à courſe haſtiue
Finablement vint ſurgir à la riue
De ceſte coſte, ou les murs Cumeans
Furent fondez par les Euboëans.
    Deuers la mer la proüe on contreuire,
L'anchre mordant' arreſte le nauire,
Et les vaiſſeaux courbent leurs larges pouppes
Deſſus le port; l'ardeur des ieunes trouppes
Sur l'Italie allaigrement prent terre:
Qui quiert le feu aux veines d'vne pierre,
Qui court aux bois, forts des beſtes ſauuages,
Et qui encor' enſeigne les riuages
Qu'il a trouuez. Mais le deuot Enec
Va viſiter le temple Apollinee,
Et l'antre obſcur, ſecret inhabitable
De la Sibylle, au peuple eſpouantable,
En qui Phœbus, le Delien deuin,
Souſle l'ardeur de ſon eſprit diuin.

Luy defcouurant les chofes aduenir.
Ia les Troiens commencent à venir
Dedans le bois à Diane facré,
Et de Phœbus au fainct temple doré.
Dedale (ainfi que bruit la renommee)
Fuyant Minos d'aile bien emplumee,
Dont il ofa s'auanturer aux nües,
Voga fi loing par traces incognues
Deuers le pol, que d'vne agile plante
Deffus la tour de Cumes il fe plante.
Icy rendu, il te facra les ailes,
Dont il auoit fait ramer fes aiffelles,
Puis te baftit, ó Phœbus, ce grand temple,
Ou fur le front du portail on contemple
La mort d'Androge, & le tribut d'Athenes :
Sept corps d'enfans, ó miferables peines,
Et fept encor chafcun an fe bailloient.
Là fut le vafe, où les forts fe brouilloient :
Candie auffi à l'oppofite on void,
Qui à l'efcart fur la mer f'efleuoit.
Là fut Pafiphe au taureau fuppofee,
Et de deux corps la forme compofee,
Le Minotaure, ardeur pleine de rage,
Et de Venus abominable ouurage.
Là fut encor la dangereufe entree
De mille erreurs au fortir empeftree,
Mais toutefois Dedale ayant pitié
D'vne princeffe & de fon amitié,
Desfit l'erreur de ce manoir fubtil,
Les pas douteux guidant auec vn fil.
Et tu aurois, ó poure Icare auffi,
Vne grand' part en ce grand œuure cy,
Si la douleur ne l'euft point empefché.
Là par deux fois le pere auoit tafché
De feindre en or ce malheur inhumain,
Deux fois tumba la paternelle main.
Bref les Troiens fe fuffent mis adonq'
A contempler ces protraicts tout au long,

Sans l'arriuer de Sibylle, & d'Acate.
Sibylle eſtoit la preſtreſſe d'Hecate,
Et d'Apollon. Glauque fut pere d'elle,
Et par ſon nom Deïophebe ſ'appelle.
Ceſte ſaiſon (diſt-elle au prince Enee)
A ces protraicts ne veult eſtre donnee,
Il vaudroit mieux des indontez troppeaux
Sacrifier maintenant ſept taureaux,
Auec autant de brebis impolües
Selon la loy du ſacrifice eſleües.
Apres ces mots, promptement on ſe dreſſe
Au ſacrifice enioint par la preſtreſſe,
Qui les Troiens appelle en ce grand temple
Caué au flanc d'vn rocher large & ample
En forme d'antre, à cent huis & obſtacles,
Qui par cent vois reſpondent ſes oracles.

   On eſtoit ia ſur le ſueil, quand tout-hault
La vierge diſt : C'eſt maintenant qu'il fault
Du ſort futur la reſponſe obtenir :
Voicy le Dieu, voicy le Dieu venir.
Criant ainſi au deuant de la porte,
Sa face n'eut les traicts de meſme ſorte,
Ny meſme teinct : ſes cheueux heriſſez
Deſſus le chef ne ſe tindrent preſſez,
Ains ſa poittrine haletante de rage
Horriblement luy groſſit le courage.
Ceſte fureur plus grand' forme luy donne,
Rien de mortel ſa langue plus ne ſonne,
Lors que le Dieu, en ſa poittrine enflec
Sa Deité de plus pres eut ſouflee.

   Prince Troien (elle ſ'écrie adonc
Fais-tu icy, fais-tu icy le long
A preſenter prieres & offrandes?
Tu ne verras beer les portes grandes
De la maiſon eſpoüantable à voir,
Si parauant tu n'as fait ton deuoir.
Elle ſe teut, ayant ainſi parlé :
Soudain aux os des Troiens eſt allé

Vn froid tremblant. Adonc le Roy s'incline,
Priant ainſi, du fond de ſa poittrine :
　Phœbus touſiours aux Troiens pitoyable,
Phœbus, qui fus à Paris fauorable,
Lors que ſa main (la tienne ayant pour guide)
Darda ſes traicts dans le corps d'Eacide,
Par tant de Mers, qui grandes iſles font,
Tu m'as guidé d'Afrique au plus profond.
Au plus profond des ſablonneux dangers,
Par tant de flots & peuples eſtrangers :
Finablement nous touchons l'Italie
Fuyant de nous. Icy ie te ſupplie,
Soit arreſté noſtre ſort odieux.
Vous tous auſſi, ó Deeſſes, ó Dieux,
Auxquels faſcha d'Ilion l'excellence,
Et des Troiens la ſuperbe vaillance,
C'eſt bien raiſon deſormais qu'on ottroye
Quelque pardon à la race de Troie.
Et toy qui as par diuine puiſſance
Du ſort futur certaine cognoiſſance,
(Puis que mon ſort ces lieux me predeſtine)
Dy, ſi ie doy en la terre Latine
Prendre repos, auec les Deitez
Des Dieux Troiens ſi long temps agitez.
De marbre dur maint temple edifié
Sera par moy à Phœbus dedié,
Et à ſa ſœur : ie rendray eternelle
Entre les miens la feſte ſolennelle
De ce grand Dieu : maints grands ſecretz auſſi
T'attendent ia en ces terres icy :
Car à ma gent tes forts i'eſtabliray
O bonne Vierge, & ſi ie t'eſliray
Les preſtres ſaincts de tes grandes merueilles.
Ne commets donc tes oracles aux fueilles,
Que ça & là ne ſ'en volent brouillez,
Comme iouëts du vent eparpillez,
Chante les moy toymeſme, ie te prie.
　Icy ſe teut. Mais pleine de furie

La grand' prestresse impatiente enrage
Par la cauerne : & d'autant que la rage
Qui l'aiguillonne, elle veult surmonter,
D'autant plus fort elle se sent donter
Le cœur despit, & le parler felon,
Rangez par force au plaisir d'Apollon.
De leur bon gré les cent portes s'ouurirent,
Et parmy l'air les oracles s'enfuirent.
 O toy saulué (dist la fatale voix)
Des grands dangers de la mer (mais qui dois
D'autres plus grands estre agité encores
Dessus la terre) oste le soing qui ores
Lyme ton cœur, car tes Dardaniens
Seront conduicts aux champs Lauiniens :
Mais ilz voudroient quelquefois en ces terres
N'estre venuz. Guerres, horribles guerres
Ie voy desia, & le Tybre ecumeux
De sang humain tout bouillant & fumeux.
Là Simoïs, Xanthe, & le camp Gregeois
Ne defaudront, quelque part ou tu sois.
Vn autre Achille y est ia destiné,
Qui est aussi d'vne Deesse né.
Et puis Iunon des Troiens aduersaire
N'y faudra pas. Lors en si grand affaire
Et au plus fort de tes necessitez,
A quelles gens, ou Latines citez
Ne prendras-tu humblement ton addresse?
Vne autre espouse encores ton hostesse,
Vn autre lict encores estranger
Te causeront cest extreme danger.
 Ne donne lieu au mal, qui te menasse,
Mais t'y oppose auec plus grand' audace
Que ne permet ta contraire auenture.
De ton salut la premiere ouuerture
(Chose qui t'est à croire difficile)
Te doit venir d'vne Gregeoise ville.
 Apres ces mots sortans du sacré lieu,
La grand' Cumee & prestresse du Dieu

*Par l'antre noir chante doutes horribles,
Et retentit de muglemens terribles;
Enuelopant l'obscur au veritable.
Auec telz freins la vierge espoüantable
Est par la main d'Apollon façonnee,
Et coup sur coup au cœur epoinçonnee.
    Incontinent que la rage passa,
Et que l'horreur de sa bouche cessa,
Le grand Enee ainsi luy fait responfe :
Ton sainct parler, ó vierge, ne m'annonce
Rien de nouueau. car ains qu'icy venir,
I'ay discouru tous ces maux à venir.
Ie te requiers seulement vne chose :
Puis que d'Enfer la grand' porte desclose
Se trouue icy, ou le triste Acheron
Son noir palud regorge à l'enuiron,
Me soit permis dessous ces obscurs lieux
De mon cher pere aller deuant les yeux.
Monstre la voye, & descouure l'entree
De cest enfer à la porte sacree.
Ie l'ay sauué sur ces espaules cy
De mile feuz & traictz fuyuans aussi,
Hors de danger moymesmes ie l'ay mis
Par le milieu des scadrons ennemis.
Ce bon vieillart, compaignon de ma fuyte,
Contre le ciel, contre la mer despite,
Auecques moy tousiours se defendoit
Oultre ses ans, voyre & me commandoit,
En me priant de venir quelque iour
Deuotement visiter ton seiour.
Te plaise donc, ó Vierge, à ma priere
Auoir pitié & du filz & du pere.
Car tu peux tout : & la Royne infernale
N'a mis en vain la forest Auernale
Entre tes mains. Si le prestre ancien
Par les accords du luth Thrëicien
Peut de sa femme impetrer le retour :
Si Pollux meurt pour son frere à son tour,*

Et tant de fois repaſſe vn meſme port :
Quant à Theſee, & Alcide le fort,
Qu'eſt-il beſoing de te les reciter ?
Ie ſuis, comme eux, du ſang de Iuppiter.
    Ainſi prioit, embraſſant les autelz.
O filz d'Anchiſe, & ſang des immortelz
(Diſt elle adonc) la deſcente d'Auerne
Eſt bien facile, & ſi eſt la cauerne
Du noir Pluton beante nuict & iour :
Mais reſſortir de ceſt obſcur ſeiour,
Et voir encor' la clarté ſouueraine
De noſtre ciel, là giſt l'œuure, & la peine.
Ceux qui iadis vn tel pouuoir ont eu,
Ce ſont ceux-la, que l'ardente vertu
Ou le bon Dieu a eleuez aux cieux.
Mais ilz ſont peu, & de race des Dieux.
Car le milieu du ſentier Auernal
Eſt plein de bois, & le trouble canal
Du noir Cocyt à l'entour va coulant.
Mais ſi tu as deſir ſi violent,
Que de paſſer deux fois l'eau Stygienne,
Et voir deux fois la nuict Plutonienne,
Si tu te plais en ſi penible affaire,
Enten premier ce qu'il te fault parfaire.
Vn rameau ſouple au fueillage doré,
Qu'à Proſerpine on dit eſtre ſacré,
D'vne foreſt au plus profond ſe cache
Dans vn grand cheſne : or fault il qu'on l'arrache,
Quiconques veult en la cauerne entrer
Et au ſecret des enfers penetrer.
Ce riche don Proſerpine la belle
Se fait porter : & ſa nature eſt telle,
Que l'vn cueilly, vn autre naiſt encore,
Qui de metal ſemblable ſe redore.
Cerche le donc maintenant bas & hault,
L'ayant trouué pren-le ainſi comme il fault,
Auec la main : car ce rameau ſacré,
Sans autre effort, te ſuyura de ſon gré,

Si le destin t'y appelle : autrement
Tu ne l'auras par force, ou ferrement.
Oultre cecy, le corps d'vn amy tien
Souille tes nefz (helas tu n'en sçais rien)
Pendant qu'icy tu demandes conseil,
Et que tu vas musant à nostre sueil.
Premierement donne luy donc la terre,
Et mets son corps sous la funebre pierre,
Fay sacrifice aussi de brebis noires :
Ces choses soient tes premiers purgatoires.
Ainsi pourras voir les bois, & les lieux
Qui des viuans sont incognus aux yeux.
Ces mots finis, sa bouche elle pressa.

Enee adonc, qui l'œil triste abbaissa
Laisse la grotte, & discourt au dedans
De son esprit maints douteux accidents.
Acate y est, qui accompaigne aussi
Fidelement ses pas & son soucy :
De maint propos ce couple deuisoit,
Quel amy mort la prophete disoit,
Quel corps estoit à mettre en sepulture,
Et sur ce poinct ilz vont voir d'auenture
Dessus le sec de la riue prochaine
Misene occis d'vne mort inhumaine :
L'Eolien Misene, souuerain
A emouuoir les hommes par l'airain,
Et allumer aux cœurs des fiers soldars
Par ses chansons la fureur du dieu Mars.

Cestuy iadis fut compaignon d'Hector,
D'Hector le grand, & si portoit encor,
Lors qu'on donnoit des batailles le signe,
Fort brauement la hache & la buccine
Apres qu'Achille eut desfait cestuy-la,
Ce vaillant homme adonques s'en alla
Deuers Enee, & à quelque autre moindre
Pour compaignon ne se voulut point ioindre.

Mais de malheur, pendant que sur la mer,
Voulant les Dieux à la guerre animer,

*Il fendoit l'air de sa coquille creuse,
Triton le prit dedans l'onde ecumeuse
Entre des rocz, & luy fit par enuie
(S'il est croyable) ainsi perdre la vie.
    Les Troiens donc ce corps mort gemissoient,
Et d'vn grand bruit tout autour fremissoient,
Mais par sur tous le pitoyable Enee.
Lors en pleurant, ceste tourbe estonnee
Haste l'office enioint par la Sibylle.
D'arbres couppez pour la funebre pyle,
A qui mieux mieux, on dresse vn grand appreſt :
On va dedans vne antique forest,
Profond seiour des dangereuses bestes.
Des pins gommeux les plus superbes testes
Tumbent par terre, & l'ieuse gemissant
A haulte voix se plaingt du fer blessant.
On rue à bas les gros cheurons de fresne,
On fend de coings le bien eclattant chesne,
Et le grand orne amy de la montagne
Tumbe en roulant au bas de la campagne.
    Enee aussi des premiers à l'ouurage
Aux compaignons donne force & courage,
Tenant en main les mesmes ferremens :
Puis regardant en tristes pensemens
La grand' forest, ó (dit il) si noz yeux
Decouuroient or ce rameau precieux
Parmy l'obscur d'vne ombre si espesse !
Puis qu'ainsi est (helas) que la prestresse
De toy, Misene, a trop bien deuiné.
Ce mot estoit à peine terminé
Quand deuant luy voicy deux colombelles
Venir du ciel, qui à pareilles ailes
Se vont planter sur la belle verdure.
Lors ce grand Roy voyant telle auenture,
Cogneut soudain les oyseaux de sa mere,
Et tout ioyeux, fit ainsi sa priere :
    Conduisez moy, s'il y a quelques sentes,
O sainctz oyseaux, & addressez mes plantes,*

Par voſtre vol, dedans le bois ſacré,
Me decouurant le beau fueillard doré
De ce rameau qui la fertile terre
De ſon ombrage heureuſement enſerre :
Et toy auſſi, ô ma mere Deeſſe,
En ces chemins ou fortune m'addreſſe,
Ie te ſupply, ne m'abandonne pas.
Diſant ces mots, il arreſte ſes pas,
Conſiderant quelz ſignes annonçoient
Par leur voler ces oyſeaux qui paiſſoient,
Et quelle part ilz ſ'en voudroient aller.
Eux auſſi loing ſe prindrent à voler,
Comme les yeux de ceux, qui les ſuyuoient,
Du plus aigu remarquer les pouuoient.
  Or eſtoient ilz arriuez à grand' peine
Aux bords d'Auerne à la puante aleine,
Que vers le ciel, d'vn plein vol ſe hauſſerent,
Et puis en l'air plus ſerein ſ'abbaiſſerent,
Ioyeuſement pliant l'vne & l'autre aile
Deſſus le tronc de nature iumelle,
Ou treluiſoit d'vne couleur diuerſe
Vn rayon d'or, qui les fueilles trauerſe :
Tel, comme on void au temps de la froidure
Le guy prenant aux foreſtz nourriture,
Se reuerdir d'vne branche nouuelle
Qui n'eſt pourtant à l'arbre naturelle,
Et ſ'enlacer d'vn fueillard iauniſſant
Au tour du tronc en rondeur finiſſant.
Dans l'arbre eſpez ceſt or ainſi brilloit,
Sa fueille ainſi d'vn doux vent petilloit.
Enee alors, d'vn conuoiteux deſir,
De ce rameau ſe va ſoudain ſaiſir,
Non ſans vn peu ſ'efforcer, & ſur l'heure
Le porte au lieu, ou Sibylle demeure.
  En ce pendant la grand' tourbe Troiene
Pleuroit touſiours le treſpas de Miſene
Sur le riuage, & ſ'efforçoit de rendre
L'honneur dernier à ſon ingrate cendre.

*Premier, ilz ont vn grand amas dreſſé
D'arbres gommeux, & de cheſne entaſſé
De noirs fueillards l'entournant pres à pres,
Puis eleuant des funebres cypres,
Ornent le hault de maints harnois qui font
Grande lueur. Pendant les autres vont
Puiſer de l'eau dedans l'airain bouillante,
Et ſur le feu par ondes treſſaillante :
Puis vont lauer, & oindre doucement
Les membres froids : vn grand gemiſſement
Se fait par tout, & apres tout ce dueil,
Le corps pleuré fut mis dans le cercueil :
Et au deſſus maints riches veſtemens,
Du treſpaſſé les cogneuz ornemens.
 Les autres vont portant la grande chaſſe,
Triſte ſeruice, & deſtournant la face,
Comme aux prochains eſt choſe accouſtumee,
Tiennent deſſous vne torche allumee.
On rüe au feu viandes amaſſees,
Huiles, encens, & couppes renuerſees
Sur le corps mort : puis la flamme ceſſant,
Et la matière en cendre ſ'abbaiſſant,
On abbreuua les cendreuſes flammeſches
De vin coulant ſur les reliques ſeiches.
Lors Corynee a choiſy quelques oz
Qui d'vn vaiſſeau d'airein furent enclos,
Luy meſme encor d'vne ſaincte rouſee* [206]
*Trois fois en rond a la trouppe arrouſee,
En ſecouant vne branchette viue
De la fertile & bienheureuſe Oliue,
Puis en purgeant le peuple ça & la,
Les derniers mots finablement parla.
 Mais le bon Roy ſur les cendres aſſeit
Vn grand ſepulchre, & auec elles meit
Armes, trompette, & auiron de l'homme,
Sous vn hault mont, qui Miſene ſe nomme,
Tenant encor de là ce beau ſurnom
Qui de Miſene eterniſe le nom.*

Cecy parfait, il depesche l'affaire,
Que la Sibylle auoit enioint de faire.
 Là se trouua vne grand' fosse creuse,
Dont l'ouuerture horriblement pierreuse
D'vn noir palud estoit enuironnee,
Et ça & là d'ombrages entournee,
Ou nul oyseau impuny ne passoit
Par le dessus, telle odeur s'élançoit
Du noir gozier, dont la mortelle peste
Corrompoit l'air de la voulte celeste.
Ce fut pourquoy ceste ombreuse cauerne
Receut des Grecz le triste nom d'Auerne.
 Premierement, au bord de ce manoir
Quatre taureaux, dont le doz estoit noir,
Furent conduits. Le ministre diuin
Dessus le front leur espanche du vin.
Puis arrachant le dur poil de leur teste,
Du feu sacré les premiers dons appreste,
Huchant Hecate, & sa deité grande,
Qui dessus terre, & sous terre commande.
 Les autres vont supposer les cousteaux,
Et receuoir dedans larges vaisseaux
Le tiede sang de la gorge couppee.
Enee mesme occit de son espee
Vne brebis à la noire toyson,
Pour honorer la nocturne saison,
Et sa grand' sœur. D'vne vache brehaigne
Il t'honora, de Pluton la compaigne :
Puis commença, d'vn nocturne seruice,
Au Roy d'enfer le dernier sacrifice,
Luy consacrant sur les flammes huilees
Des gras taureaux les entrailles grillees.
 Voicy adonc, vn peu deuant le iour,
Mugler la terre, & trembler tout au tour
Les grand's forestz. On oit à ceste fois
Les chiens huller en nocturnes abbois.
Ia s'approchant l'infernale Deesse,
Arriere, arriere (escria la prestresse

Vous qui encor n'estes prestres des Dieux,
Et n'approchez du bois deuotieux.
Toy, pren la voye aux Enfers conduisant,
Et tire hors ton glaiue treluisant.
Ores, Enee, il fault auoir bon cœur :
Ores ne fault que lon tremble de peur.
Disant ces mots, la vierge s'auança,
Et furieuse en l'antre se lança.
Luy, qui la suit par ceste obscure voye,
A pas egaux brauement la costoye.

  Dieux des Enfers, & vous paisibles ombres,
 Toy vieil Caos, & vous riuages sombres
De Phlegeton, ne me soit defendu
De raconter ce que i'ay entendu :
Permettez moy descouurir le bas monde,
Et les secrets de la terre profonde.

  Parmi l'horreur des images ombreuses,
Par le desert des maisons tenebreuses,
Et par le vague, ou iamais il ne luit,
Ilz cheminoient sous l'eternelle nuict :
Comme lon va sous vne lueur brune
Par les forestz, au decours de la Lune,
Quand Iuppiter couure d'ombre les cieux,
Et la nuict rend tout obscur à noz yeux.
Deuant le porche, & la gueule premiere
Du noir seiour, auoient fait leur littiere
Les tristes pleurs, les soucis punissans,
Et ce qui rend les membres pallissans.
Là fut Vieillesse à la soingneuse chere,
La Peur, la Faim, mauuaise conseillere,
La Poureté de crasse toute pleine,
Horreur à voir, puis la Mort & la Peine :
Les vains Plaisirs là dedans tiennent fort,
Et le Sommeil, le germain de la Mort.
De l'autre part est la Guerre homicide,
Les lictz de fer de la troppe Eumenide,
Discorde fole en tresses recueillant
Ses longs serpens, sous vn fronteau sanglant.

D'vn grand vieil Orme au milieu se respandent
Les longs rameaux, & les vieux bras, ou pendent
Sous chasque fueille vn milion de songes,
Pleins (comme on dit) de fables & mensonges.
 Là sont encor monstres de toutes sortes :
Les Mi-cheuaux s'establent dans les portes,
Accompaignez des Scylles à deux formes :
Icy encor sont les cent bras difformes
De Briaree : & la beste de Lerne
Sifflant horrible, est en ceste cauerne.
Ceinte de feuz la Chimere est icy :
Là peult on voir les Gorgonnes aussi :
Encor y est maint' harpye affamee,
Et de trois corps vne image formee.
 Enee alors, qu'vne telle fureur
Fit herisser d'vne foudaine horreur,
Sacque à l'espee, & contre la venue
De ces esprits, offre la poincte nue :
Et n'eust esté, que sa prudente guide
L'admonestoit, dessous l'image vide
D'vn air sans corps. ces ames voleter,
Il s'en alloit encontre elles ietter :
Et çà & là eust auecques le fer
Batu en vain les fantosmes d'enfer.
 Passant plus oultre, ilz vont trouuer la sente,
Qui est au port d'Acheron conduisante.
Là fut vng gord plein de fange & de bourbe,
Qui son eau trouble horriblement recourbe,
En bouillonnant d'vn goufre espoüantable,
Qui en Cocyt regorge tout le sable.
 Sur ce riuage vn Passager estoit
Crasseux, hydeux, qui la face portoit
De barbe blanche espessement couuerte :
Ses yeux flamboient, d'vne paulpiere ouuerte :
Son vil habit des espaules pendoit
Auec vn nœu : luy les ombres guidoit
Et d'vne verge, & d'vne voile aussi,
Dans son bateau de rouille tout noircy,

Desia chenu, mais bien qu'il soit vieillard,
Sa deité le rend verd & gaillard.
Toute la foule, & grand' tourbe des Ames
Se rendoit là : les seigneurs, & les dames,
Et les esprits des vaillans Demidieux,
Vierges, enfans, & ceux-la que les yeux
De pere & mere ont veu blanchir en cendre,
Autant qu'on void en Autonne descendre
Au premier froid, les fueilles auallees :
Ou que lon void sur les plaines salees
S'emmonceller de tourbillons d'oiseaux,
Lors que l'hyuer oultre les grandes eaux
Les va chassant aux campaignes ouuertes,
Qui au soleil sont les plus descouuertes.

 Chascun prioit estre du premier port,
Et d'vne ardeur d'atteindre à l'autre bord
Tendoit les mains : mais celuy qui passoit
Ores ceux cy, ores ceux-la reçoit,
Tout renfrongné. Les autres repoussez
Sont loing du bord sur le sable chassez.

 Enee adonc, qui estonné se treuue,
Vierge (dit-il) d'ou viennent à ce fleuue,
Et que fault il à ces esprits, qui font
Vn si grand bruit? d'ou vient que les vns vont
Loing de la riue, & les autres trauersent,
Qui d'auirons les flots plombez renuersent?
Lors breuement la prestresse chenue :
Filz d'Anchises, race des Dieux venue,
Du grand Cocyt tu vois les eaux profondes,
Et les maraiz des Stygiennes ondes,
De qui les Dieux craignent tant de iurer
La Deité, & de se pariurer.
Tous ces esprits, c'est vne poure bande
Qui le repos du sepulchre demande :
Ce passeur-la est appellé Caron :
Les enterrez trauersent Acheron :
Et n'est permis que sur l'horrible riue
Parmy ces flots enrouez on arriue,

Que parauant les offemens enclos
Sous le tumbeau ne gifent en repos :
Et ce pendant les ames vagabondes
Volent cent ans à l'entour de ces ondes,
Finablement, en la barque tirees,
S'en vont reuoir les eaux tant defirees.

 Le filz d'Anchife alors s'arrefte là,
Songeant, refuant, de grand' pitié qu'il a :
Et en penfant à fi trifte auenture,
Il en void deux priuez de fepulture,
Qui compaignons à la fuyte de Troye
Hommes & nefz furent donnez en proye
Aux flots venteux de l'eau qui les furmonte :
L'vn fut Leucafpe, & l'autre fut Oronte,
Qui conduifoit la Lycienne flotte.

 Voicy venir Palinur' le pilotte,
Qui peu deuant au retour de Libye,
Lors que foingneux les aftres il efpie,
Fut de fa nef renuerfé dedans l'onde.
Enee à peine en cefte nuict profonde
L'entreuoyant : Quelle celefte iniure
Te fit noyer (dift-il) ó Palinure,
Et qui t'ofta nagueres à noz yeux ?
Dy hardiment, lequel eft-ce des Dieux :
Car Apollon, du quel au parauant
N'auois trouué l'oracle deceuant,
M'a feulement abufé cefte fois :
Luy, qui auoit chanté que tu deuois
Et des dangers de la mer te fauuer,
Et fur le bord d'Aufonie arriuer.
Eft-ce la foy que lon m'auoit promise ?

 Lors Palinur' : ó prince filz d'Anchife,
Ny de Phebus la fatale courtine
Ne t'a deceu, ny par la main diuine
Dedans la mer noyé ie ne fus pas :
Mais en tumbant la tefte contrebas,
Le gouuernail, que ferme ie tenois,
Et dont le cours des nefz ie gouuernois,

D'vne grand' force adonques s'arracha,
Et auec moy dans la mer trebucha.
　La fiere Mer i'attefte, & iure icy,
Que ie n'eu point alors tant de foucy
Pour mon falut, comme pour tes vaiffeaux,
Craignant de voir fous la fureur des eaux
Ta nef, de guide & d'armes demontee,
Eftre à la fin des ondes furmontee.
　Trois nuicts d'hyuer vn vent impetueux
Me tranfporta par les champs fluctueux
De la grand' Mer, & à peine au quart iour
Ie defcouury l'Italien feiour,
Dreffant le chef fur le plus hault de l'onde.
Lors peu à peu laiffant la mer profonde,
Deuers le bord commençois à nager :
I'eftois defia efchappé du danger,
Si vne gent cruelle, me voyant
Tout degouteux, & encor' effayant
D'vne main croche attaindre le rocher,
Auec le fer ne m'euft fait trebucher,
Ayant fur moy (dont elle fut deceüe)
De buttiner efperance conceüe.
Ores mon corps fur les ondes feiourne,
Ores le vent au riuage me tourne.
　Mais ie te pry par la doulce lumiere
De voftre ciel, par l'ame de ton pere,
Et par l'efpoir de ton croiffant Iüle,
Toy, qui iamais par aduerfité nulle
Ne fus donté, que tu me iettes hors
De tant de maux, ou enterre mon corps,
Car tu le peus. Quiers le port de Velie,
Ou f'il y a d'icy quelque faillie,
Que t'ait monftré ta mere la Deeffe,
(Car fans auoir quelque diuine addreffe
Tu n'entreprens fi grands fleuues paffer,
Et le palud Stygien trauerfer)
Tire fur l'eau, d'vne main fecourable,
Auecques toy ce poure miferable,

*A fin au moins qu'en plus doux element
Ie puiſſe mort repoſer mollement.
Ces derniers mots Palinur' auoit dict,
Quand la prophete ainſi luy reſpondit :
 Quelle fureur, Palinure, te poingt,
Toy qui l'honneur du ſepulcre n'as point ?
Iras tu voir les Stygiens riuages,
Et l'onde triſte aux infernales rages ?
Entreprens-tu ſans congé de paſſer
A l'autre bord ? or ceſſe de penſer
Que les deſtins des Dieux, à ta priere,
Puiſſent iamais retourner en arriere.
Mais enten bien ces mots, & t'en ſouuienne
Soulagement de la fortune tienne.
Car tes voiſins, qui par mille citez
Fatalement doiuent eſtre agitez,
De ton treſpas les obſeques feront,
Et ſur tes oz vn tumbeau poſeront,
Donnant au lieu par ſeruice annuel,
De Palinur' le nom perpetuel.
 Par ces propos fut oſté le ſoucy,
Et quelque peu le regret addoucy
Du triſte cœur : la terre maintenant
De Palinur' va le nom retenant.
 Eux vont ſuyuant leur commencé voyage,
Et peu à peu s'approchent du riuage.
Mais d'auſſi loing, que le vieillard Nocher
A pas ſecrets les a veuz approcher
Parmy vn bois, le premier il s'auance,
Et par telz mots à haulte voix les tanſe :
 Quiconques ſois, qui armé viens icy,
Parle, dy moy, ce qui t'ameine ainſi
A noſtre port, & ne t'auance pas
D'en approcher tant ſeulement d'vn pas :
Voicy le lieu des ombres, & du ſomme,
Et de la nuict charmant les yeux de l'homme :
Homme ne doit paſſer dedans ma barque,
S'il n'a paſſé par les mains de la Parque.*

Ie voudrois bien n'y avoir autrefois
Reçeu Thefee, Hercule, & Pirithois,
Bien que des Dieux ilz fuffent defcenduz,
Et d'vn pouoir fuperbe defenduz.
L'vn arracha du throfne de mon Roy
Le chien portier tremblant d'horrible effroy,
Le mit aux fepz : les autres tant oferent,
Que de la Royne au lict ilz f'addrefferent.
Lors breuement la preftreffe d'Amphrife²⁰⁰ :
 Ne crains icy vne telle entreprife,
Paifibles font les armes que tu vois :
Le grand portier aux eternelz abbois
Peut à fon gré de fes voix menaffantes
Efpoüanter les ombres paliffantes.
Pres de fon oncle, & fans peur de rapine,
Peult demeurer la chafte Proferpine.
Le pitoyable, & magnanime Enee,
Qui eft forty de Troienne lignee,
Au fond d'Enfer defcendre delibere
Pour vifiter l'ame de fon cher pere.
S'il ne te chault d'vne pitié fi forte,
Cognois au moins ce rameau, que ie porte :
(Elle a monftré le rameau promptement,
Qui fe cachoit deffous fon veftement)
Lors de Caron le cœur gros de courroux
Soudainement deuient paifible & doux.
Ce fut affez : luy trouuant admirable
Du fainct rameau l'offrande venerable,
Que de long temps ce vieillard n'auoit veuë,
Deuers le port tourne fa barque bleuë,
Puis les efprits d'vn long ordre arrengez,
Il a des bancs rudement deflogez,
Enfemble il met le grand Enee au large :
La barque en a gemy deffous la charge,
Et beaucoup d'eau a pris à cefte fois
Par les pertuis & ioinctures du bois.
Finablement oultre l'onde arrefté,
Homme & prophete il met en feureté.

Sur le bourbier du limonneux herbage,
Qui iauniſſant croiſt au bord du riuage.
Le grand Cerbere, & portier à trois teſtes
Abboye icy trois horribles tempeſtes,
Tout renuerſé dans la cauerne obſcure,
Auquel voyant ia heriſſer la hure
De gros ſerpens, tout ſoudain la prophete
Pour l'endormir vne ſouppe luy iette
De miel, de grains, & d'herbes deſtrempee.
Ceſt enragé l'a gloutement happee,
Tenant de faim ſes trois goziers ouuers,
Puis ſe veautrant de long, & de trauers,
Or ſur le doz, & ores ſur le ventre,
Se couche à plat tout au trauers de l'antre.

 Eſtant ainſi endormy le portier,
Le bruſq' Enee occupe le ſentier
De la cauerne, & a l'onde laiſſee,
Qui au retour ne peult eſtre paſſee.
Soudainement deſſus le premier ſueil,
Ilz vont ouir la complainte & le dueil,
Les piteux criz, & regretz gemiſſans
Des enfans morts auſſitoſt que naiſſans,
Qui arrachez des la doulce mammelle
Furent eſteincts par vne mort cruelle.
Pres de ceux cy eſtoient ceux, qui à tort
Sont condemnez par ſentence de mort.
 Or ne ſont pas les ſieges des damnez
Sans quelque fort & iugement donnez :
Minos, qui a la charge principale
De la torture, hoche l'vrne fatale,
Puis au conſeil les ombres il aſſemble,
En ſ'informant, ainſi que bon luy ſemble,
Deſſus la vie, & crimes des humains.
Apres on void ceux-la, qui de leurs mains
Par deſeſpoir, & morts non meritees,
Ont ietté là leurs ames deſpitees.
O combien doux ceux-cy trouueroient ores
Noz durs trauaux, & pouretez encores!

Mais les destins, & l'onde lamentable
Du grand palud, qui n'est renauigable,
Et Styx, qui fait neuf courses à l'entour,
De ces esprits empesche le retour.
    De toutes parts se descouurent icy
Les champs de pleur, on les appelle ainsi :
Là peut on voir ceux que l'Amour cruel
D'vn long venim, lent & perpetuel,
Souloit ronger, marchant à pas secrez
Par les sentiers, que les Myrtes sacrez
De tous costez couurent d'obscure nuict :
L'Amour encor apres la mort les suit.
Icy Procris, icy Phedre il rencontre,
Icy la triste Eryphile, qui monstre
Les coups receus par la dextre cruelle
De son filz mesme : Euadne est auec elle.
Pasiphe aussi en la mesme campaigne
Laodomie auoit pour sa compaigne.
Le iadis homme, ores femme, Cenee,
Et par sa mort derechef retournee
Au premier poinct de sa forme ancienne,
Se monstroit là. Didon Phenicienne,
Sanglante encor', auecques ceste bande
Alloit errant par vne forest grande.
    Incontinent que le prince de Troie
La recogneut par ceste ombreuse voye,
Comme quelqu'vn void la Lune cornüe,
Ou pense voir, au trauers de la nüe,
Il fut touché d'vn amour addoucy,
Et en pleurant se prist à dire ainsi :
    Celuy, qui fut de ta mort messager,
Poure Didon, n'estoit donq' mensonger :
Celuy, qui dist que tu auois la vie
Auec le fer à toy mesmes rauie.
Las ie te fis ceste mortelle iniure.
Mais par les Dieux, par les astres ie iure,
Et si la foy iusq'aux enfers arriue,
Qu'oultre mon gré ie party de ta riue.

Le vueil des Dieux, qui or' parmy ces ombres,
Parmy ces lieux, qui sont recluz & sombres,
Et par la nuict tenebreuse me font
Chercher d'enfer le seiour plus profond,
Me força lors, & ne pouuois penser,
Que mon depart te deust tant offenser.
Ie te supply arreste vn peu tes pas,
Et de noz yeux ne te desrobbe pas.
De qui fuy tu? escoute vn peu ma voix.
Ie parle à toy pour la derniere fois.
 Pendant qu'Enee auec propos si doux
La consoloit, elle ardant de courroux
Se destournant, de trauers l'aguignoit,
Et l'œil fiché contre terre tenoit.
Moins qu'vn caillou son cœur est addoucy,
Ou de Marpese vn rocher endurcy.
Finablement, de grand despit qu'elle a,
Se tourne court, & en fuyant de là
Sous vn vieux bois s'en va toute faschee
Trouuer encor son ancien Sichee,
Qui respondoit à ses affections
En sort egal de mesmes passions.
Enee aussi, qui moins triste n'estoit
De tant d'ennuis, qu'à tort elle portoit,
Faisant de loing ses larmes deualler,
D'vn œil piteux la regardoit aller.
 De là, suyuant leur chemin entrepris,
Ilz tendent là les champs, qui des espritz
Des bons guerriers aux armes tant vantez,
Sont les derniers secretement hantez.
Icy Tydé se void parmy la troppe,
Et là se void le vaillant Parthenope,
Icy l'esprit d'Adraste paslissant:
Icy encor' il void en gemissant
Des bons Troïens tant regrettez sur terre,
Et accablez sous le faix de la guerre
Vn long scadron : Glauque, & Medonte encor',
Et Thersiloq', les trois filz d'Antenor :

*Là fut aussi le prestre de Cerés
Dict Polybete : Idé venoit apres,
Tenant encor' & son char & ses armes.
Au tour d'Enee estoient tous ces gendarmes,
Et ne suffit l'auoir veu seulement,
Chascun y veult rester plus longuement,
De l'aborder chascun se met en peine,
Chascun desire entendre qui le meine.
    Mais des Gregeois les chefz de plus hault nom,
Et les scadrons du prince Agamemnon
Parmy l'obscur des ombres auisant
Ce grand guerrier au harnois reluisant,
Les vns tremblans d'vne peur estonnee
Soudainement ont l'espaule tournee,
Comme iadis, quand ilz prindrent la fuyte
A leurs vaisseaux : autres à voix petite
Veulent cryer ; la clameur commencee
Fraude en beant leur craintiue pensee.
    Là Deïphobe il apperçoit alors
Tout decouppé le visage & le corps :
Les bras sans mains, sans oreilles la teste,
Sans nez la face, oultrage deshonneste.
A peine donc recognoissant celuy,
Qui vergongneux s'alloit cachant de luy,
Vint au deuant, & d'vn parler cognu
Auec telz mots aborder l'est venu :
    O Deïphobe aux armes valeureux,
Le sang de Teucre illustre & genereux,
Qui t'a ainsi cruellement traicté ?
Qui a sur toy pris si grand' liberté ?
La nuict qui fut nostre derniere nuict,
De toy me vint aux oreilles vn bruit,
Qu'ayant des Grecz fait horrible carnage,
Et defaillant la force à ton courage,
Tu tumbas mort sur le monceau des corps.
Vn vain tumbeau ie t'erigeay alors
Au bord Rhetee, & d'vne haulte voix
Ton ame errante appellay par trois fois.*

Encores font pour eternel renom,
Sur ce bord là tes armes & ton nom.
Ie ne te peu (Amy) apperceuoir,
Et au partir n'eu iamais le pouuoir
De te donner l'honneur de fepulture
Deffus le lieu de noftre nourriture.
Lors Deiphobe : Amy, tu fis alors
Ton plein deuoir, & ce qu'on doit aux morts
Me fut par toy payé fidelement :
Mais tout ce mal me vient fatalement
Par le forfaiᵭ de la mefchante Helene,
Qui ce beau don m'a laiffé pour eftrene.
 Bien te fouuient (fafcheufe fouuenance)
Quand le cheual par fatale ordonnance
Gros de foldars fur noʒ murs fut conduit,
Des faulx plaifirs de la derniere nuiᵭ.
Elle faignant les danfes Orgyennes,
Menoit en rond les dames Phrygiennes,
Et au milieu vn grand flambeau tenoit,
Dont le fignal aux Grecʒ elle donnoit
D'vne tour haulte : adoncques trauaillé
Et de foucy & d'auoir trop veillé,
Ie me iettay pefant & langoureux
Tout eftendu fur mon liᵭ malheureux,
Ou tout foudain le fommeil doux & fort
Silla mes yeux, comme vne doulce mort.
 Ma bonne efpoufe en ce pendant oftoit
Ce qui cheʒ moy pour ma deffenfe eftoit,
Et me fut lors ma tant fidele efpee
Deffous le chef par elle defrobbee.
Puis Menelas en la chambre elle appelle,
Luy ouure l'huys, volontiers penfoit elle
A fon amy prefenter vn beau don,
Et qu'au moyen d'vn fi ample guerdon
Facilement tous fes forfaiᵭʒ paffeʒ
Du fouuenir pourroient eftre effaceʒ.
Qu'attens-ie plus? ilʒ entrent oultrageux
Dedans ma chambre, & Vlyffe auec eux.

Toujours autheur de telz forfaictz secretz.
Rendez (o Dieux) ceste pareille aux Grecz,
Si iustement vengeance ie vous crie.
  Mais à ton ranc conte moy, ie te prie,
Toy, qui ioüis de la clarté humaine,
Est-ce l'erreur de la mer qui t'ameine?
Sont-ce les Dieux, ou quelque autre hazard,
Qui t'ait forcé de venir ceste part
Voir noz maisons tristes & separees,
Qui du Soleil ne sont point esclairees?
  Entreparlant ainsi de telles choses,
La belle Aurore au chariot de roses
Auoit desia, d'vne celeste trace,
Passé l'esseul par le moyen espace,
Et tout le temps qui leur estoit donné,
Parauenture eussent ilz demené
En telz propos, n'eust esté la prestresse,
Qui de partir soudainement les presse.
Voicy la nuict, & pendant que tu pleures,
Enee, icy nous consumons les heures.
Cestuy sentier en deux chemins se fend :
Par l'vn aux murs de Pluton on descend,
C'est à la dextre, & par ceste brisee
Nous fault aller au beau champ Elysee.
Mais cestuy-la, qui à gauche trauerse
Conduit au lieu, qui de torments exerce
Ces forfaicteurs, & les abysme au fond
Du lieu cruel. Deiphobe respond :
  Ne t'esmeu point (dist-il) prestresse grande,
Ie m'en iray, i'amoindriray la bande,
Et me rendray au seiour tenebreux.
Va, nostre honneur, va, & fois plus heureux
Que ie ne suis (dist-il au prince Enee)
Et sur ce mot a l'espaule tournee.
Soudain Enee à gauche regardant
Au pied d'vn roc void Phlegeton ardent,
Qui de ses flots horriblement courans
Ceint vn grand tour de muraille à trois rancs,

Et fait rouler mainte pierre qui sonne.
Vn grand portail, vne grosse colonne
De diamant, vne grand' tour de fer
Arment le front de cest horrible enfer,
Qui ne craindroit aucun pouuoir humain,
Non pas des Dieux la foudroyante main.
 Tisiphoné ceinte dessus le flanc
D'vn long habit tout rougeastre de sang,
Garde l'entree, & de iour & de nuict
Tousiours veillant; de là s'entend le bruit
Des gemissans sous le foët esclattant,
Et des gros fers tirez en cracquetant.
Enee alors tout court s'est arresté,
Et en effroy a ce bruit escouté.
 Quelz grands forfaicts se punissent icy?
De quelz torments sont ilz punis aussi?
Et de qui sont tant de plaintes que i'oy?
Vierge (dist-il) ie te pry, dy le moy.
Lors la Prophete : ó preux Dardanien,
Il n'est licite à nul homme de bien
De s'arrester sur l'execrable entree.
Mais quand ie fus par Hecate sacree
Garde d'Auerne, elle mesmes adonc
Tous les enfers me monstra bien au long.
 Ces lieux cruelz sont dessous Radamante
Le Gnosien, qui les esprits tormente,
Oyt leurs forfaicts, & d'auoüer les presse
Ce que chascun, d'vne vaine finesse,
Ioyeux d'auoir desrobbé son peché,
Iusqu'à la mort auoit tenu caché.
Lors Tisiphone ayant tousiours es mains
Le foët vengeur des crimes des humains,
Les criminelz foëte de la main dextre,
Sautant de ioye, & branlant à senestre
Ses gros serpens au regard de trauers,
Huche ses sœurs, les bourreaux des enfers :
Et sur ce poinct la grand' porte execrable
Fait en s'ouurant vn bruit espoüantable.

Voy-tu icy quelle horrible portiere
Garde le fueil ? Des Hydres la plus fiere
Clofe au dedans des infernaux manoirs
Ouure en beant cinquante goziers noirs ;
Et puis d'enfer le gouffre plus profond
Deux fois autant s'abbaiffe vers le fond
Comme du ciel la hauteur azuree
Auecques l'œil peult eftre mefuree.
Là les Titans, le vieux fang de la terre,
Roulent au fond accablez du tonnerre :
I'ay veu icy de Neptune la race,
Ces deux grands corps, qui voulurent d'audace
Rompre le ciel, & des fouuerains lieux
Pouffer à bas le fouuerain des Dieux.
I'ay veu auffi cruellement damnee
Au mefme lieu, l'ombre de Salmonee,
Qui contrefit pour la foudre imiter,
Par vn flambeau le feu de Iuppiter.
Quatre courfiers fon chariot trainoient,
Qui par la Grece en pompe le menoient :
Voire au milieu d'Elide la cité,
Et fe donnoit tiltre de deïté.
Outrecuidé, qui du Dieu fouuerain,
En galopant deffus vn pont d'airain,
Contr' imitoit l'inimitable orage :
Mais Iuppiter par vn efpez nuage
Darda fon traict (non la vapeur fumeufe
Sortant du feu d'vne torche gommeufe)
Et accabla ce chef tant orgueilleux,
D'vn tourbillon terrible, & merueilleux.
Là Tition, nourriffon de la Terre
Mere de tout, deffous fon corps enferre
Neuf pleins arpents. Vn grand Aigle demeure
Sur fa poittrine, & pinçant d'heure en heure
De fon gros bec le non mourant gezier,
Remplit, goulu, fon deuorant gozier
Des petiz bouts des entrailles croiffantes,
A leur torment coup fur coup renaiffantes.

Qu'est-il besoing que ie te rememore
De Pirithois, des Lapythes encores,
Et d'Ixion la peine si notoire?
Dessus les quelz pend vne pierre noire
Preste à tumber. Icy void on encor'
Hault esleuez luire sur tretteaux d'or
Les mols tapis des couches geniales,
Et vn appresten de viandes royales
Deuant leurs yeux. La plus grande Furie
Séant au pres horriblement s'escrie,
Retient leurs mains, & sa torche eleuant
Contre eux s'elance, & se iette au deuant.
 On void icy ceux qui durant leur vie
Ont exercé sur leurs freres enuie,
Poussé leur pere, ou trompé leurs parties,
Ou ceux des quelz n'ont esté departies
A leurs amis les richesses trouuees,
Ainçois les ont soingneusement couuees,
Et ceste tourbe est la plus grande icy.
Puis les occis pour adultere aussi,
Et ceux qui ont iniustes armes prises,
Fauorisant meschantes entreprises :
Et ceux encor, qui ont abandonnee
La foy iadis à leurs maistres donnee.
Tous la-dedans attendent leur torment.
Ne t'enquiers point quelz torments, ou comment,
Ny quel malheur en ce lieu les enserre.
Les vns icy roulent vne grand' pierre,
Ou aux rayons d'vne roüe attachez
Pendent en l'air : icy pour ses pechez
Thesee habite, & eternellement
Habitera : là miserablement
Le par sur tous infortuné Phlegie
A haulte voix par les ombres s'escrie :
Vous auertis, la iustice apprenez,
Et comme moy, les Dieux ne contemnez.
 Cestuy pour or sa patrie a vendüe
Et d'vn Tyran subiecte l'a rendüe :

Il a les Lois pour le gaing establies,
Et puis les a pour le gaing abolies.
Cest autre ardent d'incestueux desir,
N'a craint au lict de sa fille gesir.
Bref, tous ceux-cy quelque horrible forfaict
Ont entrepris, & l'ont mis en effect.
 Ie ne pourrois, quand par cent langues ores
Ie parlerois, & cent bouches encores,
Et quand i'aurois la parole de fer,
Te discourir de cest horrible enfer
Tous les tormens, ny comprendre les formes
Des criminelz, ny leurs pechez enormes.
 Quand de Phœbus la prestresse au long âge
Sur telz propos eut finy son langage,
Marche (dit-elle) & suy ton entreprise :
Auançon' nous, les murailles i'auise
Qui sont des mains des Cyclopes sorties.
Ie voy l'arceau des grand's portes basties
Par le deuant ; c'est ou lon nous commande
Expressement de laisser nostre offrande.
 Elle auoit dict, & à pas egalez
Au plus couuert du chemin deuallez
Par le milieu se hastent de marcher,
Et puis s'en vont des portes approcher.
Enee adonq' vient occuper l'entree
Et en entrant s'arrouse d'eau sacree.
Puis au deuant a le rameau fiché.
Finablement tout cecy depesché
Et acquittez ainsi vers la Deesse,
Ilz sont entrez au seiour de liesse,
Sous la verdeur des forests amoureuses,
Heureux repos des ames bienheureuses.
 Parmy ces champs de pourpre colorez
Vn autre iour à rayons mieux dorez
Et son soleil & ses astres cognoist.
Les vns aux lieux ou la verdure croist
Font quelque ieu, & leur corps exerçant,
Luittent dessus le sable iaunissant :

Les autres font quelques ioyeufes danfes,
Et aux chanfons mefurent leurs cadenfes.
  Là fe monftroit le grand preftre de Thrace
A long habit, qui d'vne bonne grace
Contr' accordoit fept differentes vois,
En fredonnant de la main quelquefois,
Et quelquefois auec l'archet d'iuoyre.
  Là fe monftroit l'excellence & la gloire
Du fang Troien, ces antiques Ayeux
Du bon vieux temps, ces vaillans Demidieux,
Ile, Affarac, & Dardan fondateur,
Qui des Troiens fut le premier autheur.
  Enee alors efloingnant fon regard,
Efmerueillé apperçoit à l'efcart
Et les harnois, & les chariots vides,
Haches debout, & les cheuaux fans brides
Parmy les champs paiffant à leur defir.
Ceux qui ont mis aux armes leur plaifir,
Aux chariots & aux cheuaux polits,
Ont mefme foing eftant enfeuelis.
  Puis regardant à dextre & à feneftre,
Les autres void ioyeufement repaiftre,
Et renuerfez parmy les prez herbus
Chanter en rond les hymnes de Phœbus,
Deffous vn bois de Laurier odorant,
Source du Pau vers l'Aurore courant.
  Icy void-on ceux qui n'ont craint d'effendre
L'ame & le fang, pour leur païs defendre,
Les preftres faincts de chafteté loüez,
Les bons efprits de Phœbus auoüez,
Et ceux qui ont iadis mis en lumiere
De quelques arts l'inuention premiere,
Et ceux encor, qui par bienfaictz loüables,
Se font renduz les autres redeuables.
Tous ces efprits portent la tefte ceincte
Du blanc attour d'vne coyfure fainde.
Aux quelz adonc, les voyant ça & là
Meflez en rond. Sibylle ainfi parla,

Et par sur tous s'addresse au bon Musee,
Car elle void vne tourbe amusee
A contempler cestuy, qui au milieu
Apparoissoit comme vn grand Demidieu.
   Heureux esprits, & toy sur tous encores,
Prophete sainct, dictes moy, ou est ores
L'ame d'Anchise, & sa demeure aussi :
Car pour le voir sommes venuz icy,
Pour luy auons les enfers trauersez,
Et des enfers les grans fleuues passez.
   Le Demidieu luy respondit à l'heure :
Nous n'auons point de certaine demeure :
Chascun habite & se couche à son gré
Sous l'espesseur de quelque bois sacré,
Sur les tapis des humides rivages,
Et sur le frais des verdoyans herbages.
Mais s'il vous plaist que ie vous y conuoye,
Montez ce mont, c'est vostre droicte voye.
Ces mots finiz, deuant il s'achemine,
Puis leur monstra du hault de la coline
Vne luisante & fort belle campaigne,
Et sur ce poinct ilz laissent la montaigne.
Mais le bon pere Anchise d'auenture
Au plain d'vn val tapissé de verdure
Soingneusement les ames regardoit
Que pour icy renuoyer on gardoit,
Et denombroit ses chers nepueuz alors,
Leurs faictz, leurs meurs, leurs fortunes, & sorts,
Mais aussi tost qu'Enée il apperçoit
Qui deuers luy par l'herbe s'auançoit,
Tout resiouy les deux braz estendit,
Et en pleurant doulcement luy a dict :
   Tu es venu donques, tu es venu,
Et ton amour de ton pere cognu
A surmonté d'vn desir pitoyable
Du long chemin le labeur incroyable.
C'est maintenant (mon filz) que ie te voy,
Que ie t'escoute & que ie parle à toy :

Certainement ie penſois bien touſiours
Qu'ainſi feroit, & en contant les iours
I'auois naguere' en mon eſprit conceu
Vn bon eſpoir, qui ne m'a point deceu.
 Par quantes mers & peuples eſtrangers
Et par combien de trauaux & dangers
Te voy-ie icy maintenant, mon cher filʒ ?
Et le ſeiour qu'en Carthage tu fis,
O que i'ay craint qu'il t'apportaſt dommage !
Enee adonc : Pere, ta triſte image
Souuentefois apparûe à mes yeux
M'a commandé viſiter ces beaux lieux,
Ores mes nefʒ demeurent ſans ramer
Deſſus le bord de la Tyrrhene mer.
Donne la main, pere, & ſi promptement
Ne te deſrobbe à noſtre embraſſement.
 Ainſi parlant, il arrouſoit ſa face
D'vn large pleur : par trois fois il enlace
Les bras au col de ſon pere, & en vain
Trois fois l'embraſſe, & trois fois prend ſa m...
Pareille au vent, l'ombre ſ'eſuanouit,
Volant par l'air, comme vn ſonge qui fuit.
 Pendant Enee apperçoit à l'eſcart
Au plain d'vn val, vne foreſt à part,
Dont les ions & branches reiettees
Sifloient menu : là les ondes Lethees
Vont arrouſant ce bienheureux ſeiour,
Ou voletoient maints eſprits à l'entour.
Comme l'eſté r'aſſerenant le ciel,
On void aſſoir force mouches à miel
Parmy les prez de diuerſes couleurs,
S'eſparpillant ores deſſus les fleurs,
Or' à l'entour du beau lis blanchiſſant :
Le champ eſt plein de ce bruit fremiſſant.
 Enee alors, qui le faict n'entendoit,
Tout effroyé la cauſe en demandoit,
Quel fleuue c'eſt, & quelle gent arriue
A ſi grand' foule autour de ceſte riue

Tous les esprits, respond Anchise alors,
Qui retourner doiuent en nouueaux corps,
Pour s'asseurer, boiuent dedans ceste onde
Le long oubly des miseres du monde.
Long temps y a certes que ie desire
Te recorder, denombrer & descrire
Nostre lignee, à fin que quelque iour
Plus doux te soit le desiré seiour
De l'Italie. O pere est-il croyable,
Que ces esprits (quel desir miserable
De la lumiere !) ayent encore enuie
De retourner à leur premiere vie?
Mon filz (dist-il) ie t'osteray ce doute.
Anchise adonc à raconter se boute
De poinct en poinct les grands secrets du monde.

   Premierement le Ciel, la Terre, & l'Onde,
La Lune claire, & les Astres ardens
Sont d'vn esprit nourriz par le dedans,
Esprit infus parmy toute la masse
De l'vniuers, qu'il agite & embrasse,
Faisant mouuoir par differents accords
Egalement le rond de ce grand corps.

   Par cest accord hommes, bestes, oyseaux,
Monstres de mer viuans dessous les eaux,
Tiennent du feu la nature diuine,
Et leur semence a celeste origine,
Sinon d'autant qu'à l'esprit est nuisant
Le corps mal-sain, lourd, terrestre, & pesant.

   De là prouient que nostre ame est attainte
D'aise, d'ennuy, de desir, & de crainte,
Et que iamais ne peult voir le beau iour,
Close en son noir & tenebreux seiour :
Mesmes estant de son corps separee,
Encores n'est la poure malheuree
Nette du tout, mais retient quelques restes
De ses pechez, & corporelles pestes,
Et fault long temps à la matiere imbüe
De longue main d'vne humeur corrompüe

Pour la reduire à sa pure substance.
Les ames donc tirent la penitence
De leurs vieux maulx. Les vnes hault pendues
Sont parmy l'air à l'essor estendues :
Aucunes sont dedans la mer plongees :
Les autres sont par la flamme purgees.
Chascun de nous endure ses enfers.
Puis, à la fin les champs nous sont ouuers
Par l'Elysee, & sommes peu d'esprits,
Qui possedions ce bienheureux pourpris,
Iusques à tant qu'ayant par mainte annee
Parfait le tour de nostre destinee,
Soyons purgez, & que le feu celeste
De nostre esprit, pur & simple nous reste.

Tous ceux-cy donc, apres auoir tourné
Le rond du temps, que mille ans ont borné,
Huchez du Dieu, l'eau d'oubly viennent boire
A grands troppeaux, à fin que sans memoire
Retournent voir la grand' voulte des cieux,
Et d'autres corps deuiennent enuieux.

Anchise ayant raconté tout cecy,
Tire son filz & la Sibylle aussi,
Par l'assemblee, & fremissante troppe.
Puis a choisy vne petite croppe
Pour voir de loing ceux qui venoient en place,
Les remarquer & cognoistre à la face.

Or sus (dist-il) ie te vois discourir
Ceux qui feront nostre race florir :
Ie te diray la gent Dardanienne,
Et noz nepueuz de race Italienne ,
Nobles esprits à nostre nom promis,
Et les Destins, ou les Dieux t'ont soumis.

Ce ieune là, le premier de la tourbe,
Qui sur le fust d'vne hache se courbe,
Est destiné à la place premiere :
Il doit premier sortir à la lumiere,
Entremeslé au sang Italien.
Il portera le nom de Syluien,

Qui familier aux Roys d'Albe fera :
Ta Lauinie aux bois l'enfantera,
Apres ta mort, l'ayant conceu de toy
Sur tes vieux ans : cestuy-cy fera Roy
D'Albe la longue, & ceux qui en viendront
Le sceptre aussi d'Albe longue tiendront.
Cest autre là, qui tient le prochain ranc,
Sera Procas, honneur de nostre sang,
Voicy Capys, & voila Numitor,
Et Syluien, qui fera viure encor
Le nom, la force, & la bonté d'Enee,
Si iamais Albe est par luy gouuernee.

 Quelz iouuenceaux ! voy quelle hardiesse,
Et quel monstre ilz font de leur proësse !
Mais ceux qui ont les couronnes ciuiles,
Dessus les monts imposeront les villes
Des Fidenats, Gabiens, Nomentins.
Ceux-cy feront les chasteaux Colatins,
Et Pomerie, & la fortresse encore
Du Dieu Rustic, auecques Bole, & Core.
De ces beaux noms se verront honorez
Les lieux, qui sont maintenant ignorez.

 Ilie aussi qui Troienne sera,
Du sang de Mars Romule enfantera,
Ce grand Romule, à qui lon verra prendre
L'arme en la main, pour son ayeul defendre.
Voy-tu comment au plus hault de sa teste
Son morrion s'esleue à double creste,
Et comme ia le pere luy fait signe
Que des honneurs celestes il est digne ?

 Sous cestuy-cy (mon filz) prendra naissance
Romme la grand', Romme, qui sa puissance
De la rondeur du monde bornera,
Et son courage aux cieux egalera.
Elle emmurant sept montaignes ensemble,
Grosse d'enfans à Cybele ressemble,
Mere des Dieux, qui de tours couronnee,
Et sur vn char de triomphe menee,

Des Phrygiens trauerse les citez,
S'esiouissant de tant de deitez,
Et de se voir cent nepueuz autour d'elle,
Tous iouissans de nature immortelle,
Tous possedans le hault seiour des cieux.
 Destourne icy maintenant tes deux yeux
Voy ceste gent, Cæsar, & tes Romains,
Et tous ceux-la, qui au ranc des humains
Doiuent vn iour par Iûle estre mis.
Voicy celuy, qui t'est souuent promis,
C'est cestuy-cy, le grand Cæsar Auguste,
Race des Dieux, sous qui le siecle iuste
Retournera, & l'or qui dominoit
Lors que Saturne aux Itales regnoit.
 Il estendra l'Empire Ausonien
Au Garamante, & au peuple Indien,
Et iusqu'aux lieux des astres destournez,
Lieux, qui ne sont du cours de l'an bornez.
C'est ou Atlas sur son espaule forte
L'esseul voisin des estoilles supporte.
A l'arriuer de ce grand Empereur
Qu'annoncera vne fatale horreur,
Ie voy trembler le marraiz Scythien,
Et les derniers du peuple Assyrien :
Ie voy le fleuue Egyptien, qui trouble
Tout effroyé, son canal sept fois double
 Hercule aussi n'a point tant voyagé,
Ores qu'il ait de son arc saccagé
Le cerf leger, le porc Erymantee,
Et la fureur de Lerne espoüantee :
Tant voyagé n'a le vainqueur insigne
Ce bon Bacchus, qui de branches de vigne
Guide le cours de tigres attelez,
Du hault sommet de Nise deuallez.
Et doutons-nous par faictz dignes de gloir
De noz vertus estendre la memoire?
Ou s'il y a quelque peur, qui nous tienne
De posseder la terre Ausonienne?

Qui est celuy à l'escart, qu'vne branche
D'oliue entourne? à voir sa barbe blanche,
Son poil chenu, & les Dieux en sa main,
Ie recognois le sage Roy Romain.
Cestuy-cy né de Curienne race,
Deuiendra grand, d'vne maison fort basse,
Et le premier les Romains fera viure
Dessous les Lois. Tulle, qui le doit suyure,
Du long seiour de son peuple ennemy
Eueillera le silence endormy
De la cité, animant aux alarmes
Les vieux scadrons desapprenans les armes.
 Voicy apres Ance l'audacieux,
Qui trop desia me semble ambicieux.
Veux-tu icy voir les Tarquiniens
Marcher au ranc des Roys Ausoniens?
Veux-tu encor voir les haines concëues
Du vangeur Brute, & les verges recëues?
Cestuy sera le premier ioüissant
Du Consulat au glaiue punissant.
Et ses enfans, faisans nouuelle emprise,
Fera mourir, pour la belle franchise,
Infortuné, quoy que nostre lignee
Doiue iuger de telle destinée.
Mais tout sera vaincu par la memoire
De la patrie, & l'ardeur de la gloire.
A ce propos, regarde loing d'icy
Les Deciens, & les Druses aussi.
Voy ce Torquat' aux seueres coingnees,
Et ce Camil' aux aigles regaignees.
Quand à ces deux luisans d'armes pareilles
Comme tu vois, or' amys à merueilles,
Pendant qu'ilz sont pressez d'obscur seiour,
Si vne fois ilz paruienneut au iour,
O quelle guerre, & carnage ilz feront,
Quand Port-hercule, & les Alpes voyront
De leurs sommets le beau pere descendre
Pour s'opposer à l'effort de son gendre,

Et cestuy-cy faire marcher encore
Contre occident les peuples de l'Aurore!
   N'accoustumez ces guerres ie vous prie,
O mes enfans, & de vostre patrie,
Par la fureur de si grandes battailles,
Ne vueillez point saccager les entrailles.
Et toy premier, dont la race diuine
De Iuppiter tire son origine,
Ie te supply, espargne ces debats :
Iette (mon sang) iette les armes bas.
   Ce guerrier là, pour auoir quelquefois
Donté Corinthe, & desfait les Gregeois,
Au Capitole ira porter sa gloire,
Hault esleué sur vn char de victoire.
Cest autre là d'Arges triomphera,
D'Agamemnon la cité dontera,
Et dontera vn Eacide encores,
Race d'Achille. Ores se voiront, ores
Par luy vangez les bons Troiens ayeux,
Vangé sera l'oultrage iniurieux
Fait à Minerue. Et qui te laisseroit
O grand Caton? Cosse, qui passeroit
Sans te nommer? Qui des Gracques la gloire,
Tairoit aussi? Qui tairoit la memoire
Des Scipions, deux fouldres de la guerre,
Gresle & degast de l'Africaine terre?
Fabrice poure, & riche de courage?
Et toy, Seran, faisant ton labourage?
   O Fabiens, ou me rauissez vous
Desia lassé? c'est toy l'honneur de tous,
Qui remetz sus nostre force destruicte,
Temporisant par prudente conduicte.
   Les vns par art animeront le cuyure,
Autres (ie croy) le marbre feront viure :
Ces biendisans les causes defendront :
Ceux-là du bout d'vne verge peindront
Le cours du ciel. Te souuienne, Romain,
De gouuerner les peuples sous ta main.

Voicy tes arts : Imposer lois nouuelles,
Garder les tiens, & donter les rebelles.
  Anchise ainsi rauissoit les oreilles,
Et puis encor adiouste à ces merueilles ·
Voy ce Marcel, quelz butins il r'apporte,
Victorieux ! Mais voy de quelle sorte
Il apparoist parmy tous ses gendarmes !
Cestuy premier, auec ses hommes d'armes
Appaisera la publique terreur,
Et appendra, renuersant la fureur
Des Africains, & des Gaulois mutins,
Au Dieu Quirin les troisiemes butins.
  Enee icy (pour ce qu'il auisoit
Vn iouuenceau, qui sur tous reluisoit
Tant en harnois, qu'en beauté merueilleuse,
Mais il auoit la chere peu ioyeuse,
Et tenoit l'œil fiché sur la campaigne) :
  Pere, celuy qui Marcel accompaigne,
Est il son filz ? ou quelqu'vn de la bande
Qui doit sortir de nostre race grande ?
Quel bruit de gens est autour de cestuy !
O qu'il y a de maiesté en luy !
Mais vne nuict, qui dessus luy s'arreste,
D'vn noir brouillas luy ombrage la teste.
  O mon cher filz (dist Anchise en pleurant)
Ne te vas point du grand dueil enquerant
De tes neueuz. Les destins monstreront
Cestuy sans plus, & puis le cacheront.
Le sang Romain, le sang Romain, ó Dieux,
Sur sa grandeur vous eust fait enuieux,
S'il eust vescu. Combien de toutes pars
Au champ voisin de la cité de Mars
S'assembleront de complaintes & pleurs ?
Quel appareil de funebres douleurs
Voyras tu Tybre, à l'heure que ton fleuue,
Arrousera la sepulture neuue ?
  Nul autre aussi de la gent d'Ilion
Excitera si grand' opinion

A ſes ayeux : & celle terre encore,
Qui par le nom de Romule s'honnore,
Ne penſe pas que iamais elle enfante
Vn nourriſſon, dont plus elle ſe vante.
O pieté! ô foy antique! ó dextre,
Dextre indontable, aux armes tant addextre!
Eſtant armé, nul ne ſe fuſt vanté
De s'eſtre à luy impuny preſenté,
Ou fuſt à pié, ou fuſt que tout fumant
Il euſt piqué le cheual eſcumant.
Ah poure enfant, ſi quelque ſort cruel
Tu peus donter, tu ſeras vn Marcel.

 Donnez des Lis, à pleines mains ie veux
Eſpandre icy ſur l'vn de mes neueuz
Les fleurs, qui ont du pourpre la teinture,
Et l'honnorer de vaine ſepulture.

 Ainſi s'en vont errants de toutes pars
Parmy les champs de ce grand vague eſpars,
Ou le bon pere Anchiſe conduiſoit
Son filz Enee, & ſon cœur attiſoit
Par vn deſir de ſa gloire à venir :
Par quelle guerre il luy fault paruenir
Aux champs Latins ; il luy recorde apres
Par quelz labeurs, par quelz moyens expres
Il peult fuir, ou donter ſa fortune.

 Le Dieu du ſomme a deux portes, dont l'vne
Qui (comme on dict) eſt de corne baſtie,
Aux ſonges vrais donne prompte ſortie :
L'autre reluit d'Iuoyre blanchiſſant,
Mais par là vont les faulx ſonges iſſant.

 Anchiſe donc ayant iuſques icy
Inſtruict ſon filz, & la Sibylle auſſi,
Du long diſcours de la Romaine hiſtoire,
Les met dehors par la porte d'Iuoyre.
Enee adonc eſtant party de là,
Deuers ſes nefz & compaignons alla,
Puis coſtoyant touſiours la droicte riue
Bien toſt apres à Gaiette il arriue :

L'ancre foudain de la proüe eſt iettee,
Deſſus le port la pouppe eſt arreſtee.

FIN DV SIXIEME DE L'ENEIDE.

SONNET.

Par mon deſtin, ou par le vueil des Dieux,
   Ie ſuis tumbé au gouffre eſpouantable,
   Ou du Palais la foudre ineuitable
M'abyſme au fond d'vn Enfer odieux.
Là cent Minos, Iuges induſtrieux
   A tormenter vn eſprit miſerable,
   Me font ſouffrir, d'vn œil inexorable,
De cent fureurs les fouets iniurieux.
Mais voſtre main à ſecourir habile
   Me peult tirer, trop mieux que la Sibylle,
   Hors de l'Enfer de tant d'aduerſitez,
Et me guider en la droite briſee,
   Qui au ſommet des haultes dignitez
   Monſtre d'honneur le beau champ Elyſee.

L'ADIEV AVX MVSES.

PRIS DV LATIN DE BVCCANAN [210].

Adieu ma Lyre ; adieu les ſons
De tes inutiles chanſons :
Adieu la ſource, qui recrée
De Phebus la tourbe ſacrée.

I'ay trop perdu mes ieunes ans
En voz exercices plaifans :
I'ay trop à voz ieuz afferuie
La meilleure part de ma vie.
Cherchez mes vers, & vous auffi,
O Mufes, iadis mon fouci !
Qui à voz doulceurs nompareilles
Se laiffe flatter les oreilles :
Cherchez qui fou' l'œil de la nuyt
Enchanté par voftre doulx bruit,
Auec' les Nymphes honnorées
Danfe au bal des Graces dorées.
Vous trompez, ó mignardes fœurs !
La ieuneffe par voz douceurs.
Qui fuit le palais, pour elire
Les vaines chanfons de la Lyre :
Vous corrompez les ans de ceux,
Qui fou' l'ombrage pareffeux
Laiffent languir efeminée
La force aux armes deftinée.
L'hyuer, qui naift fur leur printens
Voulte leur corps deuant le tens
Deuant le tems l'auare Parque
Les pouffe en la fatale barque.
Leur teinct eft toufiours paliffant,
Leur corps eft toufiours languiffant
De la mort l'efroyable image
Eft toufiours peinte en leur vifage.
Leur plaifir traine auecques luy
Toufiours quelque nouuel ennuy :
Et au repos ou ilz fe baignent,
Mile trauaux les accompaignent.
Le miferable pionnier
Ne dort d'vn fommeil prifonnier :
Le nocher au milieu de l'onde
Sent le commun repos du monde
Le dormir coule dans les yeux
Du laboureur laborieux :

L'ADIEV AVX MVSES.

La mer ne sent tousiours l'orage :
Les vens appaizent leur courage :
Mais toy sans repos trauaillant,
Apres Caliope baillant,
Quel bien, quel plaisir as tu d'elle,
Fors le parfun d'vne chandelle?
Tu me sembles garder encor'
Les chesnes se courbans sou' l'or,
Et les pommes mal attachées,
Par les mains d'Hercule arrachées.
 Iamais le iour ne s'est leué
Si matin, qu'il ne t'ayt trouué
Resuant dessus tes Poëzies
Toutes poudreuses, & moizies.
Souuent, pour vng vers allonger,
Il te fault les ongles ronger :
Souuent d'vne main courrouffée
L'innocente table est pouffée.
Ou soit de iour, ou soit de nuyt,
Cete rongne tousiours te cuyt.
Iamais cete humeur ne se change
Tousiours le style te demange.
Tu te distiles le cerueau
Pour faire vng poëme nouueau
Et puis ta muse est deprizée
Par l'ignorance authorizée :
Pendant, la mort qui ne dort pas,
Haste le iour de ton trespas :
Adonques en vain tu t'amuses
A ton Phebus, & à tes Muses.
Le Serpent, qui sa queue mord,
Nous tire tous apres la mort.
O fol, qui haste les années,
Qui ne sont que trop empennées !
Aiouste à ces malheurs ici,
De pauureté le dur souci :
Pesant fardeau, que tousiours porte
Des Muses la vaine cohorte :

Ou foit, que tu ailles fonnant
Les batailles d'vn vers tonnant :
Ou foit, que ton archet accorde
Vn plus doulx fon deſſus ta chorde.
Soit, qu'au thëatre ambicieux
Tu monftres au peuple ocieux
Les malheurs de la tragedie,
Ou les ieuz de la comedie.

 Sept villes de Grece ont debat
Pour l'autheur du Troyen combat :
Mais le chetif, viuant, n'eut onques
Ny maifon ny païs quelquonques.
Tytire pauure & malheureux,
Regrete fes champs planteureux :
Le pauure Stace à peine euite
De la faim l'importune fuyte.
Ouide au Getique feiour,
Faché de la clarté du iour,
De son banniſſement accufe
Ses yeux, fes liures, & fa mufe.
Mefmes le Dieu muficien
Sur le riuage Amphrifien
D'Admete les bœufz mena paiftre.
Et conta le troppeau champeftre.
Mais fault il pour les vers blâmer
Nombrer tous les floz de la mer,
Et toute l'arene roulante
Sur le paué d'vne eau coulante ?
Malheureux, qui par l'vniuers
Ieta la femence des vers :
Semence digne qu'on euite
Plus que celle de l'aconite.
Malheureux, que Melpomené
Veid d'vn bon œil, quand il fut né :
Luy infpirant des fa naiſſance
De fon fcavoir la congnoiſſance.

 Si le bon heur eft plus amy
De celuy qui n'a qu'à demy

Des doctes Sœurs l'experience,
O vaine, & ingrate science !
Heureux & trois & quatre fois
Le sort des armes, & des lois :
Heureux les gros sourcils encore',
Que le peuple ignorant adore.
Toy que les muses ont eleu,
Dequoy te sert il d'estre leu,
Si pour tout le gaing de ta peine
Tu n'as qu'vne louange vaine ?
Tes vers, sans fruict, laborieux,
Te font voler victorieux
Par l'esperance, qui te lie
L'esprit, d'vne doulce folie.
Tes ans, qui coulent ce pandant,
Te laissent tousiours attendant :
Et puis ta vieillesse lamente
Sa pauureté, qui la tormente :
Pleurant d'auoir ainsi perdu
Le tems aux liures despandu :
Et d'auoir semé sur l'arene
De ses ans la meilleure grene.

   Donne congé, toy qui es fin,
Au cheual qui vieillist, afin
Que pis encor' ne luy aduienne,
Et que poussif il ne deuienne.
Que songe'-tu ? le lendemain
Du corbeau, n'est pas en ta main.
Sus donq', la chose commencée,
Est plus qu'à demy auancée.

   Malheureux, qui est arresté
De vieillesse, & de pauureté.
Vieillesse, ou pauurete abonde,
C'est la plus grand' peste du monde.
C'est le plaisir que vous sentez,
O paures cerueaux euantez !
C'est le profit, qui vient de celles
Que vous nommez les neuf pucelles.

Heureuses Nymphes, qui viuez
Par les forestz ou vous fuyuez
La sainde vierge chafferesse,
Fuyant des muses la paresse.
Soit donq' ma Lyre vng arc turquois.
Mon archet deuienne vng carquois :
Et les vers que plus ie n'adore,
Puissent traidz deuenir encore.
S'il est ainsi, ie vous suiuray,
O nymphes ! tant que ie viuray :
Laissant dessus leur double croppe
Des muses l'ocieuse troppe.

TRADVCTION D'VNE ODE LATINE

DV MESME BVCCANAN[211].

 La merueille des siecles vieux
 Estonnez par la main d'Alcide
 De tant de monstres homicide,
 Le feit assoir au rang des Dieux :
Et le donteur de Meduse empierrante
Fut estoilé d'vne flamme esclairante.
  Si soubs vn iuge d'equité
  La vertu qui est simple & nuē
  Requeroit estre maintenuē
  En l'honneur quell' a merité,
Le brusc Hercul', Henry, te cedroit orcs,
Et te cedroit l'ailé Persee encores :
   Qui d'vn monstre plus plantureux
  Que l'Hydre de diuerse forme,
  D'vn monstre dy-ie tant enorme,
   Plus que Meduse dangereux,
As rebouché l'horreur prodigieuse
Et la fureur vainement furieuse.

  Charles à sa suyte attirant
  Toute la force occidentale,
  L'Ourse & l'Autruche orientale,
  Ainsi qu'vn hyuernal Torrent,
Ce furieux, & sacageur de villes
Brusloit de voir toutes citez seruilles.
  La vertu Germaine trembloit
  Desoubs Cesar le demi-maure,
  O vergoingne ! Et l'Itale encore
  Qui le ioug dedaigner souloit,
En grommelant d'vne plainte craintiue
Souffroit de voir sa liberté captiue.
  L'espoir flateur qui nourrissoit
  Ceste importune conuoitise,
  Le terme de son entreprise
  Du rond du monde finissoit :
Et cest orgueil, deuin plein de mensonge,
Tout l'vniuers se promettoit en songe.
  Tu, as ó Prince vertueux,
  Prince de la guerriere France,
  Arresté la prompte esperance
  De ce cueur tant presumptueux :
Tu as surpris d'vn las ineuitable,
Ceste fureur autrefois indontable.
  Quell' estoit alors sa couleur,
  Et de quelle fureur cruelle
  Ardoit [212] *le fond de ses moëles,*
  Quand l'impatiente douleur,
De la Moselle il voyoit la fortresse,
Et l'esquadron de la braue ieunesse [213].
  Ainsi l'onde va bouillonnant
  Contre les roches opposees :
  Ainsi les flammes embrazees
  Dans leurs fourneaux vont forcenant :
Ainsi la dent de l'Hyrcane Tigresse
Sanglante mord le lien qui la presse.
  Mais quand le bras congneu de Mars
  Guise, dont la vertu compaigne

Impatiente je dedaigne
De se voir close de ramparts,
Vint esclairer, & dessoubs le Tonnerre
Des Cornepieds fit retrembler la terre :
    Comme les animaulx couards,
    De nuict courageux & adextres
    A forcer les loges champestres,
    Hardis sur les trouppeaux fuyarts,
Au seul regard du Lion qu'ils redoutent
Tous effroyez en leurs creux se reboutent,
    Ainsi celuy qui d'vn espoir
    Ou insatiable il se fonde,
    N'aguere embrassoit tout le monde,
    A peine ayant le cueur de voir
Du grand Henry les forces dontereses,
Refuit mal-caut a ses vieilles finesses.

PLVSIEVRS PASSAGES

DES

MEILLEVRS POETES GRECS ET LATINS

Citez aux Commentaires du SYMPOSE de Platon

recueillis par Loys le Roy, dit Regius.

MIS EN VERS FRANÇOIS PAR I. DV BELLAY, ANGEVIN

LES VERS CITEZ AV LIVRE PREMIER

VIRGIL. 6. EGLOG.

Namque canebat vti magnum, &c.

Car il chantoit comment par le vague du monde
Les semences du feu, de la terre, & de l'onde

S'assemblerent en vn, & comment toutes choses
De ce commencement furent premier ecloses :
Comme la terre fut de la mer separee,
Se formant peu à peu toute chose créée.

LVCAIN AV 2. DE LA GVERRE DE PHARSAL.

Siue parens rerum, &c.

Soit que nature, lors que le monde difforme,
Se retirant le feu, print sa premiere forme,
Establist pour iamais les causes eternelles
De tout cela qui est, mesmes subiecte à elles,
Bornant d'vn cours fatal ceste grand' masse ronde
Par Siecles ordonnez qui gouuernent le monde.

VIRGIL. 6. DE L'ENEID.

Cui talia fanti, &c.

Parlant ainsi au deuant de la porte,
Sa face n'eut les traictz de mesme sorte,
Ni mesme teinct : ses cheueux herissez
Dessus le chef ne se tindrent pressez,
Ains sa poitrine halletante de raige
Horriblement luy grossist le couraige,
Ceste fureur plus grand' forme luy donne,
Rien de mortel sa langue plus ne sonne,
Lors que le Dieu en sa poictrine enflée
Sa deité de plus pres eut soufflée.

ET APRES.

At Phœbi nondum patiens, &c.

Mais de Phœbus la grand' prestresse enraige
Par la cauerne, & d'autant que la raige
Qui l'aiguillonne, elle veult surmonter,
D'autant plus fort elle se sent dompter.

Le cœur defpit & le parler felon
Rangez par force au plaifir d'Apollon.

IVVENAL. 6. SATYR.

Spectant fubeuntem, &c.

Elles contemplent Alcefte,
Qui d'vn magnanime gefte
S'ofe à la mort prefenter,
Pour fon mary racheter :
Mais fi telle recompenfe
Leur fuft permife, ie penfe
Que perdre elles vouldroient bien
Les leurs [215] *pour vn petit chien.*

PROPERCE.

Fœlix Eois lex funeris, &c.

Heureufe loy funebre aux mariz que l'Aurore
  De fes cheuaux colore!
Car eftant mis le feu pour les obfeques faire,
  Dans le lict mortuaire,
Des efpoufes adonc la tourbe echeuelée,
  Pour viue eftre bruflée,
Picteufe combat. C'eft honte de furuiure,
  Et fon mary ne fuyure.
Celles qui ont vaincu, fe iectent violentes
  Dans les flammes ardentes,
Et auec leurs mariz bruflent de grand courage
  Vifaige fur vifaige.

LVCRE. LIVRE I.

Æneadum genitrix, &c.

O la mere d'Enée, anceftre des Romains,
La feule volupté des Dieux, & des humains.

Qui peuples l'air, la terre, & la mer nauigable,
Et tout cela qui est soubz le ciel habitable,
Saincte & grande Venus, d'autant que ton amour
Faict que tous animaux viennent en ce beau iour,
Les nues & les vens, ô Deesse, te fuyent,
La campaigne en florist, & les ondes en rient,
Et la mer qui par toy doulce & calme se rend,
Luyst dessoubz ta clarté, qui sur elle s'estend.

ET PEV APRES.
Quæ quoniam rerum naturam, &c.

Et pource que toy seule entretiens la nature,
Et que sans toy ne sort aucune creature,
Aux rayons du beau iour, & que rien entre nous
Ne peut estre sans toy, qui soit aymable & doulx :
Pource ta deité maintenant ie desire
Estre compaigne aux vers, que ie pretends d'escrire

PONTAN. I. DE L'VRANIE.
His Cytherea suum posuit, &c.

Là Cytherée fist son Astre estinceler,
Astre, duquel conçoit la mer, la terre, & l'air :
Et dont tous animaux à procréer s'incitent,
Et d'vn doux mouuement secretement s'agitent

AV MESME LIVRE.
Ordine certo
Fert natura vices, &c.

Par vn ordre certain toutes choses se muent,
Et par ordre certain les Astres se remuent,
Causant diuers effectz, & parfaisans leurs cours,
Comme il est ordonné, font leurs tours & retours.
Les elemens leur font debuoir d'obeissance,
Et craignent violer la loy de leur puissance.

Voy la comment du ciel la nature defpend,
Et aux loix qu'il efcrit humble & ferue fe rend.

LE MESME AVTHEVR AVX METEORES.

Principio genus omne animantum, &c.

Pour le commencement, tout cela que nous fommes
De poiffons, & d'oyfeaux, & de beftes, & d'hommes,
Toute herbe floriffant, tout hault arbre croiffant,
Eft des quatre elemens en ce monde naiffant.
Auffi tous animaux de là prennent leurs vies,
Et là quand par la mort leurs ames font rauies
Se reduyfent encor' : mais leurs commencemens
Demeurent eternelz és premiers elemens :
Ou foit que leurs vertus es chofes ilz refpandent,
Soit qu'ilz cedent leurs droictz, ou qu'ilz les redemandent :
Ou foit que rechangez d'vn defir mutuel,
Ilz varient entre eulx leur cours perpetuel :
De là toute femence eft au monde eternelle,
Eternelle, d'autant que la caufe en eft telle.
L'homme des elemens tient fes complexions,
Comme donnans la loy à noz affections :
Eux font fubiectz au ciel, & cela qu'ilz nous donnent,
Comme leurs fouuerains, les Aftres leur ordonnent.

AVX MESMES METEORES.

Præcipuè tamen in gremio, &c.

Le Soleil toutesfois exerce fur la terre
Son principal pouuoir, de laquelle il defferre
Les femences de tout, l'herbe conuertiffant
En fueilles, & tirant le bouton floriffant
Du rameau, du bouton l'odorant fruict nous donne,
Qui auecques le temps fa verdeur affaifonne :
En efpicz heriffer il fait les bledz heureux,
De pampre il reueftift les raifins planteureux.
Tout naift, tout croift par luy, & toute creature

De cela qu'il produist emprunte sa pasture :
Mesme il attire à soy les terrestres vapeurs,
Lesquelles il resoult en diuerses humeurs :
En rosée abbreuant la campagne alterée,
En espesse bruyne, ou en pluye azurée.

AVX MESMES METEORES.

Namque per obliquum, &c.

Car les Astres errans font cinq cours tout diuers,
Par l'oblique rondeur de ce grand Vniuers,
Et roulent opposez par les Astres insignes,
Qui sont vulgairement nommez les douze Signes.
Ilz ont pour gouuerneur le Soleil radieux,
Le Soleil souuerain des hommes & des Dieux,
Des longs siecles autheur, de toutes choses Pere,
Qui ciel, & terre, & mer de ses rayons éclere.
La Lune l'accompaigne, ornement de la nuict,
Qui d'vne autre clarté doubteusement reluit :
Dont le pere Ocean & Thetis la chenue,
Reuerent estonnez la puissance cogneue
Sur toute la grand' mer, qui ses tours & retours
Reigle selon la Lune au variable cours.
De là prennent leur suc les semences des choses,
Et de là les humeurs dans noz veines encloses,
Coulent par tout le corps : de là le sang espars
Par les membres moletz discourt de toutes pars,
Attendrissant les corps d'vne influence humide,
Pour autant que la Lune aux corps humains preside.
Le Soleil donne vie, agite, & sa chaleur
Distile dans les os sa celeste vigueur :
Bref le Soleil sur nous fait office de pere,
Comme la Lune aussi faict office de mere :
Qui d'vn char vagabond errant' de çà de là,
Or s'attache à ceux-cy, ores laisse ceux la :
Et des Dieux implorant la puissance eternelle,
La reuerse sur nous, d'vne amour maternelle.

FRACAST. IN SIPHIL.

In primis tum fol rutilus, &c.

Premier, le clair Soleil, & les Aſtres auſſi
Changent la terre, l'air, & la mer, tout ainſi
Comme ilz changent de place. Ainſi les elementz
Transforment leurs grands corps en diuers changementz.
Conſidere comment, lors que le Soleil tourne
Ses cheuaux au Midy, & de nous ſe deſtourne,
La terre ſ'endurciſt par l'hyuer froidureux,
Et couuers de frimatz ſont les champs planturenx.
Et les fleuues encor' bridez de froide glace
Arreſtent de leur cours la vagabonde trace.
Auſſi quand de plus pres il nous va regardant
Sur les champs, ſur les bois va ſes flammes dardant,
Sur les prez alterez : & la plaine pouldreuſe
Eſprouue de l'eſté la force chaleureuſe :
Et ne fault point doubter que l'honneur de la nuict
La Lune, qui au ciel d'vn front doré reluit,
A laquelle obëiſt la mer, & toute choſe
Laquelle dedans ſoy a quelque humeur encloſe :
L'Aſtre Saturnien de tous le plus nuyſant,
Et l'Aſtre Iouial plus doulcement luyſant,
Le beau feu de Venus, Mars & toute la bande
Des autres feuz du ciel, icy bas ne commande :
D'vn tour perpetuel changeant les elemens,
Et cauſant ça & là pluſieurs grands mouuementz,
Sur tout quand en vn lieu pluſieurs d'eux ſe conioignent,
Ou quand d'vn diuers cours l'vn de l'autre ilz ſ'eſloignent.

PONT. I. DE L'VRANIE.
Stellæ
Senſibus afficiunt variis varioſque agitatus, &c.

Le ciel donne aux eſpritz diuerſes paſſions,
Diuerſes voluntez, & inclinations

*A meftiers tous diuers, & chaque creature
Son eftude & plaifir apporte de nature.
Le vouloir toutesfois, ou la neceffité
Changent fouuent le cours de la fatalité :
Et fouuent nous voyons demeurer fans rien faire
Vn bon efprit qui a la pauureté contraire.
Le deftin neantmoins ne s'efmeut pour cela,
Ains planté fermement s'arrefte toufiours là,
Et la nature encor pour quelques actions
Ne renonce iamais à fes affections,
Soit en bien, foit en mal, ains retourne facile
Aux chofes ou elle eft volontiers plus habile,
S'elle trouue paffage, & le contraire effort
Des Aftres oppofez, ne fe trouue plus fort.*

Ὅμηρος. Ὀδυσσεὺς .λ.
Τὴν δὲ μέτ' Ἰφιμέδειαν Ἀλωῆος παράκοιτιν.

*Euphimedie apres cefte cy i'apperceu,
La femme d'Aloé, difant auoir conceu
De Neptune deux filz, aufquelz iadis la vie
En la fleur de leurs ans auoit efté rauie :
Le fameux Ephialte, & Ote de grand cœur,
Que la terre fift croiftre en extreme longueur,
Et apres Orion leur donna l'aduantage
Sur tous autres humains en beauté de vifage.
Ilz n'auoient que neuf ans, & fi auoient adonc
Neuf couldes de largeur, & neuf braffes de long.
Ilz menaffoient les Dieux d'vne foudaine guerre,
Et vouloient, pour le ciel afferuir à la terre,
Mettre Offe fuz Olymp', voyre plus courageux
Deffus Offe planter Pelion l'vmbrageux.
Et l'entreprinfe à chef (peut eftre) euffent menée,
S'ilz euffent peu toucher la quatorziefme année :
Mais celuy qu'enfanta Latone aux beaux cheueux,
Le filz de Iupiter les fift mourir tous deux,
Ains que du premier poil la toyfon colorée
Euft frizé leur menton d'vne barbe dorée.*

Ὅμηρος. Ἰλιαδ. τ.
Πρέσβα Διὸς θυγάτηρ Ἄτη, ἣ πάντας ἀᾶται. &c.

La fille à Iupiter, Ate la redoubtable,
Ate pernicieuse, à chacun dommageable,
Ses piedz font tendreletz, & ne va point touchant
La terre, ains elle va sur noz testes marchant :
Nous trouble, nous seduit, nous fait dommaige extréme.
La cruele osa bien contre Iupiter mesme
Exercer autresfois son couraige odieux,
Bien qu'il soit le meilleur des hommes & des Dieux.

LES VERS CITEZ AV SECOND LIVRE.

OVID. 4. DE LA METAMORPHOSE.

Perque abdita longè,
Deuiaque & siluis horrentia saxa fragosis, &c.

Il racomptoit comment par les roches desertes
D'ombrageuses forestz horriblement couuertes
Il auoit de Gorgone approché le seiour,
Et comme il auoit veu par les champs d'alentour,
Et parmy les chemins, d'hommes maintes figures,
Et mains corps d'animaulx changez en pierres dures
Au regard de Meduse : & qu'il auoit pourtant
Au boucler qu'il auoit en sa gauche portant
Veu (comme en vn miroir) l'espouentable forme
De l'horrible Gorgonne, à qui le chef difforme
Il trancha ce pendant qu'vn sommeil endurcy
La tenoit endormie & ses serpens aussi.

LVCAIN. LIVRE 9.

Hoc monstrum timuit genitor, &c.

Phorce le Dieu marin de Gorgonne le pere,
De Gorgonne les ſeurs, de Gorgonne la mere,
Ce monſtre craignoient bien, qui pouuoit de ſon œil
Ciel, mer, terre aſſopir d'vn eſtrange ſommeil.
Les oyſeaux accablez d'vne charge ſoudaine
Touchez de ſon regard, tumboyent deſſus la plaine
En pierres transformez : & les beſtes auſſi
Transformées comme eux en rocher endurcy,
S'arreſtoient là tout court : la gent d'Ethiopie
Voyſine d'alentour, fut en marbre aſſopie :
Tout ce monſtre fuyoit, meſmes de l'autre part
Ses ſerpens deſtournez euitoient ſon regard.

PROPERC.

Quicunque ille fuit puerum, &c.

Quiconques fiſt le Dieu d'amour enfant,
Ne fut il pas vn peintre bien ſçauant ?
Ceſtuy là veid ſans cognoiſſance viure
Ceux qui l'amour ont entreprins de ſuyure :
Et que lon pert, fuyuant ce fol deſir,
Beaucoup de bien, pour bien peu de plaiſir.
Ceſtuy encor' de deux venteuſes œlles,
Non ſans raiſon, luy garnit les aiſſelles,
Et fiſt voler inconſtant & leger
Dedans noz cœurs ceſt Amour paſſager.
Auſſi ſemblable eſt noſtre vie à l'onde
Qui à tout vent eſt touſiours vagabonde.
De traictz crochuz ceſt enfant inhumain
Arme à bon droict auſſi ſa dextre main :
Et à bon droict la trouſſe Gnoſienne
Bat en ſonnant deſſus l'eſpaule ſienne :
Pource qu'il ſcait en trahyſon frapper,
Et que nul peut de ſes traictz eſchapper.

VIRGILE 4. DE L'ENEIDE.

Hæc fe carminibus, &c.

Elle promet deflier les penfées
Qui de l'amour fe trouuent offenfées,
Et fi promet par fes vers enchantez
Rendre les cœurs de l'amour tourmentez,
Arrefter court des fleuues la carriere,
Et deftourner les Aftres en arriere.
Tu luy verras par fes vers murmurez
Tirer de nuict les efpritz coniurez :
Mugler foubz toy les tremblantes campaignes,
Et deualler les arbres des montaignes.
O chere feur, par les Dieux ie t'affeure,
Et par ton chef bien aymé ie te iure,
Que malgré moy ie fais experience
De la forciere & magique fcience.

ET PEV APRES.

Stant aræ circum.

Les autelz font dreffez de toutes pars.
Lors la preftreffe aux longs cheueux efpars
Trois cens Dieux tonne auec horribles motz,
Inuoque auffi l'Erebe, & le Chaos.
Et d'Hecaté trois fois iumelle encore
Deuotement les trois frontz elle adore :
Epanche auffi quelques eaux deguifees
Qu'ell' feinct d'Auerne auoir efté puyfées :
L'herbe nouuelle on fauche au cler ferain,
Pour la bouillir dedans vaiffeaux d'erain,
Auec le fuc du noir venin terrible.
On cherche encor cefte apoftume horrible
Que la iument arrache en la fucceant
Deffus le front de fon poullain naiffant.

LE MESME AVTHEVR EN L'EGLOGVE 8.

Effer aquam, & molli cinge hæc altaria, &c.

Apporte icy de l'eau, & que sur l'autel sainct
De l'hostie le front d'vn mol bandeau soit ceinct :
Fay parfun d'encens masle, & de grasse veruéne,
A fin de faire icy vne espreuue certaine,
Si ie pourray si bien Daphnis ensorceler,
Que ie le puisse à moy par force r'appeller.

ET PEV APRES.

Par vers la Lune mesme aux sorciers fait seruice,
Par vers Circe changea les compagnons d'Vlisse,
Et le serpent qui est si froid à le taster,
Se rompt dedans les prez à force de chanter.

LE MESME AVTHEVR.

Nascuntur plurima Ponto, &c.

Ces herbes là qui telz changemens font
Naissent espais dedans l'isle de Pont.
I'ay veu Mœris souuent changer sa forme,
En corps de loup effroyable & difforme,
Dedans les boys se cacher, & les corps
De leur cercueil i'ay veu sortir dehors :
Et les moissons le suiuant à la trace,
Souuent aussi i'ay veu changer de place.

OVIDE.

Dum spectant læsos, &c.

Les yeux donnent aux yeux leur mesme passion,
Et passent bien auant dedans l'affection.

VIRGIL. 4. ÆNEID.

Carpit enim vires, &c.

Car peu à peu l'amour croît, & la femme
De fon regard le cœur de l'homme enflamme.

PROPERCE.

Cynthia prima fuis, &c.

Cynthie la premiere auec fes yeux m'a pris,
Moy chetif qui n'auois d'amour efté furpris.

LE MESME.

Crefcit enim affiduè, &c.

Car l'amour prent des yeux fans ceffe accroiffement,
Et fe donne luy mefme vn grand nourriffement.

LE MESME.

Quantum oculis, animo tam procul ibit amor.

De noftre cœur l'amour eft feparée,
Autant qu'elle eft de noftre œil égarée.

CORNEL. GALL.

Pande puella, pande capillulos.

Efparpillez de toutes pars
Belle ces beaux cheueux efpars,
Ces belles treffes vndoiantes,
Et d'vn beau fin or blondoiantes.
Monftrez ce beau col blanchiffant
Sur blanches efpaulles croiffant :

Monstrez ces deux flammes nuysantes
Soubz deux noirs sourciz reluysantes :
Monstrez ces ioës, dont le teinct
De couleur de roses est peinct :
Et ceste coraline bouche,
D'vn long baiser la mienne touche.

LE MESME AVTHEVR AV MESME LIEV.

Horrebam tenues, &c.

I'auoys horreur des trop maigres, ainsi
Comme i'auois des trop grasses aussi :
Point ne me pleut la taille racoursie,
Et aussi peu la longue mal bastie :
Ie prins plaisir d'embrasser seulement
Celles qui sont grandes moyennement :
Car le moyen, quelque chose qu'on face,
En toute chose est de meilleure grace.
La gresle aussi, pourueu que l'embonpoinct
Ne luy faillist, ne me desplaisoit poinct.
L'embonpoinct est à telz ieuz conuenable,
Car à la chair la chair est agreable.
Ie ne fiz cas aussi de la blancheur,
S'il n'y auoit quelque peu de rougeur
Qui exprimast vne couleur pareille
A la couleur d'vne rose vermeille.
Les cheueulx blondz sur vn col tendrelet
Representant vne couleur de laict,
Me rapportoient en vne face belle
Ie ne sçay quoy de grace naturelle.
La leüre aussi qui s'enfloit vn petit
Par sa rougeur me donnoit appetit :
Car ie baisois voluntiers vne bouche
Qu'à plein baiser des deux leures on touche.
Les sourciz noirs, les yeux noirs, & le front,
Dont la beauté se descouure en plein rond,
I'y prenois garde, & voluntiers mon ame
S'enembrasoit de l'amour d'vne dame.

OVIDE.

Prima fit in vobis morum tutela.

Le premier foing, vous le debuez donner
A la beaulté de l'efprit façonner :
Par la beauté de l'efprit on s'enflamme
Facilement de l'amour d'vne femme :
L'amour bafty deſſus tel fondement
Comme certain dure eternellement.
L'autre beauté auec le temps s'efface,
Et eſt ſubiecte aux rides de la face :
Le temps viendra que regret vous aurez
Quand vous mirant, ſi laydes vous voyrez,
Et ce regret fera que le viſage
S'enlaydira encores d'auantage.
Mais la vertu ſe conſerue touſiours :
Tel amour fait heureuſement ſon cours.

VIRG. 3. GEORGIC.

Omne adeo genus in terris, &c.

Tout genre d'animaulx, hommes, beſtes ſauluaiges,
Poiſſons, troppeaux, oyſeaux peinctz de diuers plumaiges,
Se ruent au printemps en amour & chaleur,
Tous ſont époinçonnez d'vne meſme fureur.

LVCRECE. I. DE LA NATVRE.

Nam ſimul ac ſpecies, &c.

Car ſi toſt que le ciel le printemps nous rameine,
Et que le doux Zephir d'vne amoureuſe haleine
Regaillardiſt le corps, les oyſeaux tout premier
Annoncent, ô Venus, ton retour couſtumier,
Et ſentent ta vertu qui leur poingt les courages :

Les animaux aussi parmy les gras herbages
Bondissent à grands saulx, & d'amour furieux
Passent les fiers torrens, pour te suyure en tous lieux.
Bref par fleuues, par mers, & par haultes montaignes,
Par les boys umbrageux, par les verdes campaignes,
Poussant dedans les cœurs vn amoureux desir,
Tu maintiens toute espece en eternel plaisir.

COLVMEL. 10. LIVRE DE L'AGRICVLTVRE.

Nunc sunt genitalia femina mundi.

C'est ores la saison qu'on voit de toutes choses
Multiplier par tout les semences encloses :
C'est ores que l'Amour se haste d'engendrer,
Et que de l'vniuers l'esprit on void entrer
En l'ardeur de Venus, & que par tout le monde
Il respand ça & là sa semence feconde.
Or le Pere Ocean, & le Dieu de la mer
Par doulx allechementz s'efforcent enflammer
De leurs femmes les cœurs, que chacun d'eux incite,
Cestuy là sa Thetis, cestuy son Amphitrite.
Desia de son mary l'vne & l'autre a conceu,
Chacune rend au sien le fruict qu'elle a receu,
Et du peuple azuré que l'vne & l'autre enfante,
S'emplist toute la mer d'vne troppe nageante.
Mettant sa fouldre à part Iupiter mesme encor'
Coulant comme iadis en vne pluye d'or
Au seing de Danaë, en pluye espesse & drue
Au gyron maternel de la terre se rue :
Elle son filz reçoit, & ne desdaigne point
Ce doulx embrassement, par amour qui la poingt.
De là soit sur la terre, ou soubz la mer profonde,
Vn gracieux printemps florist par tout le monde,
Amour regne par tout, & iusqu'au fond du cœur
Hommes, bestes, oyseaux, esprouuent son ardeur,
Iusqu'à tant que Venus de semence remplie
Par ce doulx feu nouueau soit du tout assouuie :

Repeuplant l'vniuers d'vn eternel plaisir,
Pour ne laisser le monde en paresse moysir.

VIRGIL. 2. GEORG.

Ver adeò frondi nemorum, &c.

Aux rameaux des forestz le printemps est vtile,
Le champ par le printemps se faict gras & fertile :
Adoncques l'air, qui est Iupiter tout puissant,
D'vne pluye feconde en terre s'eslançant,
Se iecte au large sein de son espouse aymée,
Et se meslant parmy toute chose animée
Nourrist tout ce grand corps : adonq' les arbrisseaux
Resonnent à l'escart du doulx chant des oyseaux,
Et les troppeaux esmeuz de ces chaleurs nouuelles,
En certaines saisons retournent aux femelles.
La terre deuient grosse, & le champ qui est plein,
A ce doulx renouueau se descharge le seing :
Vne humeur tendre & molle abonde en toute chose,
La semence qui fut si longuement enclose,
Se fiant maintenant en la doulceur du temps,
S'ose bien descouurir aux chaleurs du printemps.
Le tendre sep ne crainct ny le vent, ny la gresle
Que le fort Aquilon faict tumber pesle mesle,
Ains pousse ses bourgeons, & faict sortir au iour
Le pampre verdissant, qui s'espend tout au tour.
Ie ne croy que les iours eussent autre lumiere
Lors que ce monde prist sa naissance premiere.
Cela fut vn printemps, & ce grand monde adonq'
Demenoit vn printemps, le plus doulx qui fut onq'.
Les troppeaux nouueaux nez, & la dure semence
Des hommes qui le fer immitent de naissance,
Les bestes des forestz, & les flammes des cieux
Tendres ne porteroient ce fais laborieux,
Si la bonté du ciel entre chauld & froidure
N'entremesloit ainsi ceste temperature.

PONTAN. PREM. DE L'VRANIE.
Quum premit auratos, &c.

C'est lors que le Soleil entre dans la maison
Du Mouton Phryxéan à la blonde toyson :
Lors qu'on voit retourner la doulce Primeuere,
Qui apporte la pluye : & que la terre mere
Enfante toute chose, & que grosse de fruict
Son bouton & sa fleur toute plante produict :
Quand tout boys reuerdist : & parmy les boccaiges
Les oyseaux bien-chantans degoysent leurs ramaiges :
Les féres, & tropeaux qu'amour vient enflamer,
Se ruënt sur Venus : les monstres de la mer
Sentent aussi leur feu, tant que mesmes Protée
Crainct de ses bœufz marins la fureur indomptée.

OVIDE.
Candidior folio niuei Galathea, &c.

Galathée au teinct blanchissant
Plus que n'est le liz pallissant,
Plus qu'vne prée florissante,
Plus que l'aulne en haulteur croissante,
Plus clere que verre eclercy,
Et plus folle qu'vn dain aussi,
A toucher plus polie & fine
Que n'est vne coque marine,
Plus doulce qu'vn chault hyuernal
Et plus qu'vn vmbrage estiual,
Plus qu'vne pomme desirable,
Et plus qu'vn hault plein venerable [216],
Plus que la glace reluysant',
Et plus qu'vn doulx raisin plaisant',
Plus mole que le mol plumage
D'vn Cigne, ou qu'vn tendre fourmage,
Et si tu ne fuyois ainsi,
Plus belle qu'vn Iardin aussi.

LE MESME AVTHEVR.

Ipſa quoque aſſiduo, &c.

Comme vn fleuue, le temps coule eternellement,
Le fleuue ne ſe peult arreſter nullement,
Ny l'heure, mais ainſi que l'onde pouſſe l'onde,
Et que premiere à l'vne, à l'autre elle eſt ſeconde,
Ainſi le temps leger ſe fuyt en ſe ſuyuant
Et touſiours eſt nouueau : car ce qui fut deuant
Vient apres, & ſe fait ce qu'il n'eſtoit à l'heure :
Ainſi iamais le temps ſur vn point ne demeure.

IVVENAL. SATY. 7.

Dij maiorum vmbris, &c.

Dieux permettez qu'vne legere terre
A tout iamais noz grandz peres enſerre,
Flairent ſaffran leurs vrnes en tout temps,
Et y floriſſe vn eternel printemps :
D'auoir voulu, que non moins que le pere,
Le precepteur ſainctement on reuere.

VIRGIL. 10. DE L'ENEID.

Fœlices ambo, &c.

O tous deux bienheureux ! voſtre nom deſormais,
Si mes vers ont pouuoir, viura pour tout iamais.

HORACE. 4. OD.

Gaudes carminibus, &c.

Les vers te plaiſent, & ie ſuis
Riche de vers, & ſi ie puis
Les mettre à prix. Car ny la gloire
Sacree en marbre à la memoire,

Par qui les guerriers eſtimeʒ
De nouueau ſont rëanimeʒ,
D'Anibal les fuytes haſtées,
Ny ſes menaſſes reieétées,
Ny le ſac par le feu Romain
Du Cartaginoys inhumain,
Qui donna le ſurnom publique
D'Africain au dompteur d'Afrique,
Montrent vn loʒ mieux que la voix,
Et le ſon des vers Calabroys.
Auſſi, quoy que tu puiſſes faire,
N'auras tu iamais le ſalaire
De tes bienfaiétʒ, ſi par les vers
Au monde ilʒ ne ſont deſcouuers.
Que ſeroit ce du filʒ d'Ilie
Et de Mars, ſi ores l'enuie
Cachoit à la poſterité
Ce que Romule a merité?
La faueur & la voix encores
Des poëtes, qui tirent ores
Eaque des flotʒ ſtygiens,
L'ont mis aux champs Elyſiens.
La Muſe aux bons ſaulue la vie,
La Muſe l'homme deifie.

AV MESME LIVRE.

Vixere fortes ante Agamemnona
Multi.

Pluſieurs deuant Agamemnon
De vertueux ont eu le nom,
Mais tous ſans renom & ſans gloire
Sont preſſeʒ d'ignorance noire,
Pour-ce que leur loʒ n'a eſté
D'vn ſacré poëte chanté.
Car la difference eſt petite
D'vne vertu qui n'eſt eſcripte,

A vn qui eſt enſeuely
Au fond du pareſſeux oubly.

LE MESME. 2. DES ODES.

Non vîtata nec tenui, &c.

D'vne eſle acouſtumée & baſſe
Ie n'iray par ce grand eſpace
Demy oyſeau, & ne ſuis pas
Pour plus long temps viure icy bas :
Vainqueur des enuies ciuiles,
Ie laiſſeray les grandes villes.

ET A LA FIN DE LA MESME ODE.

Abſint inani funere næniæ, &c.

Les pleurs ſoient loing de mon cercueil,
Les vaines larmes, & le dueil :
Ceſſe toute complainđe folle
Aux mortz inutile & friuolle.

LE MESME. 3. DES ODES.

Exegi monumentum, &c.

I'ay paracheué de ma main
Vn ouurage plus dur qu'airain,
Vn ouurage duquel l'audace
L'orgueil des Pyramides paſſe :
Que l'eau rongearde, ny l'horreur
De la Scytienne fureur,
Que des ans l'innombrable ſuyte,
Ny du temps la legere fuyte
Ne pourront renuerſer à bas.
Tout entier ie ne mourray pas,
De moy la meilleure partie
De la mort ſera garentie :

Et d'vn loz tousiours se fuyuant,
A moy ie seray suruiuant.

OVID. 15. DE LA METAMORPH.

Iamque opus exegi quod nec Iouis, &c.

Vn œuure i'ay parfaict, que le feu ny la fouldre,
Ny le fer, ny le temps ne pourront mettre en pouldre.
Cestuy là qui sera le dernier de mes iours
De mon aage incertain vienne borner le cours
Quand bon luy semblera, sans plus il ha puissance
Dessus ce corps, qui est mortel de sa naissance.
Ce qui est le meilleur de moy, me portera
Sur les Astres bien hault, & mon nom ne pourra
Iamais estre effacé : quelque part ou se nomme
Le nom victorieux de l'empire de Romme,
Ie seray leu du peuple. Et s'il fault donner foy
Aux poëtes deuins, qui predisent de soy,
A iamais ie viuray, & la durable gloire
De mes œuures, sera d'eternelle memoire.

HORACE. EPISTR. 2. A AVGVSTE.

Romulus, & Liber pater, & cum Castore, &c.

Le bon Bacchus, & Romulus encor',
Pollux aussi, & son frere Castor,
Apres leurs faictz grandz & victorieux,
Estans receuz dans les temples des Dieux :
Pendant qu'ilz ont faict cultiuer les terres,
Ordonné loys, & appaisé les guerres,
Borné les champs, & basti les citez,
De n'auoir eu leurs honneurs meritez
Se sont complainctz. Cil qui rompit la teste
A l'Hydre horrible & venimeuse beste,
Et qui fatal les monstres surmonta
Si renommez, il experimenta

Que la vertu, sinon apres la vie,
Ne peut dompter la force de l'enuie.
Car cestuy là qui la gloire d'autruy
Par sa vertu abaisse dessoubz luy,
Nous eslouist la veuë, & cestuy mesme
Pour ses vertus apres sa mort on l'ayme.
Nous te donnons, voyre deuant tes yeulx,
Et non trop tost, les haulx honneurs des Dieux :
Nous ordonnons que ton sainct nom se iure :
En confessant que iamais la nature
Rien de si grand ne fera naistre icy
Que toy, Cesar, & n'a faict naistre aussi.

VIRGIL. 6. DE L'ENEID.

Quique sacerdotes casti, &c.

Les prestres sainctz de chasteté louez,
Les bons espritz de Phœbus aduouez,
Et ceux qui ont iadis mis en lumiere
De quelques artz l'inuention premiere,
Et ceux encor qui par bienfaictz louables
Se sont renduz les autres redoubtables :
Tous ces espritz portent la teste ceincte
Du blanc atour d'vne cœfeure saincte.

PONTAN. 1. DE L'VRANIE.

Mos erat antiquo in Latio, &c.

Des vieux peres Latins la coustume fut telle,
De mectre au ranc des dieux par louange immortelle
Ceulx là qui par quelque art dextrement inuenté,
Auoyent de leur païs le proffict augmenté,
Comme Ianus, & Faune, & celuy que la saige
Circe auoit bigaré d'vn estrange plumaige :
Comme furent aussi les deux Pilumniens,
Et le Dieu qui seruy fut des Pinnariens,

Et la dame qui fist qu'vne porte de Romme
Carmentale du nom de Carmente lon nomme.
Le pourpre estant aussi deuenu precieux,
Lors que l'ambition leua le chef aux cieux,
Les Adrians adonc' & les Nerues encore,
Et tant de dieux Cesars qu'à Romme lon adore
Furent deïfiez, ô ignorance humaine !
Dequoy seruent les dieux, & leur puissance vaine ?
Dequoy sert le parfun que dessus tant d'autelz
Pour impetrer la paix, leur donnent les mortelz ?
Il n'y a qu'vn seul Dieu auteur de toute chose,
Qui toute chose aussi à son plaisir dispose,
Qu'à l'homme il n'est permis de toucher, ou de veoir,
Mais qu'on peult seulemeut en esprit conceuoir :
Car il voit de là hault soubz ses piedz les nuages,
Et comme seul ouurier des plus parfaictz ouurages,
Et cause de tout bien, gouuerne tout aussi.
Ce Dieu demeure au ciel, & n'a point de soucy
Des temples esleuez sur colomnes marbrines,
Ny de l'or precieux, ny de ces pierres fines
Qui viennent du leuant, ny de ce vif airain
Que Phydie souloit animer de sa main,
Ny du sang des taureaux dont on faict sacrifice.
La deuote oraison, l'ame nette de vice,
Le peuuent appaiser, auec vn peu d'encens,
Car la grandeur de Dieu ne cherche autres presens.

VIRGIL. 6. DE L'ENEIDE.

Et dubitamus adhuc, &c.

Et doubtons nous encor' par faictz dignes de gloire
De nostre renommée estendre la memoire ?

VIRGIL.

Stat sua cuique dies, &c.

Noz iours sont limitez, & nostre courte vie

Ne retourne iamais depuis qu'elle eſt rauie :
Mais par louables faiɗʒ ſon nom perpetuer,
C'eſt l'œuure ou la vertu ſe doibt euertuer.

MANILIVS ASTRONOM. 4.

Iam nuſquam natura latet, &c.

Nature deſormais ne nous eſt plus cachée,
Toute, en tout, & par tout nous l'auons recherchée :
Nous iouyſſons du monde, ainſi que l'ayant pris,
Nous auons en eſprit noſtre pere compris,
Comme eſtans vne part de l'eſſence diuine,
Et retournons au ciel qui eſt noſtre origine.
Qui doubte ce grand dieu en noʒ cœurs ſeiourner ?
L'ame venir du ciel, & au ciel retourner ?
Et comme en ce grand corps, dont eſt baſty le monde,
Parmy le feu & l'air, parmy la terre & l'onde,
Eſt vn eſprit mouuant, qui par commandement
Du ſouuerain autheur regiſt le firmament,
Ainſi eſtre noʒ corps d'vne terreſtre maſſe
Et noſtre eſprit de feu, qui gouuerne & compaſſe
Toutes noʒ actions ? S'il eſt donques ainſi
Que le monde eſt en nous, quel miracle eſt ce auſſi
Que nous le congnoiſſions ? veu meſme que l'imaige
De Dieu ſe void en nous, qui ſommes ſon ouuraige.
Fault-il croire d'ailleurs, que du ciel, l'homme né ?
Tout aultre animal eſt, ou vers terre tourné,
Ou caché deſſoubʒ l'onde, ou d'aelle ballenſée
Eſt pendu parmy l'air : vne meſme penſée
Qui eſt de ſe nourrir, eſt en eulx, & leur ſoing
Repoſe dans le ventre, & ne ſ'eſtend plus loing,
Pource que de raiſon ilʒ n'ont aulcun vſaige
Comme priueʒ du tout de ſens & de langaige :
Le ſeul homme diſcourt, ſeul ſ'explique, & entend,
Et à diuers meſtiers ſon induſtrie eſtend.
Ce gentil animal qui regiſt toute choſe
En la terre habitable ha ſa demeure encloſe,

L'a domptée au labour, les animaulx a pris,
S'eſt faict chemin ſur mer, & pour n'eſtre ſurpris
S'eſt retiré au chef, comme en la forterſſe,
Ou deſſus tous les ſens la raiſon eſt maiſtreſſe,
Leue les yeulx au ciel, ces deux celeſtes yeulx,
Et de plus pres encor' regarde dans les cieulx :
Il cherche Iupiter & ſi ne ſe contente,
Sans plus du front des dieux, que le ciel repreſente,
Il fouille iuſqu'au fond, & touſiours ſ'approchant
Comme venu du ciel, au ciel ſe va cherchant.

VIRGIL. 6. DE L'ENEIDE.
Principio cœlum, &c.

Premierement le feu, l'onde, & la terre,
Et tout cela que chacun d'eulx enferre,
La lune claire, & les aſtres ardens,
Sont d'vn eſprit nourriz par le dedans,
Eſprit infuz parmy toute la maſſe
De ce grand corps qu'il agite, & embraſſe.
De ceſt eſprit hommes, beſtes, oyſeaux,
Monſtres de mer viuans deſſoubz les eaux,
Tiennent du feu la nature diuine,
Et leur ſemence ha celeſte origine :
Sinon d'autant qu'à l'eſprit eſt nuyſant
Le corps mal ſain, lourd, terreſtre, & peſant.
De là prouient que noſtre ame eſt atteincte
D'ayſe, d'ennuy, de deſir, & de crainte,
Et que iamais ne peut veoir le beau iour
Cloſe en ſon noir & tenebreux ſciour.

ET PEV APRES.
Donec longa dies perfecto temporis orbe, &c.

Iuſques à tant qu'ayant par mainte année,
Parfaict le tour de noſtre deſtinée,
Soyons purgez : & que le feu celeſte
De noſtre eſprit, pur & ſimple nous reſte.

VIRGIL. 4. GEORG.

His quidem fignis, atque hæc exempla, &c.

Pour ces fignes on dict que les mouches à miel
Ont humé quelque part de ceft efprit du ciel,
Qui fe mefle par tout : ciel, terre, & mer profonde,
Et que tous animaux, qui naiffent en ce monde,
Hommes, beftes, oyfeaux, de ceft efprit diuin
Prennent chacun leur vie, ou ilz font à la fin
Pareillement reduictz, & que point ilz ne meurent,
Ains eternellement immortelz ilz demeurent,
Tournoyant çà & là comme les Aftres font,
Et qu'en vn autre ciel habiter ilz f'en vont.

TRADVCTION D'VNE EPISTRE LATINE
DE MONSIEVR TORNEBVS[217]

SVR VN

NOVVEAV MOYEN DE FAIRE SON PROVFIT

DE L'ESTVDE DES LETTRES.

MOY A TOY SALVT

Quant à ce que tes vers friffonnent de froidure,
Que tes labeurs font vains, & que pour ta pafture
A grand' peine tu as vn morceau de gros pain,
Voire de pain moifi, pour appaifer ta faim :
Que ton vuide eftomac abboye, & ta genciue
Demeure fans mafcher le plus fouuent oyfiue :
Comme fi le ieufner expres te feuft enioinct
Par les Iuifs retaillez : que tu es mal en poinct,

Mal vestu, mal couché : Amy, ne pren la peine
De faire desormais ceste complainte vaine.

   Tu sçais faire des vers, mais tu n'as le sçauoir
De pouuoir par ton chant les hommes deceuoir :
Car le Dieu Apollon auec le Dieu Mercure
S'assemble, ou autrement de ses vers on n'a cure.
Mercure par finesse & par enchantement
Dedans les cueurs humains glisse secretement :
Il glisse dans les cueurs, il trompe la personne,
Et d'vn parler flatteur les ames empoisonne :
Auec tel truchement peut le dieu Délien
Possible quelque chose, autrement ne peut rien.

   Celuy qui de Mercure a la science apprise,
En Cygne d'Apollon bien souuent se deguise :
Encore que le brait d'vn asne, ou la chanson
D'vne importune rane ait beaucoup plus doulx son.

   Veulx tu que ie te montre vn gentil artifice
Pour te faire valoir? pousse toy par seruice.
Par art Mercurien trompe les plus rusez,
Et pren à telz appas les hommes abusez.
Tu feras ton profit, & brauement en point,
De froid, comme tu fais, tu ne trembleras point.

   Premier, comme vn marchand, qui par le nauigage
S'en va chercher bien loing quelque estrange riuage
Afin de trafiquer, & argent amasser :
Tu dois veoir l'Italie, & les Alpes passer :
Car c'est de là que vient la fine marchandise,
Qu'en béant on admire, & que si hault on prise,
Si le rusé marchand est menteur asseuré,
Et s'il sçait pallier d'vn fard bien coloré
Mille bourdes, qu'il a en France rapportées,
Assez pour en charger quatre grandes chartées :
S'il sçait, parlant de Rome, vn chacun estonner,
Si du nom de Pauie il fait tout resonner,
Si des Venitiens, que la mer enuironne,
Si des champs de la Pouille il discourt, & raisonne :
Si vanteur il sçait bien son art authoriser,
Loüer les estrangers, les François mespriser,

Si des lettres l'honneur à luy seul il reserue,
Et desdaigne en crachant la Françoise Minerue²¹ᵇ.
 Il te fault dextrement ces ruses imiter,
Le sçauoir sans cela ne te peut profiter.
Si le sçauoir te fault, & tu entens ces ruses,
Tu iouyras vainqueur de la palme des Muses.
Ne pense toutefois pour vn peu t'estranger
De ces bauardes Sœurs, que tu sois en danger
De perdre tant soit peu : tu n'y auras dommage,
Car aux Muses souuent profite vn long voyage.
Tu en raporteras d'vn grand clerc le renom,
Et de saige-sçauant meriteras le nom :
Mais si tu veux icy te morfondre à l'estude,
Chacun t'estimera fol, ignorant, & rude.
 Doncques en Italie il te conuient chercher
La source Cabaline, & le double Rocher,
Et l'arbre qui le front des Poëtes honore.
Mais retien ce precepte en ta memoire encore :
C'est que tu pourras bien François partir d'icy,
Mais tu retourneras Italien aussi
De gestes, & d'habits, de port, & de langage :
Bref d'vn Italien tu auras le pelaige,
Afin qu'entre les tiens admirable tu sois.
Ce sont les vrays appas pour prendre noz François.
Lors ta Muse sera de cestui la prisée,
Auquel au parauant tu seruois de risée.
 Il sera bon aussi de te faire aduoüer
De quelque Cardinal, ou te faire loüer
Par quelque homme sçauant, à fin que tes loüenges
Volent par ce moyen par les bouches estranges :
Mais il fault que le liure ou ton nom sera mis,
Tu donnes çà & là à tes doctes amys.
Ainsi t'exempteras du rude populaire,
Ainsi ton nom par tout illustre pourras faire :
Car c'est vn ieu certain, & quiconques l'a sçeu,
Iamais à ce ieu là ne s'est trouué deceu.
Sur tout courtise ceulx, ausquelz la court venteuse
Donne d'hommes sçauants la loüenge menteuse :

Qui au bout d'vne table au difner des Seigneurs
Deplient tout cela, dont furent enfeigneurs
Les Grecs, & les Latins : qui de faulfes merueilles
Empliffent, ignorans, les plus grandes oreilles :
Et abufent celuy qui par nom de fçauant
Defire, ambicieux, fe pouffer en auant.
  Ces gentils reciteurs te loüront à la table,
Non comme au temps paffé, aux horloges de fable[210] :
Ilz ne dedaigneront auec toy practiquer,
Et auecques tes vers les leurs communiquer,
Puis que tu as le gouft, & l'air de l'Italie :
Mais rendz leur la pareille, & fay que tu n'oublie
De les contre-loüer : auffi, quant à ce point,
Le tefmoing mutuel ne fe reproche point :
D'en vfer autrement ce feroit confcience.
  Sur tout ie te confeille apprendre la fcience
De te faire congnoiftre aux dames de la court,
Qui ont bruit de fçauoir : c'eft le chemin plus court,
Car fi tu es vn coup aux dames agreable,
Tu feras tout foubdain aux plus grands admirable.
Par art il te conuient à ce point paruenir,
Par art femblablement t'y fault entretenir :
Il te fault quelques fois, foit en vers, foit en profe,
Efcrire finement quelque petite chofe
Qui fente fon Virgile, & Ciceron auffi.
Car fi tu as des mots tant feulement foucy,
Tu feras bien groffier & lourdault, ce me femble,
Si par art tu ne peus en accoupler enfemble
Quelque peu : car icy par vn petit chef d'œuure
Affez d'vn Courtifan le fçauoir fe defcœuure.
  Ie ne veulx toutefois qu'on le face imprimer :
Car ce qui eft commun fe fait defeftimer,
Et la perfection de l'art eft de ne faire,
Ains monftrer dedaigner ce que faict le vulgaire.
Mefmes ce qui fera des autres imprimé,
Afin que tu en fois plus fçauant eftimé,
Il te le fault blafmer : mais il te fault eflire
Des loüeurs à propoz pour tes ouuraiges lire.

Et n'en fault pas beaucoup. Auec telles faueurs
Recite hardiment aux dames & Seigneurs,
Tu feras fçauant homme, & les grands perfonnages
Te feront des prefens, & feras à leurs gages.
Mais fi tu veulx au iour quelque chofe éuenter,
Il fault premierement la fortune tenter,
Sans y mettre ton nom, de peur de vitupere [220]
Qu'vn enfant abortif porte au nom de fon pere :
Car en celant ton nom, d'vn chacun tu peus bien
Sonder le iugement, fans qu'il te coufte rien :
D'autant que tels efcripts vaguent fans congnoiffance
Ainfi qu'enfans trouuez, publiques de naiffance.
Mais ne faulx pas auffi, fi tu les voids loüer,
Maiftre, pere, & autheur, pour tiens les aduoüer.

Le plus feur toutefois feroit en tout fe taire :
Et c'eft vn beau meftier, & fort facile à faire,
Le faifant dextrement. Fay courir qu'entrepris
Tu as quelque poëme, & œuure de hault pris,
Tout foudain tu feras montré parmy la ville,
Et feras eftimé de la tourbe ciuile.

Vn vieulx ruzé de court naguieres fe vantoit,
Que de la republique vn difcours il traitoit :
Soudain il eut le bruit d'auoir épuifé Romme,
Et le fçauoir de Grece, & qu'vn fi fçauant homme
Que luy ne fe trouuoit. Par là il fe pouffa,
Et aux plus haults honneurs du Palais f'auança,
Ayant mouché les Roys, auec telle practique,
Et fi n'auoit rien fait touchant la republique.
Toutefois ce pendant qu'il a efté viuant,
Il a nourry ce bruit qui le meit en auant,
Iufqu'à tant que la mort fa rufe eut defcouuerte :
Car on ne trouua rien en fon eftude ouuerte,
Ains par la feule mort au iour fut reuelé
Le fard, dont il f'eftoit fi longuement celé.

Quelque autre dit auoir entrepris vn ouurage
Des plus illuftres noms qu'on life de noftre age,
Et ia douze ou quinze ans nous deçoit par cet art
Mais il accomplira fa promeffe plus tard

Que l'an du iugement. Toutefois par sa ruse
Des plus ambitieux l'esperance il abuse.
Car ceulx là qui sont plus de la gloire enuieux,
Le flattent à l'enuy, & tachent curieux
De gaigner quelque place en ce tant docte liure,
Qui peut à tout iamais leur beau nom faire viure.
Ce trompeur par son art tresriche s'est rendu,
Et son silence aux Roys cherement a vendu,
Noyant en l'eau d'oubly les beaux noms, dont la gloire
Seroit, sans ses escripts, d'eternelle memoire.
Car les Parthes menteurs, faulx, il surmontera,
Et nul (comme il promet) n'immortalisera :
Mais il peindra le néz à tous : &, pour sa peine
De les auoir trompez d'vne esperance vaine,
Dessus vn cheual blanc ses monstres il fera
Par la ville, & du Roy aux gages il sera.

 C'est vn gentil apas pour les oyseaux attraire,
Ce que d'vn autre dit le commun populaire,
Qui par les cabaretz tout expres delaissoit
Quatre lignes d'vn liure, & outre ne passoit,
Auec vn titre au front, qui se donnoit la gloire
D'estre le liure quart de la Francoyse histoire.
Qui doncques, ie te pry, nyra que cestuy ci
Ne soit des plus heureux sans se donner soucy,
Qui quatre liures peult de quatre lignes faire,
Qui du doy pour cela est montré du vulgaire,
Qui pour cela de France est dit l'Historien,
Et auquel pour cela on fait beaucoup de bien[221] ?

 I'ay filz d'vn laboureur, discouru brefuement
Tout ce facheux propoz, moy qui ay brauement
Delaissé les rasteaux, pour m'attacher aux Muses :
Tu pourras par vsage apprendre d'autres ruses.
Or à Dieu, pense en moy : &, pour attraper l'heur,
Suy Mercure, qui est le plus fin oyseleur.

FIN DU TOME PREMIER.

NOTES

1. La Deffence et Illvstration de la Langve Francoyse, p. 1.
Voici la description bibliographique de la première édition de cet ouvrage :

> LA DEF-
> FENCE, ET IL-
> *LVSTRATION DE LA*
> Langue Francoyſe.
> Par I. D. B. A.
> Imprimé à Paris pour Arnoul l'Angelier,
> tenant ſa Boutieque au ſecond pillier
> de la grand' ſale du Palays.
> 1549.
> AVEC PRIVILEGE.

On ne trouve au verso du titre de la *Deffence* qu'un extrait du privilége, commun à ce traité et aux *Cinquante Sonnetz a la louange de l'Oliue*, mais il est imprimé tout au long à la fin du second ouvrage. Le nom de l'auteur n'y est point mentionné. Il est accordé à « Arnoul l'Angelier, marchant Libraire & bourgeoys de Paris », et « Donné à Paris le vingtieſme iour de Mars, l'an de grace mil cinq cens quarante & huict. » Le volume, de format in-8°, comprend 48 feuillets non chiffrés et 1 feuillet blanc.

Quoique l'ouvrage ait été plusieurs fois réimprimé du vivant de l'auteur, cette édition parait être la seule dont il ait surveillé l'impression; c'est la plus correcte, et les suivantes ne portent la trace d'aucun travail de révision accompli par Du Bellay. C'est ce texte que nous avons scrupuleusement suivi, en ayant soin de noter les formes de mots différentes et les rajeunissements qu'on rencontre dans l'édition posthume in-4° de 1561, et dans les *Œuures francoiſes* recueillies par Aubert.

Une critique très-vive de ce traité et des poésies qui ont paru en même temps a été publiée par Charles Fontaine sous le titre de

Le Quintil Horatian, fur la deffence & illuftration de la langue françoyfe. Elle a paru à Lyon en 1551 et a été souvent réimprimée à la suite de l'*Art poëtique* de Thomas Sibilet. Charles Fontaine, parlant à l'auteur de *la Deffence* de la critique qu'il a faite de son livre, s'exprime en ces termes : « En quoy i'ay certes eftimé que non feulement ne feras offenfé, mais auffi m'en fçauras gré, pour auoir accomply l'office que tu loues, & a bonne raifon, au chap. 11 du 2. liure de ton œuure (voyez ci-dessus p. 55 et ci-après note 65), en Quintil Horatian. » Ainsi se trouve expliqué le titre assez bizarre de cette critique. Elle renferme beaucoup de personnalités, de longueurs, d'obscurités, mais aussi des passages très-précieux pour l'histoire de notre langue ; nous avons soigneusement reproduit, dans les notes qui vont suivre, tous ceux qui nous ont paru présenter ce genre d'intérêt.

« *Sur le tiltre...*

« Tu efcris *Deffence* par double FF. & vn C. à la maniere des Practiciens que tu appelles deprauateurs d'orthographe, au chapitre 7 du 2 (voyez ci-dessus p. 47 et ci-après note 55), & non *Defenfe* par fimple F. & S. felon fa vraye origine. Car la paradoxe Orthographie (qu'ilz appellent Orthographe)

De quatre, cinq, fix, fept, huict, neuf,
Qui font vn langage tout neuf.

eft tant vaine & incertaine que le proces en eft encore pendant : les vns fuyuans la raifon, les autres l'vfage, les autres l'abus : autres leur opinion & volunté ; & toutesfois non conftans & de mefme teneur, mais diffemblables entre eux, voire à eux mefmes, comme toy en ton œuure : qui vfant de ryme comme de Metheline regle de plomb, ores efcris *Fonteine* pour rymer contre *peine*, & ores *Fontaine* contre *certaine*, *rient* contre *orient*, puis *riant* contre *priant*, *plaifent* contre *prefent*, & puis *plaifant* contre *faifant*, *Violent* & *Violant*, *degoutens* pour rymer contre *m'attens*.

« Item omettant les lettres ou il les faut neceffairement, comme *etincelles* pour *eftincelles*, & les mettant ou elles font fuperflues, comme *efle* pour *aile* ou *ale*, *pafle* pour *palle*, *fift* pour *feit*. Quelquefois les changeant au contraire, en efcriuant *Quand* de *Quantum* par .d. *Quant* de *quando* par .t. & *dont* pour *d'ond* de *vnde*, les redoublans ou les fyllabes font breues comme *immiter* pour *imiter*, *eftommac* pour *eftomac*, *congneuz* pour *cogneuz*, & les mettans fimples ou elles font longues, comme *Rome*, *noarice*, *dificile*, *clore*, pour *Romme*, *nourrice*, *difficile*, *clorre* : & infiniz autres. » (*Quintil Horatian*.)

2. *Comme dit le Pindare Latin*, p. 1.

« Superflue tranfnomination ou plus clairement tu pouuois dire Horace. » (*Quintil Horatian.*)

3. *Au profit de la Patrie*, p. 1.

« Qui a *Pays* n'a que faire de *Patrie*. Duquel nom *Pays*, venu de fontaine Grecque, tous les anciens Poëtes & orateurs Françoys en ceſte ſignifiance ont vſé : & toy meſme auſſi au 4. chapitre du premier (voyez ci-dessus p. 11). Mais le nom de *Patrie* eſt obliquement entré & venu en France nouuellement les autres corruptions Italiques, duquel mot n'ont voulu vſer les anciens, craignans l'eſcorcherie du Latin, & ſe contentans de leur propre & bon. » (*Quintil Horatian.*)

4. *La ruſe de ce noble peintre Tymante*, p. 2.

On sait que, désespérant d'exprimer dignement dans son *Sacrifice d'Iphigénie* la douleur d'Agamemnon, il avait peint ce malheureux père le visage caché d'un pan de sa robe.

5. *Comme de Carthage diſoit T. Liue*, p. 2.

Du Bellay se trompe, ce n'est pas Tite-Live, mais Salluste, qui a parlé ainsi de Carthage : « De Carthagine silere meliùs puto quàm parùm dicere. » (*Guerre de Jugurtha*, 22.)

6. *Si on la deuoit appeller Mere, ou Maratre*, p. 5.

Allusion à ce passage de Pline : « Principium jure tribuetur homini, cujus causa videtur cuncta alia genuisse Natura, magna sæva mercede contra tanta sua munera ; non ut sit satis æstimare, parens melior homini, an tristior noverca fuerit. » (*Hist. Natur.*, VII, 1.)

7. *Mais les Atheniens auſſi entre les Scythes*, p. 7.

On trouve la même pensée dans les *Apophthegmes* recueillis par Conrad Lycosthène. Il renvoie à Diogène Laerce, où l'on ne rencontre que la réponse suivante qui ait quelque rapport avec celle qui nous occupe : Ὀνειδιζόμενος ὑπὸ Ἀττικοῦ ὅτι Σκύθης ἐστίν, ἔφη, ἀλλ' ἐμοῦ μὲν ὄνειδος ἡ πατρίς, σὺ δὲ τῆς πατρίδος.

8. *Comme dict quelqu'vn, parlant des anciens Romains*, p. 9.

Du Bellay se rappelle ici un morceau de la *conjuration de Catilina* de Salluste (chap. VIII), auquel il a déjà fait un assez long emprunt dans le chapitre précédent.

9. *Motz propres, vſitez, & non aliénes du commun vſaige de parler*, p. 13.

« En ceſt endroict meſme, contreuenant à ton enſeignement, tu dis *alienes* pour *eſtranges*, eſcorchant là & par tout ce pauure Latin, ſans aucune pitié. » (*Quintil Horatian.*)

10. *Horace baille les preceptes de bien traduyre*, p. 14.

Voyez l'*Art poétique*, vers 133 et suivants.

11. *Mieux dignes d'eſtre appellés Traditeurs que Traducteurs*, p. 14.

Souvenir du proverbe italien : *Traduttore, traditore.*

12. *Les plus fameux Poëtes*, p. 15.

« Ceſt epithete eſt deſhonnorable : car il ſe prend en mauuaiſe partie comme *libelle fameux, lieu fameux.* » (*Quintil Horatian.*)

13. *Molon Rhodien l'oyant quelquefois declamer, ſ'ecria qu'il emportoit l'eloquence Grecque à Rome*, p. 16.

« A Rhodes il ouït Apollonius Molon... & dit on que Apollonius n'entendant pas la langue romaine, le pria qu'il vouluſt par maniere d'exercice declamer en Grec devant luy... Apollonius à la fin luy dit... bien ay ie compaſſion de la pauure Grece, voyant que le ſçavoir & l'eloquence, les deux ſeulz biens & honneurs qui nous eſtoient demourez, ſont par toy conquis ſur nous & attribuez aux Romains. » (Plutarque, *Vies des hommes illustres*, Cicero, chap. V.)

14. *La Palme ſeroit bien douteuſe*, p. 16.

Ce passage est une paraphrase de ces vers d'un auteur incertain :

*Vate Syracosio qui dulcior, Hesiodoque
Major, Homereoque non minor ore fluit.*

Voyez l'édition des Œuvres de Virgile, Lemaire, t. VII, p. 399.

15. *Se compoſe donq' celuy qui voudra enrichir ſa Langue, à l'immitation des meilleurs Auteurs Grecz & Latins*, p. 17.

« *Se compoſe* pour *ſe mette* ou *ſe renge à l'imitation.* C'eſt parlé Latin en Françoys. » (*Quintil Horatian.*)

16. *Aux quelz la Muſe auoit donné la Bouche ronde (comme dict quelqu'vn)*, p. 19.

Ce quelqu'un est Horace, qui s'exprime ainsi dans son *Art poétique* (vers 323) :

*Graiis ingenium, Graiis dedit ore rotundo
Musa loqui...*

17. *Veu qu'elle ſe decline, ſi non par les Noms, Pronoms & Participes...*, p. 19.

« ... Ie dy que la langue Françoyſe ſe decline en ſes trois parties à la maniere des Hebreux c'eſt à ſcauoir par articles & oultre ce à la forme Grecque & Latine par quelques changemens de terminaiſon... principalement es pronoms, comme *ie, moy, me, nous, Tu, Toy, Te, Vous, Noſtre, noſtres & nos.* Qui ſont (oultre la variation des articles) autant de diuerſes voix & terminations qu'en ont

les Grecz au nombre duerne & les Grecz & Latins au genre neu-
tre... » (*Quintil Horatian.*)

18. *Auſſi n'ha elle point tant d'Hetheroclites & Anomaux*, p. 19.
« Au contraire plus en y a en la langue Françoyſe, que en nulle
autre : meſmement es verbes.» (*Quintil Horatian.*)

19. *Nous fauoriſons touſiours les Etrangers*, p. 19.
Le grand auteur de rhéthorique que du Bellay cite jci est Quintilien, qui a dit en parlant des mots composés : « Sed res tota magis
Græcos decet, nobis minus succedit : nec id fieri natura puto, sed
alienis favemus. » (*Instit. orat.* I, v, 70.)

20. *Comme Homere ſe plaignoit que de ſon tens les cors eſtoient
trop petiʒ*, p. 19.
Voyez l'*Iliade*, I, 260; XII, 381 et 447, et XX, 285.

21. *Qu'on ne creue (comme dict Ciceron) les yeulx des Corneilles*,
p. 25.
« Erant in magna potentia qui consulebantur : a quibus etiam dies,
tamquam a Chaldæis, petebatur. Inventus est scriba quidam Cn.
Flavius qui cornicum oculos confixerit, et singulis diebus ediscen-
dos fastos populo proposuerit. » (*Oratio pro Murena*, XI, 25.)
L'origine de cette locution proverbiale est fort controversée, mais
sa signification est certaine. Elle s'applique aux gens qui détruisent
le prestige de ceux qui avant eux passaient pour des oracles.

22. *Pour ce qu'il auoit diuulgué les Sciences Acroamatiques*,
p. 25.
Voyez la lettre écrite à ce sujet à Aristote par Alexandre le
Grand. (Plutarque, *Vie des hommes illustres*, Alexandre, chap. XI.)

23. *Celuy qui rauy au Tribunal du grand Iuge, repondit qu'il
eſtoit Ciceronien*, p. 28.
Souvenir, assez peu exact du reste, d'un passage de la vingt-
deuxième épitre de S. Jérôme : « Ad tribunal judicis pertrahor...
Interrogatus de conditione, christianum me esse respondi ; et ille
qui præsidebat, mentiris, ait ; ciceronianus es, non christianus. »

24. *Etienne Dolet, Homme de bon Iugement en notre vulgaire, a
formé l'Orateur francoys*, p. 31.
Ce traité de *l'Orateur francoys* n'a point paru en entier. Voici de
quelle manière Estienne Dolet lui-même en a parlé dans une épitre
au peuple francoys datée de « Lyon ce dernier iour de May, l'an de
grace Mil cinq cents quarante », et placée en tête de *La Maniere de
bien traduire d'vne langue en aultre* :

« Depuis fix ans (ô peuple Françoys) defrobbant quelcques heures de mon eftude principalle (qui eft en la lecture de la langue Latine & Grecque) te voulant auffi illuftrer par tous moyens i'ay compofé en noftre langage vng Oeuure intitulé *l'Orateur Françoys*: duquel Oeuure les traictés font telz : *La grammaire. L'orthographe. Les accents. La punctuation. La prononciation. L'origine d'aulcunes dictions. La maniere de bien traduire d'vne langue en aultre. L'art oratoire. L'art poëtique.* Mais pour ce que ledict Oeuure eft de grande importance, & qu'il y efchet vng grand labeur, fçauoir, & extreme iugement, i'en differeray la publication (pour ne le precipiter) iufques à deux ou troys ans. Ce pendant tu t'ayderas des inftructions qui font en ce prefent Liure. »

25. *Aux quelles ainfi qu'à vne certaine Efpece imaginatiue, fe refere tout ce qu'on peut voir.* p. 32.

Les pensées exprimées ici sont empruntées du 1er chapitre de l'*Orateur* de Cicéron.

26. *N'eftimant rien, comme dict Horace, finon ce que la mort a facré,* p. 34.

*Qui redit ad fastos, et virtutem æstimat annis,
Miraturque nihil, nisi quod Libitina sacravit.*

(Liv. II, épître I, vers 48.)

27. *Ceux qui ont efté nommez par Clement Marot en vn certain Epygramme à Salel.* p. 34.

Cette épigramme est la quatrième du livre V. Les poëtes dont il y est parlé sont, outre Salel et Marot lui-même : Jean de Meun, Alain Chartier, Octavien de Saint-Gelais, Molinet. Jean le Maire, Chastelain, Villon, Guillaume Cretin, Arnoul et Simon Greban. Meschinot et Coquillart.

28. *Ny les Hommes, ny les Coulonnes n'ont point concedé eftre mediocres, fuyuant l'opinion d'Horace...,* p. 36.

*... Certis medium et tolerabile rebus
Recte concedi...
Sed tamen in pretio est. Mediocribus esse poëtis
Non homines, non Dii, non concessere columnæ.*

(*Art poëtique,* vers 368-373.)

29. *De telles chofes ne dependre les fortunes de Grece,* p. 36.

« Reprehendit Æschines quædam (*verba*) et exagitat; illudensque dira, odiosa, intolerabilia esse dicit.... Itaque se purgans jocatur Demosthenes : negat in eo positas esse fortunas Græciæ : hoc an illo verbo usus sit, huc an illuc manum porrexerit. (Cicero, *Orator.* VIII, 26, 27.)

30. *Qui ont (comme disoit Ciceron des anciens Aucteurs Romains) bon Esprit, mais bien peu d'Artifice*, p. 37.

Allusion assez peu exacte à ce passage, dont le texte du reste n'est pas très-bien fixé :

« Lucretii poemata, ut scribis, ita sunt : multis luminibus ingenii, multæ tamen artis. » (Cic., *Epist. ad Quint. fratrem*, lib. II, ep. 11.)

31. *Tenter combien ses Epaules peuuent porter*, p. 38.

> *Sumite materiam vestris, qui scribitis, æquam*
> *Viribus, et versate diu quid ferre recusent,*
> *Quid valeant humeri...*
>
> (Horace, *Art poétique*, v. 38-40.)

32. *Fueillette de Main nocturne & iournelle, les Exemplaires Grecz & Latins*, p. 38.

> *Vos exemplaria græca*
> *Nocturna versate manu, versate diurna.*
>
> (Horace, *Art poétique*, v. 268 et 269.)

33. *Me laisse toutes ces vieilles Poësies Francoyses aux Ieuz Floraux de Toulouze, & au puy de Rouan*, p. 38.

Voyez, sur les Jeux floraux de Toulouse, fondés en 1323, Laloubère, *Traité de l'origine des Jeux floraux*, Toulouse, 1715, et Poitevin Peitavi, *Mémoires pour servir à l'histoire des Jeux floraux*, Toulouse, 1815; et sur les concours établis à Rouen depuis le onzième siècle, sous le nom de *Puy* ou de *Palinod*, le *Rapport sur les livres et autres objets relatifs à l'Académie des Palinods... et Notice sur cette association...*, par A.-G. Ballin (*Précis des travaux de l'Académie de Rouen*, t. XXXVI, p. 197; XL, p. 296, et XLV, p. 227), et *Des Puys de Palinods en général*, par Bottée de Toulmon (*Revue française*, juin 1838, p. 102).

34. *Chante moy ces Odes, incongnues encor' de la Muse Francoyse*, p. 39.

« Vray est que le nom Ode a esté incogneu comme peregrin & Grec escorché & nouuellement inuenté entre ceux qui en changeant les noms cuydent deguyzer les choses : mais le nom de chant & chanson est bien cogneu & receu comme Françoys. » (*Quintil Horatian.*)

35. *Les vins libres, & toute bonne chere*, p. 39.

> *Musa dedit fidibus Divos puerosque Deorum,*
> . . . .
> *Et juvenum curas, et libera vina referre.*
>
> (Horace, *Art poétique*, vers 83-85.)

36. *Laissez la verde couleur*, p. 39.

La *Deploration du bel Adonis*, par Saint-Gelais, commence ainsi :

*Laissez la verde couleur,
O Princesse Cythérée,
Et de nouuelle douleur
Vostre beauté soit parée.*

37. *Autres telz Ouuraiges, mieux dignes d'estre nommez Chansons vulgaires, qu'Odes*, p. 39.

« Quelle reiection des choses si bien faictes & par telz auteurs. Que d'esprits de les nommer chansons vulgaires ? Chansons, bien ; vulgaires, non ; comme seroit la *Tirelitanteine* ou *Lamy Baudichon*. Car ce ne sont chansons desquelles on voise à la moutarde... » (*Quintil Horatian*.)

38. *Autant te dy-ie des Satyres, que les Francois, ie ne sçay comment ont appellées* Coqs à l'Asne, p. 39.

« *Coqz à l'Asne* sont bien nommez par leur bon parrain Marot, qui nomma le premier, non *Coq à l'Asne*, mais *Epistre du Coq à l'Asne*, le nom prins sur le commun prouerbe Françoys, *saulte du coq à l'asne* & le prouerbe sur les Apologues. Lesquelles vulgaritez à nous propres tu ignores, pour les auoir desprisées cherchant autre part l'ombre, dont tu auois la chair. Et puis temerairement tu reprens ce que tu ne sçais. Parquoy pour leurs propos ne s'entresuyuans sont bien nommez du Coq à l'Asne telz Enigmes Satyrics, & non Satyres, car Satyre est autre chose ; mais ilz sont Satyrez non pour la forme de leur facture, mais pour la sentence redarguante à la maniere des Satyres Latines ; combien que telz propos du Coq à l'Asne peuuent bien estre adressez à autres argumens que Satyricques, comme les *Absurda* de Erasme, la *Farce du sourd & de l'aueugle*, & *l'Ambassade des Cornardz de Rouan*. » (*Quintil Horatian*.)

39. *Pardonner aux noms des personnes vicieuses*, p. 40.

« Horace point n'a pardonné aux noms (comme tu latinises en Françoys) ou plustost n'a point espargné les noms des personnes. » (*Quintil Horatian*.)

40. *Horace, qui selon Quintilian, tient le premier lieu entre les Satyriques*, p. 40.

« Multo est tersior ac purus magis Horatius, et ad notandos hominum mores præcipuus. » (*Instit. orat.*, X.)

41. *Horace, qui a chanté en XIX. sortes de Vers, comme disent les Grammariens*, p. 40.

« N'ayes honte de nommer Perot, car il le vault bien. » (*Quintil Horatian*.)

Le travail de Nicolas Perot avait alors été publié plusieurs fois à la suite des poésies d'Horace, notamment dans l'édition des Aldes de 1519, et dans celle de Simon de Colines de 1533.

42. *Chante moy d'vne Musette bien resonnante*, p. 40.

« Quel langage est ce chanter d'vne musette & d'vne flute ? Tu nous as proposé le langage Françoys : puis tu faitz des Menestriers, Tabourineurs & Violeurs. Comme ton Ronsard trop & tres arrogamment se glorifie auoir amené la lyre Grecque & Latine en France, pource qu'il nous faict bien esbahyr de ces gros & estranges motz Strophe & Antistrophe. Car iamais (par aduenture) nous n'en oysmes parler. » *(Quintil Horatian.)*

43. *Cete Ecclogue sur la naissance du filz de Monseigneur le Dauphin*, p. 40.

Ce fils du dauphin est François, fils de Henri II et de Catherine de Médicis, né à Fontainebleau le 19 ou le 20 janvier 1544, qui succéda à Henri II en 1559, sous le nom de François II. La pièce de Marot est une imitation de la quatrième églogue de Virgile, dans laquelle le poëte latin célèbre la naissance d'un fils de Pollion.

44. *Adopte moy aussi en la famille Françoyse ces coulans & mignars Hendecasyllabes*, p. 40.

« Ie te demande, Legislateur, les Vers Françoys des Chantz Royaux, Balades, Chapeletz, Rondeaux, Epistres, Elegies, Epigrammes, Dixains & translations, sont-ilz pas tous Hendecasillabes & Decasillabes selon la derniere masculine ou feminine ? Comment veux tu donc que nous adoptions en nostre famille (pour auec toy parler iurisperitement en Françoys) ceux qui nous sont naturelz & legitimes & que les autres langues par aduenture ont prins de nous ? C'est mal entendu le droict. » *(Quintil Horatian.)*

45. *Quand aux Comedies &, Tragedies*, p. 40.

« De Comedies Françoyses en Vers, certes ie n'en sçay point ; mais des Tragedies assez, & de bonnes, si tu les sceusses congnoistre, sur lesquelles n'vsurpe rien la farce, ne la Moralité (comme tu estimes) ains sont autres Poëmes à part. » *(Quintil Horatian.)*

46. *Que pour admirer les choses haultes, on ne laissoit pourtant de louer les inferieures*, p. 42.

Tout ce morceau est encore tiré du 1er chapitre de l'*Orateur* de Ciceron.

47. *Que n'eussions encores des Virgiles*, p. 43.

Allusion au vers si connu de Martial (liv. VIII, epigr. LVI, 5) :
Sint Mæcenates, non deerunt, Flacce, Marones.

48. *Qui vouloit plus toſt la venerable puiſſance des Loix eſtre rompue, que les Œuures de Virgile...feuſſent brulées*, p. 43.

Frangatur potius legum veneranda potestas,

a dit Auguste dans un vers que le biographe de Virgile nous a conservé.

49. *Cet autre grand Monarque qui deſiroit plus le renaitre d'Homere que le gaing d'vne groſſe battaille*, p. 43.

« Alexandre voyant vn meſſager qui accouroit à luy avec vne face riante, & luy tendoit la main de tout loing, luy dit : « Quelle bonne « nouuelle me ſçaurois tu plus apporter, mon bel amy, ſi tu ne me « venois dire, qu'Homere fuſt reſſuſcité. » (Plutarque, *Sur les Progrès dans la vertu*, XLV.)

50. *De peur que le vent d'Affection ne pouſſe mon Nauire*, p. 44.
« ...Tu commetz vn lourd Solœciſiſme diſant *mon nauire* pour *ma nauire*. » (*Quintil Horatian*.)

51. *Si Horace permet qu'on puyſſe en vn long Poëme dormir quelquesfois*, p. 44.
Allusion à ce passage de l'*Art Poétique* :

... Quandoque bonus dormitat Homerus.
Verum opere in longo fas est obrepere somnum.

(Vers 359 et 360.)

52. *Accommode donques telz Noms propres de quelque Langue que ce ſoit, à l'vſaige de ton vulgaire*, p. 45.
« Pourquoy eſcrits tu donc *Pytho, Erato*? veu que nous n'auons analogie de ſemblable terminaiſon Francoyſe ou tu euſſes bien peu dire *Python, Eraton*, comme *Platon, Ciceron, Iunon*. » (*Quintil Horatian*.)

53. *Vſe de motz purement Francoys*, p. 45.
« Ce commandement eſt tresbon, mais tresmal obſerué par toy Precepteur, qui dis : *Vigiles* pour *veilles, ſonger* pour *penſer, dirige* pour *adreſſe, epithetes non oyſifz* pour *ſuperfluz, pardonner* pour *eſpargner, adopter* pour *receuoir, liquide* pour *clair, Hiulque* pour *mal ioinct, religion* pour *obſeruance, thermes* pour *eſtuues, fertiles en larmes* pour *abondant*, *recuſe* pour *refuſe, Le manque flanc* pour *le coſté gauche, guerriere* pour *combatante, raſſerener* pour *rendre ſerain, Buccinateur* pour *publieur, fatigue* pour *trauail, intellect* pour *entendement, aliene* pour *eſtrange*,

tirer pour *peindre* ou *pourtraire*, *moleſtie* pour *ennuy*, *venuſte* pour *venuſteté*. Comme de *honneſte honneſteté*, *moy* pour *ie*, *pillé* pour *prins*, *ennobly* pour *anobly*, *obliuieux* pour *oblieux*, *ſinueux* pour *courbe & contourne*, & infiniz ſemblables que trop long ſerois à les nombrer.

« Item improprietez, comme *vins libres* pour *ioyeux*; *hurter la terre du pied libre*, pour *aller ſeurement*; *eſclaircir voile*, pour *eſclairer*; *donner la derniere main* pour *mettre fin & paracheuer*.

« Item les vices de la langue du pays comme *o* pour *auec*, *Qui de l'vn qui de l'autre*, *Qui Grec*, *Qui Latin*, pour: *Tant de l'vn que de l'autre, tant Grec que Latin...* » (*Quintil Horatian.*)

54. *Le Seigneur Loys Aleman, en ſa non moins docte que plaiſante Agriculture*, p. 47.

Du Bellay a ici en vue: *La Coltiuazione del. sig.* Luigi Alamanni. Stampato in Parigi, da Roberto Stephano, 1546, petit in-4°. La dédicace, datée de Fontainebleau, le 24 juin, est adressée à Catherine de Médicis, alors dauphine.

55. *Si l'orthographe Francoyſe n'euſt point eté deprauée par les Praticiens*, p. 47.

« Ains au contraire, par les practiciens a eſté & eſt & ſera efforcéement retenue en ſon entier contre la nouuelle Paradoxologie. » (*Quintil Horatian.*)

56. *Ie te renuoye à ſon Liure*, p. 47.

Ce livre est intitulé: *Traité touchant le commun vſage de l'eſcriture francoiſe, faict par* Loys Meigret, *Lyonnois: auquel eſt debattu des faultes, & abus en la vraye & ancienne puiſſance des letres...* 1545. A Paris. On les vend au Palais... es bouticques de Iean Longis, & Vincent Sertenas, libraires. — In-8°.

57. *Non point ſeulement au Vers, mais à l'Oraiſon*, p. 48.

Voyez l'*Orateur*, XX, 67.

58. *En ces diuines experiences de Virgile, comme du fleuue Glacé, des douze Signes du Zodiaque, d'Iris, des XII Labeurs d'Hercule & autres*, p. 51.

Voyez *Géorg.*, III, 360; I, 231; *Enéide*, V, 606; VIII, 287.

59. *Que les Periodes ſoint bien ioinclʒ*, p. 52.

« Si tu fais Ode feminin (comme il eſt), pourquoy fais tu Periode maſculin? ce qu'il n'eſt pas. » (*Quintil Horatian.*)

60. *Icelle pronunciation & Geſte approprié à la matiere que lon traite, voyre par le iugement de Demoſthene, eſt le principal de l'Orateur*, p. 53.

« Siquidem et Demosthenes quid esset in toto genere dicendi summum interrogatus, pronunciationi palmam dedit. » (Quintilien, *Instit orat.*, XI, 2.)

61. *Veu que la Poëſie (comme dit Ciceron) a eté inuentée par obſeruation de Prudence, & meſure des Oreilles*, p. 53.

« Ut igitur poetica et versus inventus est terminatione aurium et observatione prudentium. » (*Orator*, 178.)

62. *Les vers de luy, par luy pronuncez, etoint ſonoreux & graues : par autres, flacques & effeminez*, p. 53.

On lit dans la *Vie de Virgile*, par Donat :

« Pronunciabat... maxima cum suavitate et lenociniis miris. Seneca tradidit Julium Montanum poëtam solitum dicere involaturum se quædam Virgilio, si et vocem posset, et os, et hypocrisim : eosdem enim versus, eo pronunciante, bene sonare ; sine illo, inarescere, quasi mutos. »

Le passage de Sénèque auquel Donat fait allusion ne nous est point parvenu.

63. *Ces importuns verſificateurs, nommez des Grecz μουσοπάταγοι, qui rompent à toutes heures les Oreilles des miſerables Auditeurs par leurs nouueaux Poëmes*, p. 54.

Du Bellay se rappelle ici ce passage d'une lettre de Cicéron : « Non mehercule quisquam μουσοπάταγος libentius sua recentia poemata legit quam ego te audio quacunque de re, publica, privata, rustica, urbana. » (*Epist. ad Quint. fratrem*, lib. II, epist. 9.) Estienne, qui dans son *Thesaurus linguæ Græcæ* ne cite au mot μουσοπάταγος que cette seule autorité, remarque cependant qu'on lit dans certains manuscrits μουσοπάτακτος, *poſſédé du démon des vers*. C'est cette dernière leçon qui est aujourd'hui généralement adoptée.

64. *Qui defendit que nul n'entrepriſt de le tirer en Tableau, ſi non Apelle, ou en ſtatue, ſi non Lyſippe*, p. 55.

> *Edicto vetuit ne quis se, præter Apellem,*
> *Pingeret, aut alius Lysippo duceret æra*
> *Fortis Alexandri vultum simulantia.*

(Horace, liv. II, épitre 1, vers 239-241.)

65. *Ce Quintilie, dont parle Horace en ſon Art Poëtique*, p. 55.

Voyez les vers 438-444. Voyez aussi ci-dessus, p. 476.

66. *Nous ecriuons ordinairement des Poëmes autant les Indoctes comme les Doctes*, p. 55.

> *. . . . Quod medicorum est*
> *Promittunt medici : tractant fabrilia fabri :*
> *Scribimus indocti doctique poemata passim.*

(Horace, liv. II, épitre 1, vers 115-117.)

67. *Ces* Trauerſeurs *ſoient renuoyés à la Table ronde*, p. 56.

Dans le passage qui précède, Du Bellay a en vue le *Printemps de l'humble eſperant*, publié en 1536 par Jean le Blond; le *Coup d'eſſay*, poëme de Sagon dirigé contre Marot, et les *Ruiſſeaux de Fontaine*, de Charles de Fontaine. Quant au nom de *banni de lyeſſe*, il avait été choisi par François Habert; celui d'*eſclave fortuné* appartenait à Michel d'Amboise, et Jean Bouchet s'était qualifié : *Trauerſeur des voies perilleuſes*.

68. *Horace, qui veult ſes œuures eſtre leuz de trois ou quatre ſeulement, entre leſquelz eſt Auguſte*, p. 57.

Voici le passage d'Horace que Du Bellay se rappelle ici :

> . . . . *Neque te ut miretur turba labores,*
> *Contentus paucis lectoribus...*
> *Plotius et Varius, Mæcenas, Virgiliusque,*
> *Valgius, et probet hæc Octavius optimus...*
>
> (Liv. I, sat. x, vers 73 et suiv.)

Octavius n'est pas ici Auguste, comme l'a pensé Du Bellay, mais, suivant la remarque de Dacier, un contemporain, aujourd'hui presque oublié, qui s'était fait connaître comme poëte et comme historien.

69. *Pour auoir employé la Langue Attique aux Commendemens du Barbare*, p. 58.

« On loue auſſi grandement ce qu'il feit, touchant le truchement qui vint auec les ambaſſadeurs du roy pour demander l'eau & la terre, c'eſt à dire, entiere recognoiſſance & obeïſſance aux Grecs ; car il le feit faiſir au corps & punir de mort, par decret public, pour auoir ozé employer la langue grecque aux commandemens des Barbares. » (Plutarque, *Vie des hommes illustres*, Themistocles, chap. XII.)

70. *La gloire du peuple Romain n'eſt moindre (comme a dit quelqu'vn) en l'amplification de ſon Langaige, que de ſes limites*, p. 58.

Du Bellay paraît se rappeler ici ce passage de l'éloge que Pline l'Ancien fait de Cicéron : « *Quanto plus est ingenii romani terminos in tantum promovisse quam imperii.* » (*Hist. nat.*, VIII, 31.)

71. *Tant d'autres Peſtes de la vie humaine, en ſont bien cloignées*, p. 59.

Tout le passage qui précède est une traduction assez fidèle des *Géorgiques* (liv. II, vers 149-152) :

> *Hic ver assiduum, atque alienis mensibus æstas :*
> *Bis gravidæ pecudes, bis pomis utilis arbos.*
> *At rabidæ tigres absunt, et sæva leonum*
> *Semina ; nec miseros fallunt aconita legentes.*

72. *Si par le decret des Amphictyoniens tu eusses eté contraint d'ecrire en Grec*, p. 59.
Voyez Plutarque, *Apophthegmes des Romains*, IX.

73. *Ce que font ordinairement ceux qui ecriuent en Grec & en Latin*, p. 59.

> Atqui ego, quum græcos facerem, natus mare citra,
> Versiculos, vetuit me tali voce Quirinus.
> Post mediam noctem visus, cum somnia vera:
> In silvam non ligna feras insanius ac si
> Magnas Græcorum malis implere catervas.
>
> (Horace, Satires. liv. I, x. 31-35.)

74. *Quant à l'Ortographe, i'ay plus suiuy le commun & antiq vsaige que la Raison*, p. 64.
« Tu as taict ce que tu dis ne faire. » *(Quintil Horatian.)*

75. L'OLIVE ET AVTRES ŒVVRES POETIQVES, p. 67.
La première édition est de format in-8º et a pour titre :

L'OLIVE
ET QVELQVES
AVTRES ŒVVRES POE-
TICQVES.
Le contenu de ce liure.

Cinquante Sonnetz a la louange de l'Oliue.

L'Anterotique de la vieille, & de la
ieune Amye.

Vers Lyriques.
Par I. D. B. A.
CAELO MVSA BEAT.
Imprimé à Paris pour Arnoul l'Angelier...
1549.
Auec priuilege.

Elle se compose de 36 feuillets non chiffrés, et de 2 feuillets contenant le privilège commun à la *Deffence*... et à l'*Oliue :* « Donné à Paris le vingtiesme iour de Mars, l'an de grace mil cinq cens quarante huict. » Les signatures typographiques sont en lettres capitales, tandis que celles de la première édition de *la Deffence*, dont nous avons donné la description ci-dessus, p. 475, sont en minuscules : la plupart du temps les deux ouvrages sont reliés ensemble. Cette édition de l'*Oliue* comprend un compliment latin de Dorat (Io. Auratus), que nous n'avions pas à reproduire : la dédicace et l'avis Au *lecteur*, que nous avons donnés ci-dessus, p. 67-69 ; les *sonnets* I-XXII, XXIV-XXXI, XXXIII-XXXIX, XLI-XLIII, XLV, XLVII-XLIX, LI, LII, LIV, LV, LVII et LIX, *l'Anterotique* et les *Vers lyriques*, p. 169-206 de notre édition, et l'*Epitaphe de Clement Marot*, p. 207.

La seconde édition, également de format in-8°, porte le titre suivant :

L'OLIVE AVGMEN-
TEE DEPVIS LA PREMI-
ere edition.
LA
MVSAGNOEOMACHIE
& aultres œuures poëtiques.
Auec priuilege pour IIII ans.
1550.
A Paris.
On les vend au Palais es boutiques de Gilles
Corroʒet & Arnoul L'angelier.

On lit à la fin de ce volume : *Imprimé pour Gilles Corroʒet, & Arnoul l'Angelier, libraires, par Maurice Menier imprimeur.* Il renferme 56 feuillets non chiffrés. On y trouve d'abord un placet au prévôt de Paris, suivi d'une permission d'imprimer et vendre *l'Oliue* pendant quatre ans, qui porte : « *Faict le tiers iour d'octobre, L'an mil cinq cens cinquante* » ; puis le *Sonnet* et l'avis *Au lecteur*, qui figurent aux pages 70-79 de notre édition ; une liste des *Faultes en l'impreſſion, qui n'ont eſté corrigées en tous les liures*, qui prouve qu'on se souciait alors de l'exactitude des textes beaucoup plus qu'on n'est porté à le croire de nos jours ; des compliments latins à Du Bellay; les CXV sonnets de *l'Oliue*, la *Musagnœomachie* et diverses pièces, formant les pages 81-168 de notre édition. Nous avons suivi le texte de l'édition de 1550 pour tout ce qu'elle contient, celui de l'édition de 1549 pour *l'Anterotique* et les *Vers lyriques*. Nous noterons seulement pour mémoire celle de 1554, qui est la première où l'on trouve, à la suite de *l'Oliue*, outre *la Musagnœomachie* et les autres pièces qui terminent la seconde édition, *l'Anterotique* et les *Vers lyriques*, qui avaient paru dans la première. L'édition posthume in-4°, de 1561, ajoute à ces diverses pièces l'*Epitaphe du seigneur Boniuet*, qui figure aux pages 206 et 207 de notre réimpression, puis la *Louange de la France*, et autres opuscules imprimés dans le présent volume aux pages 207-218, et dont quelques-uns avaient déjà paru à part. Voyez ci-après la note 102.

Olive est l'anagramme de *Viole*, nom de la maitresse de Du Bellay. Voyez la *Table des Noms*.

76. *Bien que le vœu...*, p. 67.

« Tu uſes par tout, sans exemple d'auctorité, de ce mot *Bien*, conceſſif ou exceptif, pour *or*, *ſoit*, ou *combien*. Auſſi en celle tranſlation de *Vœu* pour dedication d'œuure, tu abuſes de la propre ſignifiance de ce mot *Vœu*, qui n'eſt pas en acte choſe exterieure, comme douaire ou offrande (pour leſquelz par tout tu l'vſurpes) mais en penſée & vouloir interieur, & non au preſent mais à l'auenir, & ainſi en as tu abuſé en l'epiſtre à monſieur le Cardinal du Belay (voyez ci-dessus, p. 2, ligne 5). » (*Quintil Horatian.*)

77. *Auſquelʒ le Peintre n'a encores donné la derniere Main*, p. 68.

« Il fault dire *mettre en lumiere* (au lieu de *iecter en Lumiere*, qu'on trouve un peu plus haut), & *mis la derniere main*. » (*Quintil Horatian.*)

78. *Qui cùm cytharœdi eſſe non poſſent, & ce qui ſ'enſuit*, p. 72.

Voici la transcription complète du passage de Cicéron :

« Ut aiunt in Græcis artificibus, eos aulædos esse qui citharœdi fieri non potuerint : sic nonnullos videmus qui oratores evadere non potuerunt, eos ad juris studium devenire. » (XIII, 29.)

79. *Le Conſeil d'Horace, quand à l'edition des poëmes*, p. 73.

Ce conseil se trouve dans l'*Art poétique* (vers 386-388) :

... *Si quid tamen olim*
Scripseris, in Metii descendat judicis aures,
Et patris, et nostras : nonumque prematur in annum.

80. *Si je ne reſpons à ceulx qui m'ont appellé hardy repreneur*, p. 73.

Nous ne savons de quels critiques Du Bellay veut parler ici. Charles Fontaine lui dit bien, dans son *Quintil Horatian* : « Temerairement tu reprens ce que tu ne fais, » mais on ne connait pas d'édition de cet ouvrage antérieure à 1551.

81. *Celuy qui diſoit :* Mitte me in Lapicidinas, p. 75.

Tout le monde connait le mot du poëte Philoxène, qui, après avoir été envoyé aux carrières pour avoir trouvé mauvais des vers de Denys l'ancien, répondit, lorsque le tyran lui eut rendu la liberté et le consulta de nouveau sur ses poësies : « Qu'on me reconduise aux carrières. » Cette anecdote est racontée en détail par Diodore de Sicile dans sa *Bibliothèque historique*, liv. XV, 6.

82. *Quelques vns ſe plaignent de quoy ie blâme les traductions poëtiques en noſtre langue, dont ilʒ ne ſont (diſent-ilʒ) illuſtrateurs ny gaigeʒ ny renommeʒ*, p. 75.

Le chapitre v du livre Iᵉʳ de la *Deffence & Illuſtration de la langue francoiſe* (p. 12 et suivantes) est intitulé : *Que les Traduc-*

tions ne font fuffifantes pour donner perfection à la Langue
Francoyfe. Plus tard, les opinions de Du Bellay à l'égard des traductions en vers se modifièrent beaucoup, ainsi qu'on peut le voir
dans l'épitre qui précède sa traduction du *Quatrieme liure de
l'Eneide* (p. 336 et 337).

83. *Vne affectée demy-douzaine des plus renommez poëtes de
noftre langue,* p. 75.

Allusion à ce passage de la *Deffence de la langue francoyfe* :
« La Tourbe de ceux (hors mis cinq ou fix) qui fuyuent les principaux, comme Port'enfeignes, eft fi mal inftruicte de toutes chofes,
que par leur moyen noftre vulgaire n'a garde d'etendre gueres loing
les Bornes de fon Empire. » (Voyez ci-dessus, p. 35.) Sur quoi on
lit dans le *Quintil Horatian* : « Voyla bien defendre & illuftrer la
langue Françoyfe, n'y receuoir que cinq ou fix bons Poëtes, fi cinq
douzaines d'autres ne f'y oppofoyent, & pour le moins la grande
douzaine. Encore que autre part tu en nommes d'auantage, nom par
nom. »

84. *La refponce, que fift Virgile à vn quiddam Zoile, qui le reprenoit d'emprunter les vers d'Homere,* p. 76.

« Asconius Pedianus, libro quem contra obtrectatores Virgilii
scripsit, pauca admodum ei objecta ponit, et potissimum quod non
recte historiam contexuit, et quod pleraque ab Homero sumpsit.
Sed hod crimen sic defendere assuetum ait : *Cur non illi quoque
eadem furta tentarent ? Verum intellecturos facilius esse Her-
culi clavam quam Homero versum surripere.* (Tib. Cl. Donati
De P. Virgilii vita.)

85. *Ils feroint en hazard d'eftre accouftrez en corneille Horacienne,* p. 76.

Allusion à ce passage d'Horace :

> *Ne, si forte suas repetitum venerit olim
> Grex avium plumas, moveat cornicula risum
> Furtivis nudata coloribus...*
>
> (Liv. I, épitre III, vers 18-20.)

86. *Me tire bien fouuent la Mufe (comme dict quelq'vn) furti-
uement en fon œuure,* p. 78.

C'est Ovide qui s'exprime ainsi dans les *Tristes* : (IV, x, vers 19
et 20.)

> *At mihi jam puero cœlestia sacra placebant
> Inque suum furtim musa trahebat opus.*

87. *D'vne affez viue courfe,* p. 82.

Dans l'édition de 1549, on lit : *D'vne affez lente courfe.*

88. *Ny toute l'eau d'oubly, qui en eſt ceinte,*
Effaceroient..., p. 87.

« Tu as eſcrit *effaceroyent* pour *n'effaceroyent*, fuyuant la phraſe Latine, ou tu ne deuois craindre a redoubler la negation a l'exemple des Grecz & ſelon le bon uſage Françoys. » (*Quintil Horatian.*)

89. *Charte*, p. 90.
Ainsi à partir de l'édition de 1554; dans les précédentes, *carte.*

90. *Aux bordẓ herbuẓ du recourbé Méandre*, p. 110.
Du ſinueux Méandre, dans la première édition.

91. *D'aeles bien empanées*, p. 124.
Empennées, dans l'édition d'Aubert.

92. *Tu es le mal, qui ne craint...*, p. 130.
Qui ne crains, dans l'édition de 1561.

93. *O toy, que mere & maratre on appelle*, p. 132.
Voyez ci-dessus, p. 477, note 6.

94. La Mvsagnœomachie, p. 139.

Du Bellay a expliqué lui-même ce titre dans l'*Auis au leƈteur* de la seconde édition de *l'Oliue* : « Ie te fay' preſent... d'vne *Muſagnæomachie*, c'eſt à dire la Guerre des Muſes & de l'Ignorance. » Cette pièce et les suivantes, jusqu'à la page 168, ont paru, pour la première fois, dans l'édition de 1550, comme nous l'avons expliqué ci-dessus, note 75.

95. *Du ſainƈt chœur*, p. 148.
L'édition de 1550 porte *cœur.*

96. Immitation de l'ode latine de Ian Dorat svr la mort de la Roine de Navarre, p. 160.

La pièce latine de Dorat se trouve au recto du dix-huitième feuillet d'un petit recueil in-8º intitulé : *Annæ, Margaritæ, Ianæ, sororum virginum, heroidum anglarum, in mortem diuæ Margaritæ Valesiæ, Nauarrorum reginæ, hecatodiſtichon. Acceſſit Petri Mirarii ad easdem virgines Epistola : una cum doctorum aliquot virorum Carminibus.* Pariſiis, Ex officina Reginaldi Calderii & Claudii eius filii. Anno ſalutis 1550. Cum Priuilegio. Le titre de la pièce est : *Io. Aurati in D. Margaritam Reginam Nauarræ.*

97. *Vieille, qui rends ſemblable halaine*
A celle du ſtigieux Gouphre, p. 170.

« *Goulphre* pour *Goulphe*, qui vient de κόλπος, mais c'eſt pour venir à la ryme. » (*Quintil Horatian*.)

98. *Sauua ſa vie en ſe pendant*, p. 170.

Il s'agit ici de Lycambe, qui se tua pour échapper aux invectives d'Archiloque, à qui il avait refusé sa fille en mariage.

99. *Quoy qu'il ſ'en fache, ou qu'il en hongne*, p. 172.

« Ce vers... ne ſert que de cheuille au ſens, & ſi ne tombe pas en bonne cadence de ryme *hongne* contre *mignonne*. » (*Quintil Horatian*.)

100. *Ie n'ay (Lecteur) entremellé fort ſuperſticieuſement les Vers Maſculins auecques les Feminins*, p. 175.

A ce sujet voyez ci-dessus, p. 52, le morceau qui commence par : « Il y en a qui fort ſuperſticieuſement entremeſlent les vers Maſculins auecques les Feminins... »

101. *De ce grand*, p. 206.

Ainſi dans l'édition d'Aubert. Les deux mots *ce grand* ne se trouvent pas dans l'édition de 1561.

102. Lovange de la France et dv Roy treschrestien Henry II, p. 207.

Il y a une édition séparée de cet ouvrage dont le frontispice porte, outre le titre que nous venons de transcrire fidèlement : ensemble vn discovrs svr la poesie, Av Roy. Par Ioach. Dvbellay Ang. A Paris, *De l'Imprimerie de Federic Morel, rue S. Ian de Beauuais, au Franc Meurier*. M. D. LX. Avec privilege. Cette édition, de format in-4°, se compose de 8 feuillets chiffrés. C'est celle que nous avons suivie quant à l'orthographe pour la *Louange* et pour le *Diſcours* ; elle ne diffère d'ailleurs en rien, quant au texte, des autres éditions.

103. Av mesme Thevet svr ses *SINGVLARITEZ DV LEVANT*, p. 217.

Le titre donné à l'ouvrage de Thevet n'est pas exact ; il a été formé de ceux de ses deux principales publications : *Cosmographie du Leuant*. Lyon, 1558, in-4°. *Les ſingularitez de la France Antlarctique, autrement nommée Amérique...* Paris, 1558, in-4°. Cette piece de vers ne se trouve pas, comme on serait tenté de le croire, en tête de l'un de ces ouvrages.

104. Recveil de Poesie, presenté a tresillvstre Princesse Madame Margverite..., p. 219.

La première édition de ce recueil porte l'intitulé que nous avons reproduit p. 219, et de plus : par I. D. B. A. Le titre est entièrement imprimé en lettres capitales. On lit à l'adresse : A Paris. Chez

Guillaume Cauellat, à lenſeigne de la Poulle graſſe, deuant le college de Cambray. M.D.XLIX. Avec privilege. Le volume, de format in-8°, renferme 96 pages et un feuillet non chiffré, contenant au recto LE PRIVILEGE DV ROY, daté « *du cinquieſme Nouembre cinq cens quarente neuf* (sic), » et accordé à « *Iaquette Turpin* », et au verso les « *Faultes en l'impreſſion* ».

Ce volume renferme dans ses 67 premières pages tout ce qui est contenu aux pages 219-267 de notre édition, puis, aux pages 68-95, une :

BRIEVE EXPOSITION DE QVELQVES
*paſſaiges poëtiques les plus difficiles contenuz
en cet œuure.*

Enfin à la page 96, le *Dialogue d'vn amoureux & d'Echo*, qui se trouve aux pages 273 et 274 de notre édition. « Ian Prouſt Angeuin, » auteur de la *Brieue expoſition*, nous apprend qu'il l'a entreprise, « voulant fatisfaire au plaifir & contentement de plufieurs bons iugemens, non toutefois exercitez en la lecture des poëtes, & fingulierement pour foulaiger l'honneſte labeur des dames & damoizelles, qui voluntiers aiment à lire chofes exquifes & non vulgaires... »

Jean Proust, à l'exemple de bien des commentateurs, accumule dans son travail une foule de notes inutiles, meme aux *damoiʒelles*, pour peu qu'elles aient reçu l'instruction la plus élémentaire ; il nous apprend que Cérès est « celle qui premierement enfeigna l'vfaige du blé aux hommes » ; que Bacchus « monſtra premier la maniere de planter la vigne ». Nous lui emprunterons fort rarement des renseignements de ce genre, mais nous extrairons avec soin de ses notes ce qui concerne les contemporains de notre poëte et les allusions qu'il fait à leur vie ou à leurs œuvres.

Le *Recueil de poëſie* reparut sous la date de 1553, toujours chez Cavellat, avec cette mention sur le titre : *Reueu & augmenté depuis la premiere edition*. On lit au verso du frontispice, au bas du privilége : « Acheué d'imprimer le huictiefme iour de Mars 1552 » ; et à la fin du volume, qui contient 93 pages : *Imprimé à Paris par Benoiſt Preuoſt, demeurant en la rue Frementel, à l'enſeigne de l'Eſtoille d'Or*. On trouve dans cette édition, après les pièces contenues dans la première et reproduites aux pages 219-267 de la nôtre : 1° une pièce intitulée *A vne Dame*, reproduite en 1558, sous le titre de *Contre les Petrarquiſtes*, dans les *Ieux ruſtiques*, où nous l'avons maintenue dans notre second volume ; 2° *La Mort de Palinure, du cinquieſme de Virgile*, placée en 1560 avec les *Deux liures de l'Eneide de Virgile*, et réimprimée aux pages 390-394 du présent volume ; enfin l'*Elegie* et la *Chanſon* qui se trouvent ci-dessus aux pages 267-273, et le *Dialogue d'vn amoureux & d'Echo*.

Goujet parle d'une édition intitulée : *Recueil de poëſie.... aug-*

menté, *oultre les précédentes impreffions, par l'auteur, Joachim
du Bellay,* 1558, in-8º. Nous n'avons pu la trouver ; peut-être y
a-t-il eu là du reste quelque confusion avec l'édition de 1553. Enfin
l'édition in-4º de 1561, *De l'Imprimerie de Federic Morel,* qui
porte au titre la mention : « Reueu & augmenté par l'auteur
I. D. B. A. », contient, outre ce que renferment les éditions précédentes, les pièces que nous avons publiées ci-dessus aux pages
274-284. Celles qui, dans notre édition, terminent le recueil, y ont
été ajoutées par Aubert ; nous en indiquons, dans nos notes, les éditions antérieures. Nous avons suivi l'édition de 1553, en y joignant
successivement ce que nous fournissaient les suivantes.

105. Prosphonematique, p. 222.

« Ce tiltre eſt pris du grec, & ſignifie autant que *ſalutation*.
Dionys. Halicarnaſſ. a fait vn traiƈté des Proſphonematiques, parlant des ſalutations qu'on fait aux Roys & grands ſeigneurs aux
entrées de leurs villes & prouinces. Il ne fault trouuer eſtrange la
nouueauté du terme, veu que les Latins ont pris des Grecs les noms
de leurs proëſmes, & que noſtre langue depuis peu de temps a deſia
receu *ode*, *epithalame*, *panegyrique* & autres. » (Ian Prouſt,
Brieue expoſition.)

Il y a une édition séparée de cet ouvrage, qui très-probablement
est la première, et dont voici le titre complet :

PROSPHONEVMATIQVE

AV ROY TRESCRETIEN

HENRY II.

Le iour de ſon entree a Paris 14. *de Iuin* 1549.

A PARIS,

De l'imprimerie de Michel Vaſcoſan.

M.D.XLIX.

Cette pièce, de format in-8, se compose de 8 feuillets ; les deux
derniers sont blancs. On lit à la fin la devise CAELO MVSA BEAT
et les initiales I. D. B. A.

106. *Voſtre arc diuin,* p. 222.

« Le poëte Pindare attribue vn arc aux Muſes, appellant *fleſches*
les beaux vers qu'elles chantent. » (Ian Prouſt, *Brieue expoſition*.)

107. *Bras Angeuin,* p. 222.

« L'Autheur deſigne le lieu de ſa natiuité. » (*Ibid.*)

108. *Ce traiƈt puiſſant,* p. 222.

« C'eſt le vers heroique, le plus graue de tous, comme celuy qui
chante voluntiers les louanges des dieux & des roys. » (*Ibid.*)

109. *Alpes chenues*, p. 225.

« Pource qu'elles blanchiffent de perpetuelle neige. » (*Ibid.*)

110. *Vierges fatales*, p. 226.

« Qui tiennent la vie & les deftinées des hommes. Elles font trois : Clotho, Lachefis & Atropos, & font filles de Demogorgon l'ancien père des dieux. » (*Ibid.*)

111. *Les fleches Françoifes*, p. 227.

« Il (*Le Roy trefchreftien*) porte... les fleches, l'arc & la trouffe de Diane. » (*Ibid.*)

112. *Le Leopard*, p. 227.

« Ce font les armes du Roy d'Angleterre. » (*Ibid.*)

113. *Le beau Croiffant*, p. 227.

« C'eft la deuife du Roy trefchreftien qu'il porte auec' ces mots : *Donec totum impleat orbem.* » (*Ibid.*)

114. *La Foy chenue*, p. 227.

« Pource que plus voluntiers elle fe treuue és hommes chenuz plus conftans que les ieunes. » (*Ibid.*)

115. *Ton antique auerfaire*, p. 229.

Aduerfaire, dans l'édition de 1561.

116. *Souldard*, p. 229.

L'édition de 1561 porte ici et plus loin *foldat* au lieu de *fouldard*.

117. *N'auous*, p. 232.

Pour *n'avez-vous*, contraction qui subsiste encore dans la prononciation rustique ou populaire.

118. *Les vers fucrez*, p. 232.

« Les vers lyriques plus doulx que les autres, pour eftre de mefeure plus gaillarde & legiere. On les chantoit anciennement fur la lyre, maintenant fur le luc, fur tous inftrumentz eftimé aux cours des Princes & grands feigneurs. » (Ian Prouft, *Brieue expofition*.)

119. *Loyre plus profonde*, p. 232.

« Pource qu'entre Angers & Nantes (qui eft le paiz de l'autheur), Loyre approchant de la mer, fe faict toufiours plus profunde. » (*Ibid.*)

120. *La louange nous agrée,*
   La louange nous recrée. P. 234.

   On lit dans la première édition :

   La louange bien sucrée
   Les oreilles nous recrée.

121. *La noire tourbe enuieuse*
   Des corbeaux... P. 235.

   « Par les corbeaux il entent les mauuais poëtes : par les cygnes les bons, pour ce que le cygne est dedié à Phebus, le Dieu des Poëtes. Si tu veulx entendre ceste allegorie, voy l'Ariofte en ce chant ou Astolphe va querir le sens de Roland en la Sphere de la lune. » (Ian Prouft, *Brieue expofition.*)

122. *Celle ou Ferrare se mire*, p. 235.
   « Madame la Duchesse d'Aumale, bien digne pour son sçauoir d'estre mise au ranc des IX. Mutes. » (*Ibid.*)

123. *Les trophées de Marignan*, p. 239.
   « C'est le lieu ou le feu Roy gaigna la bataille contre les Suysses. Carignan est renommé par la victoire de feu Monseigneur d'Anguien. » (*Ibid.*)

124. *La vertu Salaminienne*, p. 239.
   On lit dans la première édition :
   La vertu d'Aiax ancienne.

125. *Qui tant sceut Achille extoller*, p. 241.
   « C'est Homere, qui en son Iliade, auec vn merueilleux ftyle, exalte la vertu d'Achille. » (Ian Prouft, *Brieue expofition.*)

126. *Le cygne Thebain*, p. 241.
   « Pindare, prince des lyriques Grecz. » (*Ibid.*)

127. *Le Mantuan*, p. 241.
   « Virgile, Homere des Latins, qui a chanté les batailles d'Enée. » (*Ibid.*)

128. *Ce Calabrois*, p. 241.
   « Horace, le premier des lyriques Latins. » (*Ibid.*)

129. *Pasteur Neapolitain*, p. 241.
   « Iacq. Sennazar natif de Naples modernes... » (*Ibid.*)

130. *Le Lot, le Loyr*, p. 242.
   « Ce sont les fleuues des plus renommez poëtes Francois de nostre temps. Ilz sont assez congnuz par leurs œuures, sans que ie les nomme. » (*Ibid.*)

131. *Congnoift*, p. 243.

Il y a *cognoift* dans la première édition, mais cela est relevé dans la liste des *Faultes en l'impreſſion*.

132. *De la fameuſe Sereine*, p. 243.

« Les Chalcidiens cherchant nouuelles habitations, trouuerent la fepulture de l'vne des trois Sereines, nommée Parthenopé, en celle region d'Italie, ou eft maintenant la cité de Naples, qu'ils edifierent lors. Elle eft par les poëtes fouuent nommée Parthenope du nom de la Sereine, fur le fepulchre de laquelle en furent ietez les premiers fondementz. » (Ian Prouft, *Brieue expoſition*.)

133. *Le mont...*, p. 243.
« C'eft la montaigne d'Ætna... » (*Ibid.*)

134. *Typhis*, p. 246.
« C'eftoit le patron du nauire de Iafon au voyaige des Argonautes. » (*Ibid.*)

135. *Celui Macrin, que tu congnois*, p. 248.
« Salmon Macrin poëte lyrique moderne natif de Loudun a dedié fon liure à feu monfeigneur de Langé, & à monfeigneur le Cardinal du Bellay. » (*Ibid.*)

136. *Le Leſbien*, p. 248.
« C'eftoit Alcée poëte lyrique, natif de Lefbos... » (*Ibid.*)

137. *Sceurent*, p. 251.
Il y a bien ici *fceurent* dans toutes les éditions, quoique le sujet du verbe soit au singulier.

138. *La vieille au viſaige bleſme*, p. 253.
« C'eft l'enuie, qui fe tourmentant du bien d'aultruy, fe donne torment à foymefmes. » (Ian Prouft, *Brieue expoſition*.)

139. *Ta petite Sarte*, p. 253.
« Pour ce que Bouiu eft né pres de Sarte... » (*Ibid.*)

140. *Cet audacieux feuure*, p. 256.
« L'Ingenieux architecte Dedalus... » (*Ibid.*)

141. *La docte Gyronde*, p. 259.
« ... Il l'appelle docte à caufe d'Aufonne excellent poëte, qui feut né à Bordeaux, & de Carles, qui en eft auffi natif. » (*Ibid.*)

142. *Thebes encor' eſt glorieuſe*
    Du luc ſur tous le mieulx appris, p. 260.

« Pindare, prince des poëtes lyriques, eftoit natif de Thebes... » (*Ibid.*)

143. *De Seine*, p. 260.

« Pource qu'Heroet eſt natif de Paris. » (*Ibid.*)

144. *Du double mont*, p. 260.

« De Parnaze, ſeiour des muſes, pource qu'Heroet, qui a ſuyui Platon, a traicte en vers ſon liure de la perfection d'amour. » (*Ibid.*)

145. *A qui iadis*, p. 260.

« Les mouſches à miel ſeurent trouuées en la bouche de Platon encor' enfant, lorſqu'il dormoit... » (*Ibid.*)

146. *Tu as rompu l'arc*, p. 260.

« Les poëtes attribuent vn arc & des fleſches a Cupido dieu d'amour, qu'Heroet a traicte ſelon la verité de philoſophie, & non ſelon les fictions poëtiques... » (*Ibid.*)

147. *Deſſoubs qui les loix ſe repoſent*, p. 261.

« C'eſt vne alluſion à Monſeigneur le Chancelier à qui Heroët touche de conſanguinité. » (*Ibid.*)

148. *Au vieil Thebain*, p. 261.

« Amphion excellent harpeur... » (*Ibid.*)

149. *Coquille dorée*, p. 261.

« Mercure, encor' enfant trouuant la coquille d'vne tortue, y adapta des chordes, & en fiſt la lyre. » (*Ibid.*)

150. *L'Aſſyrienne, & Camille*, p. 265.

« La premiere eſtoit celle tant fameuſe Royne des Aſſyriens Semyramis, qui fonda la grand cité de Memphis, & apres la mort de ſon mari Ninus, gouuerna long temps le royaume ſoubs la ſemblance de ſon filz. La ſeconde eſtoit celle vierge chaſſereſſe chantée par le poëte Virgile. » (*Ibid.*)

151. *Celle qui feiſt plus feconde*
     De ſes enfans la faconde. P. 266.

« Hortenſie, mere des deux Gracches, excellents orateurs Romains. » (*Ibid.*)

152. *Me*, p. 267.

Ainsi dans l'édition d'Aubert, *ne* dans les précédentes.

153. *Noſtre*, p. 268.

Ainsi dans la première édition, *voſtre* dans les suivantes.

154. *Trayſon*, p. 272.

L'édition de 1553 porte *trahiſon*, qui ne fait point le vers.

155. Av Pape, le premier iovr de l'an, p. 283.

Cette pièce, qui, comme nous l'avons indiqué (voyez ci-dessus, fin de la note 104), se trouve dans le recueil in-4º de 1561, a été placée par Aubert dans les *Diuers Poëmes*, peu après une pièce *Sur le papat de Paule IV*, à qui la présente pièce était sans doute aussi adressée.

156. Ode svr la naissance dv petit dvc de Beavmont, p. 284.

Cet ouvrage parut en 1561 avec le titre que nous avons reproduit a la page indiquée. On lit à la suite de ce titre dans cette édition, qui est de format in-4º : Par I. D. B. A. *Enſemble certains Sonnets du meſme auteur à la Royne de Nauarre, auſquels ladicte Dame fait elle meſme reſponſe.* A Paris, de l'Imprimerie de Federic Morel, rue S. Ian de Beauuais, au Franc Meurier. M. D. LXI. Avec privilege dv Roy. Au recto du neuvième feuillet commencent les *ſonnets* que nous avons reproduits aux pages 295 et suivantes ; ils n'ont ici d'autre titre que : A la royne de Navarre ; ensuite vient au verso du 13ᵉ feuillet l'Hymne chrestien, qu'on trouve aux pages 325 et suivantes de notre édition. Voyez ci-après la note 200.

157. Discovrs av Roy svr la trefve de l'an M. D. LV, p. 302.

Nous suivons le texte de l'édition en 6 feuillets, in-4º, qui a pour adresse : *A Paris, De l'Imprimerie de Federic Morel. M. D. LIX.* C'est au verso du titre que figure le sonnet. Il a paru en 1561 une autre édition in-4º de cette même pièce. Voyez ci-après la note 159.

158. Hymne av Roy svr la prinse de Callais, p. 310.

Le titre est ainsi complété dans l'édition originale : Par Ioach. Dv Bellay. *Auec quelques autres œuures du meſme autheur ſur le meſme ſubiect.* A Paris, *De l'imprimerie de Federic Morel...*, M. D. LVIII. Avec privilege dv Roy. La pièce a 6 feuillets non chiffrés. Il y a sous le même titre une réimpression de 1559. Les *autres œuures* sont : *Euocation des dieux tutelaires de Guynes, Execration ſur l'Angleterre* et *Sonnet à la royne d'Eſcoſſe* (p. 314-316 de notre édition). La dernière de ces pièces ne figure pas dans le recueil d'Aubert. Le privilége qui se trouve au verso du titre porte : « Donné a Paris le xvii iour de Ianuier, Mil cinq cens cinquante sept. » Il y a une édition du *Diſcours au Roy* décrit dans la note 157, suivie de l'*hymne*. Voyez la note 159.

159. Les fvries contre les infractevrs de foy, p. 316.

Cette pièce, dirigée contre les Farnèse, que Philippe II avait rattachés à ses intérets en leur rendant Plaisance, a paru en 1561, à la suite d'une édition du *Diſcours au Roy ſur la trefue* (voyez la note 157). Nous avons suivi ce texte quant à l'orthographe, mais nous avons cherché à corriger les fautes nombreuses qu'il renferme, en nous aidant de celui d'Aubert ; toutes les fois, du reste, qu'il pouvait y avoir un doute ou que la variante était de quelque importance, nous avons, comme on va le voir, mis le lecteur à même de juger lui-même en dernier ressort.

160. *Ie n'auouroy*, p. 317. Ainsi dans l'édition d'Aubert; *Ie n'a-uouëray*, dans celle de 1561.

161. *Eſtoit-ce donques là*, p. 317 (1561). *Eſtoit-ce donques, En-fans* (Aubert).

162. *Voſtre orgueil, voſtre enuie*, p. 317 (Aubert). *Voſtre orgueil, voſtre ennuy* (1561).

163. *Monſtres ſi tortueux*, p. 317 (Aubert). *Que monſtres tortueux* (1561).

164. *Fils dignes*, p. 318 (1561). *Dignes fils* (Aubert).

165. *Ou ſi la fable Grecque*, p. 318 (1561). *Et ſi...* (Aubert).

166. *Dont l'vn qui corrompu des pieds iuſqu'à la teſte*, p. 318 (Aubert). L'édition de 1561 donne cette leçon inintelligible : *De l'vn qui a rompu des pieds...*

167. *Buffon*, p. 318 (1561). L'édition d'Aubert donne la forme moderne *bouffon*.

168. *Ce fameux Vattican*, p. 319 (Aubert). *Du fumeux Vatticain* (1561).

169. *Ils ont*, p. 319 (Aubert). *Ont-ils* (1561).

170. *Les deſhontez*, p. 319 (1561). *Ces eſhontez* (Aubert).

171. *Dehaché*, p. 319 (1561). *Detranché* (Aubert).

172. *Ie receu*, p. 319 (Aubert). *I'ai receu* (1561).

173. *Ta foudre*, p. 319 (Aubert). *La foudre* (1561).

174. *Orage*, p. 319 (Aubert). *Courage* (1561).

175. *Leur meſchance*, p. 320 (Aubert). *La meſchance* (1561).

176. *S'engraua ſur le front d'vn reproche*, p. 320. *Un* et non *D'vn* (Aubert). *S'engraue ſur le front d'vn reproche* (1561).

177. *Fortes*, p. 320 (1561). *Grandes* (Aubert). Les cités dont il s'agit ici sont Parme et Plaisance, qu'Alexandre Farnèse, pape sous le nom de Paul III, détacha du domaine de l'Église pour son fils Pierre-Louis.

178. *Venu*, p. 320 (Aubert). *Venant* (1561).

179. *Sans*, p. 320 (Aubert). *Le* dans l'édition de 1561, avec une virgule après *chreſtienté* dans le vers suivant.

180. *Que baigne*, p. 320 (Aubert). *Qui vague* (1561).

181. *Reuomir*, p. 321 (Aubert). *Renuoyer* (1561).

182. *Hercul*, p. 322 (Aubert). *Herault* (1561).

183. *Si tu veulx faire à Dieu aggreable feruice*, p. 322 (Aubert).
Si de l'honneur mondain tu as quelque feruice (1561).

184. *Punir*, p. 322 (Aubert). *Purger* (1561).

185. *Ny*, p. 322 (Aubert). *Ne*, dans l'édition de 1561, ici et au vers suivant.

186. *Extirpe*, p. 322 (Aubert). *Entrappe* (1561).

187. *Germains*, p. 323 (Aubert). *Humains* 1561.

188. *O la Religion*, p. 323. Cette leçon est celle d'Aubert : elle ne paraît pas fort bonne, mais *A la religion*, qu'on lit dans l'édition de 1561, est tout à fait inintelligible.

189. *Receurez vous*, p. 323 (1561). *Receuez vous* (Aubert).

190. *Vn autre Deité*, p. 323. Il y a bien *vn* tant dans l'édition de 1561 que dans celle d'Aubert. Voir le *Glossaire*.

191. *Ce qu'encores en vous recognoiftre ie doy*, p. 323 (Aubert). *Ce qu'en vous & vers vous recognoiftre ie doy* (1561).

192. *En longue*, p. 323 (Aubert). *En telle* (1561).

193. *Voir qu'vn nouueau torment punit...*, p. 323 (Aubert). *Voir vn nouueau torment punir...* (1561).

194. *Afin que d'vn chacun par vous...*, p. 324 (Aubert). *Afin que par chacun de vous...* (1561).

195. *Plus mal*, p. 324 (Aubert). *Plus toft* (1561).

196. *Et où vous ne ferez*, p. 324 (Aubert). *Et là où vous ferez* (1561).

197. *N'ayez vous*, p. 324 (Aubert). *N'aurez vous* (1561).

198. *D'Agaué, d'Athree*. p. 324. Ces deux noms ont été fort mal traités : dans l'édition de 1561 on lit *d'Aganee, d'Artes*; dans celle d'Aubert la seconde faute a disparu, mais le premier nom est écrit *Agané*.

199. *Vous foient toufiours au dos*, p. 324 (1561). *A dos* (Aubert).

200. HYMNE CHRESTIEN, p. 325.

Cet hymne a été publié en 1561 à la suite de l'*Ode fur la naiffance du petit duc de Beaumont* (voyez ci-dessus, note 156). Les pièces qui le suivent dans notre édition, p. 327-331, ont paru pour la première fois, à notre connaissance, dans celle d'Aubert, qui termine ainsi le *Recueil de poéfie préfenté à... madame Marguerite*.

201. DEVX LIVRES DE L'ENEIDE... AVEC AVTRES TRADVCTIONS. p. 333.

Nous allons énumérer les divers autres ouvrages renfermés sous ce titre et dire où l'on rencontre chacun d'eux pour la première fois. Du Bellay avait publié lui-même un recueil dont voici la description :

      LE QVATRIESME
      LIVRE DE L'ENEIDE
      DE VERGILE, TRA-
      duict en vers Francoys.

      LA COMPLAINCTE DE
      Didon à Enée, prinſe d'Ouide.

      AVTRES OEVVRES DE
      l'inuention du tranſlateur.
      Par
      I. D. B. A.
      Auec Priuilege.
      A PARIS,
*Pour Vincent Certenas libraire, tenant ſa
boutique au Palais, en la gallerie par ou
lon va à la Chancellerie, & au mont
S. Hilaire en l'hoſtel d'Albret.*
      1552.

Le privilége est « Donné à Paris le premier iour de Feburier, L'an de grace mil cinq cents cinquante vn ». Ce volume, de format in-8, renferme 199 pages. Il contient : p. 2, un *ſonnet de I. de Morel* à Du Bellay ; p. 3-12, l'Épitre reproduite aux pages 333-339 de notre édition ; p. 13-15, divers compliments poétiques adressés à Du Bellay ; p. 16-91, tout ce qui est contenu dans notre édition aux p. 339-390 ; p. 92, un sonnet à Du Bellay par Baïf, que l'on trouvera dans les œuvres de ce dernier. Les p. 93-188 sont occupées par les *Œuures de l'inuention de l'Autheur*, que nous donnerons au commencement du 2ᵉ volume des *Œuures françoiſes de Du Bellay*. Elles ont un faux titre particulier. Aux p. 189-195 se trouve l'*Adieu aux muſes*, reproduit ci-dessus aux p. 435-440. La page 196 présente les *Faultes en l'impreſſion*. Le privilége est aux p. 197-199. Nous avons dit ci-dessus (p. 494), que *la mort de Palinure* a paru pour la première fois en 1553, dans le *Recueil de Poeſie*. Ce sont ces premières éditions que nous avons suivies. Le recueil intitulé : *Deux liures de l'Enéide...*, publié à Paris par Federic Morel en 1560, et réimprimé en 1561, contient tout ce que nous venons d'énumérer, et y ajoute le sixième livre de *l'Enéide*. C'est seulement à partir de l'édition de 1561 qu'on trouve le *Sonnet* que nous avons imprimé p. 435. L'édition d'Aubert reproduit toutes ces traductions et y ajoute, probablement d'après un manuscrit posthume de Du Bellay, la *Traduction d'vne ode latine* (voyez

p. 440-442), fort inexactement publiée, comme nous aurons bientôt occasion de le voir.

202. *Paſſent le temps en ie ne ſçay quelz exercices*, p. 334.

Du Bellay a blâmé en plus d'un endroit les divertissements frivoles que beaucoup de gens préfèrent aux plaisirs de l'esprit. Voyez ci-dessus p. 43, et, dans le tome II, l'avis *Au lecteur* des *Ieux ruſtiques*.

203. *Ie n'ay pas oublié ce qu'autrefois i'ay dict des tranſlations poëtiques*, p. 336. Voyez ci-dessus, p. 14 et 15.

204. *I'en dy autant de quelques motz compoſez comme* pié-ſonnant, porte-lois, porte-ciel, p. 337.

« Joachim du Bellay en quelque epiſtre, ſervant de preface, monſtre auoir quelque crainte que ces deux compoſez, *porteloix* et *porteciel*, par lui forgez (ainſi qu'il dit), ne deſplaiſent aux lecteurs; mais depuis la poeſie françoiſe ſ'eſt monſtree encore plus courageuſement hardie : teſmoin celuy qui a dict, *du ciel porteflambeaux* (a). » (Henri Eſtienne, *Precellence du langage françois*. Édit. de M. Feugère, p. 164.)

205. *Breſue*, p. 360. Ainſi dans l'édition de 1561 et dans celle d'Aubert, *briefue* dans celles de 1552 et de 1560.

206. *Mouron'-nous*, p. 371.

Ainsi dans les éditions de 1552, de 1560 et de 1561, et plus loin, p. 379, *demou'ra*, dans l'édition de 1552. Aubert met *mourron'-nous* et *demourra*.

207. *Calfatées*, p. 388.

Il y a dans le texte de l'édition de 1552 *calfeutrées* ; mais cette erreur est soigneusement corrigée dans la liste des *Faultes en l'impreſſion* dont nous avons parlé ci-dessus (p. 503). Cela n'a pas empêché toutefois qu'elle fût reproduite, en 1560, dans l'édition in-4° et dans les diverses réimpressions du recueil d'Aubert. Le mot *calfaté* est tout à fait technique et appartient au vocabulaire des « Mariniers » que Du Bellay a pris soin de recommander aux poëtes. Voyez ci-dessus, p. 54.

208. *D'vne ſaincte rouſee*, p. 405.

Toutes les éditions portent : *d'vne ſaincte rochee*, ce qui rime mal et a peu de sens. En jetant les yeux sur le texte latin,

Idem ter socios pura circumtulit unda,
Spargens rore levi et ramo felicis olivæ,

(a) C'est Du Bartas qui commence *Le Premier iour de la premiere ſemaine* par ce vers :

Toy qui guides le cours du ciel porte-flambeaux.

on voit sur-le-champ quelle correction l'on doit faire. Il y a lieu, du reste, en plus d'un endroit de ce sixième livre, qui n'a été publié qu'après la mort de Du Bellay, de pratiquer des restitutions de ce genre. Voyez la note suivante.

209. *La preſtreſſe d'Amphriſe*, p. 413.

Toutes les éditions portent *la preſtreſſe d'Anchiſe*, mais c'est ici la traduction d'*Amphrysia vates*.

210. L'Adieu aux Muses, pris du latin de Buccanan, p. 435.

Cette pièce est une imitation fort libre de la première élégie de Georges Buchanam, dont voici le titre ou plutôt le sommaire : *Quam miſera ſit conditio docentium litteras humaniores Lutetiæ*.

211. Traduction d'vne ode latine du mesme Buccanan, p. 440.

Cette ode, qui fait partie des *Miſcellanées* de Buchanam, a pour titre : *Ad Henricum II, Franciæ regem, de ſoluta vrbis Mediomatricum obſidione*. C'est dans le recueil d'Aubert qu'elle paraît pour la première fois, comme nous l'avons dit ci-dessus, p. 504, et le texte en est très-incorrect.

212. *Ardoit*, p. 441.

Il y a *perdoit* dans toutes les éditions, mais le latin, qui porte *ardebat*, ne laisse aucun doute sur la vraie leçon. Voyez la note suivante.

213. *Et l'eſquadron de la braue ieuneſſe*, p. 441.

Tout le passage qui précède est évidemment altéré, et il est assez difficile de le rétablir sûrement. Le texte latin, que voici, en donnera du moins le sens général :

> *Quis vultus illi? qui dolor intimis*
> *Arsit medullis? Spiritus impotens*
> *Cum claustra spectaret Moselæ,*
> *Et juvenum intrepidam coronam.*

214. Plvsievrs passages des meilleurs poetes grecs et latins Citez aux Commentaires du Sympose de Platon, p. 442.

Voici le titre complet de l'ouvrage d'où Aubert a tiré ces fragments de traduction de Du Bellay : *Le Sympoſe de Platon, ou de l'amour & de beauté, traduit de Grec en François, auec trois liures de Commentaires, extraictz de toute Philoſophie & recueillis des meilleurs autheurs tant Grecz que Latins, & autres, par Loys le Roy, dit Regius. Au Roy Dauphin & à la Royne Dauphine. Pluſieurs paſſages des meilleurs Poëtes Grecs & Latins, citez aux Commentaires, mis en vers François par I. Du Bellay, Angeuin. A Paris. Pour Iehan Longis & Robert le Mangnyer...* 1558. In-4°.

Au verso du titre se trouve un sonnet de Du Bellay qu'Aubert n'a pas recueilli et qu'on trouvera dans notre tome II.

Les passages des poëtes forment un recueil spécial qui commence au feuillet 154 par un faux titre particulier. Au verso de ce faux titre on lit la note suivante :

« Ayant recueilly en diuers paffages de mes Commentaires (ainfi que l'occafion fe prefentoit) plufieurs Vers des meilleurs poëtes Grecz & Latins, d'autant que ne me fentois affez expert en la Poëfie Françoife pour les traduire dignement, i'ay prié le Seigneur du Bellay trefexcellent poëte en Latin & en François de les tranflater, lequel pour l'amytié qui eft de long temps entre nous a entreprins cefte charge, dont il f'eft tant bien acquitté, qu'il ne les a pas feulement traduictz fidelement, gardant la maiefté de leurs fentences, qui eft fort difficile en vers, mais auffi a reprefenté les traictz, figures, couleurs & ornemens poetiques des deux plus belles langues, auec telle dexterité qu'il femble en auoir egallé les vns & furmonté les autres. Si fa modeftie le permettoit, ou fi fes œuures, qui font entre les mains de tous, ne le recommandoient affez, i'en dirois d'auantage. Mais qu'on r'imprime le liure, je les feray inferer dedans & mettray en François les autres lieux latins, afin d'euiter la diuerfité des langages, & pour toufiours effayer d'enrichir le noftre. »

Nous avons reproduit le texte original en supprimant seulement l'indication des pages du livre de Le Roy auxquelles se rapportent les passages traduits, indication qui ne pouvait être pour nos lecteurs d'aucune utilité. Nous avons supprimé pareillement un assez long fragment de la traduction de l'*Art poétique* d'Horace par Pelletier, qui venait entre un passage d'Ovide et un passage de Juvénal (p. 460 de notre édition) et qu'Aubert avait conservé sans qu'on puisse deviner pourquoi. Nous avons cru devoir laisser au contraire les fragments, très-peu nombreux d'ailleurs, de la traduction des livres IV et VI de l'*Énéide*, qui forment d'ordinaire double emploi avec la traduction complète de ces livres, mais qui parfois aussi présentent des variantes. Nous leur avons conservé l'orthographe qu'ils ont dans le volume de Le Roy.

215. *Les leurs*, p. 444.

Ainsi dans l'édition d'Aubert, *les leur* dans le volume publié par Loys Le Roy en 1558, comme nous l'avons déjà vu aussi dans la première édition de la *Deffence de la langue francoyfe* (ci-dessus, p. 55). Ce n'est pas là une faute d'impression, mais un souvenir de notre plus ancienne langue, où *leur* ou plutôt *lor*, venant d'*illorum*, ne prenait tout naturellement point le signe du pluriel ; aujourd'hui, que cette origine est oubliée et que le génie de la langue a changé, on a quelque peine à maintenir *leur* sans s, même devant les verbes, et la tendance populaire est de prononcer et d'écrire *je leurs ai donné, je leurs ai dit*.

216. *Plus qu'vn hault plein venerable*, p. 459.

Plein, plane, platane. Platano conspectior alta, dit Ovide dans le passage des *Métamorphoses* (XIII, 794) que Du Bellay traduit ici.

217. Tradvction d'vne Epistre latine de monsievr Tornebvs, p. 468.

Le titre que nous avons adopté pour cette pièce est celui qu'Aubert lui a donné à la table des matières de son recueil ; le titre qui se trouve dans le corps du volume ne contient pas ces mots : *de monsieur Tornebus*. La pièce d'Adrien Turnèbe dont celle-ci est traduite est intitulée : *De noua captandæ vtilitatis e litteris ratione epistola, ad Leoquernum*.

Ces vers ont paru d'abord à part sous le titre suivant :

LA NOVVELLE MA-
niere de faire son profit des lettres :
traduitte de Latin en François
par I. Quintil du Tronffay
en Poictou.
Ensemble le Poëte courtisan.
A Poictiers.
1559

Cette édition fort rare, dont un exemplaire existe à la Bibliothèque impériale sous le n° Y 4580, se compose de 8 feuillets in-8°. Elle a été reproduite au tome X des *Variétés historiques et littéraires* de la *Bibliothèque elzévirienne* (p. 131-150), par M. Édouard Fournier.

Le savant éditeur voit dans le nom de *Quintil du Tronffay* un pseudonyme de Du Bellay ; il pense que le poëte a voulu reprendre à son tour ce nom de *Quintil* en tête d'une pièce dont plusieurs traits s'appliquaient fort bien à Charles Fontaine, le satirique auteur de *Quintil Horatian*. Il est certain d'ailleurs que cet opuscule n'aurait pas été admis dans le recueil de 1560, qui commence par la *Monomachie*, et dont nous donnerons la description dans notre tome II, et que surtout il n'aurait pas figuré dans l'édition d'Aubert, qui était de Poitiers et devait fort bien connaître l'édition de 1559, si on avait pu douter un instant qu'il fût l'œuvre de Du Bellay.

218. *Et desdaigne en crachant la Françoise Minerue*, p. 470.

Ce passage, ainsi que l'a remarqué M. Édouard Fournier, fait songer à Charles Fontaine, fils d'un marchand, qui entreprit le voyage d'Italie pour faire sa cour à Renée de Ferrare, et qui en rapporta un grand mépris pour notre littérature nationale. On a pu voir dans nos notes précédentes comment il a parlé dans son

Quintil Horatian de Du Bellay, qui, du reste, il faut le reconnaître, avait été le premier à l'attaquer.

219. *Aux horloges de fable*, p. 471.

Allusion à l'usage, adopté d'abord par les Grecs et ensuite par les Romains, de mesurer à l'aide d'une clepsydre le temps accordé à chaque orateur dans une cour de justice.

220. *De vitupere*, p. 472.

Ainsi dans les premières éditions, *du vitupere* dans celle d'Aubert.

221. *Et auquel pour cela on fait beaucoup de bien*, p. 473.

M. Édouard Fournier pense que l'historien dont Du Bellay parle ici est Denys Sauvage, qui, nommé historiographe par Henri II, n'écrivit rien sur le règne de ce roi. Il est difficile de rien affirmer à cet égard, mais ce qui est assez curieux, c'est que Du Bellay, attachant à ce portrait une grande importance par un motif aujourd'hui fort difficile à connaître, a quitté ici le rôle de simple traducteur pour ajouter tout un passage au texte satirique de son auteur. Afin que cette addition ne parût pas lui appartenir, il a eu soin d'en rédiger le texte latin, qu'il a placé sous cette forme à la suite de sa traduction française.

> *In editione latina hæc omiſſa fuerant.*
> — *alet rex.*
> *Area ſed fœlix potiuſque hæc aucupis illex*
> *Quod feciſſe alium narrat plebecula tota,*
> *Vrbis qui quandoque in diuerſoria nota*
> *Venerat, ingreſſus conclaue relinquere ſuerat*
> *Vt multi legerent non ferme plura quaternis*
> *Verſiculis, titulo charta minioque notata.*
> *En liber hiſtoriæ jam quartus in ordine Gallæ,*
> *Quis neget hunc nullo fœlicem quæſo labore.*
> *Bis duo cui totidem peperere volumina verſus?*
> *Monſtrari hinc digito, ſcriptorque hinc dicier eſſe*
> *Gallorum hiſtoriæ, atque hinc maxima premia ferre.*

Cet artifice ne doit point toutefois nous faire prendre le change, et je crois qu'on ne saurait douter que ces vers, qui n'ont point été ajoutés à la pièce de Turnèbe dans le recueil de ses poésies, sont non pas de lui, mais de Du Bellay.

TABLE DES MATIÈRES

CONTENUES DANS LE PREMIER VOLUME

Pages.

Avertiſſement. I
Notice biographique sur Ioachim Du Bellay . . . IX

LA DEFFENCE ET ILLVSTRATION DE LA LANGVE FRANCOYSE.

A Monseigneur le Reverendissime cardinal Du Bellay S. 1

Liure Premier.

L'Origine des Langues. Chap. I. 5
Que la langue Francoyſe ne doit eſtre nommée Barbare. Chap. II. 7
Pourquoy la Langue Francoyſe n'eſt ſi riche que la Greque & Latine. Chap. III 9
Que la langue Francoyſe n'eſt ſi pauure que beaucoup l'eſtiment. Chap. IIII. 11
Que les Traductions ne ſont ſuffiſantes pour donner perfection à la Langue Francoyſe. Chap. V . . 12
Des mauuais Traducteurs & de ne traduyre les Poëtes. Chap. VI. 14

Comment les Romains ont enrichy leur Langue.
Chap. VII. 16
D'amplifier la Langue Francoyſe par l'immitation des anciens Aucteurs Grecz & Romains.
Chap. VIII. 17
Reſponſe à quelques obiections. Chap. IX. . . . 18
Que la Langue Francoyſe n'eſt incapable de la Philoſophie, & pourquoy les Anciens eſtoint plus Scauans que les Hommes de notre Aage. Chap. X. 21
Qu'il eſt impoſſible d'egaler les Anciens en leurs Langues. Chap. XI. 27
Deffence de l'Aucteur. Chap. XII. 30

Le Second Liure.

L'intention de l'Aucteur. Chap. I. 32
Des Poëtes Francoys. Chap. II 33
Que le Naturel n'eſt ſuffiſant à celuy qui en Poëſie veult faire œuure digne de l'Immortalité. Chap. III. 37
Quelz genres de Poëmes doit eſire le Poëte Francoys. Chap. IIII. 38
Du long Poëme Francoys. Chap. V. 41
D'inuenter des Motz, & quelques autres choſes, que doit obſeruer le Poëte Francoys. Chap. VI. 44
De la Rythme, & des Vers ſans Rythme. Chap. VII. 46
De ce mot Rythme, de l'inuention des Vers rymez, & de quelques autres Antiquitez vſitées en notre Langue. Chap. VIII. 48
Obſeruation de quelques manieres de parler Francoyſes. Chap. IX. 50
De bien prononcer les Vers. Chap. X. 52
De quelques obſeruations oultre l'Artifice, auecques vne Inuectiue contre les mauuais Poëtes Francoys. Chap. XI. 53

Exhortation aux Francoys d'ecrire en leur Langue, auecques les Louanges de la France. Chap. XII.	57
Conclusion de tout l'Œuure.	62
A l'ambicieux & auare ennemy des bonnes lettres. Sonnet	63
Au lecteur	64

L'Olive et avtres œvvres poetiqves.

Il dedie son Liure à sa Dame.	67
Au lecteur (de l'édition de 1549).	68
A tres illustre Princesse madame Marguerite... Luy presentant ce Liure. Sonnet.	70
Au lecteur (de l'édition de 1550).	71
L'Oliue.	81
La Musagnœomachie.	139
A Salmon Macrin sur la mort de sa Gelonis.	153
Description de la corne d'abondance présentée à vne Mommerie.	157
Aux Dames Angeuines	159
Immitation de l'ode latine de Ian Dorat sur la mort de la Roine de Nauarre.	160
Contre les enuieux poëtes. A Pierre de Ronsard.	162
L'anterotique de la vieille & de la ieune amie.	169
Vers lyriques.	175
Au lecteur	175
Les louanges d'Aniou. Au fleuue de Loyre. Ode I.	175
Des miseres & fortunes humaines. Au seigneur Ian Proust. Ode II.	178
Les louanges d'Amour. Au seigneur René Vruoy. Ode III.	180
De l'inconstance des choses. Au seigneur Pierre de Ronsard. Ode IIII.	183
A deux damoyzelles. Ode V.	186
Du premier iour de l'an. Au seigneur Bertran Bergier. Ode VI.	190

Du iour des bacchanales. Au feigneur Rabeftan. Ode VII.	192
Du retour du printens. A Ian D'Orat. Ode VIII.	194
Chant du defefperé. Ode IX.	196
Au feigneur Pierre de Ronfard. Ode X.	198
A vne dame cruelle & inexorable. Ode XI.	200
De porter les miferes & la calumnie. Au feigneur Criftofle Du Breil. Ode XII.	202
De l'immortalité des poëtes. Au feigneur Bouiu. Ode XIII.	205
Epitaphe du feigneur Boniuet	206
Epitaphe de Clement Marot.	207
Louange de la France & du roy trefchreftien Henry II.	207
Difcours au Roy fur la poëfie.	213
A André Theuet angoulmoifin. Sonnet	216
Au mefme Theuet fur fes *Singularite{ du Leuant*.	217
Du parlement de Paris.	218

Recveil de poesie presenté a tresillvstre princesse madame Margverite.

A trefilluftre princeffe madame Marguerite.	219
A fa lyre.	222
Profphonematique au roy trefchreftien Henry II.	223
Chant triumphal fur le voyage de Boulongne. M. D. XLIX. au moys d'aouft	228
Vers liriques	234
A la royne. Ode I.	234
A trefilluftre princeffe madame Marguerite. Ode II.	237
A Mellin de Sainct Gelais. Ode III.	238
A madame Marguerite. D'efcrire en fa langue. Ode IIII.	240
A trefilluftre prince monfeigneur reuerendiff. cardinal de Guyfe. Ode V.	242

A monfeigneur reuerendiff. cardinal de Chaftillon. Ode VI.	244
L'auantretour en France de monfeigneur reuediff. cardinal du Bellay. Ode VII.	246
Contre les auaritieux. Ode VIII.	250
A Bouiu. Les conditions du vray poëte. Ode IX	252
De l'innocence, & de n'attenter contre la magefté diuine. Ode X.	255
Au feigneur du Boyfdaulphin, Maiftre d'hoftel du Roy. Ode XI.	256
A Carles. Ode XII.	257
A Heroet. Ode XIII.	259
A Mercure & à fa lyre. Pour adoucir la cruauté de fa dame. Ode XIIII.	261
La louange du feu roy Francoys & du trefchreftien roy Henry. Ode XV.	263
A madame la comteffe de Tonnerre. Ode XVI	265
Elegie.	267
Chanfon.	270
Dialogue d'vn amoureux & d'Echo.	273
Au feigneur de Lanfac, Ambaffadeur pour le Roy à Rome.	274
Au reuerendiff. card. du Bellay & au feigneur de Lanfac, Ambaffadeur pour le Roy à Rome. Eftrenes	278
Sonnet au Roy.	280
A madame Marguerite	281
A mes dames de Vandofme & de Guyfe.	281
A mes feign. de Vandofme & de Guyfe.	282
A monfeign. le conneftable.	283
Au Pape, le premier iour de l'an	283
Du iour de Noel.	284
Ode fur la naiffance du petit duc de Beaumont, Fils de Monfeigneur de Vandofme, Roy de Nauarre.	284

Sonnets à la Royne de Nauarre aufquels ladicte
    dame fait elle mefme refponfe. 295
Difcours au Roy fur la trefue de l'an M.D.LV. . 302
Hymne au Roy fur la prinfe de Callais. 310
Euocation des dieux tutelaires de Guynes. 314
Execration fur l'Angleterre. 315
Sonnet à la Royne d'Efcoffe 316
Les Furies contre les infracteurs de foy 316
Hymne chreftien 325
Du regret de l'autheur au partir de France. . . . 327
D'vn fonge qu'il feit paffant à S. Saphorin 328
Sur ce mefme propos. 328
De fon feu 329
En la fureur de fa fieure 329
Vœu à la fieure 330
A fon luth. 331
De la faignée qui luy ofta la fieure 331

Devx livres de L'Eneide de Virgile....
avec avtres tradvctions.

Au feigneur I. de Morel Ambrunois 333
Epigramme du tranflateur 339
Le quatriefme liure de l'Eneide de Vergile 340
Complainte de Didon à Enée, prinfe d'Ouide. . . 374
Sur la ftatue de Didon, prins d'Aufone. 389
La mort de Palinure. Du cinquiefme de Virgile. . 390
Le fixieme liure de l'Eneide de Virgile. 395
Sonnet 435
L'Adieu aux Mufes, pris du latin de Buccanan. . . 435
Traduction d'vne ode latine du mefme Bucca-
    nan. 440
Plufieurs paffages des meilleurs poëtes grecs & la-
    tins citez aux Commentaires du *Sympofe* de
    Platon. 442

Traduction d'vne epiſtre latine de Monſieur Tornebus ſur vn nouueau moyen de faire ſon proufit
de l'eſtude des lettres. 468
Notes. 475

FIN DE LA TABLE.

Achevé d'imprimer

LE DIX OCTOBRE MIL HUIT CENT SOIXANTE-SIX

PAR D. JOUAUST

POUR A. LEMERRE, LIBRAIRE

A PARIS

www.ingramcontent.com/pod-product-compliance
Lightning Source LLC
Chambersburg PA
CBHW060752230426
43667CB00010B/1543